Kommunikative Kompetenz

Springer

Berlin
Heidelberg
New York
Barcelona
Budapest
Hongkong
London
Mailand
Paris
Santa Clara
Singapur
Tokio

Bernd LeMar

Kommunikative Kompetenz

Kommunikative Kompetenz

Der Weg zum innovativen Unternehmen

Mit 161 Abbildungen

Springer

Dr. Bernd LeMar
Lützowstraße 7
A-6020 Innsbruck
e-mail: b.lemar@tirol.com

ISBN 3-540-59384-5 Springer-Verlag Berlin Heidelberg New York

Die Deutsche Bibliothek – CIP-Einheitsaufnahme
LeMar, Bernd: Kommunikative Kompetenz: Der Weg zum innovativen Unternehmen/ Bernd LeMar. – Berlin; Heidelberg; New York; Barcelona; Budapest; Hongkong;London; Mailand; Paris; Santa Clara; Singapur; Tokio: Springer, 1997
ISBN 3-540-59384-5

Einbandgestaltung: de' blik, Berlin
Datenkonvertierung, Layout und Umbruch: Klaus-Peter Hellweg, Stuttgart
SPIN: 10498996 7/3020 – 5 4 3 2 1 0 – Gedruckt auf säurefreies Papier

Widmung

Friedhelm Kramer gewidmet
(24.6.1931–26.10.1996)

Professor Friedhelm Kramer hat die Entstehung des Buches bis zu seiner Erkrankung sehr engagiert begleitet. Es wäre mir ein großes Bedürfnis gewesen, ihn auch an der Fertigstellung des Buches teilhaben zu lassen. Sein unerwartetes Ableben war für mich ein schmerzlicher Verlust. Umso mehr nehme ich seine Art als Ansporn und Vorbild. Mit seinem Gespür für das menschliche Moment im Unternehmen erkannte er – als Diplom-Ingenieur ausgebildet und im technischen Umfeld tätig – die große Bedeutung der Kommunikation für innovative Prozesse. Er war es, der mich dazu ermutigte, mein Augenmerk in diese Richtung zu lenken und das vorliegende Buch zu schreiben.

Bild 1

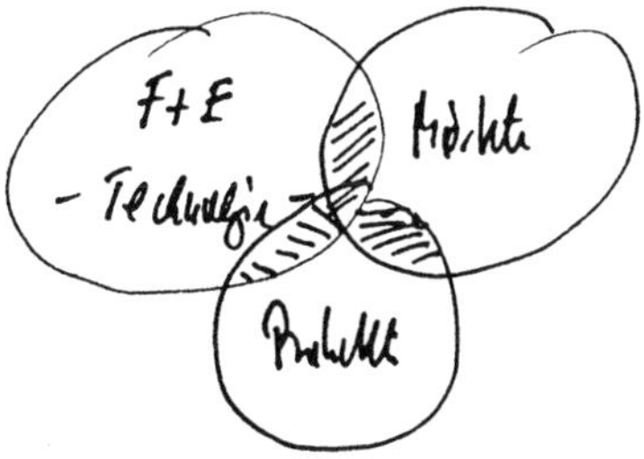

Diese Skizze entstand bei einem Gespräch mit Professor Kramer zum Thema Schnittstellen. Seine Begabung, mit wenigen Strichen ein Grundproblem zu strukturieren, ließ das Wesentliche schnell zum Vorschein treten. Das lockerte das Gespräch auf und führte zu weiteren Ideen und Querverbindungen. So war die Zusammenarbeit mit ihm stets angenehm und erfrischend.

Für seine wohldurchdachten und kreativen Anregungen sowie für seine Hilfsbereitschaft werde ich ihm immer dankbar sein.

Innsbruck im Herbst 1997

Bernd LeMar

Inhaltsverzeichnis

Einleitung 1

Warum ist Kommunikation so wichtig? 1
„Guten Tag, ich heiße Kommon!“ 5
Die Kommunikation beim Innovationsprozeß dieses Buches 6

Was heißt Kommunikation? 9

Zum Bedeutungswandel eines Begriffes 9
Kommunikation hat viele Namen 13
Der menschliche Faktor 17
Inhalts- und Beziehungsaspekt 24
Gute Beziehung ist Basis für fruchtbare inhaltliche Arbeit 28
Formelle und informelle Kommunikation 31
Ausdrucks- und wirkungsorientierte Kommunikation 34
Glaubwürdigkeit 37

Fünf Ebenen der Kommunikation 41

1. Ebene: Innerer Dialog und Selbstreflexion 51

Im Gespräch mit sich selbst 51
  Spirituelle Dimension der Kommunikation 54
  Die Frage der Identität 55
  Unternehmen auf der Suche nach sich selbst 56
Ein Persönlichkeitsmodell 57
Produktentwickler und Coach des eigenen Lebens sein 62
Umgang mit Gefühlen 66
Ausgesprochene und unausgesprochene Gedanken 74
  Ermüdende versus belebende Kommunikation 77
  Innere Schnittstellen 78

Persönliche Veränderungen 83

2. Ebene: Der Dialog 89

Kommunikationsbrücken bauen 89
Wahrnehmung der Wirklichkeit 90
Der Andere ist ein Anderer 90
Sprache und Denken 91
Verschlüsseln und Entschlüsseln 93
Wahrnehmungsfehler 95
Sich-bedeckt-Halten oder Sich-transparent-Machen 100
Das „Ja" und das „Nein" 108
Die Unmöglichkeit, nicht zu kommunizieren 117
Das Schweigen 118
Airbag-Kommunikation 122
Nicht die Worte sind die Botschaft 123
Offenes Geheimnis 124
Nonverbale Kommunikation 126
Krawattensprache 127
Die Sprache des Niesens 129
Wechselspiel von innerer und äußerer Haltung 131
Warum ist kommunikative Kompetenz so wichtig? 132
Rollenwandel des Ingenieur-Berufes 135
Auswirkungen der Kommunikationstechnologie 135
Elemente kommunikativer Kompetenz 138
Lach mal wieder! 139
Aktives Zuhören 139
Aussagen machen statt Fragen zu stellen 141
Feedback 141
Ich-Botschaften sind „meine Wahrheit" 143
Verantwortung des Senders 145
Wandel der Rollenbilder von Mann und Frau 145
Frauen im Innovationsprozeß 146
Materialien für die Praxis: Segment aus einem Kommunikationsworkshop 149
Transaktionsanalyse 152
Zusammenspiel der individuellen Fähigkeiten 158
Hindernisse bei der Entwicklung des Erwachsenen-Ich 158
Konfliktträchtige Verhaltensweisen 160

Konfliktmanagement im zunehmenden Wettbewerb 163
Wettbewerb als Wirtschaftskrieg 166
Die Kultur des Wettwerbs 167
Das lernende Unternehmen 170
Kommunikation im Konfliktfall 177
Vier Konfliktstufen 178
Der Weg zurück ist eine Kunst 181
Beschwerdemanagement: Fenster ins Seelische 186
Metakommunikation 189
„Hermes“ stellt sich vor 192
Angewandte Metakommunikation 195
Führungsstile und Beziehungsverhältnisse 200
Asymmetrische und symmetrische Beziehung 201
Hierarchien im Wandel 204
Macht 206
Mögliche Ursache destruktiver Machtausübung 208
Macht hat etwas Unausweichliches 209
Macht in Organisationen 211

3. Ebene: Kommunikation im Team 217

Teamarbeit lebt von Kommunikation 217
Vorteile der Teamarbeit 218
Was heißt Teamfähigkeit? 221
Haben wir Teamarbeit gelernt? 222
Phasen eines Teams 225
Materialien für die Praxis:
Vorstellungsrunde in einem neuen Team 227
Klares Kommunikationssetting begünstigt Teamarbeit 228
Räumliche Strukturen als Hard-Faktoren 228
Emotionale Strukturen als Soft-Faktoren 234
Zum Einsatz einer Moderation 237
„Führung“ durch Moderation 238
Innovativ sein: Allein oder im Team? 241
Kreativität hat ihren Preis 243
Narzißmus behindert Teamarbeit 244
Interdisziplinäre Teams 247
Unterschiedliche Persönlichkeitstypen 247
Verschiedene Kulturen und Sprachen 251
Interessengeleitete Kommunikation 253

Teambuilding im Dominoverfahren 256
Zielproblematik 259
Schwachstellen der arbeitsteiligen Organisation 265
Der menschliche Faktor kommt ins Bild 269
TZI als methodische Hilfe 272
Coaching unterstützt Kommunikationsprozesse 276
Zur Rolle des Coach 279
Coaching im Dienstleistungsbereich 279

4. Ebene: Kommunikation zwischen Abteilungen 281

Bereichskulturen im Unternehmen 281
Kräftespiel zwischen Marketing und Technik 283
Wir sind zuständig! 286
Materialien für die Praxis:
Klärung der Erwartungshaltungen zwischen Abteilungen 290
Besonderheiten der Kommunikation im Familienunternehmen 299
Bedeutung des Marketings in der Folgegeneration 299
Durchdringung von „Familie & Business" 301
Erfolgreiche Innovation durch bereichsübergreifende Kommunikation 305
Vergleich der Kommunikation Japan – Europa 305
Vermeidung von Folgekosten durch rechtzeitige Kommunikation 306
Lernen an Produktentwicklungs-Pannen 311
Intensivierung der Kommunikation bei der Produktentwicklung 314
Produktentwickler kommen unter Zeitdruck 317
Kommunikation in der Dienstleistungsgesellschaft 321
Wandel vom materiellen zum immateriellen Nutzen 323
Innovationen im Sozialbereich von Unternehmen 327
Beamte und Dienstleistung 328

5. Ebene:Kommunikation des Unternehmens 331

Systemischer Ansatz 331
Systempartner eines Unternehmens 332
Interne Kommunikation wirkt nach außen 335
Aufbauorganisation fördert oder behindert die Kommunikation 336

Schnittstellen: Verknotungen und Verbindungen 340
Von der Durchsetzungs- zur Umsetzungskultur 343
Prinzip der internen Kundenorientierung 347
Systempartner Kunde 350
Kunde als König? 353
Veränderungsprozesse im Unternehmen 354
Kommunikation unangenehmer Wahrheiten 354
Veränderungsorientierte Kommunikation 356
Vision 358
Zusammenfassung 361

Ausklang 365

„Komplett!" 365
Danksagung 366

Übungsverzeichnis 367

Literaturverzeichnis 369

Bildverzeichnis 375

Zum Autor 379

Einleitung

„Es muß etwas geschehen,
es darf aber nichts passieren."

Sie kennen die Begriffe der immer neuen Management-Bewegungen: Total Quality Management, ISO 9000, Lean Management, Simultaneous Engineering, Outsourcing, Design-to-Market; alles wunderbare Konzepte, die jedoch zumeist bei der betrieblichen Umsetzung in der Implementierungsphase stecken bleiben. Die Halbwertzeit der Methoden wird immer kürzer. Weitere kommen: Business Process Reengineering, Benchmarking, Fraktale Organisation. Eine Methode jagt die andere und läßt fragende Manager, erschöpfte Mitarbeiter und erschütterte Strukturen zurück, und dies gerade nicht Just-in-Time. Die ständig neuen Namen und vielversprechenden Ansätze, die die innovative Kompetenz der Unternehmen fördern sollen, scheitern oft schon im Anfangsstadium. Dies liegt meiner Erfahrung nach daran, daß der menschliche Faktor vernachlässigt wird. Die gewünschte Veränderung kann nur von Menschen geleistet werden, die konstruktiv miteinander kommunizieren. Und genau darum geht es in diesem Buch. An der Schwelle von der Theorie zur Praxis lauern die Hindernisse. In der Praxis kann sich nur dann etwas verändern, wenn diese Hindernisse ernst genommen werden, wozu ein bewußter Umgang mit ihnen gehört. Hier bedarf es der kommunikativen Kompetenz. Das Buch möchte dazu beitragen, diese zu verbessern, damit innovative Management-Konzepte mehr Bodenhaftung bekommen.

Warum ist Kommunikation so wichtig? – Sieben Argumente

1. Argument Bei den erwähnten neuen Management-Konzepten wird immer auch von „Optimierung der Prozesse" gesprochen. Dahinter verbirgt sich oft die Forderung nach einer „Optimierung der

Kommunikation". Teil des Problems ist ein unzulänglicher Informationsfluß, der sich im Unternehmen innovationshemmend auswirkt und es in vielfacher Hinsicht teuer zu stehen kommt. Der Zusammenhang zwischen Information und Kommunikation wird an späterer Stelle noch beleuchtet.

2. **Argument** Die Komplexität der Problemstellungen in heutigen Unternehmen erfordert zunehmend Teamarbeit. Die Zusammenarbeit im Team erfordert effiziente Kommunikation: sie ist der Schlüssel für innovative Prozesse. Dem Thema „Team" wird in diesem Buch breiter Raum gegeben.

3. **Argument** Es gibt eine Reihe von Hinweisen darauf, daß Innovationsleistungen von F&E-Abteilungen unzureichend genutzt werden; so wird zwar viel entwickelt, aber davon zu wenig realisiert. Eine der Hauptursachen für diese Transferproblematik ist eine mangelhafte interdisziplinäre Kommunikation, die professionelles Innovationsmanagement verhindert.

4. **Argument** Die Globalisierung des Wettbewerbs erfordert neben der Auseinandersetzung mit den bekannten Fragen der Standortsicherung und der Kostensituation auch eine Veränderung der internen und externen Kommunikation. Eine innovative Kommunikationskultur trägt dazu bei, besser und schneller zu sein als die Konkurrenz und wird zu einem veritablen Wettbewerbsvorteil.

5. **Argument** Die Erfahrung zeigt, daß Kommunikationsfehler teure Folgekosten nach sich ziehen. Unter der Oberfläche vieler alltäglicher betrieblicher Details liegen psychologische Tiefen und Untiefen. Hier bringen kleine Ursachen oft große Wirkungen hervor. So hängen z.B. teure Rückholaktionen mit fehlender Kommunikation bei den Schnittstellen zusammen. Dem Schnittstellenmanagement, das man auch als Nahtstellenmanagement bezeichnet, wird im Buch ausführlich Rechnung getragen.

6. **Argument** Im Kampf um Kunden und Marktanteile gewinnt die immaterielle Qualität von Produkten zunehmend an Bedeutung. Die Produkte verschiedener Hersteller einer Branche, wie zum Beispiel in der Automobilindustrie das „nackte Auto", unterscheiden sich immer weniger. Deshalb liegen die Wettbewerbsvorteile in der immateriellen Qualität, die durch PR und Werbung kom-

muniziert wird. Immaterielle Qualität in Form von Service, Beratung oder Kundendienst hat stark interaktiven Charakter und ist mit einem hohen Aufwand an Kommunikation verbunden.

7. **Argument** Schließlich gibt es noch einen weiteren Grund zum Lesen dieses Buches. In vielen Unternehmen sind die Manager an der Spitze von den Realitäten der Basis so weit entfernt, daß wichtige Informationen bei Entscheidungen nicht berücksichtigt werden. In drastischster Form läßt sich das am Beispiel Tschernobyl aufzeigen, wo letztendlich Kommunikationsfehler zu Fehlentscheidungen führten. Ähnliches gilt für die „Challenger-Katastrophe" im Jahre 1986. Nach Feynman´s Analyse (1992, 208) wußten die Ingenieure an der Basis von einem Defekt, in Richtung der Entscheidungsträger nach oben hin „stagnierte die Kommunikation mehr und mehr, bis sie schließlich ganz versiegte. So konnte es dahin kommen, daß die Höhergestellten nichts wußten." Solche Ereignisse und deren Folgen stellen uns vor die Herausforderung, uns gezielt mit den menschlichen Faktoren in der Kommunikation zu beschäftigen.

Vieles deutet darauf hin, daß die Zeit reif ist, in der Wirtschaft dem Thema Kommunikation und Information – auch mit allen menschlichen Facetten – Raum zu geben. Das zeigte sich auch in der Vergabe des Wirtschaftsnobelpreises 1996. Die zwei Preisträger beschäftigten sich mit der Frage, wie sich unvollständige und ungleichmäßig verteilte Informationen auf Entscheidungsprozesse in Unternehmen auswirken. Die diesen zugrundeliegenden Kommunikationsprozesse sind verantwortlich dafür, ob sich in einer Organisation ein innovationsfreudiges oder -hemmendes Klima entwickelt.

Seit langem ist es selbstverständlich, daß Unternehmer eine Reihe von Beratern beschäftigen: einen Marketingberater, je nach Größe einen oder mehrere Steuerberater, diverse technische Berater, einen Rechtsberater, ggf. einen Kreditberater und einen Versicherungsberater. Darüber hinaus erkennen Unternehmer zunehmend die Nowendigkeit einer Kommunikationsberatung. So wie sich Manager bisher hinsichtlich technischer Neuerungen, Steuerfragen oder juristischer Probleme kundig machten, so investieren sie heute immer mehr Zeit und Energie in die Stärkung ihrer eigenen kommunikativen Kompetenz.

Ziel, Aufbau und Inhalt des Buches

„Gute Kommunikation ist ein bedeutsamer Erfolgsfaktor, denn sie strahlt nach außen, wird für den Kunden spürbar und erhöht die Wettbewerbsfähigkeit."

Das Buch verfolgt das Ziel, die kommunikative Kompetenz in den Unternehmen weiter zu entwickeln und zu stärken. Dazu gehört, mögliche Kommunikationsfallen erkennen zu lernen und zu wissen, wie aus solchen Fallen wieder herauszukommen ist. Dies unterstützt Unternehmer und Manager auf allen Ebenen, sich im zunehmenden Wettbewerb behaupten zu können. Ein weiteres Ziel des Buches ist, bei betriebsinternen Konflikten einen Beitrag zur Lösung zu leisten. Konflikte rauben viel von der Energie, die ansonsten für kreative Prozesse genützt werden könnte. Der Vorteil dieses Buches liegt weniger in der theoretischen Aufarbeitung aktueller Forschungsarbeiten zum Thema Kommunikation, als vielmehr in der Vorstellung von Methoden und Übungen, die sich in Workshops bewährt haben. Gerade Praktikern soll das Buch Anregungen vermitteln und es soll aufzeigen, wie Kommunikation mit Konflikten, mit neuen Organisationsformen, mit gesellschaftlichen Veränderungen und anthropologischen Grundlagen zusammenhängt.

Erfahrungen, die der Autor in unterschiedlichen Unternehmen bei Beratungen und Workshops zur Verbesserung der internen und externen Kommunikation machte, sind eingearbeitet. Einzelne wichtige Segmente aus Workshops werden im Buch vorgestellt. Sie lassen sich ergänzen und variieren, so daß Führungskräfte sie für ihre Arbeit verwenden können.

Im Buch geht es inhaltlich um das Thema Kommunikation und Innovation. Darüber hinaus enthält es praktische Übungen. Es möchte selbst kommunikativ sein, d. h. daß die Grafiken und Karikaturen die Leserin und den Leser dazu anregen sollen, eine produktive Auseinandersetzung mit den Inhalten zu führen. In der praktischen Arbeit ist es nicht leicht, zu einer konstruktiven Kommunikation zu finden, die glaubwürdig ist und auf die Mitarbeiterführung oder das Beziehungsmanagement mit Systempartnern entsprechend wirkt. In diesem Sinne könnte der Titel dieses Buches auch lauten: „Glaubwürdige Kommunikation als Erfolgsfaktor". Bei einem solchen Fokus ist klar, daß keine Rezepte für sprachliche Manipulationsformen zu erwarten sind. Es wird ein ganzheitlicher Ansatz vertreten, der die Verantwortungsübernahme für das eigene Kommunikationsverhalten beinhaltet.

Übungen als Brücke von der Theorie zur Praxis Um die Inhalte des Buches lebendig zu machen, sind einige Hilfen vorgesehen. So gibt es immer wieder Übungen und ich empfehle Ihnen, diese Übungen auszuführen. Selbst dann, wenn Sie dabei nur kleine Schritte tun. Machen Sie es sich leicht! Sie werden wesentlich größere persönliche Fortschritte erzielen, wenn Sie zehn Minuten für eine praktische Übung investieren, anstatt eine Stunde lang zu lesen. Beim bloßen Lesen eines Buches verarbeiten wir die Inhalte auf einer eher intellektuellen Ebene, die emotionalen Aspekte werden zu wenig berücksichtigt. Das praktische Tun durch Übungen gewährleistet, daß theoretische Lerninhalte praktiziert und werden können. Ziel der Übungen ist es, das Thema Kommunikation auch im Sinne einer Selbsterfahrung zugänglich zu machen und durch Bewußtmachung des eigenen Kommunikationsverhaltens die bisherigen Muster verändern zu helfen. Wenn es mit einer Übung nicht gleich klappt, versuchen Sie es einfach mit der nächsten. Sie werden schnell erleben, daß es lohnenswert ist, sich auf Kommunikationsübungen einzulassen.

„Guten Tag, ich heiße Kommon!"

Bild 2

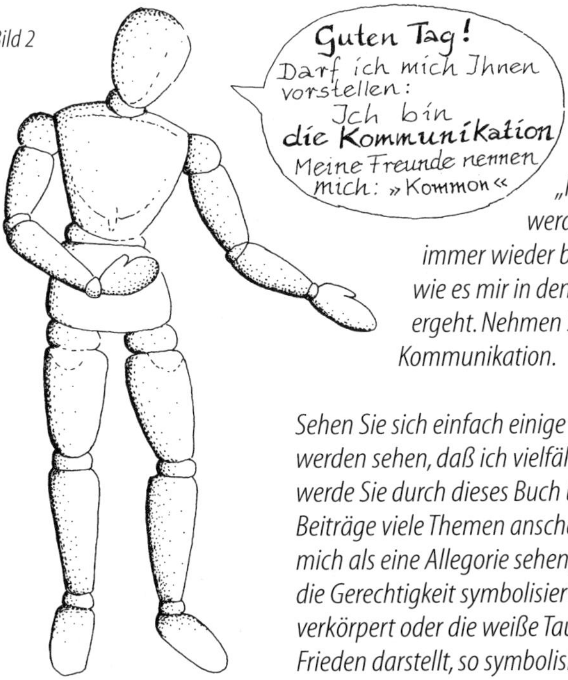

„Ich bin die Kommunikation. Sie werden mir auf den folgenden Seiten immer wieder begegnen und Sie werden sehen, wie es mir in den verschiedensten Situationen ergeht. Nehmen Sie mich als ein Symbol für Kommunikation.

Sehen Sie sich einfach einige Bilder in dem Buch an und Sie werden sehen, daß ich vielfältige Ausdrucksformen habe. Ich werde Sie durch dieses Buch begleiten und durch meine Beiträge viele Themen anschaulicher gestalten. Sie können mich als eine Allegorie sehen, so wie Justitia mit der Waage die Gerechtigkeit symbolisiert, der Sensenmann den Tod verkörpert oder die weiße Taube mit dem Olivenzweig den Frieden darstellt, so symbolisiere ich die Kommunikation.

Mir liegt daran, daß Sie Ihre Kommunikationsfähigkeiten effizienter, gezielter und erfolgreicher einsetzen, sei es mit Ihren Kollegen, mit Ihren Vorgesetzten oder mit den Kunden. Ich muß gestehen, daß ich sogar ein noch höheres Ziel verfolge, daß Sie mit allen Menschen, die Ihnen begegnen, erfolgreich kommunizieren, in Ihrem beruflichen und in Ihrem privaten Umfeld. Auch Letzteres liegt im Interesse Ihres Unternehmens. Denn wenn Sie im Privatleben ein besserer Kommunikator sind, werden Sie in Teambesprechungen in der Lage sein, diese Kompetenz vermehrt einzubringen".

Die Kommunikation beim Innovationsprozeß dieses Buches

Bild 3

Die „normale" Ebene eines Buches ist die Darstellung eines Themas, indem der Autor seine Gedanken darlegt. Er beschreibt dabei vielleicht noch, wie er zu diesen Gedanken kam und empfiehlt dem Leser, wie dieser damit umgehen soll. Im Vorwort steht öfters etwas über die Entstehung des Buches, z.B. der Dank des Autors an seine Frau, die sehr geduldig war, oder der Dank an seine Mitarbeiter für ihre Unterstützung. Weitere Ausführungen, die mit der Entstehung eines Buches verbunden sind, finden sich selten. In der Regel ist der Entstehungsprozeß eines Buches von geringerem Interesse, da das Thema im Vordergrund steht.

In diesem Buch wird zusätzlich der Entwicklungsprozeß der Bucherstellung als praktisches Beispiel für Kommunikation ausgeführt. Es wird aufgezeigt, welche Kommunikationsprozesse bei der Entstehung des Produktes „Buch" ablaufen, soweit deren Beschreibung für den Leser hilfreich und nützlich ist. Diese zusätzliche Ebene soll den Kundennutzen erhöhen, also Ihren Nutzen, verehrte Leserin und verehrter Leser. Aus meiner Sicht und der des Verlages gehören Sie zu unserer Zielgruppe. Sie sind heiß umworben. Andere Autoren wollen auch gelesen werden, und zwar von Ihnen. Das ist eben Wettbewerb. Autor und Verlag sind sich sicher, daß das Thema „Kommunikation und Innovation" eine Marktlücke darstellt. Diese wollen wir schließen und Ihnen einen echten Nutzen bieten. Natürlich sehen wir in dieser Lücke auch eine Geschäftsmöglichkeit und würden uns freuen, wenn wir Sie als Partner von unserer Leistung überzeugen können.

Blättern Sie einfach etwas hinein und diese zusätzliche Ebene wird Ihnen deutlicher werden. Es sind jene Textstellen, deren Anfangsbuchstaben durch eine Spiegelung kenntlich gemacht sind. Ich bin schon gespannt, wie Ihnen das Konzept gefällt, das Thema Kommunikation und Innovation mit einem Beispiel zu illustrieren, das sich durch das ganze Buch zieht, nämlich der Produktentwicklung genau dieses Buches.

Was heißt Kommunikation?

Zum Bedeutungswandel eines Begriffes

Im Nachschlagewerk „Der große Brockhaus“ läßt sich in den letzten 100 Jahren unter dem Stichwort „Kommunikation“ eine bemerkenswerte Entwicklungsgeschichte verfolgen. Bild 4 zeigt die Zeilenanzahl, die dem Begriff „Kommunikation“ in der jeweiligen Ausgabe des Brockhaus gewidmet war.

Bild 4

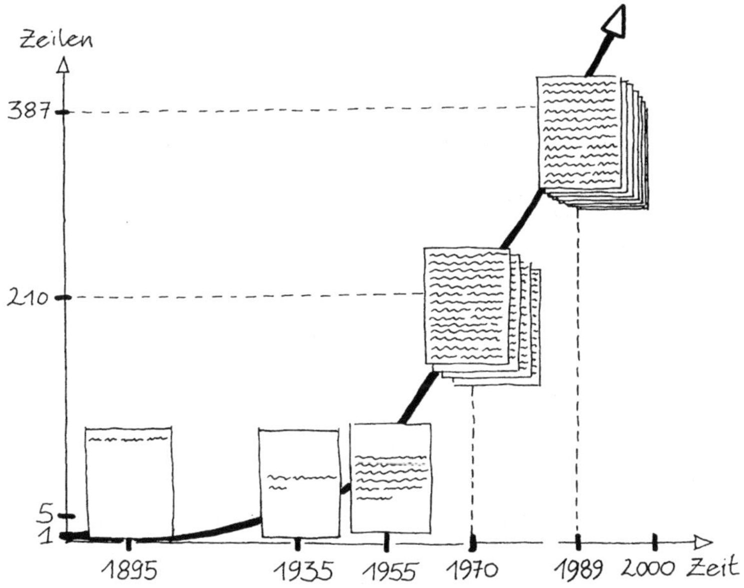

Der Entwicklungsverlauf der Kommunikation veranschaulicht, welchen enormen Bedeutungszuwachs die Kommunikation in den letzten 100 Jahren erfuhr. In diesem Zeitraum erlebte der Begriff Kommunikation auch einen Bedeutungswandel. Es ist interessant zu verfolgen, welche Trends sich jeweils abzeichneten und welche Rolle das gesellschaftliche Umfeld spielte.

In der Ausgabe von 1895 findet sich zum Stichwort „Kommunikation“ nur eine einzige Zeile: *Mitteilung, Verbindung, Verkehr.*

Ein genauerer Blick zeigt, daß diese Begriffe hauptsächlich im öffentlichen, technischen sowie im militärischen Bereich Verwendung fanden. In der Ausgabe von 1931 blieb es bei diesen Begriffen und damit bei der gleichen Bedeutung. Es gab also noch wenig Bezug zum zwischenmenschlichen Bereich.

Da in den 30er Jahren kein Brockhaus erschien, bleibt offen, wie der Begriff „Kommunikation" während der Zeit des Nationalsozialismus verwendet wurde. Die Tatsache, daß ein eigenes Ministerium für Propaganda eingerichtet wurde, mit weitreichenden Befugnissen des Reichsministers Goebbels, ist bekannt. Dessen Sprachverwendung und die Folgen sind in makaberer Erinnerung.

In der Ausgabe nach dem 2. Weltkrieg, die 1955 erschien, blieb es nicht ausschließlich bei den Nennungen *Mitteilung, Verbindung, Verkehr.* Kommunikation wurde um die Begriffe der *Telekommunikation, Nachrichtentechnik, Fernverbindung, Fernverkehr* ergänzt. Zusätzlich wurde Kommunikation als das *verstehende Miteinander* von Mensch zu Mensch im Sinne der Existenzphilosophie von Karl Jaspers eingeführt.

In der Ausgabe von 1970 erweiterte sich der Umfang der unter dem Begriff Kommunikation abgehandelten Aspekte wesentlich. Ein subtiler Trendwechsel zeigte sich daran, daß die sprachliche Wurzel des Begriffs „Kommunikation" mit „Gemeinsamkeit" übersetzt wurde. Was vorher mit vorwiegend technischen Begriffen assoziiert wurde, erhielt nun menschlich-soziale Züge. Erstmals war von „Kommunikationswissenschaft" die Rede, wobei den Entdeckungen der Linguistik breiter Raum gegeben wurde. Es wurden kommunikative Wechselwirkungen beschrieben, für die die Kybernetik Pate stand. Die Kybernetiker „befaßten sich mit einer anderen Ebene der Beschreibung als bisher üblich und konzentrierten sich auf Kommunikationsmuster, insbesondere in geschlossenen Schleifen und Netzwerken. Ihre Untersuchungen führten sie zu den Begriffen Rückkoppelung und Selbstregelung und später dann zur Selbstorganisation" (Capra, 1996, 67). Damit waren sie Wegbereiter des heutigen systemischen Denkens, dessen Entwicklungsgeschichte Capra auf den Gebieten der Quantenphysik, Gestaltpsychologie, Ökologie u.a. sehr anschaulich beschrieben hat.

Der wissenschaftliche Innovationsschub mit all seinen gesellschaftspolitischen Erscheinungen hatte vielfältige Auswirkungen auf die Kommunikation. Explizit wurde in der Ausgabe von 1970 der Begriff „Kommunikationsexplosion" genannt, womit die rasche und heftige Zunahme von Austauschprozessen gemeint war. Hintergrund dafür waren die berühmt-berüchtigten 68er Jahre, in denen in den Schulbüchern „kritische Texte" erschienen und das Fach „Kunst" als „visuelle Kommunikation" umschrieben wurde. Diese Beispiele zeigen einen deutlichen Trendwechsel. Sprache und Gestaltung wurden breitesten Kreisen zugänglich gemacht, was mit einem großen Aufwand an Kommunikation verbunden war. Der menschliche Aspekt überwog von nun an gegenüber der rein technischen Verwendung des Kommunikationsbegriffes. Eine Durchdringung und Verbindung des Themenkomplexes „Mensch und Maschine" sollte eine gänzlich neue Berufsgruppe bewältigen, der „Kommunikationsingenieur". Als „Kommunikationsrevolution" wurde die umwälzende Veränderung der publizistischen Verhältnisse durch neue Kommunikationsmittel bezeichnet. Es war die Zeit, in der die EDV in den Anfängen steckte und der Computer sich anschickte, uns das Informationszeitalter zu bescheren. Die Stunde der „Public Relations" (PR) war gekommen und „Werbung" wurde als professionelle Kommunikation mit dem Verbraucher eingeführt.

In der Ausgabe von 1979 wurde „Kommunikation" zum ersten Mal als „Austausch" bezeichnet, womit der interaktive Aspekt deutlich in den Vordergrund rückte, sehr im Unterschied zur vorherigen Ausgabe, in der der Begriff „Mitteilung" verwendet wurde. War früher die Kommunikation durch Asymmetrie gekennzeichnet, z.B. im militärischen Bereich, wo es darum ging, Befehle mit einem „Jawohl" zur Kenntnis zu nehmen, so wurde Kommunikation nun als ein partnerschaftlicher, symmetrischer Vorgang verstanden. Der langsame Wandlungsprozeß der Gesellschaft von autoritären zu demokratischen Strukturen, ein Prozeß mit vielen Fallstricken und Rückschlägen, war in vollem Gange und löste einen Kommunikationsbedarf ohnegleichen aus. Die weitere Expansion, in einer früheren Ausgabe mit „Kommunikations-Explosion" umschrieben, zeigte sich darin, daß erstmals der Ausdruck „Kommunikationssatellit" aufgenommen wurde. Der Weltraum wurde mit einbezogen, um unsere wachsenden Kommunikationsbedürfnisse zu befriedigen.

Im Brockhaus von 1989 wurde die „Metakommunikation" zum ersten Mal erwähnt. Zum einen, weil es einfach notwendig war, einen Begriff zur Verfügung zu haben, um wissenschaftlich über die Kommunikation sprechen zu können, zum anderen aber auch, weil die Alltagskommunikation zunehmend zu Problemen führte und dadurch Bedarf für Metakommunikation entstand. Es wird später noch aufgezeigt werden, daß diese Metakommunikation viel mit dem Beziehungsaspekt zu tun hat, dem menschlichen Faktor beim Reden und Verstehen. Brockhaus-Formulierungen wie „die postindustrielle Gesellschaft als Kommunikationsgesellschaft oder Informationsgesellschaft" zeigten grundlegende Veränderungen an. Der Habermas´sche Fachbegriff der „kommunikativen Kompetenz", der in den 68er Jahren als Schlagwort für einen politisch mündigen Bürger geprägt wurde, war offensichtlich so weit verbreitet, daß er im Brockhaus angeführt wurde.

Wie mag es mit der Kommunikation weitergehen? Heute ist Kommunikation ein vielfältiger Begriff: er meint nicht nur miteinander reden, sondern wird auch mit Werbung, Public Relations u.a. gleichgesetzt. Oft meint er auch nur „sich eins faxen". Was kommt im Kontext der modernen Kommunikationstechnologie auf uns zu? Sie bringt eine Fülle von neuen Möglichkeiten mit sich, die zunehmend von der Allgemeinheit wie alltägliche Gebrauchsartikel genutzt werden. War bis vor kurzem noch das Telefon zentrales Kommunikationsmittel, so halten jetzt Fax, e-mail und Internet Einzug. Damit hat für die Unternehmen das Zeitalter der weltweiten Vernetzung begonnen. Nahezu unbegrenzte Informations- und Kommunikationsmöglichkeiten tun sich auf. Vom Bürosessel aus bietet sich der freie Zugang zur Welt der Informationen, mit einem Minimum an Anstregung ist fast alles per Knopfdruck zu haben. Eine Menge neuer Kommunikationskanäle steht zur Verfügung.

Neue Kommunikationstechnologien – Chancen und Risiken

Der derzeitige Standard der Kommunikationstechnologien und deren rasante Entwicklung werfen die Frage auf, ob die Anwender dieser Technologien auch die Möglichkeit haben, ihre eigenen Kommunikationsfähigkeiten in entsprechender Weise mitzuentwickeln. Bei jenen Anwendern moderner Kommunikationstechnologien, die die Tendenz zu einer introvertierten Haltung haben und die viel Zeit an ihren Geräten verbringen, besteht die Gefahr, daß beim Umgang mit hochentwickelter Kommunikationstechnologie das Zwischenmenschliche auf der Strecke bleibt.

Dieser Weg führt in eine Sackgasse, wenn beim Einsatz der Kommunikationstechnologien der zwischenmenschlichen Kommunikation und deren kreativem Potential nicht genügend Raum gegeben wird. Erwähnenswert in diesem Zusammenhang ist aber auch, daß der direkten Kommunikation von Mensch zu Mensch –

Bild 5

trotz des zunehmenden Stellenwertes technischer Kommunikationskanäle – noch immer überragende Bedeutung zukommt. Rieker (1996, 174) zitiert eine Untersuchung der Technischen Universität München, nach der Top-Manager rund 80% ihrer Arbeitszeit für zwischenmenschliche Kommunikation verwenden, sei es direkt in Meetings oder in Gesprächen oder indirekt per Telefon. Durch den Wegfall von Hierarchieebenen ist nicht nur die Anzahl der Gesprächspartner größer geworden, es kommt noch etwas grundlegend Neues hinzu: die Art der Kommunikation hat sich verändert. „Statt Anweisungen an einen kleinen Kreis enger Mitarbeiter zu geben, die ihrerseits die Aufgaben delegieren, müssen Führungskräfte heute in großem Stil Überzeugungsarbeit leisten".

Kommunikation hat viele Namen

In Aufsätzen und Büchern wird der Vorgang der Kommunikation mit Bezeichnungen wie „Informationsfluß", „Nachrichtenaustausch", „Vereinbarungen" oder „Besprechungen" umschrieben. Die Leser werden von den Autoren nicht direkt darauf hingewiesen, daß diese Vorgänge Kommunikation beinhalten.

Kommon zeigt hier einige mögliche Formen, in denen Kommunikation im betrieblichen Alltag auftritt, z. B. das Vornehmen von Abstimmungen oder der Austausch von Informationen. Gleiches gilt bei einer Reihe weiterer Begriffe:

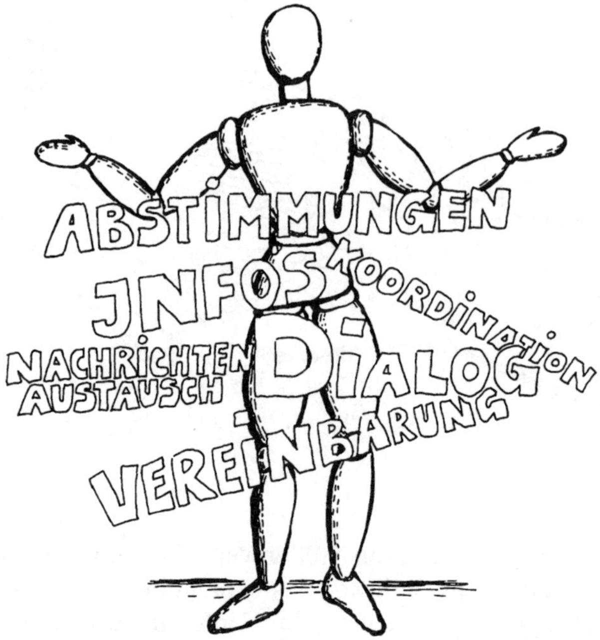

Bild 6

- Anpassungen vornehmen
- Absprachen treffen
- Know-how austauschen
- Koordination erreichen
- Besprechungen einberufen
- Preisverhandlungen führen
- Meetings abhalten

Alle diese Handlungen und Abläufe werden mittels Kommunikation vollzogen. Damit sind sie auch mit dem menschlichen Faktor verbunden und dies wird der Fokus in diesem Buch sein.

In Unternehmen tritt das Kommunikationsthema vor allem bei Schnittstellenproblemen auf. Typisch dafür ist die Koordination verschiedener Funktionsbereiche, die zur Erfüllung ihrer Aufgaben zusammenarbeiten müssen, wie z.B. die Funktionsbereiche F&E und Marketing. Domsch (1991, 1050) schreibt dazu: „Koordination vollzieht sich entweder durch Formulierung von Entscheidungskompetenzen oder durch Regelung des Informationsaustausches (Kommunikation)“. Das vom Autor in Klammern gesetzte Wort „Kommunikation“ ist ein Hinweis darauf, daß die in abstrakt-technische Begriffe gekleidete Schnittstellenproblematik etwas mit Kommunikation zu tun hat. Der Autor schlägt damit eine Brücke zum Menschlichen, auch wenn diese Brücke in Klammern steht.

Bei der Beschäftigung mit dem Thema „Schnittstelle“ fällt auf, daß Autoren den Begriff bzw. den Themenkomplex „Kommunikation“ in ihren Ausführungen wenig berücksichtigen. Und dies, obwohl „Schnittstellen-Management“ bei der Produktentwicklung zum Thema haben (vgl. Brockhoff, 1989). Schwerpunkt solcher Analysen ist die technisch-funktionale Betrachtung dieses Problemkreises. Soziologische Aspekte (wie Rollenkonflikte) und psychologische Themenbereiche (wie Gesprächsklima) kommen dabei zu kurz. Als Hindernisse für die Effizienz von Produktentwicklung werden z.B. fehlerhaftes Timing, die Projektauswahl oder Einführungsstrategien angeführt. Solche Analysen bringen zu wenig zutage, daß die eigentliche Ursache für Mißerfolge beim Prozeß der Innovation sehr oft die mißlungene Kommunikation ist.

Nehmen wir als Beispiel die Projektauswahl: Da wird über ein Projekt *gesprochen*, es werden nicht abstrakte Signale gesendet und empfangen. Auch die „Einführungsstrategien“ werden mittels mündlicher und schriftlicher Sprache *vereinbart* und sind nicht bereits vorgegeben. Und wenn über Zeiten und Projektinhalte, interne Zuständigkeiten und Marktbeurteilungen gesprochen und verhandelt wird, sind eine Reihe von Kommunikationsbarrieren zu überwinden. Zwar finden sich in der Fachliteratur Formulierungen wie: „Haupthindernis für einen zügigen Durchlauf ist eine mangelnde Einigung über die Produktspezifikation“, es bleibt aber offen, wie diese Einigung herbeigeführt werden soll.

Nehmen wir als weiteres Beispiel „fehlerhaftes Timing“. Marketing- und Produktionsmitarbeiter denken offenbar in unterschiedlichen Zeithorizonten. Marketing will „möglichst schnell“ eine technische Lösung, die Produktion verspricht, diese „möglichst schnell“ zu realisieren. Die spätere Uneinigkeit über den Zeitpunkt zeigt, daß aneinander vorbeigeredet wurde. Die Diagnose lautet dann: fehlerhaftes Timing. Der eigentliche Grund ist jedoch ein Kommunikationsproblem. Gleiches gilt, wenn über „Koordinationsprobleme“ geschrieben oder wenn „Informationsmängel“ beklagt werden. Es wäre zielführend, Koordinations-, Abstimmungs-, Informations- oder Kooperationsprobleme ursächlich als Kommunikationsprobleme zu sehen und zu behandeln. Ansonsten besteht die Gefahr, am eigentlichen Problem vorbeizuhandeln.

Eine in der Praxis bewährte Vorgehensweise, um in Projekten die Probleme mit unterschiedlichen Begriffsinhalten in den Griff zu bekommen, ist, ein Projekt-Wörterbuch zu führen. Die Schlüsselbegriffe des Projektes werden in diesem Dokument mit einer von allen Teilnehmern akzeptierten Definition aufgeführt, ohne Anspruch darauf, daß eine bestimmte Definition Allgemeingültigkeit hat. Sie bezieht sich nur auf das laufende gemeinsame Projekt.

Ungelöste Kommunikationsprobleme kommen in Form von Manipulation, Schuldzuweisungen, Konfusion, Unterstellungen u.a. zum Ausdruck. Bild 7 gibt keine akute Konfliktsituation wider, sondern etwas Schleichendes und Lähmendes, das die Kommunikation latent behindert. Wie bei einem wirklichen Spinnennetz, ist derjenige, der sich in dysfunktionalen Kommunikationsstrukturen verfangen hat, blockiert. Die Beschränkung auf innere Dialoge – wie sie Kafka in seinem „Schloß" beschreibt – erhöht den Grad des Verfangenseins.

Bild 7

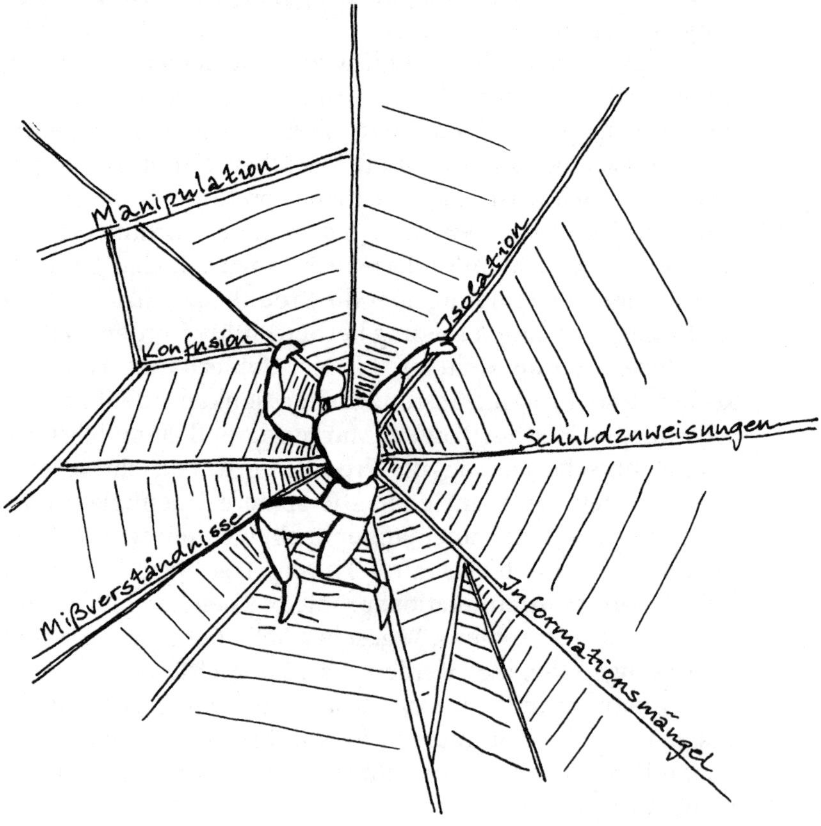

Welche Ursachen und Lösungen es für schlecht funktionierende Kommunikation gibt, wird in späteren Abschnitten mit den Begriffen Metakommunikation, Coaching, kommunikative Kompetenz und Änderung der Strukturen erläutert.

Der menschliche Faktor

Es wurde bislang deutlich, daß Kommunikationsprobleme im wesentlichen keine technischen Probleme sind, sondern daß sie auf der zwischenmenschlichen Ebene liegen. Die Scheu, diese Ebene beim Namen zu nennen, läßt sich vielleicht mit einem Vorbehalt vor dem Psychologischen erklären. Durch den Trend zur Teamarbeit hat der menschliche Faktor in der Kommunikation jedoch unübersehbar an Bedeutung gewonnen. Um dem gerecht zu werden, reicht kognitives Wissen allein nicht aus, sondern es bedarf eines emotionalen Zuganges, der sich nicht ohne Erfahrungen mit der eigenen Gefühlswelt bewerkstelligen läßt.

Wissenschaftlich-technisch ausgebildete Autoren sind auf ihrem technischen Arbeitsgebiet sehr kompetent. Vielleicht auf Grund ihrer Vorbehalte gegenüber der Psychologie beziehen sie die menschlichen Faktoren zuwenig ein. Bei der Lektüre diverser Fachliteratur zum Thema Innovationsmanagement fallen jedenfalls die vielfältigen Umschreibungen des Phänomens Kommunikation auf. Vokabeln wie „Koordinations- oder Kooperationsprobleme" beleuchten die Dinge aus technischer Sicht, die die Untiefen menschlicher Verhaltensweisen ausspart. Vielleicht erklärt das, warum die in der Fachliteratur genannten Lösungen bei ihrer Umsetzung in die Praxis manchmal scheitern. Solange das spezifisch Menschliche überwiegend als „Störfaktor" im System gesehen wird, werden die zwischenmenschlichen Probleme nicht genügend ernst genommen.

Vielleicht spreche ich auch von meiner eigenen Befangenheit hinsichtlich der menschlichen Faktoren in der Kommunikation. Ich bin im Nachkriegsdeutschland aufgewachsen, und in Wirtschaftswunderzeiten standen die menschlichen Seiten bei der Kommunikation nicht im Vordergrund. Meine Eltern waren froh, überlebt zu haben, danach ging es um den Aufbau und um das Funktionieren im Alltag. Das alles hat meine Sprache mitgeprägt und es bedurfte intensiver Erfahrungen, die Bedeutung des Menschlichen in der Kommunikation wiederzuentdecken.

Bei der Lektüre fällt zudem manchmal folgende Struktur auf: viele Autoren vermitteln dem Leser zwar ein technisch orientiertes Problembewußtsein, bei den angebotenen Lösungen fehlen aber die Hilfen zur Umsetzung, die durch Menschen erfolgen muß. Es bleibt offen, wie die Anwendung im betrieblichen Alltag konkret aussieht. Der Übergang in die Lösungsphase ist oft durch Aussagen gekennzeichnet, in denen nicht klar wird, wer konkret was macht und wie dies gemacht wird. Damit entsteht eine Lücke zwischen Problemanalyse und Lösungen. Doch gerade da liegt der Knackpunkt und die Chance.

Bild 8

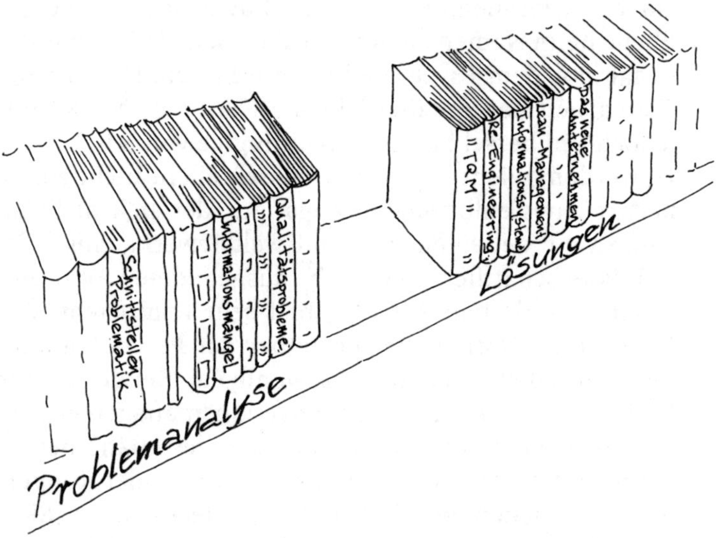

Zur Verdeutlichung ein Beispiel: in der Literatur werden sehr häufig „Qualitätsprobleme aufgrund von Informationsmängeln" beschrieben. Jeder kennt das Problem. In Fachaufsätzen erfolgen profunde Analysen, in denen Informationsmängel mit den vielfältigsten Nebenwirkungen aufgezeigt werden. Die Autoren zeigen auch Lösungen auf. So werden zum Beispiel „integrierte Informationssysteme durch parallelgeschaltete Rechnersysteme" vorgeschlagen. Eine solche Lösung greift jedoch zu kurz, da sie den menschlichen Faktor zu wenig berücksichtigen. Damit bleibt eine Lücke. Die Lösungsvorschläge beflügeln vielleicht den Autor selbst, und ein Hauch dieses Flügelschlags berührt auch manchen Leser. Jener jedoch, der das Gelesene in der Praxis wirklich umsetzen will, muß bald erkennen, daß es so nicht funktioniert. Er spürt, daß bei dieser Parallelschaltung nicht nur Rechner, sondern Menschen zusammengeschaltet werden und daß alle möglichen Hindernisse durch die zwischenmenschliche Kommunikation ins Spiel kommen.

Natürlich haben auch schon andere Autoren das Problem der menschlichen Faktoren bei der Umsetzung von Lösungen bemerkt. So schreibt Womack (1995, 15) in seiner Rezension von Champys Erfolgsbuch „Reengineering Management", daß von den Topmanagern das Kunststück verlangt wird, Zweck und Vision des Unternehmens zu vermitteln und dies „leicht, locker, greifbar, experimentell, aber auch überzeugend und nachdrücklich". Die Frage ist: Wer soll das so leicht und locker schaffen? Ein Übermensch könnte es vielleicht, nur sind wir eben Menschen. Wenn wir von Lösungen sprechen, sollten wir uns gegenseitig zumuten, auch unsere menschlichen Hemmnisse und Grenzen anzusprechen, diese also nicht zu verschweigen oder einfach über sie hinwegzugehen. Sie spielen ohnehin in jedem kommunikativen Akt eine Rolle, uns selbst meist unbewußt. Unsere Gesprächspartner spüren unsere Probleme manchmal und sie fragen sich:

- „Warum redet der so?"
- „Warum sagt er das?"
- „Warum verhält er sich in diesem Punkt so merkwürdig?"
- „Warum kapiert er das nicht?"

Die Antwort ist einfach: In jeder Kommunikation kommt der ganze Mensch mit all seinen Facetten zum Ausdruck, mit seinen geklärten Seiten, die ihm zu seinen Gesprächspartnern positive Beziehungen ermöglichen, aber auch mit seinen Haken und Ösen, mit denen er sich verhakt.

Während manche Autoren das Thema Kommunikation umgehen, nennt Kriese es beim Namen: Aus seiner praxisbezogenen Sichtweise stellt er fest, daß in vielen Unternehmen Kommunikation in einem Klima der Angst stattfindet: „Die Angst, generell nicht beliebt oder ungeliebt zu sein; die Angst, Macht und Einfluß zu verlieren; die Angst um den Arbeitsplatz, oder die Angst, zu versagen und den Anschluß zu versäumen. Egal, ob diese Ängste reale Ursachen haben oder die Bedrohungen nur phantasiert werden – im Unternehmensalltag führen sie zu den unterschiedlichsten Kompensationserscheinungen: Schuldzuweisungen, Macht- und Karrieregier, Extravertiertheit, überwiegend materielle Orientierung, Rücksichtslosigkeit, Egoismus und emotionale Kälte. Als Folge solcher Umgangsformen ist nicht selten konkreter wirtschaftlicher Schaden zu verzeichnen: durch erhöhte Fehlzeiten und Krankenstand, durch gesteigerte Fluktuation und Mobbing oder durch die innere Verweigerungshaltung gegenüber neuen Konzepten“ (Kriese 1995, 2).

Bild 9

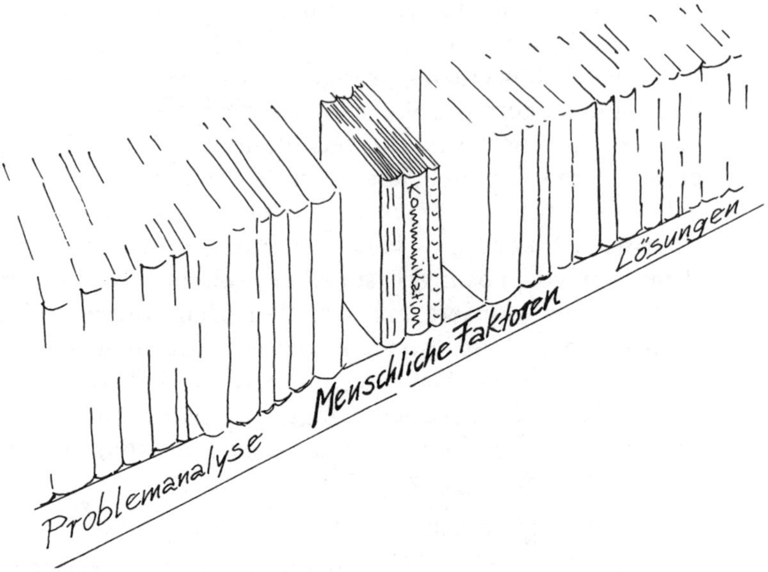

Zunehmend benennen Autoren die mit der Kommunikation verbundenen Probleme. Dieses Buch möchte auch einen Beitrag zu den menschlichen Faktoren bei der Kommunikation liefern und so die Lücke zwischen Zielvorgaben und praktischer Umsetzung verkleinern. Einen Ansatz dafür bietet die differenzierte Darstellung von Eversheim (1995, 6). Er teilt die Probleme der Produktentstehung in Sach- und Verhaltensprobleme auf.

Unter Verhaltensprobleme fallen:
- „mangelndes Verantwortungsbewußtsein
- umständliche Entscheidungsfindung
- ungenügendes Kommunikationsverhalten
- fehlende Team- und Kritikfähigkeit
- Hierarchie- und Abteilungsdenken sowie
- starke Funktionsorientierung“.

Sachprobleme unterteilt er in:
- „ungenaue Zielvorgaben
- Overengineering

- fehlende Projektplanung
- Schnittstellenvielfalt
- Informationsdefizite
- Intransparenz der Abläufe
- starke Interdependenzen zwischen Vorgängen und
- viele rückgekoppelte Prozesse".

Diese Auflistung ist hilfreich für die Problemerkennung. Die Bewertung durch Adjektive wie mangelnd, umständlich, fehlend, ungenau u. a. hilft in der Praxis jedoch nur weiter, wenn ein klarer Zusammenhang mit der Kommunikation hergestellt wird. In der Gruppe der Verhaltensprobleme wird das Thema Kommunikation nur einmal genannt, und zwar in der Formulierung „ungenügendes Kommunikationsverhalten". In allen anderen Punkten dieser Gruppe sowie bei den Sachproblemen der zweiten Gruppe, ist das Thema Kommunikation zwar enthalten, aber nicht direkt mit menschlicher Kommunikation in Verbindung gebracht worden. Zum Beispiel wird in der Praxis über „ungenaue Zielvorgaben" diskutiert, also kommuniziert. Gleiches gilt für das Beispiel „Informationsdefizite", zu deren Behebung Kommunikationsprozesse ablaufen müssen.

Zwischenmenschliche Aspekte der Information

„Wir dürsten nach Kommunikation,
doch ertrinken in Informationen."

Im betrieblichen Kontext spielt die Information bei der Koordination der ökonomischen Einsatzfaktoren (Kapital, Arbeit, Rohstoffe) sowie bei der Realisierung der Unternehmensziele eine wesentliche Rolle. Information fällt natürlich nicht vom Himmel, sondern wird von Menschen gemacht und durch Menschen vermittelt. Information wird also kommuniziert. Und das ist der springende Punkt. An der Informationserstellung und -vermittlung sind Menschen beteiligt, die kommunizieren. Egal, ob schriftlich oder mündlich, per Telefon, Fax oder e-mail, der Mensch kommt mit den unterschiedlichsten Aspekten seiner Persönlichkeit ins Spiel. Wenn also nur *mehr Information* gefordert wird – und wo geschieht das nicht – und nicht gleichzeitig die zwischenmenschliche Ebene der Kommunikation mitberücksichtigt wird, kann keine Lösung entstehen. Echte und ganzheitliche Lösungsansätze müssen auf jeden Fall den Menschen als bedeutenden Faktor im Informationsprozeß erkennen und ernstnehmen.

Bei Seminaren höre ich immer wieder, daß sich nur ein Viertel der Befragten ausreichend informiert fühlt. Mit anderen Worten: der weitaus größere Teil fühlt sich nicht ausreichend informiert bzw. sogar uninformiert. Wolff/Göschel (1987, 127) ergänzen dies mit der Feststellung: „Informationspolitik wird oft vorwiegend unter objektiv-fachlichen Gesichtspunkten betrieben. Hinter diese fachlichen Aspekte treten oft die psychologischen Gesichtspunkte der Information für Mitarbeiter und Führungskräfte zurück. Die Folge: die persönlichen Beziehungen werden weitgehend versachlicht, die Menschen rücken immer mehr auseinander. Dies wirkt sich abträglich auf die Zusammenarbeit aus, ohnehin vorhandene Gegensätze, zum Beispiel zwischen Produktion und Verwaltung, werden verstärkt". Wenn man außer acht läßt, daß Information und Kommunikation untrennbar mit den Menschen und mit allen ihren subjektiven Faktoren wie persönlichen Wahrnehmungen und Beurteilungen verknüpft sind, führt die Forderung nach Informationen nicht weiter. Ein Beispiel ist eine Broschüre mit dem Titel „Mensch und Unternehmen", die vom Arbeitgeberverband Gesamtmetall herausgegeben wurde. Darin steht das klare Bekenntnis, daß die Steigerung der Wettbewerbsfähigkeit nicht mehr durch weitere Technisierung, wie es jahrzehntelang versucht wurde, sondern durch den Einbezug des Menschen erreicht wird. Dies ist ein großer Schritt. Dennoch nennt die Broschüre das Problem noch nicht beim Namen: „Wer handeln soll, muß informiert sein. Information schafft Zugehörigkeit, Mangel an Information entfremdet" (1992, 21). Das menschliche Moment wird durch den Ausdruck „entfremdet" zwar angesprochen, jedoch nicht weiter ausgeführt. In der Broschüre wird von der Unternehmensleitung etwas gefordert: „Hierarchiebedingte Kommunikationsbarrieren abbauen und Kommunikationsprozesse in Gang setzen, damit Informationen ... fließen." (1992, 47). Das ist eine ganz wichtige Forderung, deren Umsetzung in einer Folgeschrift beschrieben werden könnte. Ein möglicher Titel wäre: Information durch Kommunikation. Darin könnte Information als funktionales und Kommunikation als prozeßhaftes Geschehen dargestellt werden. Information ist demnach ein Ergebnis, und die Kommunikation ist der Prozeß, der zum Ergebnis führt.

Information wird meist personenbezogen kommuniziert. Im betrieblichen Alltag können wir das in verschiedenen Varianten erleben: Einen Mitarbeiter, den man nicht mag, wird man, wenn überhaupt, nur ganz kurz, knapp und sachlich informieren. Dagegen erhält der Mitarbeiter, den ich sympathisch finde, die inhaltlichen Informationen mit Kommentaren versehen wie z.B.: „Vorsicht, bei der Sache mußt du aufpassen, daß...". Hier spielt die „Chemie" zwischen zwei Personen eine wichtige Rolle.

Jede Information ist verquickt mit dem psychischen Drumherum, den tief verankerten Einstellungen und Vorurteilen. Menschliche Werte wie Glaubwürdigkeit, Vertrauen und Respekt spielen eine große Rolle. Ein Kommunikator ohne solche Werthaltungen darf nicht mit großer Wirksamkeit rechnen. In Entscheidungsprozessen spielt die Präsentation von Informationen eine wichtige Rolle. Die Darstellung der Informationen kann die Entscheidungsfindung vereinfachen oder erschweren. Die Form der Information ist nicht nur Form, sondern zugleich Inhalt. Sie kommuniziert bereits etwas. Die „In-form-ation" als solche hat selbst noch keine Form. Das heißt, sie muß erst zu einer bestimmten Form gestaltet werden. Sie muß präsentiert und kommuniziert werden. Dies kann durch Folien, Schaubilder, Rundbriefe, Statements, Balkendiagramme, Comics u.a. geschehen sowie durch verbale und noverbale Kommunikation erläutert werden. Die Art der Präsentation läßt also nicht immer Rückschlüsse auf das zu, was inhaltlich präsentiert wird. Zum einen kennen wir den Fall, daß in nachlässiger Form ein inhaltlich sehr wertvolles Konzept lediglich in einer Plastikhülle steckt, zum anderen aber auch das Gegenteil, daß z.B. mit Glanzpapier und goldenen Lettern inhaltlich Schrott präsentiert wird und so durch eine bestechende Form über mangelnde Inhalte hinweggetäuscht wird.

Mit zwei Test-Leserinnen und der Grafikerin hatte ich eine Team-Besprechung. Ja, Sie lesen richtig, zusammen waren es drei Frauen und ein Mann. Sie wiesen mich darauf hin, daß hier das Thema „Männer- und Frauensprache" hineingehören würde. Bezogen auf „Form und Inhalt" wäre doch die Form die Sprache und der Inhalt die Gedanken. Wenn die Verpackung der Gedanken in der üblichen männlichen Sprache geschähe, wäre das doch auch schon eine Aussage. Das stimmt. Ich erwiderte, daß ich die konventionelle Sprachform verwende, weil sonst der Text bei Anwendung männlicher und weiblicher Formen schwer lesbar wäre. Leserinnen mögen mir diese Vereinfachung nachsehen.

Im weiteren Gespräch dachten wir uns ein kleines Experiment aus und nahmen uns vor, im folgenden Abschnitt nur die weibliche Anredeform zu verwenden. Ich möchte Sie einladen, dies einmal auf sich wirken zu lassen.

Inhalts- und Beziehungsaspekt

Viele Leserinnen erinnern sich wohl an Gespräche, in denen Mißverständnisse auftraten, die sich nicht auf einer sachlichen Ebene klären ließen. Dabei hatten sie das unbestimmte Gefühl, daß es eigentlich nicht um Inhaltliches ging, sondern um etwas anderes. Hilfreich zum Verständnis solcher Situationen ist der Ansatz von Watzlawick (1990), der in der Kommunikation zwischen „Inhaltsaspekt“ und „Beziehungsaspekt“ unterscheidet.

Bild 10

Das Bild läßt vielleicht vermuten, Bücher und Herz seien gleichrangig. Dies ist jedoch nicht so, denn die Lebensenergie kommt aus dem Herzen und nicht aus Büchern. Das Herz steht für Wärme und Vertrauen und liefert erst die Energie, um sich mit Inhalten zu beschäftigen. Es ist die Basis für eine Beziehung, auf der eine ersprießliche inhaltliche Arbeit erst gedeihen kann.

Die lateinische Wurzel des Begriffes Kommunikation lautet „communicatio“ und wird laut Fremdwörterbuch mit „Mitteilung“ und „Anteilnahme“ übersetzt. Somit sind auch hier die beiden Aspekte angesprochen: der Inhalts- und der Beziehungsaspekt. Mit jeder Aussage, Frage oder Feststellung wird nicht nur Sachliches mitgeteilt, sondern auch wie diejenige es meint, wie die Sprechende dazu steht. So ist eine Frage nicht nur ein Ersuchen um Informationen über ein Objekt, sondern es wird gleichzeitig die Beziehung zwischen den Gesprächspartnerinnen definiert. Die Art, wie die Fragende fragt (der Ton der Stimme, der Gesichtsausdruck, die Gestik usw.), ist ein Teil dieser Interaktion. Dies kann wohlwollende Freundlichkeit sein oder Neid mitschwingen, es kann sich Bewunderung oder irgendeine andere Einstellung ausdrücken. Die „Andere" kann ihrerseits dieses Beziehungsangebot akzeptieren, ablehnen oder ihr eine andere Definition entgegensetzen.

Die Schreibweise des Wortes „Andere" in diesem Buch entspricht nicht den derzeit geltenden Regeln der Orthographie. Ich schreibe es groß, wenn damit eine andere Person gemeint ist. Damit möchte ich eine Hauptaussage dieses Buches unterstreichen: Die Kommunikation lebt vom Gegenüber, sei es eine Gesprächspartnerin, eine Beteiligte, eine Kollegin, eine Vorgesetzte, kurz: eine Andere oder ein Anderer. Das soll durch die Großschreibung hervorgehoben werden. Anhand dieses winzigen innovativen Aktes läßt sich die Frage stellen: wie weit darf Innovation bestehende Konvention übergehen? In der Wirtschaft gilt: Innovationen fragen nicht. Sie tun es einfach. Da heißt ein Fax „Fax" und nicht mehr „Telekopierer". Ich bin da vorsichtiger und kündige den Konventionsbruch an.

Die Frage: „Was hat das Thema mit uns beiden zu tun?" führt zum Beziehungsaspekt. Die Nähe zur und die Sympathie für die Gesprächspartnerin sind wichtige Faktoren. Wenn eine Person sich öffnet, initiiert das in der Regel auch bei der Anderen eine Öffnung. Es ist ein Wechselspiel von gegenseitiger Angleichung, das meist unbewußt verläuft. Bleibt die eine auf der Inhaltsebene, bleibt die Andere in der Regel auch dort. Aber wenn es auf der Inhaltsebene immer schaler und leerer wird, liegt es vielleicht an der Beziehungsebene. Dann bedarf es eines bewußten Entschlusses, die Beziehungsebene anzusprechen. Dem Gespräch bewußt eine neue Wendung zu geben, setzt allerdings eine gewisse persönliche Reife und Erfahrung voraus. Es geschieht durch das Sich-selbst-Einbringen. Das Mitteilen des persönlichen Gefühls, selbst unter der Schalheit zu leiden, ist der erste Schritt. Dies sollte ohne Vorwurf geschehen, aber mit dem Interesse, die Kommunikation ganzheitlicher zu gestalten und eine bessere Beziehung zu erarbeiten.

Hinführung zur 1. Übung *„Nun möchte ich Sie wieder um Ihre Aufmerksamkeit bitten: In diesem Buch gibt es immer wieder Übungen, die ich Ihnen präsentiere. Ich moderiere die einzelnen Übungsschritte und erkläre das Vorgehen. An der entsprechenden Stelle werden Sie mich immer mit einer Tafel sehen, auf der jeweils der Name der Übung steht.*

Bild 11

Wofür sind die Übungen gut? Die Erfahrung zeigt, daß wir uns leichter verändern, wenn wir etwas tun, etwas ausprobieren. Lesen alleine macht uns zwar kenntnisreicher, erfahrungsreicher aber macht es uns nicht. Wirkliches Lernen geht über das Erleben. Das ist etwas mühsamer, es hält jedoch besser. Wenn die Übungen nicht gleich so gelingen, wie Sie es sich erwartet haben, so geben Sie nicht auf. Effizient zu kommunizieren ist recht schwierig und es bedarf der Übung, um diese subtile Energie konstruktiv einzusetzen.

Manche der Übungen können Sie alleine durchführen, manche mit einer Partnerin oder einem Partner. Zu Beginn wählen Sie besser eine Partnerin oder einen Partner, mit dem oder der Sie eine gute Beziehung haben, denn die gute Beziehungsebene ist die Basis, auf der Veränderungsprozesse erst stattfinden können. Wenn Sie die Übung mit einem Partner machen, vor dem Sie sich schützen müssen, oder glauben, sich schützen zu müssen, dann werden Sie nicht viel Neues lernen. Das ist ganz natürlich. Nur auf der Basis einer guten Beziehung erlauben wir uns, etwas Neues auszuprobieren und unsere anfängliche Unsicherheit zu zeigen. Versuchen wir doch einmal, die erste Übung gemeinsam zu machen.

„Ich möchte Sie für den Beziehungsaspekt sensibilisieren. Dazu ist es hilfreich, erst einmal die Beziehung zu Ihnen selbst bewußter wahrzunehmen. Geben Sie sich selbst 10 Minuten Zeit für diese Übung. Sie werden sehen: es lohnt sich. Machen Sie drei bewußte Atemzüge, wenn Sie möchten mit geschlossenen Augen. Wenn Sie einen stärkeren Kontakt zu sich selber spüren, so wählen Sie – in Ihrer Vorstellung – einen Menschen aus Ihrem Bekanntenkreis aus. Nehmen Sie jenen Menschen, der Ihnen zuerst einfällt. Nun führen Sie sich bitte eine mit ihm stattgefundene Gesprächssituation so konkret wie möglich vor Augen.

Es ist sinnvoll, sich zu der Situation ein paar Fragen zu stellen:

- *Wann war das Gespräch?*
- *Wer war dabei?*
- *Worum ging es?*
- *Wie hat das Gespräch angefangen?*
- *Wie hat es geendet?*
- *War ich echt?*
- *Habe ich mich verstellt?*
- *Wie habe ich mich gefühlt?*
- *Wie hat sich vermutlich mein Partner gefühlt?*

Nachdem Sie sich ein lebendiges Bild von der Gesprächssituation gemacht haben, untersuchen Sie die Kommunikation mit diesem Partner, vor allem den Beziehungsaspekt. Es ist nicht wichtig, worüber Sie gesprochen haben, hier geht es darum, was die Beziehung zum Anderen ausmacht.

- *Was wird Ihnen bewußt, wenn Sie über die Art und Qualität der Beziehung nachdenken?*
- *Was würden Sie heute anders machen, wenn Sie noch einmal in diese Gesprächssituation kämen?*
- *Was würden Sie bei sich selber und den Rahmenbedingungen gerne ändern?*

Wenn Sie sich die Situation jetzt noch einmal mit den gewünschten Änderungen vor Augen führen, so möchte ich Sie fragen:

- *Wie ändert sich nun die Beziehung zwischen Ihnen und dem Gesprächspartner?*
- *Wie wirkt sich diese Änderung auf die Situation aus?*
- *Und wie wirkt sich das auf Ihr Gefühl aus?*

Ich lade Sie ein, in Ihrer Vorstellung noch einmal Veränderungen vorzunehmen, bis die Situation Ihnen wirklich gut paßt. Sie werden sehen, mit diesem Vorgehen werden Sie solche und ähnliche Situationen künftig leichter bewältigen."

Sprechen oder Spüren – Kopf oder Herz In der Praxis unserer arbeitsteiligen Produktionsweise, in der das Trennen von Kopf und Herz, die Trennung von sachlichen und persönlichen Dingen häufig vorkommt, geschieht es, daß über Dinge hinweggesprochen wird. Sprechen kann in einem solchen Fall die Funktion haben, vom Spüren abzulenken. Dies bedeutet eine kopflastige Kommunikation, bei der die Gesprächspartner immer mehr das „Gespür" verlieren.

Die im betrieblichen Alltag gepflogene Trennung von Intellekt und Gefühlsleben kommt u.a. in der Formulierung „Dienst ist Dienst und Schnaps ist Schnaps“ zum Ausdruck. Die Aufhebung der Trennung dieser beiden Sphären geschieht manchmal beim Betriebsausflug nach dem dritten Schnapserl, dann kommt das große Auf- und manchmal auch Ausleben der Gefühle, was in starkem Kontrast zum emotionslosen Arbeitsalltag in manchen Betrieben steht.

Das Hemmnis für eine Veränderung besteht darin, am Beginn des Spürens überwiegend die unschönen, bislang verdrängten Gefühle wahrzunehmen. Doch an ihnen gibt es keinen Weg vorbei. Wer anfängt, das Nichtspüren schon zu spüren, ist auf einem guten Weg. Die Lektüre von Schellenbaums „Nimm deine Couch und geh!“ (1994) kann weitere Unterstützung auf dem Weg zum „Spürbewußtsein“ geben, dem zentralen Begriff seines therapeutischen Ansatzes.

Gute Beziehung ist Basis für fruchtbare inhaltliche Arbeit

„Ohne gute Beziehungsebene läuft
sachlich nicht viel, jedoch viel Pseudosachlichkeit!“

Die Anwendung des oben Gesagten bewährte sich im Zuge des Buch-Projektes in einer Besprechung beim Springer-Verlag in Heidelberg. Anwesend waren Frau O. für die Buch-Planung, Herr Sch. für die Buch-Produktion, Herr R. als Projektleiter. Ich als Autor kam mit dem Mitarbeiter Herrn S. zu der Besprechung, die im Büro des Projektleiters stattfand.

Die Verlagsmitarbeiter und wir hatten das Anliegen, bei der Arbeit nicht nur per Fax und Telefon in Kontakt zu sein, sondern durch die persönliche Begegnung eine Grundlage für eine effektive Kommunikation zu schaffen.

Angesichts der vielen Neuerscheinungen pro Jahr haben die Mitarbeiter des Verlages in der Regel keine Zeit, mit Autoren solche Zusammenkünfte abzuhalten. Aufgrund des Buchthemas Kommunikation begrüßten jedoch alle dieses Meeting. Es entstand eine gute Beziehungsbasis für weitere Schritte, und es kam auf schnellem Wege zu inhaltlicher Klärung anstehender Fragen und Innovationen hinsichtlich der Gestaltung des Buches. Wir besprachen Änderungen und beschlossen sie gemeinsam. Auch das Konzept der zusätzlichen Ebene im Buch – dieser Textteil ist ein Beispiel dafür – wurde besprochen. Meine Gesprächspartner fanden es innovativ und ich erhielt wertvolle Anregungen.

Basis für jede fruchtbare Zusammenarbeit ist eine positive Beziehungsebene. Sie wird gespeist von Menschlichkeit, von Fairness, von Vergeben- und Vergessenkönnen, von Anerkennung und Zuwendung. Damit ist Menschlichkeit Grundlage produktiven Arbeitens.

Bild 12

Erfolgreiche Menschen beherrschen die Kunst, einen Gesprächspartner auf der menschlichen Ebene abzuholen und so eine Brücke auf der Beziehungsebene zu bauen. Damit entsteht eine tragfähige Verbindung, auf der die gemeinsame Arbeit an den anstehenden Sachaufgaben geleistet werden kann.

Der Umkehrschluß ist naheliegend: Ist die Beziehungsbasis gestört und wird in einer unklaren und angespannten Beziehungssituation „zusammen" gearbeitet, läuft sachlich wenig. Mühsam ist es obendrein, denn irgendetwas muß ja im Kontext einer Arbeitssituation herauskommen. Es legt sich jedoch ein Grauschleier über die inhaltliche Arbeit und es wird ein „Krampfen", wie man in der Schweiz sagt.

Mir half K. in der Anfangsphase bei der Arbeit an diesem Buch. Wir merkten bald, daß die Chemie nicht stimmte, denn es bauten sich zunehmend Meinungsverschiedenheiten auf, wir hatten auf gut deutsch Beziehungskonflikte. So machte K. beispielsweise eine Kurzfassung über ein bestimmtes Thema und ich tippte das Erarbeitete ein. Erst bei späterem Lesen kam mir alles „spanisch" vor. Ich ärgerte mich über die vertane Zeit. In der Folge beschränkten wir uns aufgrund räumlicher Distanz auf den telefonischen Kontakt, da wir den Konflikt in einem persönlichen Gespräch ausräumen wollten. Wir merkten, daß wir aufgrund der ungeklärten Beziehung aneinander vorbeiredeten. Erst zu einem späteren Zeitpunkt konnten wir über die Beziehungsstörung sprechen und damit wieder die Basis zu einer tragfähigen Arbeitssituation schaffen.

Wie kann eine gute Beziehungsebene hergestellt werden? In der Geschäftswelt erkundigen sich manche nach dem Lebenspartner oder sprechen andere Themen aus der Privatsphäre an:

- Wie geht's Ihrer Frau?
- Wie war's im Urlaub?
- Wie geht's den Kindern in der Schule?
- Was macht die Gesundheit?
- Was machen Sie am Wochenende?

Solche Fragen bekunden das Interesse am Gesprächspartner als Person und Mensch, was Wohlwollen bekundet und tendenziell wohlwollend macht. Wenn nicht nur obige Fragen an den Gesprächspartner gerichtet werden, sondern wenn auch ehrlich von sich selbst erzählt wird, ist dem Anderen eine Brücke gebaut, auch von sich zu erzählen. Und damit ist es leichter, gegenseitig eine positive Beziehungsebene herzustellen.

Indem ich mich selbst sichtbar werden lasse und mit gutem Beispiel vorangehe, kann ich den Anderen einladen, gleiches zu tun, trotz des Risikos, nicht entsprechende Resonanz zu finden, weil es vielleicht den Anderen überfordert. Die schwierigste Hürde auf dem Weg zur guten Beziehungsebene liegt jedoch auf einer ganz anderen Ebene: im Verhältnis zu uns selbst. Denn alle kommunikationstechnischen Hilfsmittel sind eine Krücke, wenn wir nicht zu uns selbst eine gute Beziehung pflegen. Denn wir können schwerlich von uns selbst erzählen, wenn wir uns selbst zu wenig kennen.

Die Frage : „Wie bekomme ich zu meinen Gesprächspartnern einen guten menschlichen Kontakt?“ läßt sich also am besten so beantworten: „Arbeiten Sie an einem guten Kontakt zu sich selbst.“ Dies heißt, wie im Abschnitt über das Menschenbild noch ausgeführt wird, auch den Zugang zu Ihrem „wahren Selbst“ zu suchen und die Verbindung zu Ihren Gefühlen zu pflegen. Dazu hilft Ihnen beispielsweise die Übung mit der Gefühlstabelle auf Seite 70. In Wirtschaftsbetrieben geht es natürlich primär um die Erstellung und das Verkaufen von Leistungen. Eine gute Beziehungsebene ist dafür hilfreich. Dennoch müssen jene Formen, die eine gute Beziehung aufbauen, wohldosiert eingesetzt werden. Der Partner erwartet im beruflichen Kontext in der Regel ein Gespräch über die geschäftliche, weniger über die persönliche Beziehung. Es gibt derzeit noch wenige Unternehmen, in denen es möglich ist, persönliche Bedürfnisse, also menschliche Nähe und Wärme im Kontext des Arbeitslebens zu befriedigen.

Formelle und informelle Kommunikation

In Unternehmen gilt der Grundsatz: Je weniger die interne Kommunikation offiziell organisiert ist, desto mehr blüht sie im Verborgenen. Versagt das formelle Informationswesen in Form von Betriebsanweisungen oder Rundschreiben, erfährt man eben aus der „Gerüchteküche" von der neuen Produktstrategie und in einem Gespräch beim Kaffeeautomaten von den aktuellen Personalrochaden.

Auch die bestorganisierte formelle Kommunikation wird Klatsch und Tratsch im Unternehmen nicht verhindern können. Aus diesem Grund wird immer öfter versucht, die verdeckt laufende Kommunikation zu kanalisieren. Gerüchte werden ernstgenommen und offiziell kommentiert, wodurch sie zu formellen Informationen werden. Voraussetzung hierfür ist ein kooperativer Führungsstil, der wechselseitige Informationen von oben nach unten und von unten nach oben zuläßt. Gerade Personalveränderungen werden sensibel wahrgenommen, insbesondere bei mangelnder Information. Mitarbeiter fühlen sich hängengelassen und die Gerüchteküche brodelt. Was im Unternehmen bleibt, sind Unruhe und oft genug auch Ängste vor drohenden Maßnahmen.

In Hinblick auf eine regelmäßige Mitarbeiterinformation ist als Ergänzung zu einem fixen Info-Programm die Einrichtung eines „Informationsbasars" zu empfehlen. Aus den verschiedenen Angeboten in Form von Videos, Fachbüchern, Plakaten und Fotos kann sich der interessierte Mitarbeiter nach seinen jeweiligen Bedürfnissen mit Informationen versorgen. An den „Basar-Ständen" geben Fachleute in Sachen Kommunikation Erläuterungen.

Da Informationen von verschiedenen Menschen unterschiedlich aufgenommen werden, wird der Mitarbeiter dort abgeholt, wo er Informationsbedarf hat. Dies verringert die Gefahr, daß Mitarbeiter mit Informationen zugeschüttet werden. Mit einem solchen Informationsmarkt werden nicht nur das Info-Interesse und das Info-Angebot leichter in Einklang gebracht, sondern auch die menschlichen Bedürfnisse werden damit befriedigt und der Transfer gelingt besser. Saupe (1997, 228) führt als besonderen Vorteil eines Informationsmarktes an, daß „Bewegung in allzu stabile Denk- und Entscheidungsstrukturen kommt." Als weiteren Vorteil streicht er heraus, daß „Inspiration in die Beziehung zwischen benachbarten Abteilungen und Kreativität in die routinierten Abläufe zwischen Kollegen" einzieht.

Spitznamen haben Aussagewert Der Unterschied zwischen formeller und informeller Kommunikation wird oft durch den Gebrauch von Spitznamen deutlich. So wird in formellen Gesprächen von „Herrn Diplom-Ingenieur Klee" gesprochen, in informellen Unterredungen aber vom „Kleenen". Wenn über abwesende Personen informell kommuniziert wird, kann es noch viel bunter zugehen. Diverse Anleihen für Bezeichnungen stammen aus dem Tierreich. Der Herr Direktor mutiert zum „scharfen Hund", zum „Wadlbeißer" usw. Der langjährige Berater des Firmeninhabers wird zum „Fossil", der interne Kosten-Revisor wird zum „Inquisitor". Zeitgeschichtlich belastete Rollen werden da mitunter transportiert. Mit der Bezeichnung wird schon ein bestimmtes Kommunikationsverhalten verknüpft. Für den Rollenträger ist es schwierig, mit solchen Zuschreibungen fertig zu werden, zumal sie auch dann wirken, wenn der so Bezeichnete nichts von ihnen weiß. Was über eine Person gesagt wird, hat Auswirkungen auf das Kommunikationsverhalten. Max Frisch hat in seinem „Andorra" gezeigt, wie solche Zuschreibungen als Handlungsanweisungen wirksam werden können. Seine Hauptfigur Andri hält schließlich solche Zuschreibungen für wahr und glaubt von sich selbst, was die anderen Leute über ihn sagen.

Viele Informationen laufen über informelle Kontakte, die bei Veranstaltungen im Unternehmen, seien es Jubiläen, Weihnachtsfeiern, Sportveranstaltungen oder Betriebsausflüge entstehen. Manche Betriebe unterhalten eine Musikkapelle, deren Mitglieder in verschiedenen Abteilungen arbeiten. Bei Proben und bei gemeinsamen Auftritten wird der menschliche Kontakt außerordentlich gefördert, und es wird auch das eine oder andere betriebliche Problem angesprochen. Die Beziehungsebene wird gefestigt, auf deren Basis Sachprobleme schneller gelöst werden können. Es entstehen interdisziplinäre informelle Teams, in denen Sachprobleme angesprochen werden, die verschiedene Abteilungen betreffen. Solche Kommunikationsverbindungen entlasten die formellen Strukturen im Unternehmen. Im Kontext informeller Kommunikation bilden sich Beziehungen und Freundschaften, die den Zusammenhalt in jeder Organisation fördern, aber auch Seilschaften und Freunderlwirtschaft, die die allseits bekannten Schattenseiten aufweisen.

Bild 13

Die Darstellung zeigt den Zusammenhang zwischen formeller und informeller Kommunikation auf. Parallel zur Situation im Besprechungsraum findet eine informelle Absprache im Flur statt. In der Praxis sieht das so aus: Zwei Personen im Raum schauen sich beziehungsreich über den Tisch hinweg an. Eine von ihnen verläßt darauf den Besprechungsraum, die andere Person folgt kurz danach. Im Flur findet dann die „informelle Besprechung" statt, die durch Handschlag zu einer Vorvereinbarung wird, die im Team als solche noch nicht getroffen wurde. Damit wird der Entscheidungsprozeß stark beeinflußt bzw. dem Team werden wichtige Informationen vorenthalten.

Diese Kommunikationsart ist pauschal weder als schlecht noch als gut zu bewerten, eines ist aber sicher: zuviel informelle Kommunikation läßt die formellen Strukturen zu einem Schattendasein verkommen. Entscheidungsprozesse werden auf diese Weise intransparent. Wenn jedoch nur auf formelle Kommunikation gepocht wird, besteht die Gefahr der Erstarrung und Bürokratisierung. Anzustreben ist jener Zustand, bei dem die formelle Kommunikation zusätzlich von der informellen unterstützt wird und so wichtige offizielle Informationen schneller diffundieren können.

Ausdrucks- und wirkungsorientierte Kommunikation

In Anlehnung an Schulz von Thun (1994, 209) möchte ich die Kommunikation in zwei Grundausrichtungen darstellen:

Bild 14

Wenn eine Person eine rein ausdrucksorientierte Kommunikation pflegt, wie sie hier *Kommon* darstellt, so ist diese Person von sich selbst überzeugt. Sie hat vielleicht eine Mission, achtet jedoch weniger darauf, ob sie vom Anderen verstanden und akzeptiert wird. Es ist eine Person, die sich und ihr Anliegen dem Anderen zumutet. Die Gefahr liegt darin, sich selbst zu genügen und sich dem Andern gar nicht mehr verständlich machen zu wollen. Eine ausdrucksorientierte Kommunikation kümmert sich wenig um die Wirkung, überläßt sie gleichsam dem Zufall, beachtet nicht, wie die Botschaft ankommt.

Auf dem Gebiet der Unternehmenskommunikation wäre als Beispiel die Benetton Werbung mit den bekannten Motiven des neugeborenen, blutverschmierten Babys oder des Aids-Kranken mit seinen Eltern zu nennen. Diese Kommunikation will in geradezu aufrührerischer Art, ohne Kontrolle auf die Wirkung ausüben zu wollen, etwas ausdrücken. Benettons Werbeverantwortlicher Toscani charakterisiert sein Anliegen mit folgenden Worten: „Ich mache keine Werbung. Ich verkaufe nicht. Ich versuche nicht, das Publikum zu überreden" (1996, 202). Die Benetton-Werbung greift die Sinnkrise der 90er Jahre auf, wirbt primär nicht mehr für das Produkt, sondern thematisiert soziales Verhalten in der Gesellschaft. Benetton betreibt Meinungsbildung und positioniert sich somit als Unternehmen mit eindeutiger Werthaltung. Entsprechend ist auch die Resonanz: sehr kontrovers. Ob sich diese Art von Ausdrucks-Kommunikation schließlich verkaufsfördernd auswirkt, was natürlich das Ziel von Werbung ist, wird ebenfalls kontrovers diskutiert.

Der andere Pol der Kommunikation ist sehr bedacht auf die Wirkung und Zielerreichung in Hinblick auf den Adressaten, den Kunden.

Bild 15

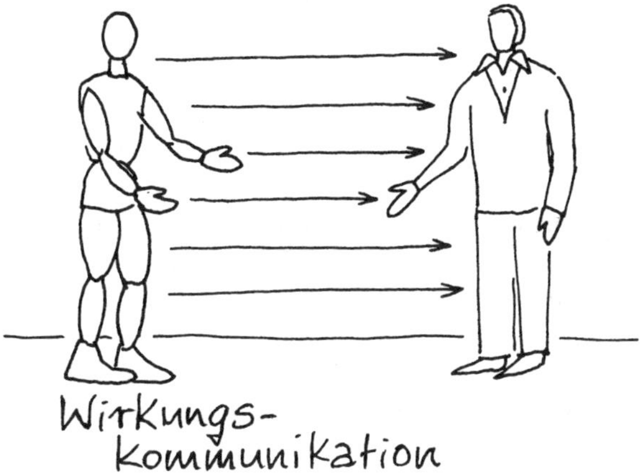

Bei der Wirkungs-Kommunikation liegt die Konzentration darauf, ob und wie die Botschaft ankommt. Auf der Ebene der interpersonellen Kommunikation berücksichtigt der Sender sehr stark die Persönlichkeit des Empfängers, seine Interessenslagen, Motive und Bedürfnisse. Der Sender ist bereit, sich ihm anzupassen, mit dem Risiko, auf Glaubwürdigkeit zu verzichten.

Im wirtschaftlichen Bereich ist ein Beispiel für die Wirkungs-Kommunikation die klassische zielgruppenorientierte Werbung. Auf der Basis sorgfältiger Marktforschung werden die Kundenbedürfnisse eruiert und entsprechend den Bedürfnissen die Produkte kommuniziert. So wird z.B. in der Zigarettenindustrie der Trend zur „Selbstverwirklichung" durch hochbezahlte „Trend-Scouts" aufgespürt. Deren Wegweisungen folgend werden in der Produktwerbung, unabhängig von den originären Produkteigenschaften, auf Plakatwänden eindrucksvolle Bilder von Individualiät dargestellt.

Der Kommunikationswissenschaftler Schulz von Thun (1994, 211) formuliert das so: „Der wirkungsorientierte Sender fragt sich immer zunächst, teils bewußt, teils unbewußt: „Was will ich erreichen bzw. verhindern?" und versucht dann, seine Nachricht so zu entwerfen, daß sie für diese Zielerreichung optimal erscheint. Dabei nimmt er auch in Kauf, daß die Nachricht unter Umständen nicht das ausdrückt, was tatsächlich ist. Hier zählt Takt und Taktik, während bei der Ausdrucksorientierung Stimmigkeit und Wahrheit zum entscheidenden Kriterium werden". Damit ist auch eine ethische Komponente verknüpft. Wie sieht das in der Praxis des Verkaufens aus? Angenommen, ein Verkäufer verfügt über Informationen über ein Produkt, die er gegenüber den Kunden bewußt zurückhält. Er nimmt an, der Kunde würde das Produkt nicht kaufen, sofern er vollständige Informationen hätte. Damit ist seine Kommunikation zwar wirkungsorientiert, aber mit der Absicht der Manipulation. Das ist nicht ehrlich und währt deshalb nicht am längsten. Das Gegenbeispiel wäre ein Verkäufer, der den Kunden mit allen verfügbaren Produktinformationen versorgt, ohne Rücksicht darauf, ob der Kunde diese verarbeiten kann und ob sie für seine Bedürfnisse relevant sind. Dies wäre eine rein ausdrucksorientierte Kommunikation, die aber unsoziale Züge trägt und somit ebenfalls nicht zur Kundenbindung beiträgt. Glaubwürdige Kommunikation wäre hier, wenn der Kunde eine umfassende Beratung über das Produkt erhält, die auch die für ihn relevanten Grenzen des Produktes aufzeigt. Das schafft eine stabile Vertrauensbasis für den Aufbau einer tragfähigen Kundenbeziehung. Langfristig wird der Kunde dorthin gehen, wo er das Gefühl hat, aufrichtig und ehrlich behandelt zu werden, was ausdrucksorientierte Elemente der Kommunikation beinhaltet und wo spezifisch auf ihn und seine Bedürfnisse eingegangen wird, was einen wirkungsorientierten Aspekt darstellt.

Zur Unterstützung der Glaubwürdigkeit ist das Konzept des „Relationship Marketing" hilfreich. Nach Wehrli (1993, 4) ist dessen Zielsetzung, das bisherige Marketingverständnis „to make a sale" in ein zukünftiges „to create a customer" zu verwandeln. In Bezug auf Kommunikation und im Sinne der zwei obengenannten Grundausrichtungen sind zwei Unterschiede besonders bedeutsam: Verkäufer und Käufer werden bei ersterem als unabhängig gesehen – die Kommunikation ist „einseitig" vom Verkäufer zum Kunden gerichtet. Beim Relationship-Marketing dagegen stehen Verkäufer und Käufer in gegenseitiger Abhängigkeit und pflegen eine wechselseitige Kommunikation. Im Konzept des „Relationship Marketing" wird deutlich, daß jede Form von bewußt manipulativer, rein wirkungsorientierter

Kommunikation, die beim Kunden das Gefühl hinterläßt, seine freie Entscheidungsfindung werde beeinflußt, sich langfristig nicht auszahlen wird. Die Lösung für den Verkäufer ist, sich der Gefahr der Manipulation bewußt zu sein und damit verantwortlich umzugehen.

Die zwei Pole – Wirkungsorientierung und Ausdrucksorientierung – stehen in einem gewissen Spannungsfeld zueinander. Die gelungene Verbindung der beiden Pole liegt, wie so oft, in der ausgewogenen Mischung. In Unternehmen muß sie in den Gesamtrahmen der unternehmerischen Leitvorstellungen passen und bei Individuen muß sie stimmig zur gesamten Persönlichkeit sein.

Rhetorik – die schöne Form der Manipulation? Die Rhetorik als Redekunst (Bartsch 1991, 3) und als Methode zur Verbesserung der Kommunikation ist in den Unternehmungen eingeführt, allerdings mehr in Marketingkreisen als in den Abteilungen der Technik und Produktion. Bei den letztgenannten Bereichen würden rhetorische Kenntnisse dazu verhelfen, innovative Ideen auch intern zu vermarkten und zu verkaufen. Das Management neigt dazu, diejenigen Projekte zu unterstützen, die am überzeugendsten präsentiert werden. Die Rhetorik ist im Sinne einer internen Kundenorientierung dafür ein Hilfsmittel, ihr Einsatz sollte mit einer ethischen Zielsetzung und Handhabung verknüpft sein.

Einen Gegenentwurf zur manipulativen Rhetorik bildet eine „redliche Rhetorik". Sie hängt nicht von großen Worten, schon gar nicht von schönen Worten ab, sondern meint es ernst mit dem gegenseitigen Verstehen und kooperativen Handeln. Oft wird, wenn es um den Kunden und die Unternehmenskommunikation überhaupt geht, Rhetorik leider weniger als Redekunst, sondern vielmehr als Überredungskunst, als Manipulationstechnik eingesetzt und damit – streng genommen – mißbraucht.

Glaubwürdigkeit

Glaubwürdigkeit hat viel zu tun mit der Einheit bzw. dem Auseinanderfallen von Reden und Tun. Eine englische Formulierung bringt es auf den Punkt: „Practice what you preach!" Auch hier wird das Problem der Umsetzung angesprochen: das zu praktizieren, was wir predigen; das bedeutet im konkreten Verhalten unsere Ideen und Vorstellungen umzusetzen. Wenn wir sagen was wir denken, und tun, was wir sagen, werden sich viele zwischenmenschliche Probleme leichter lösen lassen, auch wenn diese direkte Art der Kommunikation zunächst Turbulenzen nach sich zieht.

Was für einzelne Individuen gilt, gilt auch für Unternehmen. Das Bild, das die Öffentlichkeit von der Glaubwürdigkeit eines Unternehmens bekommt, wird von sämtlichen Unternehmenstätigkeiten beeinflußt. Für das Gesamtbild können aber schon einzelne unglaubwürdige Sachverhalte sehr stark ins Gewicht fallen. „Beispielsweise nützt es wenig für das Image der Unternehmung, wenn diese sich gegenüber ihren Mitarbeitern vorbildlich verhält, aber ständig wegen umweltbelastender Produktionsverfahren kritisiert wird. Um Akzeptanz zu erhalten, muß eine Unternehmung als Ganzes glaubwürdig erscheinen" (Thommen 1988, 47).

Glaubwürdigkeit kostet natürlich Zeit und Geld. Nach innen etwa bei der Umsetzung eines partnerschaftlichen Führungsstiles oder nach außen im glaubwürdigen Umgang mit den Kunden. Es stellt sich die Frage, ob sich Unternehmen Glaubwürdigkeit – ökonomisch gesehen – leisten können. Oder anders gefragt: Gibt es einen „Return on Investment", wenn in das immaterielle Gut „Glaubwürdigkeit" investiert wird? Die Antwort darauf kann nur „Ja!" lauten. Es wird durch viele Aussagen im Buch belegt, daß glaubwürdige Kommunikation innerhalb des Unternehmens sowie zwischen dem Unternehmen und seinen Systempartnern eine qualitative Voraussetzung für die Stabilität der Beziehungen zwischen den Mitarbeitern bzw. zu den Kunden darstellt.

I

Im Gespräch mit einem Mitarbeiter kommt der Einwurf, daß auch hier, wie an anderen Stellen im Buch, Anleitung und Werkzeug in die Hand gegeben wird, Endverbraucher auf noch subtilere Weise zu manipulieren, sie sollen sozusagen „das weißeste Weiß aller Weißmittel kaufen, um ihr weißes Gewissen zu weißeln". Meine Antwort darauf war, daß ich darauf vertraue, daß LeserInnen die hier vermittelten Gedanken und Methoden in verantwortlicher Weise einsetzen. Ich bin mir bewußt, daß jede Kommunikation für rein manipulative Eigenzwecke mißbraucht werden kann. Das ist jedoch nicht nur aus ethischen Gründen nicht empfehlenswert, sondern auch aus dem rational nachvollziehbaren Argument heraus, daß Manipulation mittel- und langfristig gesehen zur Unglaubwürdigkeit führt, die einen irreparablen Schaden darstellt.

Eine interessante Gegenfrage wäre: Was kostet eigentlich Unglaubwürdigkeit – vor allem langfristig gesehen? Imageverlust kann einen Marktanteilsverlust nach sich ziehen und ist somit sehr teuer. Beispiel dafür ist die in der Presse breit diskutierte Art und Weise wie Shell die Ölplattform Brent-Spar in der Nordsee entsorgen wollte. Auch wenn sich im Nachhinein herausstellte, daß Shell bei seiner Art der Entsorgung durchaus ökologische Überlegungen stark einbezogen hatte, so gelang es nicht, dies in der Öffentlichkeit glaubwürdig zu kommunizieren. Konsequenzen waren u.a. ein Konsumentenboykott und Umsatzrückgänge.

Zentrale Elemente einer glaubwürdigen Kommunikation

Das Beispiel Shell unterstreicht die ökonomische Bedeutung einer glaubwürdigen Kommunikation. Aus der Sicht der Öffentlichkeit fehlte die Einheit von Reden und Handeln. Die Motive und Interessen von Shell waren nicht ausreichend transparent. Zur glaubwürdigen Kommunikation gehört die Ehrlichkeit sich selbst und Anderen gegenüber. Es gilt, Verantwortung für die Konsequenzen des eigenen Tuns zu tragen und im Sinne einer redlichen Rhetorik mit offenen Karten zu spielen. Glaubwürdigkeit ist sowohl innerhalb des Unternehmens als auch nach außen hin wichtig.

Was leistet Glaubwürdigkeit innerhalb des Unternehmens?

- Dient der Bildung einer Vertrauensbasis, die notwendig für Veränderungsprozesse ist
- Leistet interne Überzeugungsarbeit („Ein Mann – ein Wort!“)
- Hilft bei der Umsetzung von Konzepten
- Unterstützt das Vertrauensklima („Auf den kann ich mich verlassen!“)
- Belebt die Kommunikation („Ich brauche mir kein Blatt vor den Mund zu nehmen“)
- Dient dem Entwickeln einer „echten“ Vision
- Ermöglicht den Aufbau einer starken Corporate Identity

Was leistet Glaubwürdigkeit nach außen?

- Baut eine tragfähige Kommunikationsbrücke zu den Systempartnern wie Medien, Bürgerinitiativen, Lieferanten und natürlich zum Kunden auf
- Stützt das Beziehungsmarketing („relationship marketing“)

- Ermöglicht den Aufbau sensibler Außenbeziehungen (z.B. mit Banken, Versicherungen u.a.)
- Verstärkt die Ausprägung eines positiven Unternehmensimages

Ohne glaubwürdige Kommunikation werden sich neue Management-Methoden schwer umsetzen lassen. Hinterhuber (1994, 199) streicht diesen Aspekt besonders heraus: „Glaubwürdigkeit, Verläßlichkeit, Redlichkeit“ sieht er als wesentliche Voraussetzung für die Implementierung des Lean Management.

Fünf Ebenen der Kommunikation

„Ein Atom bleibt selten allein". (*Martin Sailer, Physiker*)

Eine naturwissenschaftliche Analogie

Eine naheliegende Struktur für die Gliederung von Kommunikationsprozessen bietet die Zahl der Geprächspartner. Je mehr Personen an einem Gespräch beteiligt sind, desto größer wird die Zahl der möglichen Interaktionen. Es bestehen dabei jedoch nicht nur quantitative, sondern auch qualitative Unterschiede, so daß sich verschiedene Ebenen herauskristallisieren, die sich durch spezifische Kommunikationsformen auszeichnen. Diese verlangen jeweils unterschiedliche Strategien und Fertigkeiten. Jede Ebene weist eigene Gesetzmäßigkeiten, Gefahren und „Fallen" auf. In der Folge werden diese verschiedenen Ebenen vorgestellt.

Die Verbindungen zwischen Atomen und Molekülen – ein Bild aus der Physik – möchte ich für eine Analogie benutzen, um die zunehmende Komplexität von Kommunikationsverbindungen zu veranschaulichen. Das Übertragen naturwissenschaftlicher Modelle auf soziale und wirtschaftliche Zusammenhänge hat Tradition, auch wenn dabei manche Parallele über's Knie gebrochen wurde. Manche Naturwissenschaftler hatten jedoch eine glückliche Hand und ihre Analogien sind gut nachvollziehbar. Hierbei denkt man vor allem an jene Physiker und Philosophen, die den Umbruch des mechanistischen Weltbildes mitgestaltet haben, an Namen wie Niels Bohr, Albert Einstein, Werner Heisenberg und nicht zuletzt an Carl F. von Weizsäcker. In Zusammenarbeit mit anderen namhaften Wissenschaftlern und dem Schriftsteller C.F. Basedow gründete er im Jahre 1971 die „Forschungsgesellschaft für östliche Weisheit und westliche Wissenschaft" und leistete damit einen bedeutsamen Beitrag zur Integration der Philosophien verschiedenster Kulturkreise. Zum Problem der Analogiebildung merkt Weizsäcker an, daß diese in der Umgangssprache geschieht, „ohne daß irgendwo eine scharfe Definition dessen vorhanden wäre, wovon die Umgangssprache redet" (1992, 444). Damit ist auch die folgende Analogie mit einer gewissen Unschärfe behaftet.

Bild 16

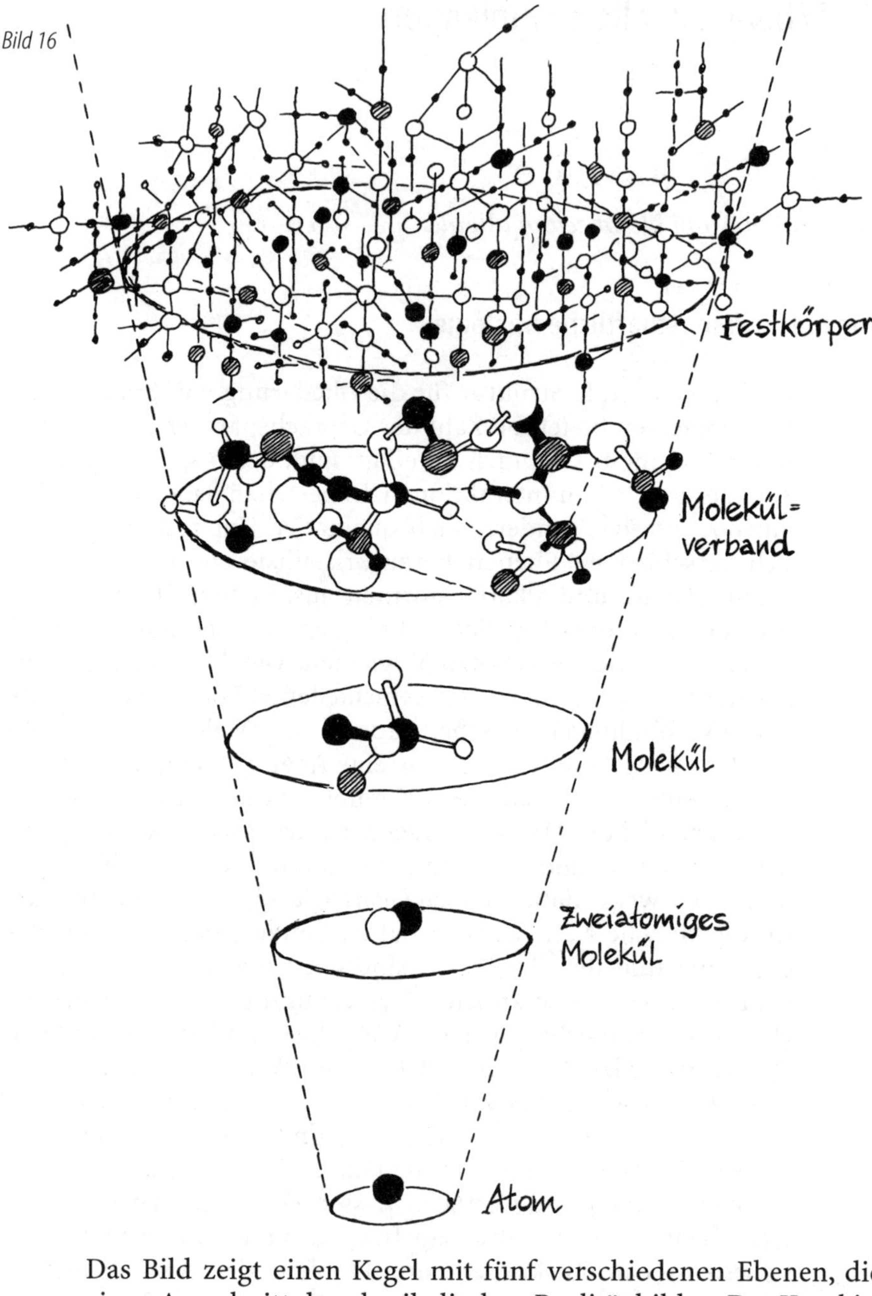

Das Bild zeigt einen Kegel mit fünf verschiedenen Ebenen, die einen Ausschnitt der physikalischen Realität bilden. Der Kegel ist sowohl nach unten offen, in das Gebiet der Elementarteilchen und Quarks, als auch nach oben, in die Welt der makroskopischen Systeme. Die einzelnen Ebenen werden in einem ersten

Schritt kurz vorgestellt und mit der Unternehmensrealität in Beziehung gesetzt.

Die *1. Ebene* enthält das Atom als Grundbaustein der Materie. Es symbolisiert hier das unteilbare menschliche Individuum, den einzelnen Mitarbeiter im Unternehmen.

Die *2. Ebene* zeigt zwei Atome in Interaktion. Es wirken wechselseitige Kräfte. Die daraus entstehende Verbindung, ein zweiatomiges Molekül, läßt sich in der Physik noch exakt berechnen. Auf das Unternehmen übertragen symbolisiert diese Ebene die Interaktion zweier Individuen, deren Verhalten zwar in einem mathematischen Sinne „unberechenbar" ist, jedoch im Rahmen sozialer Normen und Werte eine gewisse Vorhersagbarkeit besitzt.

Die *3. Ebene* stellt ein Molekül dar, das sich aus sechs Atomen zusammensetzt. Dieser Sachverhalt stößt an die Grenzen der Beschreibungsmöglichkeiten durch physikalische Modelle. Hier beginnt der fließende Übergang zur Modellbildung aus der Chemie. In unserer Analogie stellt diese Ebene ein Team von sechs Personen dar. Auch im zwischenmenschlichen Bereich wird die Chemie für Vergleiche herangezogen. Es wird von der „Chemie" zwischen Teampartnern gesprochen, womit die verschiedenen Arten der Bindungen und Reaktionen wie beispielsweise Sympathie oder Abneigung gemeint sind.

Die *4. Ebene* zeigt eine Verbindung mehrerer ähnlicher Moleküle. Dieses Gebilde verkörpert die vielfältigen Kommunikationsverbindungen zwischen den Abteilungen und Bereichen innerhalb eines Unternehmens.

Die *5. Ebene* besteht aus mehreren Molekülverbänden. Dieses System steht in mehr oder weniger starker Wechselwirkung mit anderen Systemen in seinem Umfeld. In unserer Analogie ist das ein Unternehmen mit verschiedenen Produktionsstätten und Zweigstellen sowie seine Verbindungen nach außen zu den Systempartnern wie z.B. den Kunden oder den Fachverbänden.

Der Kegel nach oben fortgesetzt führt zu den weltweiten Informations- und Kommunikationsnetzwerken und der globalen Vernetzung aller Systeme. Auch nach unten hin ist der Kegel offen, da das Atom spaltbar ist. Es besteht aus Elektronen, Protonen, Neutronen, welche letztere wieder aus Quarks aufgebaut sind. Auch der Mensch als Individuum kann in seinen verschiedenen Persönlichkeitsanteilen beschrieben werden. Unterschiedliche Interessenslagen und die damit verbundenen Gefühle lösen in uns einen inneren Zwiespalt aus. Im Extremfall sprechen die

Psychopathologen von „Schizophrenie", wenn unterschiedliche Persönlichkeitsanteile ein Eigenleben führen.

Diese naturwissenschaftliche Analogie ist gut geeignet, um die Anzahl der Kommunikationsverbindungen auf den verschiedenen Ebenen und die damit verbundene Komplexität zu veranschaulichen. In der sozialen Realität sind die Vorgänge aufgrund der vielfältigen zwischenmenschlichen Kommunikationsmöglichkeiten jedoch weit komplexer, da jedes Individuum seinen eigenen Willen und eigene Vorstellungen hat. Es ist nicht vorhersagbar, wie sich Individuen entscheiden und wie das Produkt dieser Entscheidungen aussehen wird.

Im naturwissenschaftlichen Bild sind die Moleküle fest miteinander verbunden und haben, z.B. in der Sechserkonstellation, eine eindeutige Mitte. Diese Art der unflexiblen Verbindung ist bei Menschen nicht gegeben. Der Mensch hat die Möglichkeit, seine Beziehungen zu gestalten. Wenn beispielsweise zwei Menschen Blickkontakt aufnehmen, verändert dies bereits ihre Beziehung. Die zwei Beteiligten haben nun die freie Wahl, sich dem Anderen zu öffnen oder nicht, unabhängig voneinander. Diese Entscheidungsfreiheit birgt große Chancen, aber auch Konfliktpotential.

Ein Atom hingegen kann sich nicht frei entscheiden, welche Verbindungen es eingehen möchte. Als Beispiel möge die 3. Ebene mit den sechs Atomen dienen. Wenn diese zusammenkommen, dann kann mit naturwissenschaftlichen Methoden – mit mehr oder weniger großem Rechenaufwand – vorhergesagt werden, wie das Endgebilde aussehen und wie sich die Verbindung der sechs Atome gestalten wird.

Ganz anders ist es in der sozialen Realität. Möglicherweise hat eines dieser „Atome" ein Riesenproblem, weil es gerade in Scheidung lebt und sich deshalb völlig unberechenbar verhält. Dieses Verhalten hat wiederum unberechenbare Aus- und Nebenwirkungen auf seine „Mit-Atome". Deutlich werden diese Überlegungen, wenn Sie sich vorstellen, daß alle Atome in der Zeichnung Personen symbolisieren, die in einem Wirtschaftsbetrieb eng zusammenarbeiten. Dann ergibt sich das gegenüberliegende Bild.

Fünf Kommunikationsebenen Beim Betrachten von Bild 17 fällt zunächst die mit jeder Ebene zunehmende Zahl der beteiligten Personen auf. Es sind immer mehr Menschen am Kommunikationsprozeß beteiligt.

Bild 17

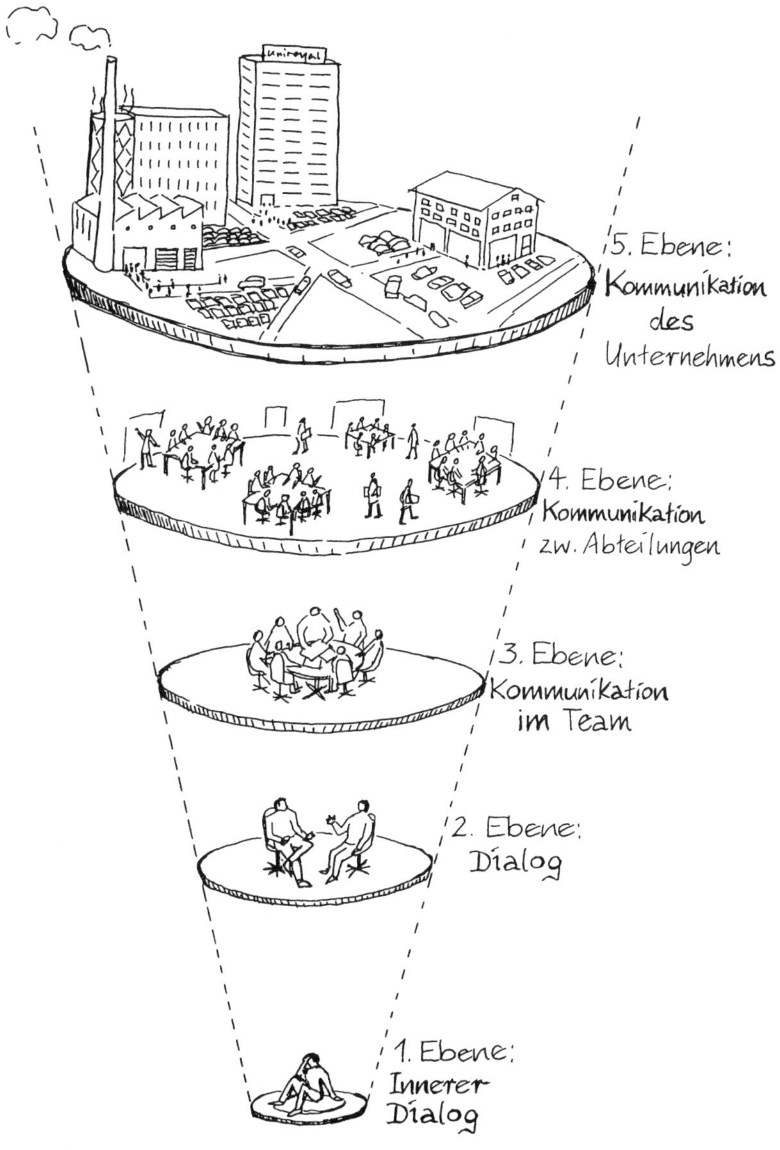

In der Folge wird dieses Bild als Strukturhilfe für das Buch Verwendung finden. Die Ebenen bauen hierarchisch aufeinander auf. Aussagen, die auf die zweite Ebene zutreffen, sind auch für alle nachfolgenden Ebenen gültig. Zum Beispiel gelten die Vorteile einer klaren Vereinbarung, die zwischen zwei Menschen getroffen wird, auch auf Ebene drei für Vereinbarungen zwischen verschiedenen Teampartnern, auf Ebene vier für Vereinbarungen zwischen Abteilungen sowie auf der fünften Ebene für Vereinbarungen zwischen dem Unternehmen und seinen Systempartnern. Ein kurzer Ausblick soll beleuchten, worum es bei den folgenden fünf Kapiteln gehen wird:

1. Ebene:
Hier ist die innere Kommunikation das Thema, die Zwiesprache mit sich selbst, der innere Dialog. Das ist die Ebene der Selbstreflexion, d.h. über sich selbst nachzudenken und sich seiner inneren Vorgänge – Gedanken, Gefühle und Empfindungen – bewußt zu werden. Daß in unserem Inneren vieles abläuft, ist klar: Gesprächsfetzen, Zeitungsreste, Radiofragmente, Schlagertexte, Fernsehbilder ergeben eine innere Geräusch- und Bildkulisse, begleitet von den verschiedensten Emotionen. Unstrukturierte Sätze, Worte und Gedankenfragmente, die nicht immer aufeinander Bezug nehmen, spulen sich in unserem Kopf ab.

Die Schwierigkeit beim inneren Dialog besteht darin, klare „Stimmen" in uns zu lokalisieren, durch die sich unsere unterschiedlichen Persönlichkeitsanteile artikulieren. Dazu bedarf es der Fähigkeit, in sich selbst hineinzuhorchen und bewußt wahrzunehmen, welche Worte und Bilder dabei auftauchen.

Sollte in Ihnen die Frage auftauchen, welche Bewandnis es mit der Spiegelung auf sich hat, so sind Sie mittendrin in der ersten Ebene. Denn mit dieser Frage treten Sie in Kommunikation mit sich selbst. Dieses Element kommt im Buch immer wieder vor und möchte Sie an diese erste wichtige Ebene – die Kommunikation mit sich selbst – immer wieder erinnern. Die Idee dazu brachte Herr Klaus-Peter Hellweg beim Layouten des Buches ein, wofür ich ihm sehr dankbar bin.

Sie können sich auch fragen, wie Sie sich diese innere Frage stellen. Fragen Sie sich: „Na, interessant, dieses Spiegel-Element?" Oder: „Warum hier die Spiegelschrift!?" Oder: „Was soll das?" Die Art wie Sie diese Frage stellen, spiegelt vielleicht auch wider, wie es Ihnen geht, wenn Sie mit ungewöhnlichen, innovativen Ideen und Darstellungen konfrontiert werden. Wundern Sie sich kurz darüber und gehen dann einfach weiter? Oder läßt Sie so etwas Neues oder Ungewöhnliches nicht los und versuchen Sie, es zu ergründen? Jeder hat da seine Weise. Welche ist die Ihre?

2. Ebene:
Der Dialog mit einem Partner ist die grundlegendste und einfachste Form zwischenmenschlicher Kommunikation: Da ist

offensichtlich, wer mit wem kommuniziert. Hier ist es möglich, seine Denkprozesse laut auszusprechen, damit sie einem selbst bewußt werden können. Das ist eine produktive Form eines Monologes, vor allem wenn dieser explizit als solcher ankündigt wird, z.B. in der Formulierung „Wenn ich einmal laut denken darf, ...“.

Im allgemeinen gilt in einem Zweiergespräch die Konvention, daß einer spricht und der andere zuhört und so das Gespräch wechselseitig in Rede und Gegenrede fließt. Der Augenkontakt und das Wahrnehmen nonverbaler Signale verschaffen eine zusätzliche Orientierung. Der Ausdruck „ein Gespräch unter vier Augen“ bringt die besondere Qualität dieser Gesprächsebene zum Ausdruck.

3. Ebene:
Schon die Vermehrung um eine weitere Person – von der Zweier- (Dyade) zur Dreierkonstellation (Triade) – bringt viel zusätzliche Komplexität mit sich. Neben einer rein quantitativen Zunahme der Verbindungen, bestehen auch große qualitative Unterschiede zwischen einer Dyade und einer Triade. Wenn in einem Zweiergespräch 100 Worte gewechselt werden, sind es in einem Dreiergespräch nicht einfach 150 Worte. Hier ist die Fähigkeit gefragt, sich auf die Gedankengänge zweier Kommunikationspartner einzulassen, diese zu verarbeiten und dann verbal auf beide einzugehen.

Eine Besonderheit der Triade besteht darin, daß zwei Personen sich verbünden können und die dritte Person sich folglich ausgeschlossen fühlt. Die Triade ist die Urbeziehung von Vater-Mutter-Kind. In der Familienkonstellation lernen wir die Grundmuster unseres Verhaltens. Dreierkonstellationen im Betrieb bringen deshalb nicht selten auch ganz eigenartige Probleme mit sich, weil sie die Urgefühle aus der Eltern-Kind-Beziehung aktivieren.

Mit jeder weiteren Person nimmt die Zahl der möglichen Kommunikationsverbindungen rapide zu – wie in Bild 18 deutlich zu erkennen ist. Erfahrungswerte aus der Praxis zeigen, daß Teams mit fünf bis sieben Personen eine praktikable Größe sind.

Bei mehr als sieben Personen – dies ist im Bild offensichtlich – nimmt die Komplexität derartig zu, so daß es immer schwieriger wird, den Überblick zu bewahren.

Es ist klar, daß in einer größeren Gruppe ein „lautes Denken“ der Teilnehmer nicht mehr möglich ist. Da wären bald alle überfordert. Es würden große Wortberge entstehen, wenn jeder auf

Bild 18

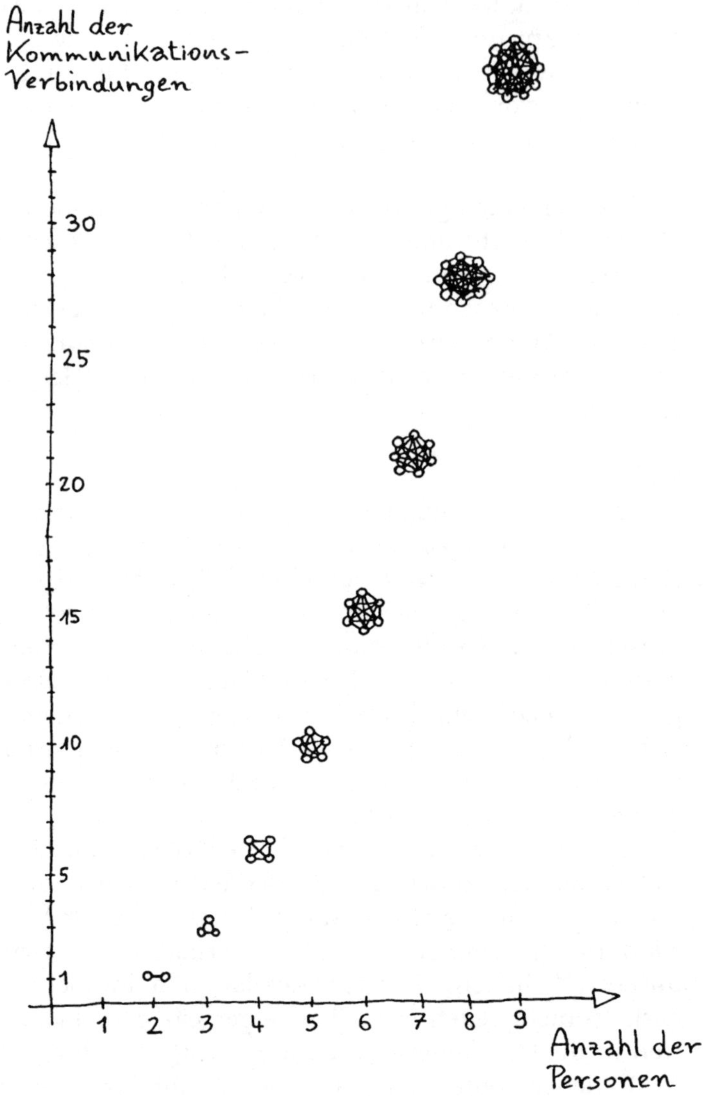

das Gesagte eingehen wollte und das Tohuwabohu wäre perfekt. Zielführende Arbeit würde so gänzlich unmöglich sein.

Wer gewohnt ist, überwiegend allein zu arbeiten und seine Aufgaben in Zweiergesprächen mit Kollegen abzustimmen, wird sich bei einer Aufforderung zur Teamarbeit erst umstellen müssen und sollte bereit sein dazuzulernen. Die einfache Struktur von Rede und Gegenrede wie bei der Dyade ist hier nicht mehr anwendbar, es gelten andere Regeln. So etwa besteht in unserer

Gesellschaft die Konvention, daß immer nur einer sprechen sollte während die anderen zuhören. Weiters sollte man den Sprechenden ausreden lassen und es sollte möglichst jeder zu Wort kommen. Wenn diese Regeln nicht automatisch funktionieren, wenn also mehrere gleichzeitig reden und anderen das Wort abgeschnitten wird, wenn einander nicht zugehört wird usw., dann bedarf es eines Gruppenleiters, der dafür sorgt, daß die Regeln eingehalten werden. Ansonsten besteht die Gefahr, die entstehenden Mißstimmungen, Mißverständnisse, Leerläufe und Fehler zu personalisieren, d.h. von den Überzeugungen „Ich bin schlecht" bzw. „die Anderen sind schlecht" auszugehen, anstatt den ursächlichen Zusammenhang mit der ungeordneten Struktur zu erkennen. Die Schuld am entstehenden Unbehagen auf eine der anwesenden Personen abzuschieben, entlastet scheinbar auf schnelle Art und entspricht dem traditionellen Sündenbockdenken, hilft aber nicht weiter. Professionelle Teams arbeiten deshalb mit einem Moderator, der die Kommunikationsprozesse steuert. Er sorgt für die Struktur, für das Einhalten der Spielregeln und vermittelt zwischen den Gesprächsteilnehmern.

Der Begriff „Team" wird hier häufig dem Ausdruck „Gruppe" gleichgesetzt. Deshalb sind viele Erkenntnisse der Psychologie der Gruppe auf Teamarbeit übertragbar. So ist z.B. „Gruppendruck" – der mehr oder weniger subtile Zwang zur Konformität – für Teams äußerst relevant.

Die Gruppe stellt eine gewisse Öffentlichkeit dar, in der wir uns anders verhalten als in einer noch leichter überschaubaren und kontrollierbaren Zweier- oder Dreierkonstellation. In der Gruppe können sich Koalitionen bzw. Lager bilden, mit der Neigung, Schattenseiten auf einen Außenseiter der Gruppe zu projizieren. Auf diesen Vorgang wird im Zusammenhang mit Wahrnehmung und Projektion noch näher eingegangen.

4. Ebene:
Die Kommunikation zwischen zwei oder mehreren Gruppen bzw. Abteilungen bedeutet eine weitere Zunahme der Komplexität. Sie nimmt in dem Maße zu, in dem immer mehr Abteilungen miteinander in Kommunikation stehen. In der Praxis kommunizieren jedoch nicht „die Abteilungen", sondern deren Mitarbeiter bearbeiten gemeinsam abteilungsübergreifende Aufgabenstellungen, wie z.B. Fragen der Innovation. Je mehr kommunikative Kompetenz die Mitglieder interdisziplinärer Teams mitbringen, desto bessere Arbeitsergebnisse werden erzielt.

5. Ebene:

Auf dieser Ebene wird das Unternehmen als Ganzes aus systemischer Sicht betrachtet. Die Ausführungen zur Unternehmenskultur werden das näher zeigen. Jedes Element des Systems hat seinen Platz und seine Bedeutung in Hinblick auf die Erfüllung des Unternehmensziels. Das System Unternehmen steht in Verbindung mit anderen Systemen unterschiedlichster Art. Dies können weitere Unternehmen sein, Zulieferer, Produktionsstätten oder Organisationen wie Banken u.a.. Das Unternehmen ist eingebunden in soziale, politische und geschichtliche Bezüge und agiert in einem gesellschaftlichen Kontext. Dabei unterhält es vielfältige Kommunikationsbeziehungen.

Das Individuum in verschiedenen Rollen Ein Mitarbeiter hat auf verschiedenen Ebenen unterschiedliche Rollen inne. Zunächst ist er ein eigenständiges Individuum im Unternehmen, auf der zweiten Ebene ist er Kommunikationspartner, dann Mitglied eines Teams und er steht weiters – als Mitglied eines Teams oder einer Abteilung – in Interaktion mit anderen Abteilungen. Schließlich nimmt er als Vertreter des Unternehmens nach außen Kontakt zu Kunden, Lieferanten, Medien und anderen Systempartnern auf.

Der Mitarbeiter ist nicht nur Mitglied seines Unternehmens, sondern gleichzeitig auch außerhalb des Betriebes Angehöriger einer Familie, ggf. einer politischen Partei, eines Vereins. Er ist Einwohner eines Ortes, eines Landes und schließlich ein Weltbürger. So ist er gleichzeitig unterschiedlichsten Rollenerwartungen ausgesetzt, was zu Rollenkonflikten führen kann.

Der systemische Aspekt liegt darin, daß das Verhalten eines Individuums ständig von den Kommunikationstrukturen auf allen Ebenen beeinflußt wird und es gleichzeitig diese Kommunikationstrukturen und somit das System insgesamt beeinflußt.

1. Ebene: Innerer Dialog und Selbstreflexion

Bild 19

Im Gespräch mit sich selbst

„Willst du ein guter Partner sein,
dann horch zuerst in dich selbst hinein!"(Schulz von Thun)

Die „innere Dialogfähigkeit" ist eine Grundvoraussetzung für die Kommunikation mit den Anderen. Wie wir nämlich den inneren Dialog in uns selbst führen, ob wir mit uns selbst verständnisvoll oder verachtend umgehen, hat Auswirkungen auf den Umgang mit Anderen. Meine These ist: Wer fähig ist, einen inneren Dialog mit sich selbst zu führen und auf seine innere Stimme zu hören, der ist auch fähig, auf äußere Stimmen zu hören. Er ist fähig, zuzuhören und darauf zu reagieren. Oder anders gesagt, wer seine innere Stimme überhört, wird auch äußere Stimmen überhören. In ähnlicher Weise gilt: sich selber gegenüber ehrlich zu sein, ist eine Grundvoraussetzung, um Anderen gegenüber ehrlich sein zu können. Wer sich selbst in die Tasche lügt, wird vermutlich auch Andere belügen, ohne dies bewußt zu wollen.

Die Pflege des Umgangs mit sich selbst ist kein Ego-Trip, sondern eine unumgängliche Voraussetzung für eine erfolgreiche Kommunikation zu zweit oder im Team. Jede Kommunikation, die nach außen gerichtet wird, richtet sich zugleich an eine innere Instanz, d.h. wenn wir Andere verbal verletzen, wird zugleich auch etwas in uns verletzt, auch wenn uns das nicht bewußt wird. Diese innere Instanz registriert: ich bin einer, der verletzend spricht. Das Gleiche gilt, wenn wir durch unsere Kommunikation Andere fördern; auch dann wird zugleich etwas in uns gefördert.

So wie in jedem Mitarbeiter oder Manager Fragen auftauchen, wenn er ein neues Projekt übernimmt, so stiegen auch in mir Fragen auf, als ich vor dem Entschluß stand, mein Ja-Wort zu dem Buchprojekt zu geben. Im inneren Dialog bewegten mich Fragen wie:

- *Wieviel Zeit brauche ich?*
- *Wie bewältige ich diese zusätzliche Aufgabe, denn die laufenden Arbeiten wollen auch erledigt werden?*
- *Wie organisiere ich mich und mit welchen Hilfen kann ich rechnen?*
- *Welche Vorteile habe ich durch das Projekt?*
- *Welche Risiken gehe ich ein?*

Die innere Kommunikation verläuft meist unbewußt. Es kommt eine Idee, die blitzschnell mit den Möglichkeiten der Realisierung verknüpft wird. Vielleicht haben wir auch eine Intuition, die wiederum Gedanken auslöst. Das Denken und Abwägen sind Formen des inneren Dialoges, die stark an sprachliche Prozesse gebunden sind.

Bild 20

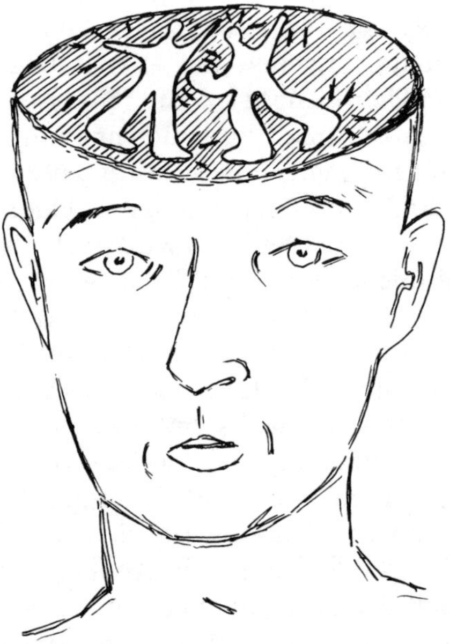

Wer spricht da eigentlich mit wem? Psychologisch erklärt sind es die verinnerlichten Objekte. Sprachlich werden dafür Analogien wie der innere Vater, die innere Mutter, der innere Rivale, der innere Meister verwendet. Es ist eine Möglichkeit, die verschiedenen Persönlichkeitsanteile in uns auszudrücken. Eine andere Analogie bieten Bilder aus Märchen. Bestimmte Teile in uns werden von dem „jüngsten Sohn" dargestellt, während der „alte König", dessen Land in große Not geraten sein mag, wieder andere Teile in uns repräsentiert. Auch die „Hofschranzen" oder

„Vasallen" sind Anteile unseres inneren Königreiches. Sie zu benennen ist der erste Schritt, damit können wir mit ihnen bewußt umgehen und sie integrieren.

„Mit dieser Übung wird es Ihnen möglich werden, sich bewußt zu machen, was in Ihnen selbst alles vorgeht. Die Methode ist ganz einfach. Zunächst achten Sie darauf, daß Sie ca. 15 Minuten nicht gestört werden. Sagen Sie sich: „Ich habe gerade eine ganz wichtige Besprechung, und zwar mit mir selbst." Sie brauchen für diese Übung einen Notizblock, einen Stift und eine Uhr. Schreiben Sie die Uhrzeit auf und nehmen Sie sich vor, die erste Phase der Übung nach fünf Minuten zu beenden.

In dieser ersten Phase ist es am besten, Sie schließen die Augen und beginnen nun bewußt die Besprechung mit sich selbst. Was immer in Ihnen auftaucht, Gedanken, Erinnerungen, Pläne, Gefühle, Vorstellungen, Wünsche, es ist Ihnen alles recht. Diesen Blick nach innen unterbrechen Sie jeweils nur kurz, um auf dem Notizblock in Stichworten Ihre Gedanken und Assoziationen festzuhalten. Lassen Sie sich nicht zu Ausarbeitungen hinreißen, das können Sie später machen. Nach fünf Minuten schließen Sie Ihre Stichwortsammlung ab, auch wenn es noch so interessant ist und der innere Dialog erst so recht in Schwung zu kommen scheint.

In der nun folgenden Phase versuchen Sie, Ihre Notizen zu ordnen. Vielleicht ist auf den ersten Blick gar kein Zusammenhang ersichtlich, auf den zweiten oder dritten Blick aber zeigt sich vielleicht doch eine Struktur. Es wird Ihre ganz individuelle sein, deshalb kann ich Ihnen da nichts vorgeben, jedes Beispiel würde Sie nur einengen. Nehmen Sie sich die Freiheit, die Notizen so zu ordnen, wie Sie Ihnen sinnfällig erscheinen. Sie werden sehen, es werden sich Zusammenhänge ergeben.

Durch diese Übung wird Ihnen klarer, was in Ihnen vorgeht. Vielleicht wird Ihnen ein ganz bestimmter Zusammenhang deutlich. Das wäre ein Zusatz-Ergebnis. Vielleicht mögen Sie dieses mit jemandem besprechen. Überlegen Sie einmal mit wem und wie Sie es angehen. Dadurch wird Ihnen dieser bestimmte Punkt noch klarer werden. Ich wünsche Ihnen viel Erfolg!"

Es ist nicht immer so, daß innere Dialoge nur friedlich ablaufen. Dafür existieren in uns zu viele Stimmen, die miteinander im Widerstreit liegen, die manchmal sogar das Gefühl einer inneren Zerrissenheit entstehen lassen. Die inneren Stimmen werden uns am ehesten bewußt, wenn wir vor einer Entscheidungssituation stehen und auch entscheiden müssen. Dann wird der Widerstreit in uns angeheizt und die verschiedenen Antriebe, das Für und Wider wird deutlich. In besonderen Lebenslagen ist es kein Fehler, sich dazu professionelle Hilfe in Form eines Coaching zu holen. Mittels spezifischer Techniken können die unterschiedlichen Standpunkte in uns leichter lokalisiert und für unsere Wahrnehmung klarer unterscheidbar werden. Das erleichtert, eine Entscheidung mit all ihren Vor- und Nachteilen zu fällen und zu ihr zu stehen.

Spirituelle Dimension der Kommunikation

Viele religiöse Menschen beziehen beim inneren Dialog noch eine ganz andere Dimension mit ein. Je nach Bekenntnis hat diese unterschiedliche Namen. So halten Christen im Gebet eine Zwiesprache mit Gott, bei östlichen Formen der Meditation suchen Menschen Kontakt mit der Lebenskraft, die andere wiederum in der Natur finden. Menschen suchen und finden viele Wege und Formen, transzendente Erfahrungen zu machen und die Verbindung mit Übersinnlichem zu pflegen. Man mag über Religion und spirituelle Bewegungen denken, was man will: Tatsache ist, daß sich viele Menschen dafür interessieren. Das zeigt sich u.a. in der Fülle der Bücher, Vorträge und Seminare auf diesem Gebiet.

Phänomene wie Telepathie u.a. wurden in der Parapsychologie immer schon untersucht. Eine Reihe von Forschungsarbeiten, wie die von Professor Jahn in Princeton, sind ohne Zweifel seriös. Sie belegen auch die These: Mind over matter, d.h. die Beeinflussung der *Materie* durch Gedanken ist nicht auszuschließen. Auch im Alltag gibt es kuriose Phänomene, die nicht selten vorkommen. Man denkt an jemanden und will ihn anrufen, da klingelt schon das Telefon und man kann nur noch sagen: „Eben habe ich an Sie gedacht und wollte Sie gerade anrufen".

Die Grafikerin Sabine Dirksen fragte mich, was denn dieser Ausflug in die Esoterik hier soll! Das hätte nun wirklich nichts mit dem Buchthema zu tun. In dem anschließenden Gespräch, in dem ich mich bemühte, die Bedenken und Einwände aufzunehmen, entwickelte sich der Gedanke, daß viele Visionen und Erfindungen auf unüblichen Wegen zu uns kamen. Dies ist nur nicht so bekannt. So träumte z.B. der deutsche Chemiker F. A. Kekulé von Stradonitz die Stukturformel für Benzol. Ähnliches wird auch von

Thomas Edison berichtet. Higgins/Wiese (1996, 115) führen den Traum als eine Problemlösungsstrategie an und schreiben, daß der Schriftsteller R. L. Stevenson seine Charaktere Dr. Jekyll und Mr. Hyde im Traum entdeckte. Wir konnten uns vorstellen, daß es noch einige Beispiele dieser Art gibt. Die Betroffenen veröffentlichten dies wohl damals selten, weil sie befürchten mußten, sich in der Öffentlichkeit damit lächerlich zu machen.

Wir waren beide mit dem Gespräch zufrieden. Sabine hatte das Gefühl, Bedenken vorbringen zu können und darin ernstgenommen zu werden und ich freute mich über die Ergänzungen, die das Gespräch gebracht hatte.

Eine andere Form der transzendenten Kommunikation ist die Astrologie. Viele Menschen hören darauf, was die Sterne sagen bzw. wie die Astrologen sie deuten. Manche Unternehmer geben bei Wirtschaftsastrologen Gutachten in Auftrag, um z.B. Hinweise zur Börsenentwicklung zu erhalten oder holen sich bei Personalentscheidungen zusätzliche Informationen. In diesem Zusammenhang werden auch weitere Methoden aus dem Bereich der Esoterik eingesetzt, wie z.B. Energy-Reading, Aura-Sehen u.a. Solche und ähnliche methodische Hilfsmittel werden vielleicht in einigen Jahren öfters verwendet werden, so etwa wie heute graphologische Gutachten.

Die Frage der Identität

Je nachdem, wie wir uns selbst und unsere Umwelt wahrnehmen, kommunizieren wir. Der Andere hört und interpretiert die Worte entsprechend seinem inneren Standpunkt. Deshalb ist es wichtig, sich bewußt mit diesen inneren Vorgängen zu beschäftigen. Dies führt zu der Frage „Wer bin ich?", die schon durch das berühmte Motto von Delphi „Erkenne Dich selbst" aufgeworfen worden ist. Es ist die für unsere Identität zentrale Frage. Im Betrieb lautet sie: Wer bin ich als Mitarbeiter? Wer bin ich als Vorgesetzter? Wer ist mein Kollege? Wer bin ich in diesem ganzen Setting? Welchen Wert hat meine Arbeit? Solche Fragen werden in den seltensten Fällen bewußt gestellt, sie beschäftigen uns aber in irgendeiner Art und Weise.

Je nachdem, wie die Antworten zu diesen Fragen ausfallen und als wen ich mich definiere, kommuniziere ich nach außen. Wenn ich davon ausgehe, daß ich erfolgreich bin, werde ich entsprechend kommunizieren und entsprechendes Feedback erhalten. Wenn ich davon ausgehe, daß Erfolg immer hart erkämpft sein will, wird meine Kommunikation entsprechend sein und die Umwelt wird sich darauf einstellen, so daß sie mir nichts schenken wird.

Unternehmen auf der Suche nach sich selbst

Der bewußten Beschäftigung mit sich selbst unterziehen sich auch ganze Unternehmen. Oben ging es um die persönliche Identität eines Individuums, hier geht es um die Corporate Identity. Wenn gefragt wird: „Was ist die Persönlichkeit des Unternehmens?" so ist es die Frage nach der Unternehmensidentität. Mit der Leitfrage „Wer sind wir?" beschäftigen sich ganze Studien. Wenn als Antwort z.B. herauskommt, daß die Unternehmensidentität monopolistischen Charakter hat, so findet mit den Kunden wahrscheinlich eine Kommunikation statt, als ob sie vom Unternehmen vollkommen abhängig wären. Ein Unternehmen dagegen, das im vielfältigen Wettbewerb steht und jeden einzelnen Kunden unbedingt braucht, wird aufgrund dieses Selbstverständnisses entsprechend anders kommunizieren. Die Zahl der Unternehmen ist groß, deren ursprüngliche Vorzüge und Stärken sich im Wandel der Zeiten abgenützt haben, so daß es beim Auftritt auf dem Markt an Glaubwürdigkeit und Selbstsicherheit fehlt. Die Entwicklung eines zeitgemäßen Erscheinungsbildes geht in die Richtung, das Selbstbewußtsein jedes Mitarbeiters, jeder Abteilung, jedes Bereiches systematisch aufzubauen. Ein gut koordiniertes Vorgehen wird nur mit kommunikativer Kompetenz zu bewältigen sein.

Wie wir als Individuum mit unterschiedlichsten Personen bzw. Personengruppen durch Kommunikation verbunden sind, so ist das Unternehmen mit den Systempartnern verbunden. „Unternehmen könnten bei der selbstkritischen Beantwortung der Frage 'Für wen sind wir da?' feststellen, daß sie in der Hauptsache 'für sich selbst' da sind" (Hinterhuber 1994, 71). Auch wenn dies in der Praxis ein Extrembeispiel ist, so wäre eine solche herbe Einsicht die Voraussetzung, den notwendigen Perspektivenwechsel in Richtung Kundenorientierung einzuleiten.

Dies war ein Ausblick auf die Unternehmenskommunikation, die an anderer Stelle näher ausgeführt wird. Zunächst ist es für ein besseres Verständnis sinnvoll, auf der individuellen Ebene zu bleiben und das dem Buch zugrundeliegende Menschenbild zu verdeutlichen.

Ein Persönlichkeitsmodell

Die Kommunikation ist eng mit den inneren Vorgängen und Zuständen der Person – wie Ziele, Einstellungen oder Interessen – verknüpft, auch wenn diese nicht unmittelbar nach außen sichtbar werden. Innere Vorgänge und Zustände sind uns selbst nicht immer bewußt. Dafür wird vielfach das Modell des Eisberges benutzt. Sie kennen die Analogie: Ein kleiner Teil des Eisberges ist sichtbar, der Großteil liegt unter der Wasseroberfläche, unsichtbar – in der Sprache der Psychologie ist das die unbewußte Ebene. Der obere Teil, der aus dem Wasser ragt, symbolisiert das Tagbewußtsein, die Ebene des Verstandes. Im unbewußten Bereich liegen die früheren Erfahrungen aus der Familie oder mit Kollegen, aber auch die Träume und Utopien. Die Einflüsse aus der unbewußten Ebene wirken sich auf unser Verhalten stärker aus, als uns machmal lieb ist.

Bild 21

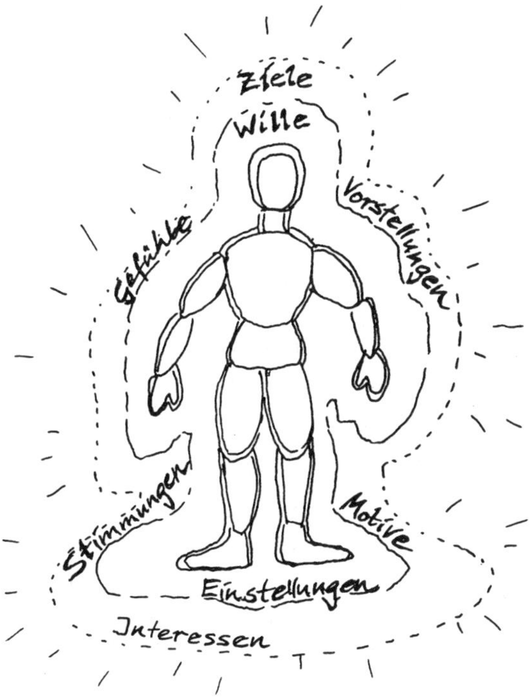

Wir kennen unsere eigenen Beweggründe oft wenig und es kommt vor, daß wir unbewußt etwas entscheiden, das wir nach außen hin als rationale Entscheidung dargestellen. Da bei der Kommunikation immer der ganze Mensch involviert ist, ist es angebracht, näher auf das Menschenbild einzugehen:

In Bild 22 wird der Mensch durch verschiedene Kreise dargestellt, die keine scharfen Grenzen haben und ineinander übergehen. Je nach Persönlichkeit und nach Situation verändert sich das Bild. Obwohl diese Kreise in enger Verbindung stehen und nur im Zusammenhang gesehen werden können, werde ich sie hier einzeln kurz beschreiben.

1. Der „Kern des Menschen", das „wahre Selbst", wird auch als das „eigentliche Ich" des Menschen bezeichnet. Die Existenz dieser Ebene ist wohl nur Erleuchteten bewußt. Es ist der Kern, von dem die Redensart sagt, daß er immer gut ist. Viele Philosophen aller Zeiten haben versucht, bezüglich des spezifisch Menschlichen Aussagen zu formulieren, in neuerer Zeit die Existentialisten. Da eigentlich kein Mensch so recht weiß, was „Sein" und „Geist" wirklich bedeuten, könnte man dem Ratschlag von Wittgenstein folgen: „Wovon man nicht sprechen kann, darüber muß man schweigen." Wenn hier dennoch Worte gebraucht werden, wie „das wahre Selbst ist der integrative Faktor im Menschen, der integere Kern, der unzerstörbar und ewig ist", so sind dies Versuche, etwas in Worte zu fassen, was eigentlich gar nicht formulierbar ist.

Viele Menschen haben die Erfahrung gemacht, daß dieser wahre Kern am ehesten in einer extremen Krisensituation im Leben spürbar wird. Wenn die äußeren Schichten in Bewegung geraten und transparent werden, wenn die körperliche Situation zerbrechlich wird und der Tod ins Bewußtsein dringt, sei es durch Unfall, sei es durch Krankheit, wenn die seelischen Verankerungen in den sozialen Bindungen gelockert und fragwürdig werden, kurz, wenn die Situation sich verstandesmäßig nicht mehr in den Griff bekommen läßt, dann ist die Stunde für das „wahre Selbst" gekommen. Solche Erlebnisse führen zu grundlegenden Veränderungsschritten, vielleicht in aller Verzagtheit, aber auch in allem Hoffen.

2. Im seelischen Bereich befinden sich die Gefühlsregungen, er ist der Ort der Stimmungen und Träume, der Sehnsüchte und Hoffnungen, die uns nur zum Teil bewußt sind. Durch die Gefühlsdimension sind wir mit unseren Mitmenschen intensiv verbunden, mit denen wir Freude und Leid teilen. Wer unfähig oder nur eingeschränkt fähig ist, emotionalen Kontakt zu pflegen, leidet an Einsamkeit. Eine wissenschaftlich systematische Psychologie, die sich mit diesem Bereich beschäftigt, gibt es erst

Bild 22

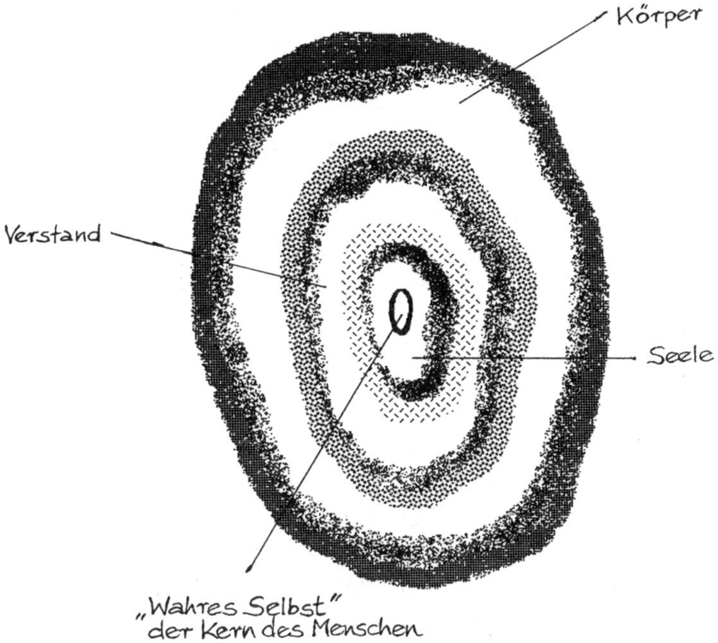

seit ca. 150 Jahren. Es sind vor allem die Forscher ernstzunehmen, die ganz ehrlich zugeben, noch nicht sehr weit vorgedrungen zu sein. Nachdem sie sich mit dem Paradigma naturwissenschaftlicher Forschung einige Jahrzehnte herumschlugen und die Seele mittels Faktorenanalyse und Statistik einzufangen suchten, drängt es innovative Forscher nun zu adäquateren Methoden, die den Menschen ganzheitlich zu beschreiben suchen.

Vor allzu schneller Anreicherung der Betriebswirtschaft mit Psychologie ist zu warnen, vor allem vor vulgärpsychologischen Schriften, die leichtfertig Hoffnungen auf schnelle Ergebnisse wecken, sobald man Gefühle und Seele sprechen lasse. Sie verheißen große ökonomische Erfolge und sollen durch das Einbringen von Seele klingende Münze nach sich ziehen. Die oberflächliche Vereinnahmung der Psychologie für Wirtschaftszwecke zeigt sich z.B. durch die Verwendung der immer dienstbereiten Maslow´schen Bedürfnispyramide, die für alles Mögliche und Unmögliche gebraucht, genauer gesagt mißbraucht wird. Ähnliches gilt für den Begriff „Motivation", der als Management-Technik in den letzten Jahrzehnten im großen Stile vermarktet wurde. Die psychologischen Nebenwirkungen solchen Tuns beschreibt Sprenger (1994) auf eindrückliche Art und Weise. Das schnelle Absahnen seelischer Qualitäten für ökonomische Ziele funktioniert längerfristig gesehen nicht. Wie auch auf anderen Gebieten sind Erfolge besser durch handfeste Arbeit zu erreichen, z. B. durch gute Moderation von Prozessen, die jedoch kommunikative Kompetenz erfordert. Der seriöse Einbezug des seelischen Bereiches erleichtert die Arbeit zunächst nicht, macht sie jedoch fundierter und reichhaltiger. Für innovative Prozesse ist dessen Einbezug jedoch unabdingbar.

3. Die Ebene des Verstandes könnte auch als „intellektueller Bereich" bezeichnet werden. Sie enthält das Tagbewußtsein mit den Gedanken. Der Verstand glaubt, fast alles über Gott und die Welt zu wissen und ist sich seiner eigenen Relativität meistens nicht bewußt.

Sobald der Verstand abgekoppelt von den anderen Bereichen agiert, ist Toleranz nicht seine Stärke. Er ist dann anfällig für die verschiedensten Ideologien, und wenn sich unter einer Fahne ganz viele versammeln, schwebt ihm schnell ein Weltreich vor Augen. Zur Umsetzung gilt das Motto: Der Zweck heiligt die Mittel. Ein vernünftiger Gebrauch des Verstandes zielt jedoch auf demokratische Strukturen und ethische Vorgehensweisen ab.

Den Verstand schlecht zu machen, hieße das Kind mit dem Bade auszuschütten. Strukturiertes und zielgerichtetes Arbeiten ist Sache des Verstandes. Er ist ein großartiges Werkzeug, um uns selbst zu erkennen und wie die Welt beschaffen ist. Mit ihm interpretieren wir, was in uns und um uns geschieht, und dadurch ist es uns möglich, seelische Impulse nach außen in konkrete zielgerichtete Handlungen umzusetzen.

Die Gedankentätigkeit des Verstandes hat vielfältige Wechselwirkungen, sowohl im körperlichen als auch im seelischen Bereich. Im Krankheitsfall verweist die Psychosomatik auf die Zusammenhänge zwischen Leib und Seele. Die Sportpsychologie setzt bewußt mentale Techniken ein, um Erfolge zu erzielen.

4. Die physische Ebene ist der Körper des Menschen mit seinen Sinnesorganen. Das körperliche Befinden hat natürlich wieder vielfältige Wechselbeziehungen zum seelischen Bereich, was sich in der Sprache des Körpers zeigt, sei es als psychosomatisches Leiden – wie etwa Kopfweh oder Asthma – oder sei es in Form des Körperausdrucks als nonverbale Mitteilung.

Dieses hier skizzierte Menschenbild ist natürlich nur ein Modell und kann unmöglich die Komplexität und Vielfältigkeit menschlichen Lebens und Erlebens wiedergeben. Als Veranschaulichung soll es eine Orientierungshilfe sein. So kann ich mich fragen: Von welchem Ort aus spreche ich? Aus meinem Zentrum? Sind es Lautaneinanderreihungen ohne innere Beteiligung? Oder haben meine Worte die entsprechenden Gefühlsinhalte? Das alles sind schwierige Fragen, die die Fähigkeit zur Selbstbeobachtung voraussetzen. Noch schwieriger sind sie zu beantworten, wenn es darum geht, einzuschätzen, von welchem inneren Ort aus der Gesprächspartner spricht. Konfrontiert er Sie mit rein verstandesmäßigen Sätzen, besteht die Gefahr, sich provozieren zu lassen. Auf Herzensanliegen nur mit dem Verstand zu reagieren, heißt den Anderen zu verletzen. Doch wie gesagt: die Beurteilung ist schwierig und Fehleinschätzungen sind folgenreich. Sie wirken sich als Unterstellungen aus und vergiften die Kommunikation.

Wenn dieses Buch als Produkt gesehen wird und ich als Autor der Produzent bin, so könnte die Frage auftauchen: Weshalb bringt hier der Produzent sein Menschenbild ein? Ist das nicht reine Privatsache? Zur Beantwortung dieser Frage gilt es folgendes zu bedenken:

Vor allem Unternehmen, deren Produkte Dienstleistungen sind und die immaterielle Werte vermitteln, sehen sich in Zeiten einer kritischen Öffentlichkeit gezwungen, ihre Werte und ihr Menschenbild transparent zu machen; dies geschieht mittels Kommunikation. Die Systempartner der Unternehmen, vor allem die Kunden, sind an Transparenz zunehmend interessiert. Wie sieht das Unternehmen den Kunden? Als bloßen Verbraucher seiner Produkte oder als Partner, dem mit dem Produkt ein ganzheitlicher Nutzen geliefert werden soll? Oder eine andere Frage: Wie sieht der Produkthersteller seine Mitarbeiter? Als möglichst gut koordinierte Hände, Füße und Köpfe, die zur Herstellung der Produkte leider unverzichtbar sind? Oder als Menschen mit Seele und Geist, die im Kontext der Arbeit ihre Persönlichkeit zur Reifung bringen möchten? Auf solche Fragen kann ein transparent gemachtes Menschenbild Antworten geben; sowohl in einem Buch, das hier als Produkt gesehen wird, als auch in einem Unternehmen, das Produkte herstellt und vertreibt.

Das Modell ist ebenso hilfreich für Lernprozesse, die meist mit Sprache verbunden sind. Es fällt uns leichter, intellektuelle Inhalte, die für die technische Kompetenz förderlich sind, zu erlernen, als das Erlernen von Fähigkeiten, die die soziale Kompetenz betreffen. Da gilt es geduldig und nachsichtig zu sein, mit uns selbst und mit den Anderen. Die gleichen Maßstäbe wie für Dinge der technischen Kompetenz anzulegen, würde zu Widerstand, zu Mißerfolgserlebnissen und Resignation führen. Deshalb bedarf es in einem Workshop, in dem Manager z.B. hinsichtlich Gefühlsausdruck geschult werden, gänzlich anderer Vermittlungsweisen, als wenn es um die Einführung eines neuen Kostenrechnungssystems geht. Im ersteren Falle ist es, wie wenn man eine neue Sprache erlernen würde, bei der die Kiefermuskulatur vollkommen ungewohnte Bewegungen vollbringen muß. Beim Üben kommen Laute hervor, die uns fremd sind, vielleicht schämen wir uns auch über die Ungelenkigkeit. In Sachen „Kostenrechnung" sind wir forsch und wendig, da wir diesbezüglich schon Erfahrungen haben und das Thema unverfänglicher ist.

Es gibt eine Reihe von Persönlichkeitsmodellen im Management. In diesem Zusammenhang möchte ich besonders auf Charest (1988, 96) hinweisen, der im Kontext seines Managementmodells ein ähnliches wie das oben ausgeführte entwickelte und Persönlichkeitstypen ableitete. Diese haben bestimmte Schwerpunktbegabungen und sind für bestimmte Aufgaben geeignet bzw. weniger geeignet. Für die Anwendung auf die Unternehmensführung hat Charest (1996) ein weiteres Buch verfaßt, in dem er viele Fallbeispiele beschreibt.

Produktentwickler und Coach des eigenen Lebens sein

*„Bist Du Opfer oder
Schöpfer Deiner Welt?"*

Die Gestaltung des eigenen Lebens kann als Entwicklung eines immateriellen Produktes gesehen werden. In diesem Sinne ist jeder Mensch ein Produktentwickler. Es geht darum, eine eigenständige Persönlichkeit zu werden, nicht nur von außen zugeschriebene Rollen auszufüllen. Dies ist ein lebenslang andauernder Innovationsprozeß. C. G. Jung spricht von einem Individuationsprozeß, der allerdings nichts mit Individualismus zu tun hat. Individuation setzt den dauernden Austausch mit dem Inneren und dem Äußeren, mit sich, der Welt und anderen Menschen voraus. All das ist mit viel Kommunikation verbunden. Wenn wir diesen Prozeß vorantreiben, wird das Produkt – wir selbst – eine Persönlichkeit. Wird Persönlichkeitsentwicklung in diesem Sinne als Produktentwicklung verstanden, so kann dies auch mit dem Ausdruck „Selbstmanagement" bezeichnet werden.

Die Entwicklung unseres Lebens vollzieht sich nicht automatisch. Jeder hat die Möglichkeit, die Richtung und das Tempo dieses Entwicklungsprozesses zu beeinflussen. Jeder Mensch entscheidet selbst – bewußt oder unbewußt –, wie er mit den äußeren Rahmenbedingungen umgeht: ob er sie als Herausforderung annimmt oder sich als Opfer derselben sieht. In bestimmten Situationen stehen wir vor der Frage: Wollen wir leben oder gelebt werden? Nehmen wir unser Leben bewußt in die Hand oder lassen wir uns von Zeit- und Modeströmungen mitschwemmen? Im ersten Fall sind wir unter Umständen ein unbequemer Zeitgenosse, im anderen Fall in Gefahr, Mitläufer und Opportunist zu sein.

Eine ungünstige Variante unbewußter Persönlichkeitsentwicklung ist die Opferhaltung, in der wir die Verantwortung für unseren Selbstentwicklungsprozeß nicht übernehmen. Im Modus des Opfers lebend sind wir nicht gewahr, Produktentwicklung zu betreiben und Einfluß auf unser Produkt zu nehmen, sondern fühlen uns dem Schicksal ausgeliefert. Es ändert aber nichts daran, daß wir das Produkt unserer von uns selbst bewußt oder unbewußt „gesteuerten" Entwicklungsprozesse sind. Dafür haben wir letztendlich den freien Willen, der zumindest als Möglichkeit vorhanden ist, auch wenn dies oft nicht so erscheint. Wir geben unserem Leben selbst die Richtung.

Dieser Gedanke sollte jeden von uns ermutigen, das eigene Leben innovativ zu gestalten und „sein Produkt" auf den Markt zu bringen, d.h. sich selbst bewußt in ein soziales Gefüge einzubringen und dadurch den Markt zu bereichern. Die dafür notwendige Kompetenz liegt in der Summe der ureigenen Begabungen und Fähigkeiten, im eigenen Wollen und Streben.

Das Sprichwort „Jeder ist seines Glückes Schmied" ist Ausdruck dieses Gedankens. Was das Endprodukt „Glück" genau ist, läßt das Sprichwort offen, denn das Produkt wird von jedem von uns ganz individuell entwickelt, so wir nach diesem Motto leben. Ansonsten werden wir bis zu dem Punkt unbewußt vom Leben geformt, an dem wir einsehen, daß es besser ist, die Gestaltung unseres Lebens bewußt in die Hand zu nehmen. Und so werden wir „Produktentwickler".

So wie ein Künstler Ton formt, so formen wir uns selbst. Unter unseren eigenen Händen entwickelt sich eine Gestalt, die in einem fortwährenden Prozeß unsere Persönlichkeit wird. Aus

Bild 23

dem ungeformten Ton entsteht eine bewußt gestaltete Form. Welche Art von Kommunikation läuft bei diesem Formungsprozeß nun ab? Es ist ein innerer, meist halbbewußter Dialog, der sich in etwa um Fragen wie folgende dreht:

- Was will ich eigentlich erreichen?
- Welche Entscheidungsmöglichkeiten habe ich?
- Wie kommt es bei Anderen an, wenn ich dies oder jenes mache?
- Gehe ich auf Nummer Sicher oder riskiere ich etwas?
- Was sind meine Begabungen und Fähigkeiten?
- Wie kann ich diese einbringen?

Zu den Hindernissen für diesen Produktentwicklungsprozeß zählen z.B. äußere Einflüsse, die im Rahmen der Erziehung auf uns einwirken und die im ungünstigsten Fall wie eine einzige Überfremdungsprozedur erlebt werden. Ein davon Betroffener kann sein eigenes Ich nicht entfalten, sei es, weil er stets die Erwartungshaltung der Eltern zu erfüllen sucht oder weil keine für die Entwicklung förderlichen Bedingungen gegeben sind. Der günstige Fall ist der, daß wir uns selbst als eigenständige Wesen wahrnehmen, uns als solche entfalten können und lernen, eigenverantwortliche Entscheidungen zu treffen. Der ungünstige Fall ist leider nicht so selten und so kommen Menschen ins Unternehmen, die unterschiedlichstes Rollenverhalten mit entsprechenden Kommunikationsformen einbringen. Zum Beispiel wird es ein angepaßter Mitarbeiter, der noch in der Rolle des braven Sohnes verhaftet ist, kaum wagen, seinem Chef zu widersprechen. Durch starke Entwicklungsanstöße kommt er vielleicht in die Phase des rebellischen Sohnes, dies bedeutet, er wird als Mitarbeiter nicht mehr so bequem sein, was für die Führungsfähigkeit des Vorgesetzten eine Herausforderung darstellt. Wenn es dem Vorgesetzten gelingt, die neuen Ideen des Mitarbeiters zu integrieren, wird es nicht nur zum Vorteil beider sein, sondern die Sache wird weiter vorangehen.

Trotz vorgegebener Stellenanforderungen in Unternehmen bleibt ein Stück Freiraum für den einzelnen Mitarbeiter, die Stelle mit seiner Persönlichkeit auszufüllen. Und wenn es nur in der Weise geschieht, wie eine Arbeit gemacht wird, mit welcher Einstellung und wie das Verhalten gegenüber Arbeitskollegen in der unmittelbaren Umgebung aussieht. Diese Freiräume gilt es zu nutzen.

Wenn ein Produktentwickler das oben Gesagte auf sich anwendet, so stellt das eine solide Grundausbildung für seinen Beruf dar. Er kann die im bewußten Umgang mit sich selbst erworbenen Kenntnisse und Erfahrungen für die Produktentwicklung und im Dienstleistungsbereich einsetzen. Auf der Unternehmensseite sollte die Voraussetzung bestehen, daß dem Mitarbeiter eine überzeugend formulierte Vision angeboten wird. Ein Produktentwickler, der in einem Unternehmen nicht von der Unternehmensvision überzeugt ist und verwendete Begriffe wie Kundennutzen u.a. lediglich als schöne absatzbringende Etiketten sehen kann, als leere Worthülsen, wird nicht lange kreativ sein. Er wird nicht wirklich motiviert sein, immer wieder neue Produkte für dieses Unternehmen zu entwickeln. Er wird mit sich selbst in Konflikt kommen, so er für sich selbst den Anspruch hat, Sinn in seinem privaten und beruflichen Leben zu verwirklichen. Auf dieser Basis will er auch dem Kunden ganzheitlich gerecht werden, d.h. ihn als ganze Person ernst nehmen und nicht nur als Verbraucher von Produkten sehen.

Umgang mit Gefühlen

„Geister werden nicht sichtbar,
wenn man Licht macht."

Die Auswirkungen von Gefühlen auf das Arbeitsleben werden vielfach negiert. Dabei binden gerade belastende Gefühle viele Energien. Das Verdrängen dieser Gefühle bringt einen Kräfteverzehr mit sich. Zu den belastenden Gefühlen gehört die mehr oder weniger bewußte Angst, die Arbeit zu verlieren. Der Aufgabenstellung nicht zu genügen ist ein weiteres Gefühl, das oft eine kreative Arbeit behindert.

Die Gefühle, die aus dem privaten Umfeld stammen, sei es aus der Ehe, mit den Kindern oder den Nachbarn verquickt, werden nicht vor dem Betriebsgelände abgestellt, sondern ins Unternehmen hineingetragen. Es gibt sehr unterschiedliche Formen, damit umzugehen. Die ungünstigen sind, alles zu vertuschen und halb gelähmt bei der Arbeit zu sein, oder die Gefühle an Kollegen auszulassen, die nichts damit zu tun haben. Der günstigere Umgang ist, sie bei sich selbst zu akzeptieren und sie auch in angemessener Form zu kommunizieren: „Heute kann ich mit Ihnen diesen Projektbericht nicht schreiben, weil ich zuhause Ärger hatte. Ich komme morgen auf Sie zu. Ich bitte Sie um Verständnis". Da solche oder ähnliche Sätze selten gesprochen werden, blockieren oft die belastenden Gefühle den Einsatz menschlicher Ressourcen im Unternehmen.

Aufgrund vielfältiger beruflicher Tätigkeiten in Industrie und Forschung fomuliert Warnecke: „Aus der Erfahrung heraus behaupte ich, daß in herkömmlichen Organisationsstrukturen nur 10 bis 20 Prozent der Mitarbeiter ihr volles Leistungspotential einbringen" (1993, 111). Als umfassende Lösung stellt der Autor das „Fraktale Unternehmen" vor, in dem die bisherigen Strukturen und Abläufe einem grundlegenden Wandlungsprozeß unterworfen werden. Ergänzend dazu ist auch der Umgang mit dem Mitarbeiter zu wandeln, damit dieser sein volles Leistungspotential einbringen kann. Dazu gehört die Ebene der Gefühle.

Ist es zu pessimistisch, wenn ich behaupte, daß wir 50% unserer Energien verwenden, um unsere Gefühle und inneren Zwiespälte zu bewältigen und uns mit Schattenkämpfen zu beschäftigen? Die Frage läßt sich sicherlich nur im Einzelfall beantworten. Wie immer die Prozentzahl lauten mag, das innere Krisenmanagement wirkt sich behindernd und lähmend auf die Bewältigung der Sachaufgaben aus.

Wer an seiner Prozentzahl arbeiten und daran etwas verändern möchte, muß sich zuerst des Vorgangs des inneren Krisenmanagements bewußt werden. Es ist schwierig, geradezu unmöglich, seine Gefühle in irgendeiner Weise zu beeinflussen, solange sie einem gar nicht bewußt sind. Wir sind nicht gewohnt, unseren Gefühlen und inneren Prozessen Aufmerksamkeit zu schenken. Dafür wurden sie in unserer Kindheit, in unserer Gesellschaft und vor allem im Wirtschaftsleben zu wenig beachtet oder sogar verachtet, so daß wir sie verdrängt haben. Was zu sehr abgedrängt und ins Abseits geschoben wird, hat die Neigung, umso merkwürdiger, umso verdrehter, umso stärker und umso plötzlicher wieder in Erscheinung zu treten, überdies noch zu einem Zeitpunkt, an dem es wirklich gar nicht paßt. Was dann auftaucht, ist so massiv, daß an eine geordnete sachliche Arbeit kaum mehr zu denken ist. Hier hilft das Modell der Themenzentrierten Interaktion (TZI), das auf Seite 272 beschrieben wird. Die von emotionaler Seite auftretenden „Störungen“ werden im Rahmen dieses Modelles nicht einfach übergangen, sondern aufgegriffen und thematisiert. Ein unbewußt bleibendes inneres Krisenmanagement verzehrt die Energien, blockiert die Kreativität und führt in Projektteams lediglich zu Minimallösungen.

Als „Lösung“ wurde lange Zeit die Minimierung des menschlichen Faktors gesehen. Konkret wurde ein System aus technischer Sicht entwickelt. Weil die Technik alleine aber nicht das Gesamtproblem löste, mußte der Mensch nachträglich in das System eingebaut werden (man flanschte also den Menschen dran). Auf diese Weise wurde er als ein „Störfaktor“ betrachtet. Dabei schlich sich ein grober Denkfehler ein: die Systeme, die das menschliche Moment möglichst zu minimieren suchen, werden wieder von Menschen gemacht. So schlüpfte durch die Hintertür der menschliche Faktor wieder herein.

Wenn eine Maschine entwickelt wird, bei der der Mensch nur das auszuführen hat, was die Maschine nicht kann, bringt dies einseitige physische und psychische Arbeitsformen mit sich. Stichworte dazu sind: Monotonie und Lärm mit körperlichen und seelischen Belastungen. Angemessener ist, das System so zu gestalten, daß die menschlichen Faktoren von vorneherein berücksichtigt werden. In der Arbeitspsychologie hat Ulich Konzepte entwickelt, in denen die Arbeitswelt den menschlichen Anforderungen und Bedürfnissen gerecht wird (1992).

Bei dem Gedanken, sich so sehr auf das Menschliche einzulassen, sehen vielleicht manche „Industriekapitäne“ die Gefahr, auf

Sandbänke psychischer Ablagerungen aufzulaufen. Wenn die bestehenden Kommunikationsstrategien und -techniken im Unternehmen nicht ausreichen, um turbulente Strömungen der Emotionen zu steuern, so ist es durchaus sinnvoll, diese zu vermeiden, auch wenn es auf Kosten der Innovationskraft geht.

Will ich das wirklich schreiben? Es stellt sich die Frage, ob es solche Industriekapitäne überhaupt gibt, wie ich es hier vermute? Welche Bedeutung hat das Menschliche für sie? Lassen Konkurrenzbeobachtung, Produktionsüberwachung, Absatzentwicklung, Strategieplanung u. a. überhaupt genügend Raum für die Beschäftigung mit dem Menschlichen? Ich versuche mir ein Bild von dieser spezifischen Lesergruppe zu machen. Mein innerer Dialog kreist um die Frage: „Wie kann ich diese noch besser erreichen?" Ich wünsche mir jedenfalls, daß sie mir ein Stück weit in das bewegte Gewässer des Menschlichen folgen mögen.

Die stärkste Beeinträchtigung für den Selbstentwicklungsprozeß, die bei Mitarbeitern im Betrieb am wenigsten direkt thematisiert und nur in mehr oder weniger befremdlichen Verhaltensweisen sichtbar wird, sind unverarbeitete traumatische Erlebnisse (Ehlert 1988, 302). Das Nichtansprechen eines spezifischen Traumas, das Tabuisieren des Geschehens, ist sehr verständlich, es wirkt sich jedoch als unproduktives Verhalten aus, das auch die kreativen Kräfte bindet. Der erste Schritt zur Heilung dieser spezifischen seelischen Verletzung ist das Ansprechen im geschützten Raum eines Coachings. Im ungeschützten Unternehmensalltag sollten diese Verletzungen nicht angesprochen werden.

Kommunikation und Gefühle So wie es nur wenige Grundfarben gibt, durch deren Mischung eine Vielzahl verschiedener Farbtöne entsteht, so gibt es auch nur wenige Grundgefühle. Hendricks nennt „Angst, Wut, Traurigkeit, Freude" (1992, 46). Diese Grundgefühle sind oft nicht direkt wahrnehmbar, sondern liegen unter anderen emotionalen Schichten tief vergraben. Sehen wir uns als Beispiel die Situation eines Mitarbeiters an, der sich in einer Diskussion mit seinen Kollegen befindet.

Er vertritt im Gespräch eine Meinung, die nicht ernstgenommen wird. Seine Ansichten werden von seinen Kollegen ins Lächerliche gezogen, er fühlt sich unfair behandelt und in seinem persönlichen Empfinden verletzt. Seinen Kollegen gegenüber

Bild 24

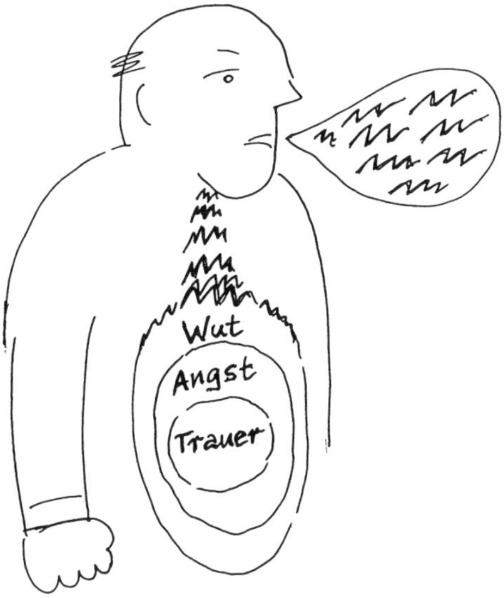

kommen diese Gefühle in Form von Ärger zum Ausdruck. Die Enttäuschung und die Trauer über diesen Vorfall zeigen sich nicht. Sie offen zu zeigen, ist auch gar nicht möglich, denn ein Mitarbeiter, der vor versammelter Runde womöglich unversehens in Tränen ausbricht, ist in unserer Gesellschaft nicht erwünscht. Deshalb kommt nur die oberste Gefühlsschicht – hier der Ärger – zum Ausdruck.

Das Unterdrücken der tiefer liegenden Grundgefühle kostet jedoch viel Energie. Leider verlangt das soziale Umfeld oft das Unterdrücken sozial unerwünschter Gefühle und Emotionen; sie werden dann von sozial verträglicheren Gefühlsschichten überdeckt. Das Wissen um diese Zusammenhänge kann uns helfen, bei unseren Gesprächspartnern nicht immer diejenigen Gefühle für bare Münze zu nehmen, die gerade in verbalen Äußerungen zum Ausdruck kommen, sondern auch zu hinterfragen, welche Gefühle dem zu Grunde liegen könnten. Als Folge reagieren wir dann vielleicht auf den Wutausbruch eines Kollegen nicht einfach ebenfalls nur aggressiv. Im Wissen, daß dahinter ein anderes Gefühl liegt, z. B. Trauer, Angst oder Frustration, sind uns andere Reaktionsweisen möglich. Dies können Ich-Botschaften oder weitere kommunikative Fertigkeiten sein, wie sie an anderer Stelle ausgeführt werden. Auch Neid und Eifersucht sind als Gefühlsregungen im Betrieb häufig anzutreffen, wenn es z. B. um Gehaltseinstufung und Privilegien geht. Dahinter kann ein Gefühl von Enttäuschung über den Mangel an Anerkennung und Zuwendung stehen. Uns selbst in die Situation des Anderen zu versetzen, kann eine große Hilfe sein. Das erfordert allerdings viel Einfühlungsvermögen. Eine Möglichkeit, dieses einzuüben, bietet die weiter unten beschriebene Übung mit der „Gefühlstabelle".

Bewusstwerdung der eigenen Gefühle Normalerweise sind wir uns nicht gewahr, welche Gefühle wir in bezug auf eine Sache haben. Und da uns die Gefühle selbst nicht bewußt sind, können wir sie dem Anderen auch nicht mitteilen. Fangen wir jedoch an, über sie zu sprechen, so besteht die Chance, daß sich auch unser Gesprächspartner ganzheitlicher wahrgenommen fühlt. Um sich seiner Gefühle bewußt zu werden, ist die folgende Übung mit der Gefühls-Tabelle hilfreich. Diese Methode wurde schon vor vielen Jahren von Birkenbihl (1975) veröffentlicht und hat sich in Workshops sehr bewährt. Ich verwende sie in modifizierter Form. Die genaue Vorgangsweise wird Ihnen *Kommon* erklären:

„Ich möchte Ihnen helfen, sich zunächst bewußt zu machen, daß es gut ist, zu wissen, welche Gefühle Sie gerade haben. Dies kann in Verbindung mit einem Thema geschehen, das Sie gerade sehr beschäftigt. Zum Einstieg machen Sie die Übung zunächst alleine, später können Sie auch mit einem Partner üben.

Lesen Sie die folgende Gefühls-Tabelle durch. Dann nehmen Sie mehrere Streichhölzer und legen diese in jene Felder, die Ihre Stimmung – bezogen auf ein bestimmtes Thema – am besten wiedergeben. Sie können in dieser Tabelle auch gewichten, ob diese Gefühle in Ihnen stärker oder schwächer sind.

Bild 25 *Gefühls-Tabelle*

stark		*schwach*
	Neugierde	
	Langeweile	
	Minderwertigkeit	
	Gefühl der Überlegenheit	
	Furcht	
	Ich-Stärke	

stark		*schwach*
	Erfülltsein	
	Nicht-Erfülltsein	
	Freude	
	Traurigkeit	
	Vertrauen	
	Mißtrauen	
	Scheu, Schüchternheit	
	Sicherheit	
	Erleichterung	
	Zurückweisung	
	Engagiertheit	
	Distanzgefühl	
	Einsamkeit	
	Gemeinschaftsgefühl	
	Schuldgefühl	
	Liebe	
	Angst	
	Wut	
	Neid	
	Schmerz	
	Haß	
	Frustration	
	Befriedigung	
	Ärger	
	Die Anderen sind o.k.	
	Die Anderen sind nicht o.k.	
	Ich bin o.k.	
	Ich bin nicht o.k.	
	Verachtung	
	Zärtliche Zuneigung	
	Erfolg	
	Versagen	
	Sympathie	

stark		*schwach*
	Antipathie	
	Klarheit	
	Verwirrung	
	Zufriedenheit	
	Unzufriedenheit	
	Gleichgültigkeit	
	Anspannung	
	Entspannung	
	Erschöpfung	
	Minderwertigkeitsgefühl	
	Überforderung	

Welche Gefühle haben Sie bei sich bemerkt? Fallen Ihnen bestimmte Lebenssituationen dazu ein? Woher kennen Sie ein bestimmtes Gefühl? Mit welchen Umständen war es verknüpft?

Sollten Sie mit der Tabelle Mühe haben, so lassen Sie sich nicht entmutigen; das liegt in der Natur der Sache. Es ist anfangs schwer, sich der eigenen Gefühle bewußt zu werden und diese auch noch zu kommunizieren. Sie werden erleben: Wenn Sie über Ihre Gefühle sprechen, verändert sich auch Ihre Stimmung.

Ein nächster Übungsschritt anhand dieser Tabelle könnte sein, mit einem Partner zu üben. In diesem Fall ist es zuerst notwendig, daß Sie sich klar werden, über welches Thema Sie sprechen wollen. Jeder kann dabei sein eigenes Thema haben, das Sie sich gegenseitig mit dem Satz erfragen: „Sagen Sie mir ein Problem, das Sie bei Ihrer Arbeit haben." Dabei könnte z. B. herauskommen, daß Ihr Partner als Problem seine Unsicherheit nennt, wenn er ein neues Projekt realisieren soll und daß diese Unsicherheit seine Kreativität blockiert.

Aus der betrieblichen Praxis berichte ich Ihnen ein weiteres Beispiel. Nehmen wir einmal an, bei der Themensuche kommt heraus, daß das Problem hohe Entwicklungskosten sind und der Sprechende darüber ganz frustriert ist. Dann kann der Gesprächspartner fragen: „Sagen Sie mir etwas über das Problem der hohen Entwicklungskosten?" Wenn der Gesprächspartner nur zögernd antwortet, ist ggf. noch die Zusatzfrage hilfreich: „Was muß ich wissen, um es besser zu verstehen?"

Als Thema können Sie aber auch die momentane Stimmung nehmen oder bestimmte Personen nennen, mit denen Sie zusammenarbeiten. Der erste Schritt beinhaltet also, das Problem zu benennen. Der zweite Schritt ist das Sich-bewußtmachen der Gefühle in Bezug auf das genannte Thema. Wenn Sie diese Übung mit einem Partner oder einer Partnerin machen, haben Sie die Möglichkeit, sich über ihre Gefühle und die Auslöser dieser Gefühle auszutauschen.

Sie können diese Übung mit einem Partner in einer weiteren Variante ausprobieren. Wenn Person A ihr Thema formuliert hat und beide verstehen, worum es geht, beginnt Person B sich zu fragen: Wie fühlt denn eigentlich A bezüglich seines Themas? Person B legt dann Streichhölzer auf jene Felder der Tabelle, die die Gefühle bezeichnen, die sie bei Person A vermutet und sagt vielleicht: „An Ihrer Stelle würde es mir so und so gehen". Ein Austausch über das Gesagte oder ein Kommentar von Person A ist hier allerdings noch nicht notwendig bzw. sinnvoll. Nun legt Person A andere Streichhölzer auf jene Felder der gemeinsamen Tabelle, die ihre eigenen Gefühle bezüglich des Themas zum Ausdruck bringen. Dann schauen beide gemeinsam, wo Übereinstimmung herrscht, wo Unterschiede liegen und tauschen sich darüber aus.

Diese Art des Vorgehens bildet eine Brücke für Person A, sie erhält den Freiraum auf ihre Gefühle zu schauen. Sie bekommt auf diese Weise ein Angebot, Zugang zu jenen Gefühlen zu finden, die sie vielleicht selbst nicht beachtet hätte. Es ermöglicht ihr zu sagen: „Mensch, ja, in dem Punkt stimmt es tatsächlich, daß ich dieses Gefühl habe, aber in dem und dem Punkt ist es etwas anderes."

Plötzlich öffnet sich dadurch eine andere Ebene und Sie werden sehen, daß Sie beide nicht ins Gefühlhafte abschwirren, sondern daß die Sache, um die es geht, einen anderen Boden bekommt und das ganze Thema angereichert wird."

Die Übung eignet sich sehr für die Durchführung im Rahmen eines Workshops mit einer Gruppe. Dann leitet der Trainer den Ablauf. Er setzt die Gefühls-Tabelle vor allem bei folgenden Gelegenheiten ein:

1. Um Menschen zu helfen, die nicht gewohnt sind, ihre Gefühle auszudrücken
2. Um anzuregen, Gefühle überhaupt wahrzunehmen
3. Um in Konfliktsituationen Gefühle zu klären
4. Um die Stimmung von ganzheitlichem Angenommensein erleben zu lassen
5. Um mehr Platz für Kreativität zu schaffen

Wie jede Methode hat auch diese ihre Grenzen und nicht alle Probleme können damit gelöst werden, so wie ein bestimmter Schraubenschlüssel nur für bestimmte Schrauben paßt, aber keine Holzbearbeitung ermöglicht. Auch ist diese Technik – wie jede Technik – nicht immun gegen mißbräuchliche Verwendung. So könnte z.B. einer, der gelernt hat, mit Gefühlen zu arbeiten, diese Kompetenz für subtile Manipulationen ausnützen.

Ausgesprochene und unausgesprochene Gedanken

In jedem Gespräch gibt es zwei Ebenen, die durch die folgenden Bilder illustriert werden.

Bild 26

Das erste Bild zeigt zunächst zwei verschiedene Ebenen der Gesprächsstruktur: die verbalen Äußerungen und die unausgesprochenen Gedanken. Beide Ebenen werden dargestellt in Form von Sprechblasen und den darunterliegenden Gedankenblasen. Oben verläuft der verbale Austausch und darunter findet der innere Dialog mit den unausgesprochenen Gedanken statt. Auf der „Äußerungsebene" steht meist der Sachaspekt im Vordergrund, während der Beziehungsaspekt im inneren Dialog verbleibt. Die Diskrepanz zwischen verbaler Aussage und innerem Dialog kommt in der folgenden Bildreihe zum Ausdruck. Die Bilder zeigen ein Gespräch zwischen zwei Mitarbeitern, einer kommt aus dem Bereich Verkauf, der andere ist ein Produktentwickler.

Bild 27

Bild 28

Bild 29

Bild 30

Bild 31

Bild 32

Es fällt auf, daß der Mitarbeiter aus dem Verkauf sich in seinen verbalen Mitteilungen öfters wiederholt. Dies liegt daran, daß er sich nicht verstanden fühlt. Würde er seine Denkblasen transparent machen, würde sein Gegenüber ihn besser verstehen. Wäre gleichermaßen die rechts abgebildetet Person in der Lage, ihre Gedanken offenzulegen, so würde das ganze Gespräch vollkommen anders verlaufen, weil sich der Mitarbeiter aus dem Verkauf hinsichtlich des auf ihm lastenden Druckes verstanden fühlte. Mit der Verbalisierung des inneren Dialoges, wie es das Bild 33 zeigt, werden auch die Gefühle der Personen ausgesprochen.

Wenn die unausgesprochenen Gedanken und die Beziehungsebene verbalisiert werden, verkleinert sich die Gefahr von Mißverständnissen. Sich-transparent-Machen ist dabei günstig, auch wenn – in diesem Falle – der Mitarbeiter aus dem Verkauf scheinbar eine Schwäche zeigt. Wenn beide Gesprächspartner dazu auch noch fähig sind, „Ich-Botschaften" zu formulieren, also von sich zu reden, ohne das Gegenüber zu entlarven oder zu verurteilen, so ist das eine gute Ausgangslage für ein erfolgreiches Gespräch.

Bild 33

Ermüdende versus belebende Kommunikation

Müdigkeit legt sich wie Mehltau über eine Gesprächssituation, wenn wesentliche Dinge unausgesprochen bleiben. Zum Bekämpfen dieser Ermüdungs- und Lähmungszustände steigt der Kaffeekonsum. Ab der achten Tasse zittert die Hand. Der Kopf schwirrt, die Glieder bleiben jedoch schwer wie Blei und der Magen droht übersäuert zu werden.

Es gibt viele Verhaltensmuster, Aussprachen zu vermeiden, auch wenn eine unausgesprochene unbequeme Wahrheit geradezu danach drängt, ausgesprochen zu werden, um sich zu entlasten. Ein sehr ermüdendes Muster ist das Drumherumreden, um mit vielen Worten vom Wesentlichen abzulenken. Das bindet Energien, lähmt und blockiert. Die Kommunikation wird starr, ungelenkig und führt zu Müdigkeit. Es gibt Formen der Müdigkeit, die angesichts zu großer Aufgaben oder zu schwieriger Probleme aufkommen. Mit den schwierigen Problemen sind eben auch Gefühle, wie z.B. die Angst zu scheitern, verbunden. Die Müdigkeit verhindert, daß diese Gefühle ins Bewußtsein kommen. Damit sind Müdigkeit und Dumpfheit ein Abwehr- und Schutzmechanismus, das heißt, das angstbesetzte Empfinden, das Problem könne zu groß sein und deshalb ein Scheitern möglich machen, wird abgewehrt. Im anderen Fall werden die Dinge beim Namen genannt, und zwar so, daß der Andere sein Gesicht nicht verliert. Die Kommunikation wird lebendig, weil die Beziehungsebene nicht ausgespart bleibt. Belebende Kommunikation ist im wahrsten Sinne des Wortes aufregend – und anregend. Es kommen Gefühlsregungen in Gang. Die Formel dazu lautet: Lebendige Kommunikation erhöht die Energie und ist der Boden für Kreativität.

„Beobachten Sie selbst einmal, im Gespräch mit Arbeitskollegen, in einer Teamsitzung oder aber in einer privaten Unterhaltung, wann sie müde werden. Sind es bestimmte Themen? Liegt es an bestimmten Personen oder an Situationen? Wann werden Sie von plötzlichen Müdigkeitsanfällen heimgesucht?

Die Schwierigkeit dieser Übung liegt darin, daß Sie gerade im Müdigkeitsanfall nicht zusätzliche Leistungen erbringen können. Versuchen Sie trotzdem mit der Restenergie festzustellen, was gerade los ist. Die Fragen mögen Ihnen ein wenig helfen:

- *Ist es das Thema, das Sie so ermüdet?*
- *Ist das Besprochene zu langweilig?*
- *Ist das Thema zu schwierig, stellt es eine Überforderung dar?*
- *Ist Ihr Gegenüber der Auslöser für die Müdigkeit?*
- *Sind Sie am Gespräch unbeteiligt?*
- *Haben Sie das Gefühl, daß am Wesentlichen vorbeigeredet wird?*

Diese Fragen können Ihnen helfen, herauszufinden, welchen Grund die Müdigkeit hat. Wenn Sie sich darüber bewußter sind, können Sie leichter etwas ändern. Dafür hilft es schon, die eigene Befindlichkeit anzusprechen."

Innere Schnittstellen

Ich übertrage hier den Begriff „Schnittstelle", der in der EDV und in den Ingenieur- und Wirtschaftswissenschaften verwendet wird, auf psychische Prozesse; das heißt, ich betrachte den einzelnen Menschen mit seinen inneren Schnittstellen, die z.B. als innere Interessenskonflikte spürbar werden, in die emotionale Schichten involviert sind.

Dieser Versuch, den Begriff „Schnittstelle" auf den einzelnen Menschen anzuwenden, birgt natürlich Mißverständnisse in sich. So kam im Buchentwicklungs-Team der Einwand, daß dieser Ansatz als eine Technisierung des Seelischen mißverstanden werden könnte. Das ist natürlich nicht die Absicht. Es ist vielmehr eine bewußte

Entscheidung, innere Prozesse in einer Sprache auszudrücken, die in Unternehmen besser bekannt ist als die psychologische Fachsprache. Es ist also ein Versuch, die Sprache meiner Kunden zu sprechen und die Leser und Leserinnen nicht mit ungewohnten psychologischen Fachtermini zu strapazieren.

Ein Beispiel dafür ist die Schnittstelle zwischen dem Wollen und Können eines Individuums, zwischen dessen persönlichen Wünschen und Möglichkeiten. Ein Manager hat z.B. den Wunsch, internationale Messen zu besuchen, seine Flugangst hindert ihn jedoch daran. Wenn sein Wunsch und seine Angst in eine innere Kommunikation treten – im Bild durch die schraffierte Fläche dargestellt – wird der Konflikt spürbar und bewußt und kann zu einer konstruktiven Lösung führen, zum Beispiel zum Kompromiß langer Zugreisen. Eine andere Lösung wäre die Arbeit an der Flugangst selbst in Form einer spezifischen Therapie, die Psychologen in Luftfahrtgesellschaften oder in freier Praxis anbieten.

Bild 34

So wie es Kommunikationshemmnisse zwischen Abteilungen gibt, besteht auch in uns die Gefahr einer mangelhaften Kommunikation zwischen unseren verschiedenen inneren Bestrebungen und Persönlichkeitsanteilen. Im Unternehmen spricht man im Extremfall von Mauern zwischen Abteilungen. Auch in uns können innere Mauern bestehen, die uns selbst meist nicht bewußt sind. Andere nehmen solche inneren Konflikte in uns eher wahr. Ein frustrierter Karrierewunsch, der von dem Betroffenen verdrängt und abgespalten wird, kann von Anderen durchaus aus seinen Bemerkungen herausgehört werden.

„Die rechte Hand weiß nicht,
was die linke tut."

Mit dieser Redensart ist ein Schnittstellenproblem umrissen, das sich im Inneren eines Menschen abspielt. Die eine Hand kann für den Willen stehen, die andere für das Tun, oder die eine Hand für das Fühlen, die andere für das Denken. Die folgende Abbildung stellt den inneren Schnittstellenkonflikt einer Person dar. Drei seiner inneren Bedürfnisse treffen aufeinander.

Bild 35

Der Schnittstellenkonflikt im Inneren läßt sich mit folgendem Beispiel verdeutlichen: Ein Beamter gibt seinen sicheren Arbeitsplatz und den damit verbundenen Pensionsanspruch auf, um sich selbständig zu machen. Das allerdings widerspricht seinem Sicherheitsbedürfnis. Seiner Entscheidung geht ein innerer Konflikt voraus. Die schraffierte Fläche im Bild zeigt den inneren Dialog, in dem die verschiedenen Bedürfnisse aufeinander abgestimmt werden. Dem Aufgeben seines bisherigen Berufes widerspricht vielleicht auch sein Pflichtgefühl, sowohl seinem Arbeitgeber als auch seiner Familie gegenüber, die er zu versorgen hat.

Es kann eine Reihe widerstrebender Impulse wie Karriereabsichten, finanzielle Sicherheit, Bedürfnisse nach Ruhe und Bequemlichkeit in uns geben, die in uns einen Zwiespalt auslösen und die durch eine innere Kommunikation in Ausgleich kommen müssen. Davon hängt unser inneres Gleichgewicht ab. Abgespaltene Anteile beeinträchtigen unsere psychische Gesundheit. Wie sich ein „äußeres" Team um die Integration aller Beteiligten bemüht, so sollten auch die inneren Impulse integriert werden. Es ist eine Kunst, die verschiedenen Antriebe, Wünsche und Bedürfnisse in sich auszubalancieren.

Warum ist es nötig, sich über diese inneren Prozesse Bewußtheit zu verschaffen? Wenn wir in Kommunikation mit Anderen treten, dann sind wir ein Teil dieses Geschehens. Dafür ist es förderlich, die Fähigkeit zu entwickeln, die inneren Prozesse wahrzunehmen und damit umgehen zu können. Ein weiterer Schritt ist, sie in angemessener Form ausdrücken zu lernen, so daß der Andere leichter verstehen kann und eine produktive Zusammenarbeit möglich wird. Deshalb ist der Ausgleich dieser inneren Bedürfnisse so wichtig. Ziel ist die bewußte Kommunikation als hilfreiche Voraussetzung für produktive Teamarbeit. Ist man sich selbst seiner eigenen Interessen nicht bewußt, kann man sie Anderen schwer mitteilen. Stattdessen kommen sie unterschwellig zum Ausdruck, sei dies nonverbal oder in Projektionen.

„Für diese Übung möchte ich Ihnen vorschlagen, sich ein Stück Papier und einen Stift zu nehmen. Geben Sie sich einen Augenblick Zeit und überlegen Sie sich, ob Sie derzeit innere, sich widerstrebende Bedürfnis- oder Interessenslagen haben. Diese können sich überlappen oder gänzlich unvereinbar sein. Besonders in einer Entscheidungssituation können Sie sich fragen: Wo stehe ich im Moment? Was ist mein Ziel? Welche verschiedenen Bedürfnisse werden jeweils angesprochen und mehr oder weniger erfüllt? Sie können diese Interessen und Bedürfnisse entweder wie in Abb. 33 oder auf eine andere, Ihnen mehr entsprechende Art, darstellen.

Wenn Sie abgelenkt werden, bemerken Sie es, kommen einfach zurück und spüren Sie, wie Sie auf dem Stuhl sitzen. Atmen Sie dreimal langsam und ganz bewußt durch. Dann nehmen Sie sich noch einmal vor, die Übung zu machen.

Nachdem Sie Ihre innere Situation abgebildet und damit klarer vor Augen haben, ist sie Ihnen bewußter geworden. Das ist ein wichtiger Schritt. Damit wird Ihnen die Prioritätenbildung leichter fallen und Sie können sich in Ihrer Klarheit Anderen besser mitteilen.

Es geht für Sie also um die bewußte Kommunikation mit sich selbst. Dazu gehört einerseits, daß Sie innere Interessenskonflikte wahrnehmen, andererseits, daß Sie sich über Ihre eigenen Impulse wie Motivationen, Hemmungen, Erwartungen, etc., mit denen Sie in eine Situation hineingehen, bewußt werden. Für Ihre eigene Bewußtwerdung können Ihnen folgende Fragen hilfreich sein:

- *Was ist mein Ziel bei diesem Gespräch?*
- *Wie fühle ich mich in der Kommunikation mit diesem Menschen?*
- *Was ist meine Motivation, wenn ich das sage?*
- *Wie ist meine Stimmung, wenn ich mit diesem oder jenem spreche?*
- *Welche Vorstellungen und Vorurteile habe ich, wenn ich mit einer bestimmten Person rede?"*

Wem die eigenen persönlichen Absichten und Ziele unbewußt bleiben, der wird auch klare Sachargumente von Anderen nicht zur Kenntnis nehmen, so sie den eigenen Interessen entgegenstehen. Dem Partner, der um Argumente bemüht ist, kommt es als ein Nicht-verstehen-Wollen vor. Vielleicht wird sogar ein absichtliches Sich-dumm-Stellen unterstellt, was als Strategie und Verhandlungstaktik durchaus nicht ungebräuchlich ist. Im Geschäftsleben wird diese an sich unfaire Verhaltensweise angewandt, oft auch auf das Risiko hin, die Glaubwürdigkeit als Gesprächspartner zu verlieren. Es muß jedoch gar nicht Taktik sein, sondern ein unbewußter Wahrnehmungsfilter kann dafür sorgen, daß die eigenen Absichten einem selbst nicht transparent werden. Daher sind sie auch nicht formulierbar. Die für Andere klar fühlbare Unflexibilität entsteht durch den unbewußten emotionalen Widerstand.

Die Erforschung dieser inneren Prozesse steht noch ziemlich in den Anfängen. Ein professionelles Management der inneren Schnittstellen ist jedoch gerade dabei, sich zu entwickeln. Eine Reihe von Psychologen hat erst vor ca. 100 Jahren begonnen, das weite Feld des Unbewußten systematisch zu erarbeiten. Sie haben Dinge zu Tage gefördert, die tief vergraben waren. Beim Sprechen und Publizieren darüber wurden sie von der bürgerlichen Gesellschaft mehr als schief angeschaut. Angesichts dieser Tatsache ist es ein Riesenschritt, wenn heute von „Selbstmanagement" gesprochen wird. Ziel ist, im Gegensatz zu Fremdbestimmung und Fremdführung, die Fähigkeit auszubilden, sich selbst zu führen und für sich selbst Verantwortung zu übernehmen.

Es gibt Anlaß für einen optimistischen Blick in die Zukunft, wenn diese Arbeit an den menschlichen Prozessen in gleicher Geschwindigkeit weiter vorangeht. Wir können kommunikative Kompetenz erwerben und so ein Gegengewicht zu der schon weit entwickelten technischen Kompetenz schaffen.

Persönliche Veränderungen

„Eins, zwei, drei im Sauseschritt, es läuft die Zeit, wir laufen mit." (Wilhelm Busch)

Das einzig Statische in unserer Zeit scheint die Veränderung zu sein. Daher ist anzuraten, sich anstehenden Veränderungen nicht zu entziehen, sondern sich auf sie einzulassen. Eine unreflektiert positive Haltung von Beständigkeit, wie wir sie im Bild vom Felsen in der Brandung kennen, ist als Grundeinstellung zu überdenken. Repräsentiert der Felsen ethische Grundwerte oder ist er Ausdruck einer Haltung, die sich gegen jegliche Veränderung sträubt? Die Beantwortung dieser Frage bedeutet zu entscheiden, wo Beständigkeit angebracht ist und wo nicht. Folgender Spruch bringt diese Fragestellung auf den Punkt:

„Gib mir die Gelassenheit, Dinge hinzunehmen, die ich nicht ändern kann; den Mut, Dinge zu ändern, die ich ändern kann und die Weisheit, das eine vom anderen zu unterscheiden!"

Phasen eines Veränderungsprozesses Wer einen Veränderungsprozeß erlebt, wird mit bestimmten Phasen und Stufen in Berührung kommen, die nicht so abgegrenzt und in so klarer Reihenfolge ablaufen, wie sie hier dargestellt werden.

Auslösendes Erlebnis

„Um ein Gefängnis verlassen zu können, muß einem erst klar werden, ein Gefangener zu sein."

Zunächst leitet ein auslösendes Erlebnis überhaupt den Willen zur Veränderung ein. Es müssen nicht so einschneidende Ereignisse sein wie eine unvorhergesehene Kündigung oder der überraschende Tod eines Angehörigen. Der dadurch entstehende Druck ist ein starker Motivator für eine Veränderung. In vielen Fällen wird erst dann an einen Veränderungsschritt gedacht, wenn der Tiefpunkt erreicht ist. Das ist eine gute Ausgangslage für den Einsatz eines wirksamen Coachings.

Schleichende Verschlechterungen bergen ihre ganz eigenen Gefahren. Manchmal hilft nur ein Paukenschlag, sonst kann es uns wie dem Frosch aus einem Experiment ergehen. Kennen Sie die Geschichte? Es handelt sich um einen Tierversuch, der unter ethischen Gesichtspunkten abzulehnen ist.

Mit diesem Experiment sollte aufgezeigt werden, wie Lebewesen bei diffusen oder sich schwach verändernden Signalen in

Stumpfheit verharren, während sie hingegen bei einem deutlichen Signal fähig sind, rasch zu reagieren und die Situation zu verändern. Bei dem Versuch wurde ein Frosch in Wasser gegeben, dessen Temperatur nur ganz langsam erwärmt wurde. Der Frosch reagierte auf diese langsame Temperaturerhöhung nicht und kam schließlich bei bei fast 50 Grad um. Er wurde immer dumpfer und dumpfer und dumpfer und starb. Wenn ein Frosch aus 10 Grad warmem Wasser dagegen direkt in 40 Grad warmes Wasser geworfen wurde, sprang er sofort wieder heraus.

Dieser Vorgang kann auf die soziale Wirklichkeit übertragen werden. Ein deutliches Signal kann z.B. ein einschneidendes persönliches Erlebnis sein, das eine Krise auslöst. Ohne deutliche Signale gewöhnen sich Menschen an bestimmte Zustände, nehmen sie dumpf hin und realisieren nicht, daß sie immer weniger Möglichkeiten haben auszusteigen.

Die Moral von der Geschichte: *Sei dankbar für Krisen!*

Phase der Reflexion

In dieser Phase wird das grundlegende bisherige Lebens- und Verhaltensmuster langsam bewußt. Das ist eine schwierige Schwelle, denn für die Lösung und für die Veränderung ist klares Problemerkennen notwendig. Dies erfordert die Fähigkeit und die Kraft, das Alte bewußt zu ertragen. Oft ist dazu ein „geschützter Raum" notwendig, den das Unternehmen einem Mitarbeiter in der Regel nicht zur Verfügung stellen kann. Hier bedarf es der privaten Initiative.

Ein fortgeschrittenes Stadium ist, sich selbst „zuschauen" zu können, wie ein altes Muster abläuft, ohne es jetzt schon gleich ändern zu können. Stimmungen von Resignation und neuer Hoffnung wechseln sich in dieser Zeit ab. Unser Bewußtsein über uns selbst nimmt jedoch stetig zu. Wir hören uns selbst reden und beobachten uns selbst, wie wir noch das Alte tun und ansatzweise Neues ausprobieren. Bevor wir das Alte loslassen können, muß ansatzweise Neues an dessen Stelle getreten sein. Offene Gespräche mit Anderen sind in diesem Stadium sehr hilfreich. Manche Gesprächspartner berichten dann ihrerseits von persönlichen Erfahrungen, aus denen wir für den eigenen Weg Anregungen bekommen. Die nächste Stufe ist das systematische Festigen des Neuen, d.h. auszuprobieren, die Wirkungen bewußt zu erleben und die Entscheidung für das Neue bewußt zu fällen.

Veränderung stösst auf Widerstand Wie bei Unternehmen Innovationen Veränderungen mit sich bringen, so ist es auch im persönlichen Leben. Innovationen in Unternehmen stellen immer auch Bestehendes in Frage. Bisher gültige Verfahren, die als bewährt bezeichnet werden und die es vielleicht auch waren, könnten nun über den Haufen geworfen werden. Daher stoßen Veränderungen zunächst auf Widerstand, obwohl die Vorteile des Neuen auf der Hand liegen. Das ist leider so, sowohl in Unternehmen als auch im persönlichen Leben. Das Ungewohnte macht einfach Angst. Die Angst wird nicht unbedingt bewußt, sondern äußert sich in einem diffusen Unbehagen, das gleich wieder mit scheinbar sachlichen Begründungen rationalisiert wird. Solche Argumente richten sich gegen die geplante Veränderung. Nehmen wir als Beispiel eine Kündigung, die auch die Chance für einen Neubeginn beinhaltet. Die Ängste, die zunächst auftauchen, sind verständlich und haben einen realen Hintergrund. Und doch ist die Chance und die Notwendigkeit für einen Neubeginn gegeben. Das mag eine bessere Position auf dem Arbeitsmarkt sein, der Weg in die Selbständigkeit und vieles andere. Die Schwierigkeiten, das Gewohnte zu verlassen, sich in der neuen Situation zurechtzufinden, die Angst, durch die Veränderung schlechter abzuschneiden und dadurch Nachteile zu erleiden, sind überwindbare Barrieren. Auf das Alte wird beharrt in Sätzen wie: „Warum konnte es nicht so bleiben wie es war?“ oder: „Warum ausgerechnet ich?“. Damit kommt die Trauer um Vergangenes und die Angst vor dem Neuen zum Ausdruck.

Rückschläge im Veränderungsprozess Es gibt Rückschläge im Veränderungsprozeß, oft hervorgerufen durch unkontrollierte Angst, einen Absturz zu erleiden. Zwei Schritte vor, einen zurück, das ist eine häufige Schrittabfolge bei Veränderungsprozessen. Eine andere Variante zeigt das Bild 36.

Gerade in der „Einen-Schritt-zurück-Phase“ kommt leicht Skepsis auf. Es besteht die Gefahr des Vertrauensverlustes. Das Erinnern an Geschichten früheren Scheiterns – „Das habe ich doch schon einmal versucht“ – ist sehr lähmend. Hilfreich ist, solche Befürchtungen nicht zu verdrängen, sondern sie als einen Bestandteil des Entwicklungsprozesses zu sehen.

Eine innere Veränderung bewirkt zwangsläufig eine äußere. Äußerlich kommen Dinge auf uns zu, die eine Veränderung auslösen, darauf folgt eine innere Antwort. Es entsteht ein Wechsel-

Bild 36

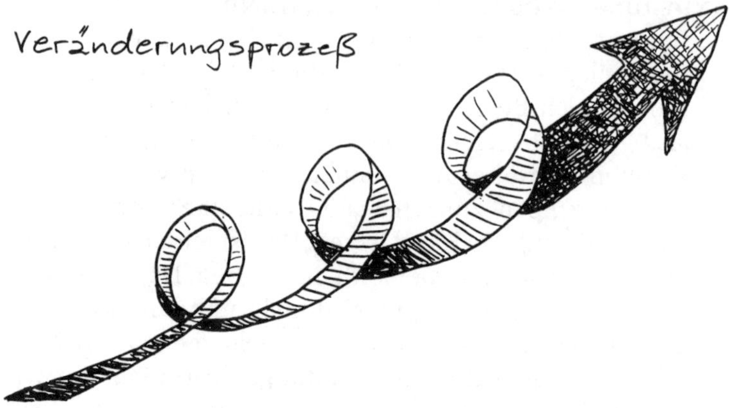

spiel von Innen und Außen. Die grundlegenden Fragen bei Veränderungen sind:

- Soll ich sie begrüßen und akzeptieren?
- Mache ich ein Plus- oder ein Minuszeichen davor?
- Stehe ich den sich anbahnenden Veränderungen mit all ihren Chancen positiv gegenüber?
- Fühle ich mich als Opfer und sehe nur die Gefahren, vor denen ich Angst habe?

„Die Angst ist der Weg!" Das zum Motto gewählt, läuft so ganz unseren Alltagsgewohnheiten entgegen. Uns wurde meist anerzogen, Angst auf jeden Fall zu vermeiden. In angstbesetzten Themen und Situationen schlummert aber viel Energie: Deshalb ist es eine interessante Strategie, das Auftauchen von Angst nicht ausschließlich als Warnschild zu deuten, an dem man schleunigst kehrt macht, sondern es als Wegweiser zu nehmen: Denn wo Wünsche, Sehnsüchte und Hoffnungen sind, da können auch Ängste und Befürchtungen aufkommen.

In Entscheidungssituationen stehen wir vor möglichen Wegen, die zum einen in Richtung Sicherheit gehen und zum anderen in Richtung unbekannntes Neues, das Risiken birgt und Angst aufkommen läßt. Mit festem Blick auf das ins Auge gefaßte Ziel empfehle ich, den Weg des Risikos zu gehen. Er bringt die Erfahrung, daß sich viele Ängste als Gespenster entpuppen und sich bei näherem Hinsehen auflösen. Das soll nicht heißen, es gäbe keine wirklich gefahrvollen Wege, vor denen uns eine durchaus berechtigte Angst warnt.

Bild 37

Bei Veränderungssituationen kann die Angst tatsächlich Wegweiser sein. Wir kommen auf diese Weise mit zentralen Lebensfragen in uns in Berührung. Das Neue können wir nur wählen, wenn wir Vertrauen haben. Nur, Vertrauen worauf? Meine Antwort lautet, Vertrauen in unsere individuellen Begabungen und Fähigkeiten, sowie eine gesunde Portion Gottvertrauen, nach dem Motto: „Hilf Dir selbst, dann hilft Dir Gott". Das Vertrauen bildet eine Brücke vom Alten zum Neuem.

Die Abläufe individueller Veränderungsprozesse lassen sich auf Organisationen wie Wirtschaftsunternehmen, die ja von Menschen geleitet und geprägt werden, übertragen. Lenz (1991) führt in seinem Buch „Die Seele im Unternehmen" viele Beispiele dafür an, inwiefern die innerseelischen Vorgänge den Prozessen in Organisationen ähnlich sind. Er benützt das psychoanalytische Erklärungsmodell und empfiehlt, den Menschen in der Organisation als Ausgangspunkt unternehmerischer Prozesse zu sehen. Diesem Modell folgend steht das Vertrauen zu sich selbst und zum Mitmenschen in engem Zusammenhang mit den Urerfahrungen aus der Kindheit. Wenn ein Kind die Erfahrung gemacht hat, daß die Überwindung von Ängsten sich lohnt, so wird sich das später im beruflichen Leben zeigen. Menschen mit einer positiven Kindheitsgeschichte können Risiken leichter einschätzen. Sie können unterscheiden, wann sie Risiken eingehen, ohne sich in „blindem Vertrauen" Gefahren auszusetzen und

Bild 38

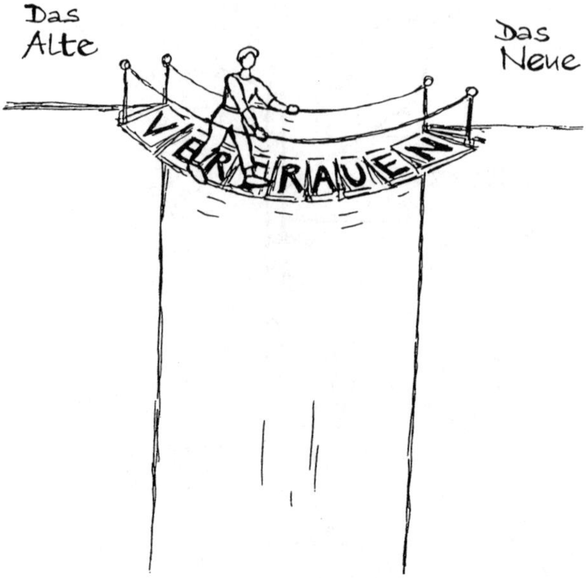

Realitäten zu übersehen. Angemessenes Vertrauen schließt nicht aus, kritische Rückmeldungen zu geben und an die Eigenverantwortlichkeit zu appellieren. Dazu gehört auch die realistische Einschätzung der Fähigkeiten und Möglichkeiten eines Partners, sei es eines Lebens- oder Geschäftspartners.

2. Ebene: Der Dialog

Bild 39

Kommunikationsbrücken bauen

Der Aufbau einer Kommunikation ist ein Prozeß. Wie beim Bauen von Brücken braucht es seine Zeit, damit eine tragfähige Verbindung entsteht. Brücken werden von beiden Seiten des Ufers aufeinander zu gebaut. Die beiden Baumannschaften treffen sich schließlich beim Brückenschlag in der Mitte des Flußes. Bei diesem Prozeß können Hindernisse auftreten. Im Bild bleibend gibt es naturgegebene Hindernisse, so etwa könnten Änderungen des Grundwasserspiegels Auswirkungen auf das Baugeschehen haben. Es gibt aber auch von Menschen gemachte Hindernisse, wie z.B. statische Fehlberechnungen. Gleiches gilt, wenn das Bild auf die menschliche Ebene übertragen wird. Da kommen naturgegebene Faktoren ins Spiel, z.B. die unabänderlichen Rahmenbedingungen, unter denen ein Gespräch stattfindet. Auch Umstände wie das Vorhandensein bzw. der Mangel an kommunikativer Kompetenz der Gesprächspartner. Die Rahmenbedingungen müssen manchmal einfach akzeptiert werden, aber die kommunikative Kompetenz kann erlernt werden.

Bild 40 zeigt den Prozeß, wie zwei Gesprächspartner gerade eine Kommunikationsbrücke aufeinander zu bauen. Grundlage ist der Wille, überhaupt eine Brücke bauen zu wollen. Um sich schließlich auf der gemeinsamen Brücke zu treffen, müssen sie sich immer wieder aufeinander abstimmen. Während des Bauens ist es wichtig, Zielvorstellungen anzugleichen und darauf zu achten, daß sie gut zusammenkommen.

Gerade zu Beginn einer Beziehung ist es entscheidend, gute Kommunikationsfundamente zu legen, die längerfristig halten und Konflikte ertragen können. Solide Brücken sind auf allen Ebenen notwendig, vom zwischenmenschlichen Kontakt bis hin zu Verbindungen von Gruppen (z.B. zwischen Mitgliedern von Arbeitsteams) und Verbänden (z.B. zwischen Arbeitgeber- und Arbeitnehmervertretern).

Bild 40

Besteht einmal eine Verbindung, so können sich Menschen darauf sicher bewegen. Selbst wenn Gesprächspartner sich eine Weile nicht sehen, bleibt die Brücke bestehen, so daß relativ schnell wieder ein produktiver Austausch zustandekommt. Als häufiges Phänomen ist das bei Kollegen zu beobachten, die über längere Zeit nicht mehr miteinander gearbeitet haben, sich aber zur eigenen Überraschung auf Anhieb wieder gut verstehen. Erklärbar wird dies durch die Tatsache, daß die Beziehungsbrücke erhalten blieb, auch über die Zeit hinweg.

Wahrnehmung der Wirklichkeit

Die Kommunikation fußt auf Wahrnehmungen, und nur das Wahrgenommene kann der Inhalt von Kommunikation sein. Es geht um die Wahrnehmung eigener Regungen und Gedanken, von Sinneseindrücken aus der Umwelt und von den Mitmenschen. Beim Wahrnehmen können eine Reihe von Verfälschungen entstehen, die die Kommunikation stark beeinflussen. Die Güte der Kommunikation hängt von der Güte der Wahrnehmung ab.

Der Andere ist ein Anderer

Wir können uns nicht oft genug vor Augen führen, daß der Andere anders ist als wir selbst, mit anderen Erfahrungen und einer anderen Art der Wahrnehmung. Zu akzeptieren, daß er anders ist, ohne es als eine latente Kränkung aufzufassen, daß der Andere nicht so denkt, fühlt, sieht und spricht wie wir selbst, ist eine Frage der Toleranz. „Der Glaube, daß die eigene Sicht der Wirklichkeit die Wirklichkeit schlechthin bedeute, ist eine gefährliche Wahnidee. Sie wird dann aber noch gefährlicher, wenn sie sich mit der messianischen Berufung verbindet, die Welt dementsprechend aufzuklären und ordnen zu müssen – gleichgültig, ob die Welt diese Ordnung wünscht oder nicht" (Watzlawick 1978, 51).

Bezogen auf die betriebliche Situation ist es gut, ganz bewußt davon auszugehen, daß die Wirklichkeit eines Mitarbeiters in der Produktion eine andere ist als die eines Controllers. Die gleichen Sachlagen werden von beiden unterschiedlich interpretiert. Darüber muß man sich klar werden und einigen. Der erste Schritt zur tragfähigen Verständigung ist, sich bewußt über das unterschiedliche Verständnis eines Sachverhaltes auszutauschen.

Sprache und Denken

Zunächst könnte man glauben, Sprache sei lediglich Rohmaterial und Transportmittel für Kommunikation. Sprache ist jedoch mehr, sie ist Ausdruck von Denkvorgängen, die auf der Basis von Weltanschauungen stattfinden. Die Sprachwissenschaftler Sapir und Whorf weisen der Sprache eine noch bedeutendere Rolle zu. Das Prinzip des „sprachlichen Determinismus" (1963) besagt, daß die Sprache das Denken und die Ansicht der Welt bestimmt. Pate dieser These könnte das Bibelwort gewesen sein: „Am Anfang war das Wort."

In welchem Maße sprachliche Fähigkeiten angeboren oder erlernt sind, ist eine alte Frage. Schon Friedrich II suchte durch fragwürdige Experimente mit Neugeborenen die Frage zu klären, ob Sprache angeboren oder erlernt sei. Die vitalen Bedürfnisse der Kinder wurden zwar befriedigt, aber es durfte weder mit ihnen gesprochen werden, noch erhielten sie sonstige Zuwendung. Ob die Kinder überhaupt zu sprechen gelernt hätten oder in welcher Sprache, konnte allerdings nicht geklärt werden. Seine Untersuchungen, die nach unseren heutigen ethischen Standards natürlich abzulehnen sind, brachten keine eindeutigen Resultate, da die eingesperrten Kinder aufgrund der affektiven Not starben. Die ursprüngliche Fragestellung konnte somit nicht beantwortet werden.

Ein ähnliches Beispiel ist das Caspar-Hauser-Phänomen. Auch Hauser wurde eingesperrt, blieb aber am Leben und erlernte als Erwachsener die Sprache. Allerdings erlernte er nicht die Fähigkeit zu unterscheiden, was zu sagen erlaubt ist und was nicht. So wurde er in eine verwirrende Kommunikation verstrickt, da er dem Gebrauch der Sprache in Form von Lügen, Ironie und Zynismus nicht gewachsen war. Mit seiner entwaffnenden Naivität und der totalen Unmittelbarkeit war er ein Kind gebliebener Erwachsener, der in einer doppelbödigen Gesellschaft nicht existieren konnte. Es wäre interessant, diesen Fall, der auch verfilmt wurde, weiter zu untersuchen. Ich möchte diesbezüglich auf Wassermann (1978) verweisen.

In welchem Maße Sprache angeboren oder erlernt ist, wird in der Intelligenzforschung untersucht, die z.B. auch zwischen sprachlicher und mathematischer Begabung Unterscheidungen vornimmt. Kommunikative Kompetenz ist in jedem Fall erlernbar, denn sie ist nicht nur an Sprache gebunden. Zu ihr gehören die Fähigkeit, Kontakt mit Anderen aufzunehmen, das Bedürfnis etwas mitzuteilen oder den Anderen zu verstehen. Daß das nicht allein eine Frage der verbalen Sprache ist, wird jedem deutlich, der einmal an einem Kongreß für Taubstumme teilgenommen hat. Es ist erstaunlich, wieviel Kommunikation da abläuft. Sicher ist, daß Sprache eng mit der inneren Welt der Ideen, Vorstellungen, Gedanken und Gefühle verbunden ist. Die Art des verbalen Ausdrucks ist aber auch ein wichtiger Aspekt der Kommunikation, auf den hier kurz eingegangen wird.

In Anlehnung an Ford läßt sich jeder sprachliche Ausdruck in fünf verschiedene „Sprechakte" einteilen, die jeweils eine Form des Handelns durch Sprechen darstellen. Demnach lassen sich unterscheiden:

- Behauptungen bzw. Feststellungen
- Bitten, Aufforderungen, Anordnungen
- Versprechen, Zusagen
- Verbaler Ausdruck von Gefühlen
- Deklarationen oder Definitionen

Indem Sprechakte vollzogen werden, verändert sich die Realität. Der Zuhörer muß auf diese durch Sprache geschaffene Situation eingehen, wie immer er das macht. Ford geht nicht davon aus, daß Veränderungen einfach nur geschehen, sondern sagt: „change is created, sustained and managed in and by communications"

(Ford 1995, 560). Demnach vollzieht sich jeder Veränderungsprozeß in einer Organisation durch Sprache.

Verschlüsseln und Entschlüsseln

Kommunikationsmodelle wirken manchmal wie Schaltpläne, die nicht leicht zu lesen sind. Beim Versuch, die Vielschichtigkeit und Vernetztheit schematisch darzustellen, wird es schnell kompliziert. Wir wissen, daß in der menschlichen Kommunikation Sender und Empfänger wechselwirkend aufeinander bezogen sind, doch was dies in der Praxis bedeutet, das ist noch zu wenig bekannt. Der Verstehensprozeß ist stark an den Beziehungsaspekt gekoppelt. Der wird jedoch in vielen Kommunikationsmodellen als „Störpotential" beim Prozeß der „Codierung/Decodierung" gesehen. Einfach ausgedrückt: wenn ich guter Laune bin, kann ich besser „codieren", weil ich mich leichter ausdrücke und ich kann auch besser „decodieren", weil ich offener bzw. toleranter bin und auf den Anderen eingehen kann. Wenn Sender und Empfänger das gleiche meinen, so ist das geradezu ein Glücksfall. Verliebte glauben, das gleiche zu meinen, nur das Glück währt leider meist nicht ewig. Viele lassen sich dann auf den mühsamen Verständigungsprozeß ein, manche fühlen sich aber derart getäuscht, daß sie das Senden und Empfangen in ihrer Enttäuschung einstellen. Es ist aber auch manchmal wie verhext. Wie ein Zauberer im Zirkus mit seinem Zylinder umgeht, so ist es mit Worten. Der eine tut ein Kaninchen hinein und der andere holt eine Taube heraus (Sprenger 1996, 128).

Der folgende Text scheint nicht leicht entschlüsselbar zu sein, mit einem kleinen Zaubertrick, mittels eines Taschenspiegels, erschließt er sich jedoch:

Gehören Sie zu jenen Menschen, die Spiegelschrift lesen können? Falls nicht, waren Sie, bis Sie sich einen Spiegel besorgt haben, auf Vermutungen und Phantasien über die Bedeutung dieses Textteiles angewiesen. Sie gehören offenbar zu jenen LeserInnen, die sich nicht mit Vermutungen zufrieden geben, sondern der Sache auf den Grund gehen.

Dieses kleine Spiegel-Intermezzo möchte Ihnen bewußt machen, daß alle Informationen, die von außen auf uns zukommen, in irgend einer Art und Weise verschlüsselt sind und wir erst einen geeigneten „Spiegel" brauchen, um sie richtig zu verstehen. In Bild 41 wird dieser Vorgang als „Decodes" bezeichnet.

Bild 41

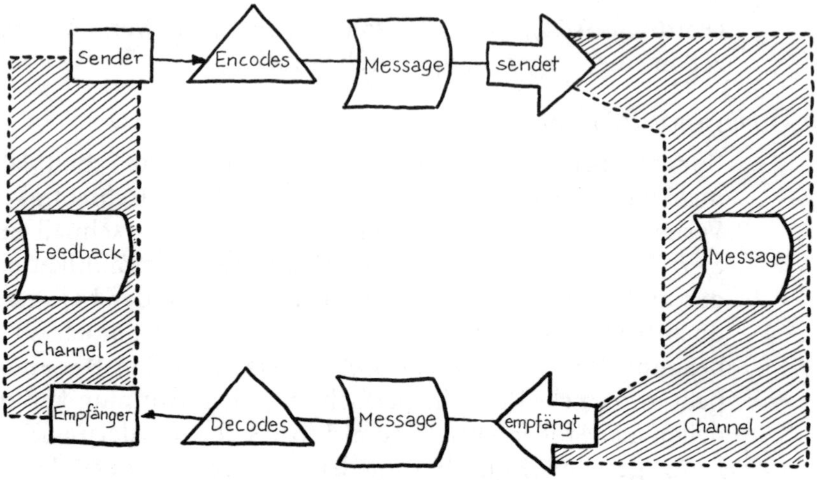

Der österreichische Politiker Franz Vranitzky sagte, befragt zum Verhältnis Österreich-Deutschland, einmal folgendes: Was uns trennt, ist die gemeinsame Sprache. Mit dieser paradoxen Aussage umschrieb wohl auch er das Problem des Sich-Verstehens. Im obenstehenden Modell möchte ich Ihre Aufmerksamkeit auf die beiden Dreiecke lenken, die mit den Begriffen „Encodes" und „Decodes" bezeichnet sind und die soviel wie „Verschlüsseln" bzw. „Entschlüsseln" bedeuten.

Als Sender verschlüsseln wir, wenn wir unser Anliegen in Sprache fassen. Als Empfänger entschlüsseln wir, wenn wir die Botschaft des Anderen aufnehmen. Die Störungen bei diesem Prozeß sind vielfältig, sie können minimiert werden, wenn beide Seiten bestimmte Verantwortlichkeiten übernehmen. Sehen wir uns diesen Aspekt einmal etwas genauer an, zuerst beim Verschlüsseln: Im Prinzip ist uns klar, daß das, was wir meinen, und was wir in Sprache ausdrücken, beim Anderen nicht unbedingt so ankommt, wie wir es in unserem Kopf haben. Doch wer ist für die Differenz von unserem Kopfinhalt und dem, was schließlich beim Anderen ankommt, verantwortlich? Bekanntlich bleibt da leider oft etwas auf der Strecke. Die Gefahr ist, zu schnell den Anderen für die Differenz verantwortlich zu machen, indem wir denken und fühlen: Er müsse doch verstehen, was in unserem Kopf vorgeht. Wir machen uns dabei zu wenig klar, daß der Andere nur das verstehen kann, was er aufgrund seiner Wahrnehmung, seiner bisherigen Lebenserfahrung u.a.m. aufnehmen kann. Hier kann der Sender beim Verschlüsseln viel Unterstützung geben, indem er nicht nur deutlich spricht, sondern sich auch die Mühe macht, nachzufragen, wie der Andere etwas verstanden hat.

Die Verantwortung seitens des Empfängers beim Entschlüsseln liegt nun darin, nicht zu schnell davon auszugehen, schon genau verstanden zu haben und nicht vorschnell zu sagen: „Wir haben die gleiche Wellenlänge". Es bedarf der Fähigkeit der Unterscheidung zwischen der Aussage des Senders und deren Interpretationen. Für diese ist der Empfänger verantwortlich, denn sie kommen aus seinem Kopf. Wer sich nicht sicher ist, was Sendung und was eigene Interpretation ist, kann nachfragen: „Ich interpretiere Deine Aussage so und so. War sie so gemeint?" In schriftlicher Form geschieht dies durch ein Protokoll, wie es etwa bei Sitzungen geführt wird. Da wird in der Folgesitzung gefragt, ob die Formulierungen das Gesprochene wiedergeben. Mögliche falsche Interpretationen können so richtiggestellt werden.

Bei Nichtübernahme der spezifischen Verantwortungen für gemachte Interpretationen wird der „schwarze Peter" in verbaler oder nonverbaler Art und Weise dem Anderen zugespielt. Und dies ist oft der Auslöser für eine konfliktbeladene Kommunikation. Basis für das richtige Interpretieren ist das Verstehen-Wollen, der Wunsch nach Gemeinsamkeit. Eine bestimmte Neugier, die Welt des Anderen kennenlernen zu wollen, ist ein gutes Motiv. Sätze wie: „Das sehen Sie völlig falsch!" sind vollkommen fehl am Platz. Sie respektieren die Wirklichkeit des Anderen nicht. Besser ist es zu sagen: „Ihren Blickpunkt finde ich aber wirklich interessant! So kann man es also auch sehen!" Im gegenseitigen Respekt können sich auf diese Weise zwei Gesprächspartner in ihren Wirklichkeitsauffassungen annähern.

Wahrnehmungsfehler

Eine Reihe von Wahrnehmungsfehlern behindern den Verstehensprozeß. Es kann schon mit einer Wahrnehmungsabwehr beginnen, indem vorhandene Sachverhalte einfach nicht gesehen, nicht wahrgenommen werden, weil sie den Vorstellungen eines Individuums widersprechen. Christian Morgenstern beschreibt das sehr treffend in einem seiner Palmström-Gedichte, das er mit dem Titel „Die unmögliche Tatsache" überschreibt (1977, 199). In diesem Gedicht wird Palmström als ein Mann beschrieben, der von einem Auto erfaßt und überfahren wird. Später stellt er sich die Frage, wie denn das geschehen konnte. Anhand der Verkehrsordnung folgert er, daß in dieser Straße gar kein Auto hätte fahren dürfen.

„Und er kommt zu dem Ergebnis: nur ein Traum war das Erlebnis, weil, so schließt er messerscharf, nicht sein kann, was nicht sein darf."

Dieses Beispiel für Wahrnehmungsabwehr zeigt auf, wie sich jemand auf widersprüchliche Sachverhalte einen Reim machen kann und dabei Tatsächlichkeiten ausblendet. Ein anderer Grund für Wahrnehmungsfehler liegt in unzureichenden Informationen.

„Es waren einmal fünf Blinde, die begegneten einem Elefanten. Der eine betastete den Rumpf des Elefanten und glaubte, es wäre eine Wand; ein Anderer betastete ein Ohr, und meinte, es wäre ein Fächer, um sich Luft zuzuwedeln; der dritte betastete ein Bein und rief: „Eine Säule, eine Säule!"...

So geht es uns auch im Alltag, wenn wir mit komplexen Situationen zu tun haben. Das Ganze – der Elefant – ist zu groß, um wahrgenommen zu werden. Bei riesigen Organisationen, die in ihrer Gänze zu komplex und zu wenig überschaubar sind, nehmen Mitarbeiter verständlicherweise spezifische Reduktionen vor. Es kommt dann leicht zu Mißverständnissen, wenn jeder aus seiner Sicht Sachverhalte beschreibt. Die Dinge nur mit seiner eigenen Brille zu sehen, kann zu absurden Formen führen:

Bild 42

Erst bei genauerem Hinsehen auf die eigene Brille, durch die man schaut, wird offenbar, daß aufgrund der Brille spezifische Wahrnehmungen entstehen. Die Brille ist hier Symbol für die eigene spezifische Wahrnehmung.

Bild 43

Der Blick auf die Brille meint hier die Untersuchung der eigenen Wahrnehmung. Es setzt viel Mut voraus, sie abzusetzen und dieses „Wahrnehmungsinstrument" einmal wahrzunehmen. Es konfrontiert uns mit der Einsicht, daß beim Wahrnehmungsprozeß Fehler passieren können, in diesem Falle einen Fleck an der Wand zu sehen, der in der Wirklichkeit gar nicht vorhanden ist. Mißverständnisse aufgrund subjektiver Wahrnehmungen lassen sich minimieren, indem die eigenen Sichtweisen nicht absolut gesetzt, sondern die unterschiedlichen Ansichten im Gespräch angeglichen werden.

Vielleicht haben Sie den Spiegel noch griffbereit, dann können wir hier ein kleines Wahrnehmungsexperiment machen. Schauen Sie sich selbst einmal im Spiegel an. Zunächst haben Sie den Eindruck, sich selbst zu sehen. Es gibt aber vieles, das Ihnen der Spiegel nicht zeigt. Zum Beispiel Ihren Hinterkopf oder Ihr Gesamtprofil. Damit ist ein Grundproblem der Wahrnehmung berührt: In der Regel nehmen wir nicht wahr, was wir alles nicht wahrnehmen. Schlüsse zu ziehen oder Entscheidungen zu fällen, ausschließlich auf der Basis der individuellen Wahrnehmung, führt leicht zu Fehlschlüssen bzw. Fehlentscheidungen. Besser ist es, sich der Tatsache der Begrenztheit der eigenen Wahrnehmungen bewußt zu bleiben und Wahrnehmungen anderer ernsthaft zu prüfen und mit einzubeziehen.

Wunschvorstellungen Auch Wunschvorstellungen können zu Wahrnehmungsfehlern führen. Nur das zu hören, was den eigenen Vorstellungen entspricht, und nur das zu sagen, was den eigenen unbewußten Wunschvorstellungen entgegenkommt, ist Alltag. Sich dessen bewußt zu werden, ist Feiertag im Wahrnehmungskalender. Wenn Kinder ihre Phantasie für Realität halten, so ist dies ein angemessenes kindliches Verhalten. Im Wirtschaftsleben Wunschvorstellungen als Realitäten zu kommunizieren, hat weitreichende Konsequenzen. Beispiele sind unrealistische Zusagen für Lieferungen, Versprechungen für überhöhte Qualitäts- und Leistungsmerkmale oder Zusagen von Zwischenergebnissen, die meist länger dauern, als der Wunsch es eingibt.

Vorurteile Rationale Argumente haben wenig Chancen, wenn der Gesprächspartner feste Vorstellungen und Überzeugungen hinsichtlich bestimmter Sachverhalte, Personengruppen oder einzelner Personen hat. Einstein mußte bezüglich Vorurteile persönliche Erfahrungen sammeln. Er meinte, daß es leichter wäre, ein Atom zu spalten als ein Vorurteil. Vorurteile sind tief in der Persönlichkeitsstruktur verwurzelt und somit auf der Sachebene der Kommunikation schwer erreichbar. Sie dienen der Abwehr unerwünschter Emotionen. Es besteht jedoch die Möglichkeit, diese Emotionen zu thematisieren. Dann kommen ganz andere Dinge zu Tage, z. B. die Angst vor Fremdem und das Unvermögen damit umzugehen.

Projektionen

„Du siehst den Splitter in Deines Bruders Auge
und achtest nicht des Balkens in Deinem Auge.“

Dieses Zitat aus der Bergpredigt ist eine leicht verständliche Beschreibung von dem, was in der Psychologie „Projektion“ genannt wird. Die grafische Umsetzung zeigt Bild 44.

Wenn ein Mensch einem Anderen eine negative Einstellung oder Verhaltensweise zuschreibt, dann ist es oft so, daß der Verurteilende genau diese Einstellung oder Verhaltensweise selbst hat. Anzeichen dafür sind Wendungen wie: „Du tust immer ...“ oder „Sie haben noch nie ...“. Wer bei den entsprechenden Aussagen noch mit dem Finger auf die andere Person zeigt, kann sehr viel Selbsterkenntnis dank des Anderen gewinnen. Voraussetzung ist, über das eigene Fingerzeigen zu reflektieren. Dabei wird klar, daß drei Finger der Hand in die eigene Richtung zeigen, während

Bild 44

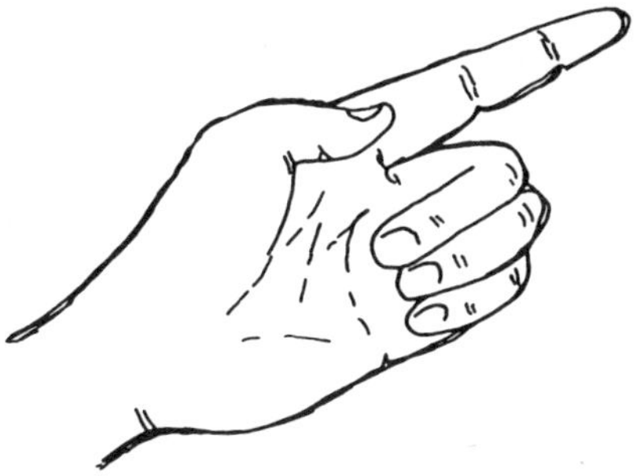

nur der Zeigefinger auf den weist, dem der Vorwurf zugedacht ist. Sinnigerweise sind die drei Finger, die in die eigene Richtung zeigen, für den „Fingerzeiger" selbst verdeckt, für ihn nicht sichtbar, also unbewußt. Mit anderen Worten: er sieht bei dem Anderen einen Splitter (dafür steht sein Zeigefinger), sieht aber gleichzeitig nicht seinen eigenen Balken (dafür stehen die drei anderen auf ihn selbst weisenden Finger).

Projektion ist ein häufiger Abwehrmechanismus, der aufkommende unangenehme, schmerzliche Sachverhalte aus den eigenen Seelengründen abzuwehren sucht und Anderen anlastet. „Alle Lücken, wo wirkliches Wissen fehlt, werden immer noch mit Projektionen ausgefüllt. Wir sind immer noch beinahe sicher, daß wir wissen, was andere Leute denken, oder was ihr wahrer Charakter ist. Wir sind überzeugt, daß gewisse Leute alle jene schlechten Eigenschaften haben, die wir in uns selbst nicht finden" (Jung 1963, 90). Zunächst ist dieser Vorgang für den Projizierenden eine Entlastung, führt jedoch zu Folgekonflikten, die ihn wieder belasten.

Grenzen der Wahrnehmung Unsere Sinne bieten uns großartige Möglichkeiten, die Welt wahrzunehmen. Aufgrund der Fülle der Wahrnehmungen täuschen wir uns leicht darüber, daß wir vieles nicht wahrnehmen. Leider nehmen wir nicht wahr, was wir nicht wahrnehmen. Es beginnt schon mit den anatomischen Gegebenheiten: Wir nehmen den blinden Fleck im Auge nicht wahr. Als Sprachspiel formuliert: Wir sehen nicht, was wir nicht sehen und wir hören nicht, was wir nicht hören. Hier läßt sich eine Parallele zur Kommunikation ziehen: nicht miteinander zu reden, wird machmal gleichgesetzt mit Nicht-kommunizieren. Dies ist aber eine Täuschung. Leider wird nicht sofort bemerkt, daß dabei sehr wohl kommuniziert wird. Bei Entscheidungsprozessen ist es wichtig, dies in Erinnerung zu behalten. Unsere Entscheidungen fußen natürlich auf unseren Wahrnehmungen und dem Gesprochenen. Wir ziehen zuwenig in Betracht, daß es Nicht-Wahrgenommenes und Unausgesprochenes gibt und dies Faktoren in der Realität sind. Wenn die nicht wahrgenommenen Faktoren die Realität stärker bestimmen als die wahrgenommenen, so führt das zu Fehlentscheidungen.

Sich-bedeckt-Halten oder Sich-transparent-Machen

„Sich-bedeckt-Halten" oder „Sich-transparent-Machen" bezeichnet zwei gegensätzliche Einstellungen, Verhaltensweisen und Umgangsformen, die mit Kommunikation verbunden sind und in der Praxis auch in Mischformen vorkommen. Offenheit oder Verschlossensein resultieren aus Vorerfahrungen. In der Folge werden diese beiden Begriffe näher untersucht, ohne daß bestimmte moralische Wertungen damit verbunden sein sollen. Im Sinne einer fließenden Kommunikation ist es vielleicht verständlich, wenn ich für eine gewisse Offenheit werbe.

Sich-bedeckt-Halten Diese Einstellung zeigt sich in konkreten Verhaltensweisen wie den folgenden:

- Keinen an sich ran lassen
- Sich nicht in die Karten schauen lassen
- Nur das sagen, was der Andere sowieso weiß
- Sich Sachen einzeln aus der Nase ziehen lassen
- Nichts Eigenes sagen
- Nur wiederholen, was der Andere sagt
- Sich hinter der allgemeinen Meinung verstecken

Eine Form des Sich-bedeckt-Haltens kann sein, sich mittels Markennamen ein Image aufzubauen und so eine bestimmte Rolle darzustellen. Dies ist eine Möglichkeit, Anerkennung, Autorität oder Bewunderung zu erhalten. Der „Preis" dafür ist, daß die eigene Identität überdeckt wird und nicht zum Tragen kommt. Mögliche Gründe für das Sich-bedeckt-Halten sind:

- Schutzbedürfnis
- Angst vor Neuem und Fremdem
- Unsicherheit, wie man sich verhalten soll

- Angst, etwas falsch zu machen
- Wissensvorsprung behalten zu wollen bzw. den
- Wissensrückstand nicht offenbar werden zu lassen
- sich den Anderen nicht zumuten zu wollen
- Angst, den Anderen mit unverblümten Wahrheiten zu schockieren
- nicht zeigen zu wollen bzw. zu können, wie es innerlich aussieht
- geschäftliches Kalkül

Bild 45

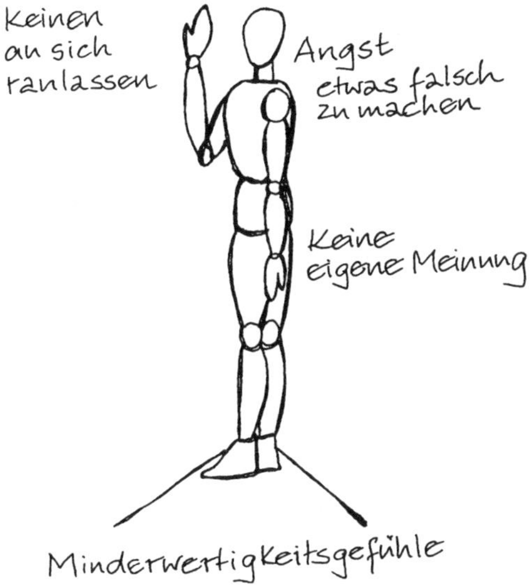

Die Wirkung auf Andere ist eine gewisse Undurchschaubarkeit. Das Sich-bedeckt-Halten ist meist ein unbewußter Schutzmechanismus, selten eine bewußte Strategie. Wenn es jedoch gezielt und strategisch eingesetzt wird, führt es vielleicht zum angepeilten Resultat, langfristig aber ist es kontraproduktiv. Auch beim bewußten Einsatz liegt die Kompensation eines Minderwertigkeitsgefühles zugrunde. Meister dieser „Kunst“ sind manche Politiker, zu denen auch solche Mitarbeiter zählen, die in der Firma politisch taktieren, die nicht immer sachbezogen arbeiten und denen nicht alles geglaubt werden darf.

Wer Kostümierungen und Maskierungen ablegen will, muß sich klar sein, daß er damit auf einen gewissen Schutz verzichtet. Auf dem Weg zum „Sich-transparent-Machen“ begegnen uns unter Umständen schmerzliche Gefühle, die erst bewußt gemacht werden müssen, damit wir sie verarbeiten können. Dieser erste Schritt ist unumgänglich und zugleich der schwerste. Es ist nicht selten, zuerst mit jenen Gefühlen in Berührung zu kommen, die unangenehm sind. In einem zweiten Schritt können wir dann darangehen, die gewünschten Veränderungen einzuleiten, die unser eigenes Wesen besser hervorbringen.

Maskenhafte Kommunikation In Bild 46 tragen beide Personen ein angepaßtes pseudofreundliches Gesicht vor sich her, dahinter verbirgt sich jedoch die wahre Emotion. Auf der einen Seite versteckter Angstschweiß, hervorgerufen durch eine besonders streßreiche Situation, hinter der anderen Maske verbirgt sich ein aggressiver Zug, der möglicherweise auch Ausdruck von Überlastung ist. Was macht es so schwer, das wahre Gesicht zu zeigen? Leichter fällt es uns Partnern gegenüber, von denen wir den Eindruck haben, daß sie uns wohlwollend gegenüberstehen. Ihnen muten wir unsere echten Emotionen eher zu. Anderen gegenüber versuchen wir ein Gesicht aufzusetzen, von dem wir glauben, daß es gut ankommt. Nehmen wir ein Beispiel: Das wahre Gesicht eines Mitarbeiters müßte eigentlich Resignation ausdrücken, die Maske jedoch zeigt Unbekümmertheit. Wenn ein Vorgesetzter lediglich auf die Maske des Mitarbeiters reagiert, wird er dem scheinbar unbekümmerten Mitarbeiter noch mehr Arbeit aufladen, und dieser wird sich überfordern.

Eine extreme Form, das Gesicht zu wahren, ist das sprichwörtliche „Poker-face", bei dem die wahren Gefühlsregungen nicht mehr nach außen dringen. Außen wird nur kühle, berechnende Überlegenheit zur Schau gestellt. Die Maske verdeckt die wahre

Bild 46

Emotion, die Wut, Trauer, Enttäuschung, Neid, Hilflosigkeit und anderes sein kann. Floskelhafte Sätze, strategische Small-talks sind dann der Ersatz für echte Mitteilungen. Auch Schönfärberei, die eine Scheinharmonie herstellt, gehört dazu. Die maskenhafte Kommunikation engt den Spielraum ein und bildet damit einen sehr engen Gesprächsrahmen. Masken sind per se etwas Starres. Die darin liegende Unehrlichkeit ist gesellschaftsfähig. Wir sind Masken gewohnt und sie gehören zu unserem Kommunikationsalltag. Masken gehen manchmal mit „Vorne schön reden ... und hinten böse nachreden" einher. Probleme werden auf diese Weise verschleiert, es ist somit in keiner Weise eine erfolgreiche Methode der Konfliktbewältigung. Bei einer Identifikation mit der Maske, die zur zweiten Natur wird, übersehen wir schließlich selbst, daß es nur eine Maske ist. Damit täuschen wir uns selbst und unwillentlich Andere und es geht die realistische Selbsteinschätzung verloren.

Wer zur Faschingszeit bewußt eine Maske aufsetzt, um damit paradoxerweise einen Aspekt seines wahren Gesichtes zu zeigen, hat einen kreativen Umgang mit Masken und kann so neue Rollen ausprobieren. Masken sind in der Ökonomie des Alltagslebens oft auch hilfreich und sind nicht per se etwas Schlechtes: Wenn man sich seiner Masken bewußt ist, kann man sie auch spielerisch einsetzen, um sich bewußt und gezielt zu schützen, selbst um den Preis einer offenen Kommunikation. Eine schwierige Situation entsteht, wenn nur ein Partner mit offenen Karten spielt, und der Andere nicht ehrlich ist. Die entstehenden Komplikationen können meist nur mit Hilfe einer dritten Person gelöst werden.

Sich-transparent-Machen Diese Einstellung wird in folgenden Verhaltensweisen sichtbar:

- keine Geheimnisse haben
- für den Anderen durchschaubar sein
- Ehrlichkeit
- Gefühle zeigen
- Fehler eingestehen
- sich verletzbar machen

Die Basis, um sich transparent zu machen, ist ein gesundes Selbstbewußtsein, das auch Ängste zuläßt. Auf dieser Basis ist man auch fähig, Anderen gegenüber Achtung entgegenzubringen.

Bild 47

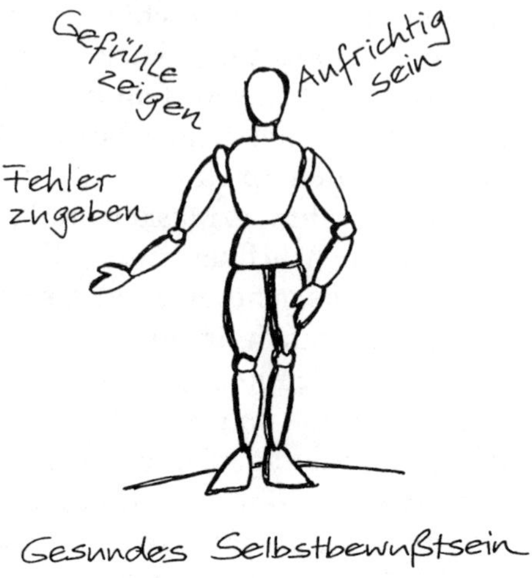

Motive zum Sich-transparent-Machen liegen in der Aussicht auf größere Lebendigkeit und vermehrte Kreativität. Transparente Mitarbeiter erwecken mehr Vertrauen, auf sie wird offener zugegangen. Dieser Prozeß zu mehr Transparenz bedarf aber eines gewissen Mutes, da mit ihm die Gefahr einer möglichen Verletzung verbunden ist.

„Diese Übung zielt darauf ab, sich 1. bewußt zu machen, was in einem vorgeht und 2. auch auszusprechen, was in einem vorgeht. Dazu ist es hilfreich, einen zuhörenden Partner vor sich zu haben. Auch wenn dieser ganz ruhig dasitzt und nichts sagt. Seine Aufgabe ist zunächst die eines Katalysators. Bevor Sie anfangen, sorgen Sie gut für den Rahmen, d.h., Sie sollten jetzt ca. eine halbe Stunde nicht gestört werden. Vereinbaren Sie beide ganz bewußt, daß Sie jetzt eine Übung machen.

Sie setzen sich einander gegenüber und vereinbaren, wer zuhört und wer spricht. Derjenige, der beginnt, spricht einfach aus, welche Gedanken ihm gerade in den Sinn kommen. Der Partner hört nur zu, fragt nicht nach, sondern ist „nur" aufmerksames Gegenüber. Diese Übung erfordert viel Offenheit und gegenseitiges Vertrauen. Deshalb empfehle ich Ihnen, sie nur mit einem Ihnen gut vertrauten Partner zu machen. Sollten Sie schon mit einem Coach arbeiten, so regen Sie vielleicht an, diese Übung mit ihm zu machen.

Der erste Schritt ist also, nur von sich zu sprechen, d.h., was Sie gerade denken, was Ihnen durch den Kopf geht, was Sie beschäftigt, welche Gefühle Sie gerade haben.

Dies alles nehmen Sie möglichst genau wahr und sprechen es einfach aus. Ebenso sprechen Sie aus, wenn sich im Verlauf der Übung bei Ihnen etwas verändert. Wichtig dabei ist, auf den zuhörenden Partner nicht direkt einzugehen, sich nicht auf ihn zu beziehen, sondern nur aufmerksam dafür zu sein, was er oder sie bei Ihnen auslöst.

Nachdem Sie fünf Minuten gesprochen haben, also Ihren inneren Stimmen Ausdruck gegeben haben, besteht der nächste Schritt darin, sich mit dem Partner auszutauschen. Für diesen Austausch mögen die folgenden Fragen eine Hilfestellung geben:

- *Sind mir aktuelle Dinge eingefallen oder eher solche aus der Vergangenheit?*
- *Hat es mir Spaß oder Probleme gemacht, die Gedanken auszusprechen?*
- *Was hat sich während des Gespräches bei mir verändert?*
- *Habe ich mich getraut, die Wahrheit zu sagen?*
- *Hatte ich körperliche Empfindungen wie Kribbeln, Druck oder Schmerz?*
- *Welche Gefühle habe ich bei mir wahrnehmen können, z.B. Ärger, Freude, Traurigkeit?*

Nun hat auch Ihr Partner die Möglichkeit, seinen inneren Stimmen Aufmerksamkeit zu schenken und Sie übernehmen die Rolle des Zuhörers. Es ist nun am Partner, auszusprechen, was ihm durch den Kopf geht. Sie als Gegenüber hören ihm nur zu und halten dabei immer den Blickkontakt aufrecht. Wieder gilt: nicht nachfragen, nicht antworten, nur zuhören und aufmerksam dabei sein. Nach fünf Minuten tauschen Sie sich wieder aus, wobei die oben aufgeführten Fragen wieder Hilfestellung sind.

Nachdem Sie diese Übung durchgeführt haben, haben Sie sicherlich deutlich erlebt, daß Sie sich selbst viel besser kennengelernt haben und sich somit leichter transparent machen können. Dies können Sie künftig nutzen, sei es vor einer wichtigen Sitzung, vor einem Konfliktgespräch, einer Verhandlung mit einem Geschäftspartner und vielen anderen Gesprächssituationen. Wenn Sie sich Ihrer eigenen Interessen klarer bewußt sind, wird dies Auswirkungen bei einer Auseinandersetzung mit einem Gesprächspartner haben. Das gleiche gilt, wenn Sie sich Ihrer Gefühle hinsichtlich einer bestimmten Aufgabenstellung bewußt geworden sind und in der Übung etwas abklären konnten; auch wird es Auswirkungen haben, wenn Sie sich mit Anderen über diese Arbeitsaufgabe austauschen.

Ohne eine vorhergehende Reflexion ist es schwer, zu einer klaren Aussage zu kommen und die eigenen Interessen klar formulieren zu können. Deshalb ist es so sinnvoll, sich vorher die persönliche Interessenslage und die damit verbundenen Gefühle, Ziele und Vorstellungen bewußt zu machen. Ich würde mich freuen, Ihnen dies mit dieser Übung etwas erleichtert zu haben.

Zusätzliche Hilfe, das Aussprechen zu lernen, bietet das von Moeller entwickelte Konzept der Zwiegespräche, dessen Grundzüge er im Buch mit dem aussagekräftigen Titel „Die Wahrheit beginnt zu zweit" (1995) umreißt.

Möglichkeiten und Grenzen der Transparenz Wenn hier für das Sich-transparent-Machen geworben wird, könnte vielleicht die Schreckensvision vom „gläsernen Menschen" auftauchen, wie sie vor Jahrzehnten schon von George Orwell antizipiert wurde. Er beschreibt eine absolute Hierarchie, in der die oberste Instanz ganz und gar nicht transparent ist. Dagegen sind ihr die Menschen unten ihrer gläsernen Transparenz vollkommen ausgeliefert. „Big Brother is watching you" entspricht natürlich in keiner Weise meiner Zielvorstellung, denn das wäre ein von außen aufgezwungenes Sich-transparent-Machen, das nicht auf Gegenseitigkeit und Freiwilligkeit beruht. Gegenseitigkeit und Freiwilligkeit aber sind notwendig, damit demokratische Verhältnisse möglich sind.

Das Offensein im Gespräch bringt nicht immer das Resultat, daß der Gesprächspartner ebenso offen ist. Es kann sich genau das Gegenteil einstellen und sogar einen Teufelskreis auslösen. Das könnte so passieren, daß in dem Maße, wie der eine offen und offener wird, der Partner dies ausnützt, indem er z.B. nur das anspricht, was ihm opportun erscheint und was seinen Interessen dient. Je mehr Verständnis also der eine zeigt, desto mehr wird er in diesem Falle ausgenützt. Wenn er das nicht realisiert und immer mehr Verständnis zeigt, führt dies zu einem immer größeren Ungleichgewicht.

Der Transparenz steht klarerweise ein natürliches Schutzbedürfnis gegenüber. Bezogen auf ein Unternehmen sollte zwar bei der internen Kommunikation das Gebot der Transparenz gelten, während jedoch das Unternehmen bei externer Kommunikation nur zum Teil transparent sein darf. So wie es für den Einzelmenschen ein legitimes Schutzinteresse gibt, so hat natürlich auch ein Unternehmen darauf zu achten, daß z.B. Produktions- und Entwicklungsgeheimnisse gewahrt und beschützt bleiben. Der Grad von Transparenz ist immer im Einzelfall abzuwägen. Die Antwort auf die Frage, ob eine Kokurrenzsituation vorliegt oder Kooperation möglich ist, ist für den Unternehmer eine Entscheidungshilfe.

Geschichtlich gesehen sind die Bemühungen nach „Sich-transparent-Machen" mit der Philosophie der Aufklärung verbunden.

Dieser standen einzelne klerikale Institutionen gegenüber, die der Inbegriff für Intransparenz waren, indem die „Kommunikatoren“ z.B. lateinisch zu ihren „Rezipienten“ sprachen. Zu den Worten kamen die nonverbalen Signale, wie Gebärden und Handlungen, Gerüche und Gesänge, kurz: ein kommunikatives Gesamtgeschehen, das auf die Menschen großen Einfluß ausübte. Dies soll keine kritische theologische Abhandlung sein, sondern nur der Hinweis, daß die jahrtausendelang gepflegte Kommunikationspraxis aus dem klerikalen Raum nicht ohne Wirkung auf das Alltagsleben und schließlich auch auf die betriebliche Alltagskommunikation bleiben konnte. Die klerikalen Kommunikationsprozesse wurden sozusagen säkularisiert.

In der Arbeitswelt äußerte sich dies früher so, daß der Chef der gütige Vater war, auch Beichtvater, der die Fehler und die Gefühle des Mitarbeiters kannte. Die anderen betroffenen Mitarbeiter hatten nicht seinen Informationsstand. Heutzutage kommt der Chef bei Teamarbeit zunehmend in die Moderatorenrolle. Er ermuntert in der Teamsitzung andere, sich transparent zu machen und ist diesbezüglich auch selbst ein Vorbild. Das schweißt die Gruppe durch eine neue Form der Gemeinsamkeit, die nicht mühsam zelebriert und herbeigeredet bzw. herbeibeschworen werden muß, sondern sich im Tun einstellt, zusammen.

Transparent-sein könnte mit „durchscheinend sein“ übersetzt werden, das aber nicht mit „schutzlos sein“ verwechselt werden darf. Dies bedeutet, aus einer spirituellen Sicht betrachtet, daß das wahre Selbst, mit allen Ecken und Kanten und den Schattenseiten sichtbar wird. Das Gegenüber weiß dann, woran es ist. Bei ihm könnte jedoch auch die Angst aufkommen, es selbst könnte solche Ecken und Kanten besitzen und müßte diese mitteilen.

Wo liegt nun der Unterschied zwischen „Sich-transparent-Machen“ und Exhibitionismus, der verbal auch als Selbstdarstellungsdrang in Erscheinung tritt? Dieses leicht unanständige Wort kann als eine Spielart von „Sich-bedeckt-Halten“ interpretiert werden. Sie läßt sich vergleichen mit dem drastischen Beispiel eines Exhibitionisten, der im Park plötzlich seine Bedeckung herunterreißt und seine Blöße zeigt. Was ist der Effekt? Er ist jedenfalls alles andere als Öffnung oder Kommunikationsbereitschaft. Es ist eine Variation von „viel reden, um nichts zu sagen“, hier in der paradoxen Version, scheinbar viel zu zeigen, um sich nicht zu entblößen.

Ein weiteres Hindernis, das dem Sich-transparent-Machen entgegensteht, ist die unbewußte Erwartung, der oder die Andere wisse schon, was los sei. Wir gehen zu oft davon aus, daß der Andere riechen kann, was wir selber denken, fühlen oder wollen. Wir gehen auch zu oft davon aus, daß der Andere unsere Gedanken lesen kann oder uns von den Augen abliest, was unsere Ängste und Wünsche sind. Diese Erwartungshaltung bzw. dieser Wunsch ist uns aus der Kindheit vertraut, erfüllte sich aber damals schon nicht immer und heute noch viel weniger.

Das „Ja" und das „Nein"

„Wer nicht Nein sagen kann,
kann sein Ja nicht halten."

Das „Ja" oder „Nein" ist die kürzeste Form, auf eine Frage zu reagieren. Nur ist es nicht leicht, ein klares „Ja" oder „Nein" zu sagen. Für Menschen, die vor allem Probleme haben, „Nein" zu sagen, gibt es die scherzhafte Redewendung: „Der hat einen Sprachfehler, er kann nicht „Nein" sagen". Doch das ist kein „Sprachfehler", sondern es liegen psychische Hintergründe vor, die es wert sind, etwas näher beleuchtet und illustriert zu werden.

Wenn wir ein Grundmuster unserer Alltagskommunikation betrachten, so fällt auf, daß wir gerne Zustimmung bekommen und uns selbst lieber zustimmend äußern. Oft wollen wir „ja" sagen, weil wir positiv und konstruktiv sein wollen. Ein „Nein" würde einer solchen Haltung eher widersprechen. Deshalb formulieren wir Fragen oder Stellungnahmen auch so, daß wir ein „Ja" erhalten. Ein „Nein" im Gespräch ist nicht nur eine neutrale Stellungnahme zu einem Sachverhalt, sondern beinhaltet auch die emotionale Tönung von Ablehnung, dann nämlich, wenn das „Nein" nicht nur auf die Sache bezogen wird, sondern zusätzlich auf die Person. Viele fühlen sich bei einem „Nein" persönlich zurückgewiesen. Dies gilt umso mehr in angespannten und labilen Beziehungen. Da sind wir noch vorsichtiger mit dem „Nein-Sagen" und verzichten oft auf eine gesunde Abgrenzung, weil wir sie unserem Gesprächspartner nicht zumuten wollen.

Ein „Nein" oder ein „Ja" bringt Klarheit, denn es beinhaltet eine Entscheidung. Auf längere Sicht gesehen kann niemand auf mehreren Hochzeiten gleichzeitig tanzen. Mit dem „Ja" oder „Nein" wird Verbindlichkeit geschaffen. Deutlich wird dies z.B. vor dem Traualtar, wenn der Pfarrer bei der Hochzeitszeremonie die Brautleute um ihr Eheversprechen bittet, und sich diese ein mehr oder weniger forsches oder zittriges Jawort geben.

Paradoxerweise ist es so, daß ein wirklich angekommenes „Nein“ oft mehr Aussagekraft und Energie beinhaltet als das „Ja“ und auch stärkere Konsequenzen nach sich zieht. Eben deshalb fällt uns das „Nein“ schwerer, denn es kann z. B. die folgenden Konsequenzen haben:

- Uns werden die eigenen Grenzen bewußt.
- Wir müssen unter Umständen andere Leute enttäuschen.
- Wir beziehen Stellung und werden dadurch angreifbar.
- Die Folgen können unangenehm sein.
- Es besteht die Gefahr, als Blockierer zu erscheinen.

Die verschiedenen Varianten von Ja- bzw. Nein-Sagern sollen in einer Bildfolge illustriert werden:

Bild 48

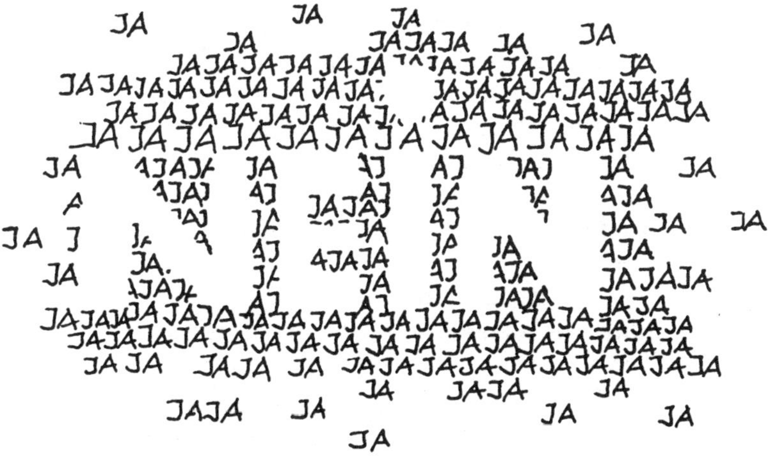

Der gefällige Ja-Sager Das erste Bild zeigt, was sich aus der Schwierigkeit ergibt, „Nein“ zu sagen. Hinter den vielen zaghaften und zögerlichen „Jas“ erscheint das „Nein“. Der Sprechende tendiert innerlich zu diesem „Nein“, traut sich aber nicht, es zu sagen. Vielmehr wird halbherzig „Ja“ gesagt, zur Umsetzung aber nichts Effektives geleistet. Das Verhalten vermittelt dann, daß derjenige schon immer überwiegend ein „Nein“ im Kopf hatte. Das Gegenüber spürt dieses Nein, fühlt es in irgendeiner Form, ist vielleicht verunsichert und erfährt spätestens durch die Handlungen des „gefälligen Ja-Sagers“, daß dieser schon immer „Nein“ meinte, auch wenn er „Ja“ verbalisierte.

Die wirkliche Meinung kann noch in vielen anderen Dingen zum Ausdruck kommen, z. B. nonverbal: an sich müßte ein Mitarbeiter ein klares „Nein" zu einem bestimmten Projekt sagen, weil er es als nicht realistisch einschätzt. Aus oben beschriebenen Gründen kommt aber ein zögerliches „Ja", und in der Folge verlegt er wichtige Projekt-Unterlagen, kommt nicht oder zu spät zum Projektmeeting und ähnliches. Durch solche Vorgehensweisen werden Andere letztlich doppelt enttäuscht und verwirrt. Erstens, weil sie zu dem zur Diskussion stehenden Sachverhalt ein „Ja" erhalten und sich darauf eingestellt haben, und nun erfahren, daß eigentlich ein „Nein" gemeint war. Zweitens sind sie über die Unglaubwürdigkeit ihres Gegenübers enttäuscht. In der Interaktion wird die Enttäuschung des Anderen natürlich auf den „gefälligen Ja-Sager" zurückwirken, und es wird schwer sein, die Glaubwürdigkeit zurückzugewinnen, wenn Wort und Tat im Widerspruch stehen.

I

Im Rahmen der Arbeit an diesem Buch, machte ich auch eine Erfahrung mit einem Gefälligkeits-Ja. Mir wurde bewußt, daß mein bisheriger Grafiker mit anderen Arbeiten überlastet war. Er vergaß vereinbarte Termine, hielt sich nicht an besprochene Maße, Umfang und Verständlichkeit der Grafiken. Sie waren zwar technisch hervorragend, vom Informationsgehalt her jedoch überladen. So kam es zu einer grundlegenden Entscheidung: Ich mußte mich von ihm trennen. Im Nachgespräch konnten wir klären, daß der Grafiker zu diesem Buchprojekt „Ja" gesagt hatte, um mich nicht zu enttäuschen. Ein klares „Nein" hätte uns beiden Zeit und Nerven gespart und wäre hilfreicher gewesen.

Mit der neuen Grafikerin Sabine Dirksen änderte sich das gesamte grafische Konzept. Alle bislang erstellten Computergrafiken kamen raus. Was rein kam, sehen Sie selbst, werter Leser. Wir hoffen sehr, daß wir Ihnen damit anschauliche Bilder bieten und das Thema für Sie so lebendiger wird.

Ja, ich übernehme (mich) Der Chef bittet einen Mitarbeiter, eine bestimmte Aufgabe zu übernehmen. Wenn dieser nicht „Nein" sagen kann, und es nicht beherrscht, sich abzugrenzen, nimmt er diese Aufgabe an, obwohl er schon mit seinen derzeitigen Aufgaben vollkommen überlastet ist. Der Ton der Stimme sagt es deutlich, auch wenn die verbale Aussage lautet: „Ja, diese Aufgabe übernehme ich gerne". Selbst in dieser verbalen Aussage ist ein kleiner Widerspruch verborgen, denn das Wort „übernehmen" hat eine Doppeldeutigkeit, da der Mitarbeiter sich mit dieser Aufgabe „übernimmt".

Bild 49

Das Gegenstück zum „gefälligen Ja-Sager" wäre der „notorische Nein-Sager", der sich in einer Art Verweigerungshaltung befindet. Damit stößt er seine Umwelt vor den Kopf, frustriert sie andauernd, läßt Andere auflaufen. Überflüssig zu sagen, daß auch hier kein Sprachfehler vorliegt, sondern eine psychische Vorgeschichte dahintersteckt. Es kann die Fixierung eines Trotz-Verhaltens sein, eine Überängstlichkeit oder eine Protest-Manie. Die Folge für den Dauerverweigerer ist, daß er nicht aus sich herausgehen und damit auch nicht produktiv sein kann, von kreativen Leistungen ganz zu schweigen. Bei der Teamarbeit ist dies eine ziemliche Belastung für die Gruppe. Deshalb macht er in der Arbeitswelt kaum Karriere, weil in betrieblichen Abläufen eine gewisse konstruktive Einstellung unabdingbar ist. Die Dauer-Nein-Haltung wird sehr schnell als blockierendes und destruktives Verhalten gewertet und entsprechend geahndet, weil die Erwartung enttäuscht wird, daß derjenige, der „Nein" sagt, auch einen konstruktiven Gegenvorschlag anzubieten hat. Dies fördert leider wiederum die Neigung zu schnellem Ja-Sagen, weil man weiß, daß ein „Nein" im Unternehmen nicht gut ankommt. Hinzu kommt, sich selbst eingestehen zu müssen, keinen Lösungsvorschlag zu haben.

Zwischen „Ja" und „Nein" liegt das „Vielleicht" Eine Erscheinungsform, die zwischen einem klaren „Ja" oder „Nein" liegt, stellt dieses Bild dar. Es ist ein noch nicht abgeschlossener Entscheidungsprozeß, in dem Kommunikation notwendig ist, um zu einer eindeutigen Haltung zu kommen.

Bild 50

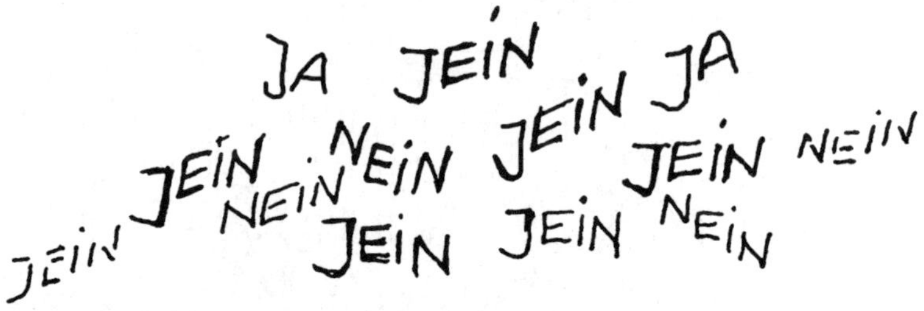

Manche Personen mit Entscheidungsschwäche verharren länger in dieser Phase, so daß es wie ein Lavieren zwischen „Ja" und „Nein" erscheint. Sie machen zaghafte Äußerungen, die beim Anderen als nicht überzeugend ankommen und unter Umständen als Ausweichmanöver empfunden werden, vielleicht auch als Ausreden. Eine Variation davon ist das taktische Sich-dumm-Stellen, das in Aussagen wie: „Ich weiß nicht recht" zum Ausdruck kommt, obwohl es derjenige offensichtlich sehr wohl weiß.

Wer „Jein" oder zögernd „Naja" sagt, ist im inneren Zwiespalt und bedenkt die möglichen Folgen seiner Aussage. Er weiß: ein klares „Nein" sowie ein klares „Ja" haben Konsequenzen. Es gibt kein folgenloses Zurück mehr. Jede Entscheidung beinhaltet auch einen Verzicht, der in dem Sprichwort: „Jedem Menschen recht getan, ist eine Kunst, die niemand kann" zum Ausdruck kommt. Für den Unentschlossenen, dem es schwer fällt, klare Entscheidungen zu treffen, gibt es die Möglichkeit, sich bewußt eine kleine Denk- und Empfindungspause zu verschaffen, sich dies fordern zu getrauen und zu kommunizieren, vor allem, wenn es sich um schwierige Entscheidungen handelt. Er könnte zu seinem Gesprächspartner sagen: „Ich bitte um etwas Bedenkzeit" oder: „Ich möchte es mir bis morgen überlegen." Als weitere Möglichkeit bietet sich am Telefon die Formulierung an: „Ich möchte mir das überlegen und rufe Sie dann zurück", oder bei einer Besprechung: „Ich möchte darüber nachdenken und hole uns jetzt erst einmal einen Kaffee." Eine andere Formulierung wäre: „Können wir morgen darüber sprechen? Ich möchte noch einmal darüber schlafen." Dieses Vorgehen schafft Freiraum, in dem man nicht unter dem Druck steht, sich sofort entscheiden zu müssen.

Die mißbräuchliche Verwendung solcher Aussagen ist gegeben, wenn die grundsätzliche Absicht, kommunizieren zu wollen, gar nicht da ist. Dann wäre es reine Taktik, um z.B. ein Projekt zu verzögern oder es gänzlich zu verhindern. Diese Art taktischer Kommunikation mag kurzfristig Vorteile bringen, längerfristig aber sicher nicht.

„Ja“ oder „Nein“

*„Es gibt Leute, die zuerst **Ja** sagen und dann denken. Es gibt Leute, die zuerst **Nein** sagen und dann denken. Und es gibt Leute, die zuerst denken und dann **Ja** oder **Nein** sagen.“*

Bild 51

Die Zielvision ist ein Mensch, der so in sich ruht, daß er bewußt „Ja“ oder aber „Nein“ sagen kann und jeweils die Konsequenzen trägt. Dieser Mensch kann seinen Entscheidungsspielraum einschätzen und ihn nützen. Dazu gehört eine realistische Einschätzung von Sachverhalten. Ein solches bewußtes „Ja“ oder „Nein“ vermittelt Klarheit. Wer authentisch sein will, dem wird es nicht erspart bleiben, beim Aussprechen eines „Nein“ auch einmal als unangenehm angesehen zu werden und einen Konflikt zu verursachen. Es ist eine Frage der Ehrlichkeit, die für unsere Mitmenschen – in Zeiten materiellen Überflusses – ein großes Geschenk sein kann, auch wenn es in manchen Fällen nicht gleich, sondern erst mit etwas Abstand als solches empfunden wird. Mit der folgenden Übung möchte Ihnen *Kommon* bewußt machen, wie schwierig es oft ist, „Nein" zu sagen.

„Mit meiner Hilfe können Sie herausfinden, welche Gefühle ausgelöst werden, wenn Sie „Nein" sagen. Sie können mit Hilfe der Übung auch prüfen, ob Ihr „Nein" beim Gegenüber ankommt oder ob es nur sehr halbherzig wirkt. Sie sollten für die Übung ca. 15 Minuten einplanen.

Für die Durchführung brauchen Sie eine Partnerin oder einen Partner. Stellen Sie sich gegenüber auf und vereinbaren Sie, wer anfängt. Wenn Sie anfangen, sagen Sie nur das Wort „Nein" und wiederholen dieses ständig. Sie sagen also ca. 30 mal „Nein", dies in den verschiedensten Lautstärken, Betonungen und Schattierungen und verbunden mit Körpersprache, d.h. mit Unterstützung von Händen, Blicken und Gesten. Ihr „Nein" kann ein Brüllen oder ein Flüstern sein, verhalten oder aggressiv. Der Andere hört nur zu, beobachtet, wie dieses „Nein" auf ihn wirkt und wie glaubwürdig es herüberkommt.

Gehen Sie diese Übung spielerisch an, forschen Sie ein bißchen bei sich, experimentieren Sie, auch wenn es Ihnen etwas komisch vorkommt.

Nach Ablauf von 5 Minuten (halten Sie die Zeit genau ein, auch wenn Sie Ihnen lange erscheint) tauschen Sie sich mit Ihrem Partner aus. Sie erzählen ihm, welches „Nein", mit welcher Stimmung und mit welchem Ausdruck für Sie selbst am stimmigsten war. Dann kann Ihr Partner sagen, was sich bei ihm abgespielt hat, als er die „Neins" hörte, welches am meisten auf ihn wirkte und was es bei ihm auslöste. Sie können sich beide fragen: Wie war die Lautstärke? Die Gestik? Welche Gefühle kamen auf? Welche Bilder und Erinnerungen haben sich eingestellt?

Nach dem Austausch machen Sie einen Rollentausch und Sie gehen wieder wie oben beschrieben vor. Nun sagt Ihr Partner, der vorher zugehört hat, seine „Neins". Nach 5 Minuten tauschen Sie sich wieder aus."

Wenn diese Übung im Rahmen eines Team-Trainings gemacht wird, ist folgender Hinweis für den Trainer wichtig: Es geht darum, eine Fähigkeit zu erlernen, die in unserer Kultur durch Erziehung und alltäglichen Umgang wenig gefördert wird, die jedoch im Arbeitsleben für das eigene Wohlbefinden und für eine zufriedenstellende Zusammenarbeit mit Kollegen unverzichtbar ist. Nur so ist es z.B. bei einer Projektarbeit möglich, klar und eindeutig festzustellen, wo die Möglichkeiten liegen und wo die Grenzen sind. Die Neinübung ist somit auch eine Abgrenzungsübung, die für vielfältige Arbeitssituationen nützlich ist. Mitarbeiter können z.B. lernen, Projekte zeitlich und inhaltlich richtig einzuschätzen und die Dinge beim Namen zu nennen: „Nein, das geht nicht.“ Auch wenn es zu regelrechten Verweigerungen kommt, ist dies letztlich für die Aufgabenstellung zielführender, als ein Zuwursteln mit einem halbherzigen „Jein“. Ein Darumherumreden behindert ein effizientes Erreichen von Zielen. Dadurch hört das Reden über das Zweit-, Dritt- und Viertwichtigste auf, das wie zur Ablenkung breitgetreten wird. Eine Wendung zum Wesentlichen kann stattfinden, wenn ein „Nein“ anerkannt und gewürdigt wird und sich eine neue Sichtweise eröffnet.

Mehrdeutige Mitteilungen Bei Witzen sind Mehrdeutigkeiten oft gewollt. Werden sie als solche eingesetzt, hat der Empfänger seinen Spaß, wenn er die Zweideutigkeit erkennt. Zynische und ironische Bemerkungen sind ebenso mehrdeutig. Kindern ist es nicht möglich, sie zu erkennen, erst im Laufe der Sprachentwicklung lernen sie zu verstehen, was gemeint ist. Mehrdeutige Mitteilungen treten im Alltag in vielen Formen auf. Nicht immer ist dem Sprechenden bewußt, daß er gleichzeitig mehrere Mitteilungen sendet, die sich zum Teil widersprechen können. Für den Empfänger ist es ebenso oft nicht möglich, die Mehrdeutigkeit bewußt zu erkennen.

In der Praxis kann sich z.B. folgende Situation ergeben: Ein Vorgesetzter macht im Gespräch mit einem Mitarbeiter verbal die Aussage: „Ich hätte hier eine interessante Aufgabe für Sie“. Nonverbal jedoch vermittelt er: „Vermutlich schaffen Sie das nicht“. Auch wenn der Mitarbeiter noch eine Motivationsaussage erhält, wie: „Sie sind unser bester Mann“, bleibt eine Konfusion, weil der Mitarbeiter die nonverbale Aussage sehr wohl spürt. Die Motivationsaussage kann unter solchen Umständen nicht motivierend wirken, nach Sprenger (1994) könnte sie sich sogar ins Gegenteil verkehren und demotivierend auswirken.

Sollte ein Mitarbeiter eine Aufgabe gerne übernehmen wollen und sich dafür für geeignet halten, so wird er dennoch eine Verwirrung in sich spüren, ausgelöst durch den Widerspruch der mehrdeutigen Mitteilungen. Der Widerspruch zwischen dem Selbstbild und der Zuschreibung, es nicht zu schaffen, bewirkt

Bild 52

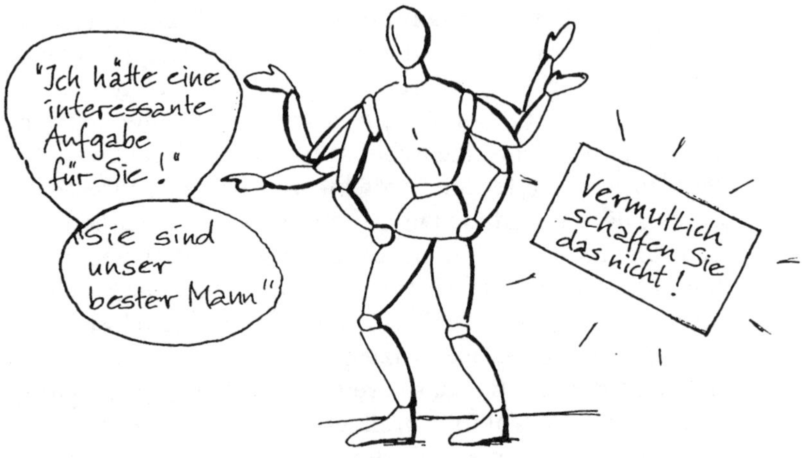

einen Kräfteverzehr, der als eine Auswirkung der ungewollten Demotivation zur Arbeitslähmung führt.

Welche Lösungsmöglichkeiten hat der Mitarbeiter? Er kann sich einer solchen Situation entziehen, sei es durch Austritt aus der Organisation oder durch eine innere Kündigung. Für seine seelische Gesundheit ist es jedoch förderlich, wenn er bewußt sieht, was geschieht. Er hat nicht die Macht, den zu ändern, von dem er abhängig ist. Aber er kann versuchen, in die Offensive zu gehen und den anderen auf die Doppeldeutigkeit seiner Botschaften hinzuweisen und seinerseits klarmachen, welche Mitteilung er aufgreift und was seine Antwort darauf ist. Manchmal bewirkt so etwas Wunder. Wenn sich der Vorgesetzte der Doppeldeutigkeit seiner Botschaften – deren Wurzeln in dessen persönlicher Lebensgeschichte liegen – nicht bewußt werden will, kann der Mitarbeiter nichts machen, außer für sich Konsequenzen zu ziehen. Nehmen wir einen anderen Fall: ein Designer erhält immer wieder Zusagen von der Pilot-Produktion, er wird auch mit Lob überhäuft, erfährt aber immer wieder den Widerspruch, daß seine Designs nicht produziert werden, sondern in der Schublade verschwinden. Auch bei Rückfragen kann er den Widerspruch zwischen den Lobreden des Produktionsverantwortlichen und dessen konkretem Handeln nicht auflösen.

In der psychiatrischen Fachliteratur wird der Widerspruch zwischen kommunizierten Inhalten und konkretem Verhalten, also zwischen Reden und Tun, mit dem Begriff „double bind" beschrieben. Sich widersprechende Botschaften führen auf der Gefühlsebene zu starken Verwirrungen, vor allem, wenn eine emotionale Abhängigkeit zwischen den Beteiligten besteht.

Die Unmöglichkeit, nicht zu kommunizieren

Nach Watzlawick findet immer, wenn Personen zusammentreffen, Kommunikation statt. Er verwendet den Kommunikationsbegriff sehr weit und schließt neben der Körpersprache auch paralinguistische Elemente (Tonfall, Schnelligkeit und Langsamkeit der Rede, Pausen, Lachen, Seufzen usw.) mit ein. Seine darauf gründende Schlußfolgerung und These ist: Man kann sich nicht nicht verhalten. Mit anderen Worten: jedes Verhalten hat in einer zwischenpersönlichen Situation einen Mitteilungscharakter. „Sei es Handeln oder Nichthandeln, Worte oder Schweigen, dieses Verhalten beeinflußt andere und diese anderen können wiederum nicht nicht auf diese Kommunikation reagieren" (Watzlawick 1974, 51). Demnach kann man unter keinen Umständen – nicht einmal durch Schweigen – der Kommunikation ausweichen. Zunächst wirkt das wie ein Dilemma, vor allem für jene, die „Sich-bedeckt-Halten" bewußt oder unbewußt als Lebensstil praktizieren. Die Alternative wäre, sich bewußt transparent zu machen.

Manche Menschen sind der Meinung, sie würden nicht kommunizieren, wenn sie nichts sagen, also schweigen. Andere wiederum meinen, sie würden die Kommunikation unterbinden, wenn sie einen Brief oder ein Telefonat nicht beantworten oder ein Fax unbeantwortet lassen. Auch „Überhören" kann ein Versuch sein, auf eine Kommunikation nicht einzugehen. Die ausgesprochene Form wäre: „Das will ich überhört haben" oder ganz ausdrücklich zu sagen: „Das interessiert mich nicht."

Alle diese Verhaltensweisen kommunizieren jedoch etwas, denn auch Schweigen hat für den Anderen eine Bedeutung. Zur Verdeutlichung dieses Sachverhaltes schlägt Ihnen Kommon die folgende Übung vor:

„Diese Übung läßt sich anwenden, wenn Sie sich das nächste Mal in einer Gruppensituation mit etwa vier bis sieben Leuten befinden. Dann machen Sie einmal etwas ganz Ungewöhnliches. Sie reden ca. 5 Minuten lang nichts, d.h., Sie nehmen nicht am Gruppengespräch teil. Statt dessen achten Sie ganz bewußt darauf, daß Ihr Verhalten (nicht nur das Schweigen, sondern auch Ihre Körpersprache) eine Form der Kommunikation darstellt und bei den Anderen auch als solche ankommt. Vielleicht finden Sie heraus, was die Anderen aus Ihrem Schweigen „heraushören". Wird es als

Ablehnung interpretiert? Oder als Desinteresse? Als Müdigkeit oder Abgelenktsein? Oder als eine stillschweigende Zustimmung?

Nachträglich können Sie sich dann bewußt machen, was bei Ihnen in der Situation vorgegangen ist. Vielleicht bemerken Sie, daß Sie durch Ihr Schweigen etwas vermittelt haben, woran Sie nie gedacht hätten. Oder Sie realisieren, daß Sie sich nicht verstecken können, auch wenn Sie das manchmal möchten. Es ist tatsächlich ein Dilemma. Der Versuch, sich herauszuhalten, zu vermeiden, sich in Beziehung zu setzen, führt manchmal gerade zu Beziehungsverstrickungen."

Das Schweigen

„Nichts zu sagen", das Unterlassen von verbaler Kommunikation kann eine starke Botschaft sein und ist damit eine spezifische Kommunikationsform, die meist unbewußt abläuft. Schweigen ist eine Form „nonverbaler Mitteilung". Hierher gehört der Ausdruck „beredtes Schweigen", das von nonverbalen Signalen flankiert wird, also etwa vieldeutigem Nicken und Blicken. Das Schweigen vermittelt auch die Botschaft, nichts sagen zu wollen oder zu können. Schweigen eröffnet jedenfalls den subjektiven Phantasien freien Raum, oder anders gesagt: Die Phantasien füllen das Vakuum des Schweigens. Das ist eine nicht zu unterschätzende unerwünschte Nebenwirkung und sollte von jenen bedacht werden, die das Schweigen bewußt als Kommunikationsform verwenden. Dessen ungeachtet kann Schweigen eine positive und der Situation angemessene Kommunikationsform sein, z.B. wenn eine Gesprächspause bewußt hergestellt wird, mit dem Ziel, jedem Raum für seine eigenen Gedanken zu geben.

FORMEN DES SCHWEIGENS Weitere Formen und Arten des Schweigens können wie folgt umrissen werden:

- produktives Schweigen, in dessen Stille abwägen möglich ist bzw. ein aufgenommener Gedanke verarbeitet werden kann
- Schweigen, weil man eigentlich „Nein" sagen möchte, aber ein in der Hierarchie Höherstehender keinen Widerspruch duldet
- absichtliches Schweigen zur Demonstration von Stärke, Macht und Bedeutsamkeit
- Schweigen, um sich unnahbar zu machen
- Schweigen als subtile Form der Verweigerung, Rache oder Bestrafung
- Schweigen aus Angst, etwas Falsches oder Unpassendes zu sagen

- Schweigen, um Gefühle zu unterdrücken, z. B. um einen Wutausbruch zu verhindern

Schweigen resultiert oft bloß aus der Unfähigkeit zur Mitteilung. Anstatt die Unfähigkeit zuzugeben: „Ich habe Mühe, jetzt etwas dazu zu sagen“, werden Rechtfertigungen des eigenen Schweigens gebracht. Viele kennen aus der Kindheit das Gebot: „Beim Essen redet man nicht!“, also schweigendes Gemampfe. Doch in Wahrheit will man der Gefahr ausweichen, daß Dinge zur Sprache kommen, die vielleicht schwer zu besprechen sind. Andere wollen „in Ruhe den Spaziergang genießen“. In Wahrheit trotten sie deshalb schweigend vor sich hin, weil die Fülle der Gedanken, auch der verworrenen oder bedrückenden zu schwer in Worte zu fassen ist. Auf das Schweigen angesprochen, verwenden manche Menschen die beliebte Ausrede, man wolle nicht gleich alles zerreden. Sollte dies als Rechtfertigung nicht genügen, kommt der Nachsatz: „Meine Gedanken müssen sich erst einmal setzen“.

„Reden ist Silber, Schweigen ist Gold.“

Das Reden um des Redens willen – in Form von Schwätzen und Schwafeln – wird mit diesem Spruch eindeutig bewertet. Wer nichts zu sagen hat und trotzdem redet, der redet vielleicht Blech, bestenfalls Silber, und Schweigen ist in diesem Falle tatsächlich Gold wert. Ein solches Schweigen steht nicht im Widerspruch zum Thema des Buches, in dem es darum geht, in voller Absicht etwas mitzuteilen, das nicht nur intellektuelle Inhalte transportiert, sondern auch im eigenen Empfindungsleben gründet.

Demnach ist ein richtiges Wort zur richtigen Zeit auch Gold wert. Schweigen ist jedenfalls nicht immer Gold: Es schweigen z. B. Menschen, weil es opportun ist, z. B. eine Person riskiert, ihre Stelle zu verlieren, wenn sie den Mund aufmacht. Wir kennen auch den Begriff „Schweigegeld“, der ganz und gar nichts goldiges an sich hat.

Im Schweigen liegt die Gefahr, daß es mißverständlich interpretiert wird. Angenommen, ein Gesprächspartner macht einen Vorschlag und der andere Partner schweigt zunächst, kann dies – je nach vorliegenden Befürchtungen bzw. Wünschen – als Ablehnung, als Zustimmung oder als Desinteresse interpretiert werden. Der Schweigende dagegen schweigt vielleicht, weil er nachdenkt. Wenn nun dieses nonverbale Signal „Schweigen“ mit der Interpretation „Ablehnung“ versehen und diese die Grundlage für das weitere Gespräch wird, z. B. mit der Frage „Warum lehnen Sie meinen Vorschlag ab?", entsteht leicht eine Konfusion. Diese kann nur durch einen ziemlichen Aufwand an weiterer verbaler Kommunikation wieder ausgeräumt werden.

Die alternative Form wäre, das empfangene Signal, „das Schweigen des Partners", zu verbalisieren, ohne es gleich zu bewerten: „Ich sehe, daß Sie auf meinen Vorschlag mit Schweigen reagieren. Mich irritiert das. Können Sie mir sagen, was das bedeutet?" Die Interpretation des Schweigens hängt natürlich stark von der Beziehung ab, die die Gesprächspartner haben. Bei einer positiven Beziehungslage kommen angstbesetzte Phantasien wie „Ablehnung" nicht so stark zum Tragen wie bei einer vielleicht schon angespannten Beziehung. Wenn die „Chemie" nicht stimmt, wird auch die beste verbale Kommunikation solcherart entstandene Konfusionen und Mißverständnisse schwerlich ausräumen können. Hier hilft nur, die Beziehung zu thematisieren. Andernfalls würde das Risiko entstehen, den Kontakt ganz sein lassen zu müssen. Letzteres wird leider zu schnell beschlossen, was zur „Null-Kommunikation" führt, die beim Anderen nur als bloße, diffuse Ablehnung ankommt.

Eine solche Sprachlosigkeit zeigt sich zwar als Schweigen, ist aber ein Verstummen, meist als Zeichen von Überforderung. Die weitere Folge ist eine Einschränkung und Vermeidung von Kommunikation. Dauert dieser Zustand länger an, kommt es zum Sich-Verweigern, zur Aufkündigung von Solidarität. Es besteht die Gefahr überzogener Reaktionen, des Totalabbruches von Aufeinandereingehen und schließlich der psychosomatischen Krankheiten, wie autoaggressiver Kommunikation der Magensäure mit dem eigenen Magen.

Vielen Erkrankungen liegen Kommunikationsstörungen zugrunde, z. B. dem Symptom „Globus Hystericus", das vom Betroffenen als „Knödel im Hals" empfunden wird. Als Betroffener ist einer Person in einer solchen Situation meist nicht bewußt, daß in ihr angstvolle Fragen stecken: „Was passiert, wenn ich das sage? Soll ich meine Gefühle besser zurückhalten? Wie beurteilen mich die Anderen, wenn ich das sage? Mache ich es falsch oder richtig?" Wenn solche Fragen bewußt gestellt werden und im Gespräch mit einem Vertrauten auch ausgesprochen werden, findet sich eine Lösung.

Das Schweigen der Anderen ist Thema der folgenden Übung. Wie geht es Ihnen, wenn Sie mit dem Schweigen von Anderen konfrontiert sind? Beurteilen Sie selbst, wie Sie damit umgehen.

„Mit dieser Übung möchte ich Sie unterstützen, sich selbst mehr Klarheit darüber zu verschaffen, wie es Ihnen geht, wenn sie mit einem Partner zu tun haben, der öfters schweigt und die Kommunikation deshalb nicht recht fließt. Zunächst aber sorgen Sie für den geeigneten Rahmen. Die nächsten 5 Minuten sollten Sie bei dieser Übung nicht gestört werden. Schließen Sie die Augen und erinnern Sie sich an Menschen, die öfters schweigen. Wenn Ihnen ein oder zwei Personen einfallen, fragen Sie sich, was deren Schweigen bei Ihnen auslöst. Als Anregung habe ich Ihnen ein paar Vorschläge aufgeschrieben. Kreuzen Sie an, inwieweit Sie den folgenden Aussagen zustimmen."

	◄ *stimmt* ··························· *stimmt nicht* ►
Schweigende sind für mich tiefgründige Menschen	□ □ □ □ □ □ □ □ □ □ □ □ □ □ □ □ □ □ □
Schweigen löst bei mir Wut aus	□ □ □ □ □ □ □ □ □ □ □ □ □ □ □ □ □ □ □
Der Andere will mich auflaufen lassen	□ □ □ □ □ □ □ □ □ □ □ □ □ □ □ □ □ □ □
Schweigen werte ich als Zustimmung	□ □ □ □ □ □ □ □ □ □ □ □ □ □ □ □ □ □ □
Schweigen löst bei mir Ratlosigkeit aus	□ □ □ □ □ □ □ □ □ □ □ □ □ □ □ □ □ □ □
Ich kann gut ein passendes von einem unpassenden Schweigen unterscheiden	□ □ □ □ □ □ □ □ □ □ □ □ □ □ □ □ □ □ □
Schweigen ist für mich eine Form der Aggression	□ □ □ □ □ □ □ □ □ □ □ □ □ □ □ □ □ □ □
Wenn jemand schweigt, so ist mir das gleichgültig	□ □ □ □ □ □ □ □ □ □ □ □ □ □ □ □ □ □ □
Schweigen signalisiert für mich konzentriertes Zuhören	□ □ □ □ □ □ □ □ □ □ □ □ □ □ □ □ □ □ □
Schweigt jemand, frage ich mich: „Was ist bei dem gerade los?"	□ □ □ □ □ □ □ □ □ □ □ □ □ □ □ □ □ □ □
Schweigen verunsichert mich	□ □ □ □ □ □ □ □ □ □ □ □ □ □ □ □ □ □ □

„Sie können sich nun in einem zweiten Schritt fragen, was Sie bewogen hat, Ihr Kreuz an der einen oder anderen Stelle der Skala zu machen. Wie interpretieren Sie Ihre eigenen Reaktionen? Zum Beispiel könnte es sein, daß Schweigen bei Ihnen Wut auslöst, weil der Andere sich dadurch raushält und Sie die Mehrarbeit machen müssen. Oder wenn Schweigen Sie verunsichert, so liegt das vielleicht daran, daß Sie das Gefühl haben, der Andere ist nicht greifbar. Würde er oder sie sich jedoch klar zeigen, so könnten Sie damit umgehen.

Sie könnten sich vornehmen, die Person, die Ihnen zum Schweigen eingefallen ist, daraufhin einmal anzusprechen. Je nachdem natürlich, was Ihnen im Zusammenhang mit Schweigen bewußt wurde. Sie können Ihrem Partner sagen: „Es macht mich wütend, wenn ich das Gefühl habe, die Mehrarbeit machen zu müssen". Wenn Sie diese Aussage auch in Form einer Ich-Botschaft vermitteln, so haben Sie gute Chancen, daß die Person dazu ein paar Worte sagt. Vielleicht kommt auch ein Gespräch zustande. Es wird in jedem Fall für Sie eine besondere Kommunikationserfahrung werden."

Airbag-Kommunikation

„Sie reden viel, doch sie sagen nichts!"

Als Airbag-Kommunikation wird hier eine spezifische Form von Nicht-Mitteilung bezeichnet. Worthaufen drängen sich zwischen die Gesprächspartner und verhindern so einen wirklichen Austausch.

Die Airbag-Kommunikation hat die Funktion abzulenken und abzuwehren. Es wird gesprochen, um eigentlich nichts zu sagen.

Bild 53

Auch dauernd selbst zu reden, um nicht zuhören zu müssen, dient der Abwehr. Umgangssprachlich heißt das, etwas totzureden bzw. etwas zu zerreden. Solche Kommunikationspartner wehren mit Hilfe eines „Sprachpanzers“ etwas ab. Das viele Reden gibt das Gefühl, die Situation unter Kontrolle zu haben.

Zwischen den Gesprächspartnern besteht eine gemeinsame unbewußte Übereinstimmung, Tabuthemen und angstbesetzte Themen auszugrenzen. Die Sprechblase „schützt“ die beiden vor einer möglichen Konfrontation. So wird ein Wortschwall produziert, unter dem als Resultat die Kommunikation begraben liegt. Diese Wortschwallproduktion kann zu diversen Kunstformen entwickelt werden. Charakteristisch für die Airbag-Kommunikation ist, daß man nicht über sich selbst redet und sich damit dem Anderen gegenüber nicht zeigt. Man verschanzt sich hinter dem Airbag. Dieser gibt zwar Schutz vor möglichen Verletzungen, hat jedoch die Nebenwirkung, daß nicht jener Freiraum entsteht, der für ein produktives Gespräch notwendig wäre.

Nicht die Worte sind die Botschaft

Es ist oft gar nicht so interessant, was gesagt wird, sondern gerade das, was *nicht* gesagt wird, wovon aber anzunehmen ist, daß eigentlich darüber gesprochen werden sollte. Es sind bestimmte Sachverhalte, die quasi durch ihre Abwesenheit glänzen. Die Worte im folgenden Bild symbolisieren Aussagen, die in Gesprächen gemacht werden. Um die ausgesprochenen Worte geht es aber nicht, sondern um das, was ausgespart bleibt. Die Worte können sogar der eigentlichen Botschaft widersprechen.

Bild 54

Um die Botschaft in Bild 54 – das B – aufnehmen zu können, muß sie anhand der Auslassungen erschlossen werden.

Ein Beispiel aus der Praxis ist die Ausstellung von Zeugnissen und Beurteilungen von Mitarbeitern. Da Zeugnisse gesetzlich keine negativen Aussagen enthalten dürfen, wird ein Code verwendet. Hierbei wird das Mittel des Weglassens angewandt. Bekannt ist der Dreiklang von „pünktlich, ehrlich, fleißig". Durch Weglassen eines dieser Attribute wird eine verdeckte Negativaussage über den Mitarbeiter getroffen. Ein Mitarbeiter, der als „stets pünktlich und ehrlich" beschrieben wird, war vermutlich nicht sehr fleißig.

Offenes Geheimnis

Zum Wesen eines offenen Geheimnisses gehört es, daß die Leute um etwas wissen, dies jedoch nicht klar und eindeutig kommuniziert wird. Es wird darüber geraunt, in Andeutungen, auch in Form von doppeldeutigen Witzen. Ein wortloses Einverständnis besteht, über das „Etwas" nicht offen zu sprechen. Wenn jemand riskiert, es offen anzuprechen, kann es passieren, daß derjenige isoliert dasteht und alle Anderen so tun, als wüßten sie von nichts.

Bild 55

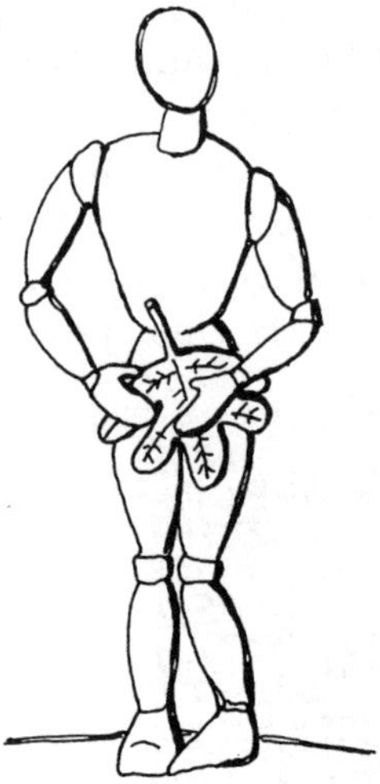

Ein offenes Geheimnis ist häufig ein Produkt *aller* Beteiligten, denn es kann nur aufrecht erhalten werden, solange alle das Spiel mitspielen. Offene Geheimnisse sind verquickt mit sozial unerwünschten Eigenschaften oder Verhaltensweisen: Ein Beispiel wären Verhaltensprobleme einer alkoholabhängigen Führungskraft, die nur verdeckt kommentiert werden.

Manchmal werden offene Geheimnisse durch die Presse aufgedeckt. Ein spektakulärer Fall waren die mißglückten Börsenspekulationen eines führenden Mitarbeiters der Barings-Bank. Durch seine außerordentlichen Fähigkeiten erhielt er uneingeschränktes Vertrauen und weitreichende Kompetenzen. Da er als unangreifbar galt, wagte er Spekulationen mit hohem Risiko. Dies war in der Organisation ein offenes Geheimnis, doch keiner traute sich das offen anzusprechen, bis der große Eklat die Bank in den Ruin führte. Hier wurde die Hemmung, ein offenes Geheimnis anzusprechen, zur Überlebensfrage für die Organisation.

Der folgende Fall aus der öffentlichen Verwaltung zeigt wesentliche Merkmale und Auswirkungen eines offenen Geheimnisses auf, wie sie auch in privatwirtschaftlichen Organisationen auftreten können: In einem Amt mit sieben Mitarbeitern hatte der Abteilungsleiter ein außereheliches Verhältnis mit der einzigen weiblichen Mitarbeiterin. Alle Mitarbeiter der Abteilung wußten davon, es wurde jedoch nicht offen darüber gesprochen. Der Leiter war häufig nicht im Büro und damit für seine Mitarbeiter nicht verfügbar, was zu Mißstimmungen führte. Der Grund dafür war nicht so sehr die Tatsache seiner Abwesenheit, sondern daß nicht klar war, wo er sich aufhielt. Das Problem war also die Heimlichkeit, die das Kommunikationsklima belastete.

Bei gemeinsamen Geschäftsreisen von Abteilungsleiter und Mitarbeiterin wurde das Geschäftliche und das Private vermengt. Er deklarierte die gemeinsamen „Ausflüge" als Außendiensttätigkeiten. Das Verhalten des Vorgesetzten hatte eine negative Vorbildwirkung, die dazu führte, daß einzelne Mitarbeiter sich sagten: „Wenn der das tun kann, dann lege ich auch mal während der Dienstzeit eine Stunde Pause ein." Als zusätzlich belastend für eine offene Kommunikation erwies sich die Tatsache, daß die Freundin des Abteilungsleiters mit den anderen Mitarbeitern in einem Großraumbüro saß, während er ein eigenes Büro für sich hatte, und er durch sie alles erfuhr, was die Mitarbeiter in ihrer Gegenwart besprachen. Die Mitarbeiter fühlten sich benachteiligt. Sie hatten das Gefühl, das Arbeitsdefizit des Abteilungsleiters und seiner Freundin auffangen zu müssen. Die vielfältigen Kaschierungen des Abteilungsleiters waren für alle durchschaubar, was zur Folge hatte, daß sich die Mitarbeiter nicht ernstgenommen, ja sogar für blöd verkauft fühlten. Jeder mußte dauernd überlegen, was er sagte, weil er das „offene Geheimnis" nicht ansprechen durfte. So wurden alle unterschwellig und unfreiwillig zur Unehrlichkeit in Form eines stummen Agreements „verpflichtet".

In einem privatwirtschaftlich geführten Betrieb hätte dieser Abteilungsleiter seine Stelle riskiert, in Beamtenstrukturen konnte er, solange ihm nicht eine grobe Dienstverletzung nachzuweisen war, nicht so leicht zu einer Veränderung angehalten werden.

Die Mitarbeiter hatten sich bereits einmal miteinander besprochen und wollten gemeinsam in dieser Sache vorgehen. Es gelang ihnen jedoch ohne Hilfe von außen nicht, eine Veränderung der Situation herbeizuführen. Die vermeintliche Einigkeit unter den Mitarbeitern zerfiel rasch, als es einige Teammitglieder nicht wagten, in einem mit dem Abteilungsleiter anberaumten Gespräch offen ihre Meinung zu sagen und so das stumme Agreement zu brechen. Die Mitarbeiter waren sich untereinander weder hinsichtlich der Vorgehensweise noch im Umgang mit der Situation einig, weil diese für die einzelnen unterschiedlich belastend war und sie negative Konsequenzen fürchteten, wenn das Verhältnis ihres Vorgesetzten mit der Mitarbeiterin offengelegt würde.

I *Ich habe diesen Fall deshalb aufgenommen, weil er aufzeigt, welche vielfältigen Nebenwirkungen solche verdeckte Geschehen auf die Kommunikation haben. Das Beispiel ist die getreue Schilderung eines realen Falles, auch wenn es sich wie eine Aneinanderreihung von Klischees liest. Ich war überascht, welche enormen Auswirkungen die Situation auf einen betroffenen Mitarbeiter der Abteilung hatte, der mir diesen Fall schilderte.*

Der Fall schien wie ein Beispiel für jene vielen Unabänderlichkeiten zu sein, in denen es der einzige mögliche Schritt ist, den Mitarbeiter zu unterstützen, zunächst die Situation zu akzeptieren und mit den gegebenen Bedingungen so umzugehen, daß sie noch ein möglichst konstruktives Arbeiten erlauben. In einem zweiten Schritt sind dann Alternativen zu entwickeln, die einen Ausweg aus der Situation ermöglichen.

Nonverbale Kommunikation

„Ach, ist das schön, sich zu verstehen,
man braucht sich nur in die Augen zu sehen."

Über nonverbale Sprache und ihre vielfältigsten Signale wurde viel geschrieben. Ihnen ist diesbezüglich sicherlich manches bekannt: Sitzpositionen, verschränkte oder nicht verschränkte Arme, wie man spricht, ob hastig, ob betont oder akzentuiert, alles dies sind vielsagende Signale. In Workshops können die eigenen nonverbalen Verhaltensweisen mittels Video sichtbar und damit einer bewußten Veränderung zugänglich gemacht werden. Hier gehe ich kurz auf die Sprache der Augen ein, d.h. die Funktion des Blickes bzw. des Augenkontaktes im Kommunikationsprozeß. Anschließend möchte ich zwei Besonderheiten der nonverbalen Sprache vorstellen.

Blickkontakte Der Augenkontakt stellt, da schwer beeinflußbar, einen starken Indikator für die Intensität von Beziehungskontakten dar. „Eye behavior is even more difficult to manipulate than facial expressions because much of eye behavior is involuntary“ (Malandro/Barker 1983, 77). Die Autoren sagen damit, daß Augenkontakte am wenigsten willentlich beeinflußbar sind.

Lebendige Augen geben eine kreative Stimmung wieder, gesenkte Blicke, die an Konzeptpapieren kleben, können Ausdruck von Unsicherheit oder von Fixierung auf Sachinhalte sein. Eine Anregung möchte ich in diesem Zusammenhang geben: Machen Sie sich öfters bewußt, wie viel bzw. wie wenig Augenkontakt Sie z.B. in einem Team herstellen, zu wem und wohin Ihre Blicke schweifen. Es ist interessant, darauf zu achten, zu wem wir keinen Blickkontakt aufnehmen, um uns dann selbst zu fragen, warum wir das tun und welche Gefühle damit verbunden sind.

Krawattensprache

Ein besonderer Aspekt nonverbaler Kommunikation, der hinsichtlich seiner Details noch keine Veröffentlichung erfahren hat, ist die Sprache der Krawatte. Sie kann als ein Thermostat für das Gefühlsleben angesehen werden.

Zur nonverbalen Kommunikation gehört natürlich die Kleidung. Männer haben hier, im Vergleich zu Frauen, einen eingeschränkten Spielraum. Deshalb spielt bei ihnen die Krawatte eine wichtige Rolle. Sie ist jedoch nicht nur ein Kleidungsstück, das in der in letzter Zeit auch viele modische Impulse in punkto Farbe und Design erfahren hat, sondern wirkt auch als ein Gefühlsregulator. Diesen ungewöhnlichen Gedanken besser zu veranschaulichen, dient eine Bildfolge.

Bild 56.1

Bild 56.1 zeigt die Krawatte in der klassischen Verwendung für eine offizielle und förmliche Sitzungssituation. Mit der korrekt gebundenen Krawatte können aufkommende Gefühle kontrolliert bzw. unterdrückt werden. In unangenehmen Gesprächssituationen sind die Teilnehmer förmlich und zugeknöpft. Im Extremfall erinnert man sich an den „Vatermörder“, wobei schon bei diesem Ausdruck deutlich wird, daß es einem die Luft nimmt, und die Krawatte zum Gefühlsdrosselungsinstrument wird.

Bild 56.2

Bei entspannteren Situationen werden die Jackets zunächst ausgezogen und über den Stuhl gehängt, die Krawatte wird jedoch anbehalten. Dies signalisiert immer noch die Wichtigkeit einer Situation. Kommt z.B. ein externer Besucher hinzu, wird die Krawatte, die vielleicht schon locker saß, wieder hoch- und das Jacket wieder angezogen.

In einer gelockerten und entspannteren Atmosphäre werden meistens auch die Krawatten gelockert, z.B. in einem kollegialen Gesprächsklima. Da dürfen persönliche Stimmungen hineinspielen. Hier darf einem auch einmal der Kragen platzen. Die Krawatte ist ja noch da, so daß der Gefühlsausbruch nicht ins Uferlose gehen wird. Bei Bild 56.2 ist das Hemd offen und zeigt den Hals, der die Schnittstelle zwischen Kopf und Leib bildet, in unserem Zusammenhang ist es die Schnittstelle zwischen der Verstandes- und der Gefühlsebene. Die Krawatte ist der Regulator für das Ausmaß der Gefühle im geschäftlichen Kontext.

Im Laufe einer Teamsitzung kommt es vor, insbesonders zu vorgerückter Stunde, daß sich die Teilnehmer ihrer Krawatte entledigen und diese über den Stuhl legen. Dies ist ein Signal, daß in

Bild 56.3

freier Atmosphäre auch Gefühle eine Rolle spielen dürfen. Bei Einladungen zu Workshops findet man oft die Formulierung: „Wir kommen in legerer Kleidung". Wer da aus einem verinnerlichten Krawattenzwang heraus noch mit Krawatte erscheint, schnürt sich selbst vom Gruppenprozeß ab. Wer versehentlich noch eine Krawatte anhat, den sieht man dann auf die Toilette gehen und ganz entspannt zurückkommen: ohne Krawatte. Kreative Teams sind ohnedies meist ohne Krawatte unterwegs. Es ist schwer denkbar, mit festgeschnürter Krawatte kreative Arbeit zu tun. Kreativität lebt vom Zusammenspiel von Gefühl und Verstand und der Gefühlsregulator würde unnötige Blockaden verursachen.

Als weitere Besonderheit der nonverbalen Kommunikation möchte ich Sie mit etwas ganz Ungewöhnlichem konfrontieren:

Die Sprache des Niesens

Sie wissen schon: wenn in einer Teamsitzung einzelne Gesprächspartner sich nach hinten lehnen und die Arme verschränken, so stehen sie Ihren formulierten Gedanken nicht gerade wohlwollend gegenüber. Auch im Raum herumzuschauen oder gar zur Decke gerichtete Blicke sind nicht Signale großen Anklanges. Wenn die Gesprächspartner sich dann auch noch räuspern, wissen Sie diese nonverbale Kommunikation sehr wohl zu interpretieren.

Doch was Sie vielleicht noch nicht wissen und deshalb bislang auch nicht so recht zu interpretieren wußten, ist ein Niesen in der

Runde, während Sie Ihre Gedanken darstellen. Vielleicht empfanden Sie ein solches Niesen nur als eine akustische Störung. Es könnte aber mehr sein, sofern der Niesende nicht gerade einen Schnupfen hat. Redensarten im Volksmund weisen darauf hin, daß es mit dem Niesen etwas auf sich hat. Zoozmann (1958, 554) weist im „Zitatenschatz der Weltliteratur" auf den Ausspruch hin: „jemand beniest etwas". Er zitiert auch Homers Odyssee, in der sich die Formulierung findet: „Siehst du nicht, wie mein Sohn mir alle Worte beniest hat?".

Ihnen ist dieser Ausspruch vielleicht in irgendeiner Variation bekannt. Wenn z. B. in einer Teamsitzung etwas gerade sehr lebhaft diskutiert wird, das Thema in Stimmigkeit kommt und eine Person spontan niest, vielleicht weil auch einer in der Runde die Sache auf den Punkt brachte, so wird manchmal als Antwort auf diesen Nieser nicht nur das übliche „Gesundheit" ausgesprochen, sondern der Ausspruch getätigt: „Du beniest es". Dies meint, daß das gerade Besprochene wahr ist. Das Niesen als eine Bekräftigung dieser Wahrheit; wahrlich, ein ganz neuer Ansatz in der Erkenntnistheorie. Zugegeben, ein Kuriosum und doch gibt es noch andere Redensarten im Umfeld vom Niesen. Manche verwenden als Reaktion auf einen Nieser – neben dem Wunsch nach „Gesundheit" – den Ausspruch: „Weil´s wahr ist". Dies wird wie ein Siegel auf das Gesagte gedrückt.

Vielleicht mögen Sie es ausprobieren, ein künftiges Niessignal in einer Gesprächssituation als eine nonverbale Zustimmung zu Ihrem Gedankengang aufzufassen. Fragen Sie einmal einen niesenden Gesprächspartner, ob er Ihre Meinung, die er gerade benossen hat, auch verbal bestätigen oder durch einen anderen Aspekt ergänzen kann. Und sollten Sie zu jenen gehören, die nie oder nur selten niesen, so fühlen Sie sich bitte nicht zurückgesetzt; Sie haben sicherlich andere Formen des spontanen Ausdrucks.

Eine Test-Leserin zeigte sich äußerst belustigt über diese Niesausführungen und mußte auch prompt dabei niesen. Ich mußte mich sehr zusammennehmen, dies nicht einfach als Wahrheitsbeweis für meine Niestheorie zu interpretieren. Eine solche unkritische Haltung ist nicht nur bei der Produkterstellung des Buchinhaltes fehl am Platz, sondern bei jeglicher Produktentwicklung. Die Rückmeldungen meiner potentiellen Kundin nahm ich zum Anlaß, eine Produktfacette, d. h. in diesem Fall die Niestheorie, noch einmal zu prüfen. Ihr Belustigtsein griff ich auf und fragte sie, was sie damit verbinde. Meine unausgesprochene These war, daß ihre Reaktion Ausdruck eines Nicht-Ernstnehmens meiner Niesgedanken ist. Sie sagte jedoch, daß sie über die Gedankenführung einfach amüsiert sei, sie aber sehr wohl bereit wäre, der Sache einmal nachzugehen. Dieses „schwache Signal vom Markt" nahm ich meinerseits als Hinweis, den Abschnitt als Teil meines Produktes „Buch" zu belassen.

Wechselspiel von innerer und äußerer Haltung

Die verschiedenen Formen nonverbalen Ausdruckes – in Verbindung mit der inneren Haltung – hat Köppen-Weber (1990) sehr anschaulich beschrieben: „Irgendwann im Lauf unseres Lebens hat sich Angst in unserem Nacken festgesetzt. Wir haben den Kopf eingezogen, um uns zu schützen. Unsere Hilflosigkeit brachte uns dazu, die Schultern hängen zu lassen und uns vor jeder Bedrohung ängstlich zu ducken. Wir tragen eine schwere Last auf unseren Schultern, die uns niederdrückt."

Solche und ähnliche nonverbale Signale, die wir aussenden, werden unseren Gesprächspartner wechselwirkend beeinflussen, er wird entsprechend seiner augenblicklichen Verfassung darauf reagieren. „Die äußere Haltung spiegelt natürlich umgekehrt unseren Mitmenschen, wie wir innerlich eingestellt sind. Unsere Körperhaltung bestimmt also, wie wir auf andere wirken. Wenn wir mit eingezogenem Kopf und hängenden Schultern durchs Leben gehen, wirken wir auch bedrückend auf unsere Mitmenschen" (1990, 18). Ebenso gilt: Wenn wir unseren Mitmenschen aufrecht und gut gelaunt begegnen, werden auch diese nonverbalen Signale sie erreichen und eine belebende Wirkung ausüben. Köppen-Weber´s therapeutisches Konzept beinhaltet körperliche und seelische Heilung zugleich. In Zusammenhang mit der Behandlung von Rückenleiden tritt in dem Moment, in dem sich die Wirbelsäule aufrichtet „bei jedem Menschen körperlich-seelisches Wohlbefinden ein. Die Wahrnehmung des eigenen Aufrechtseins rührt die meisten Menschen im ersten Augenblick zu Tränen. Sie verspüren eine Erlösung im wahrsten Sinne des Wortes, da sich ihr wahres Selbst aus den Fesseln einer beengenden inneren und äußeren Haltung zu lösen beginnt" (1990, 163). Die bewußte Veränderung der äußeren Haltung wird eine unmittelbare Auswirkung auf das innere Befinden haben, was sich wiederum auf die verbale Kommunikation auswirken wird.

„Diese Übung fällt Ihnen leichter, wenn Sie sie gemeinsam mit einer Partnerin oder einem Partner machen. Es ist ganz einfach: Einer fängt an und geht ein paar Mal durch den Raum. Der Andere beobachtet und achtet sorgfältig auf die spezifischen Bewegungsabläufe. Wie sind die Armbewegungen? Wie ist die Kopfhaltung? Wie groß sind die Schritte? Sollte sich der Beobachter mit seinen Beobachtungen noch nicht sicher sein, bittet er den Anderen, noch einmal zu gehen. Dann versucht derjenige, der beobachtet hat, die Bewegungen des Anderen bei seinem Gang so getreu wie möglich nachzuahmen. Er versucht auch, das Gefühl zum Ausdruck zu bringen, das der Andere seiner Wahrnehmung nach vermutlich hatte. Derjenige, dessen Gang vorgeführt wird, beobachtet nun seinerseits genau, wie der Andere ihn nachahmt, wie er also die Arme bewegt, den Kopf hält u.s.w. Er sieht sich dabei ähnlich wie in einem Spiegel.

Welche Möglichkeiten der Variation bieten sich an? Probieren Sie unterschiedliche Varianten aus. Wie ändert sich das innere Befinden, wenn der Kopf anders gehalten wird? Was ändert sich, wenn die Schritte kleiner oder größer werden? Ihrer Phantasie sind da keine Grenzen gesetzt. Probieren Sie aus, regen Sie sich gegenseitig an. Im gemeinsamen Gespräch tauschen Sie immer wieder Ihrer Beobachtungen aus. Sprechen Sie auch über Ihre Vermutungen, in welcher inneren Befindlichkeit der Partner gerade ist. Was ändert sich bei Ihnen, wenn Sie den Gang des Anderen nachahmen haben? Wenn Sie mit der Übung fertig sind, dann wechseln Sie.

Eine Erweiterung der Übung, z. B. im Rahmen eines Workshops, könnte sein, die Art des Gehens und den Ausdruck dabei mit einer Videokamera aufzuzeichnen. In einem zweiten Schritt kann das Video gemeinsam angesehen werden. Im nachfolgenden Gespräch vertiefen Sie, was Sie erlebt und beobachtet haben. Achten Sie darauf, ob es Ihnen gelingt, ernst zu bleiben. Ich meine nicht tierisch-ernst, sondern einfach, ob Sie innerlich dabei bleiben können. Wenn es Ihnen schwer fällt, dann sprechen Sie es an. Es hat seine Gründe und Sie akzeptieren sich, wie Sie gerade sind. Das ist der erste Schritt, etwas zu ändern".

Warum ist kommunikative Kompetenz so wichtig?

Seit der industriellen Revolution ist ein grundlegendes Problem unserer Zivilisation die Diskrepanz zwischen den sich rasant entwickelnden technischen Möglichkeiten und der Schwierigkeit des Menschen, verantwortungsvoll damit umzugehen. Die hervorragenden technischen Erfindungen der letzten 100 Jahre

Bild 57

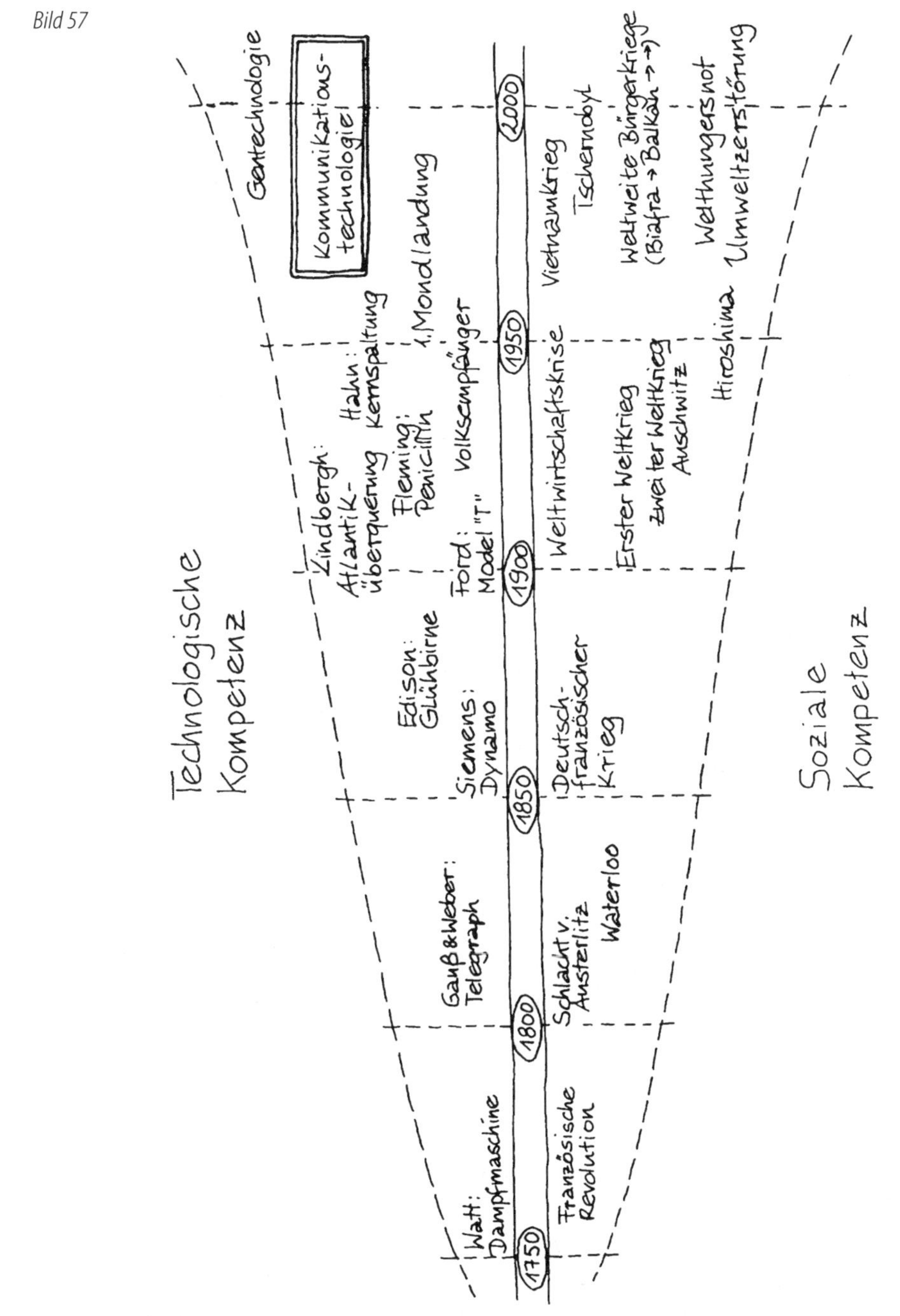

haben ernste politische, gesellschaftliche, soziale und ökologische Probleme und Krisen nicht verhindern können.

Der obere Teil der Grafik möchte einige dieser technischen Errungenschaften in Erinnerung rufen, der untere Teil zeigt einige Problemfelder auf. Diese werden in vielfältiger Weise breit diskutiert. Höhler formulierte vor einem Jahrzehnt: „Zögernd macht sich die Erkenntnis geltend, daß wir die Balance verpaßt haben zwischen technischem Fortschritt und der Kultur des Lebendigen" (1989,18).

Die Diskussion um die friedliche Nutzung der Kernkraft währt schon einige Jahre. Hinzu kommen neue brisante Themen. Heute fragen sich viele, ob die Gentechnologie z. B. ein geeignetes Mittel ist, die Welthungersnot in den Griff zu bekommen. In Verbindung mit dem Thema dieses Buches stellt sich die Frage, ob die Kommunikationstechnologie uns helfen wird, Konflikte konstruktiv zu lösen, sei es auf politischer, sozialer oder ökologischer Ebene. Sicher ist: Die soziale Kompetenz ist im Vergleich zur technischen Kompetenz ins Hintertreffen geraten. Davon ist auch die kommunikative Kompetenz als ein zentrales Element der sozialen Kompetenz betroffen.

Folgendes Beispiel illustriert das Ungleichgewicht zwischen technischer und sozialer Kompetenz: Das Automobil ist ein technisch hochentwickeltes Produkt mit sehr komplexer Technologie. Für dessen Entwicklung wird das Know-how vieler Industriezweige (Elektronik, Stahlbearbeitung u.a.) genutzt. Tausende Mannjahre an Entwicklungsarbeit stehen dahinter. Im Vergleich dazu ist die Fähigkeit, verantwortungsvoll mit dem Auto umzugehen – eine Frage der sozialen Kompetenz – weniger stark ausgeprägt. So passieren die meisten Verkehrunfälle aufgrund überhöhter Geschwindigkeit. Manche Verkehrsteilnehmer, die als Autofreaks meist starke Wagen fahren und über technische Dinge ausgezeichnet Bescheid wissen, sind emotional verunsichert, wenn sie von einem Kleinwagen überholt werden. Die Diskrepanz zeigt sich auch in zwischenmenschlichen Problemsituationen oder in einem existentiellen Konfliktfall. Es kann passieren, daß ein fachlich kompetenter Mensch unversehens hilflos oder unkontrolliert aggressiv – nach dem Motto: „fight or flight" – reagiert und Mühe hat, sich konstruktiv mit der Situation auseinanderzusetzen.

In der Neuzeit ist das Paradebeispiel der Diskrepanz zwischen technischer Machbarkeit und sozialer Verantwortung der Fall Oppenheimer. Er stand im Zuge der Entwicklung der Atombombe vor einer Zerreißprobe. Dieser Konflikt, der vor rund 50 Jahren nur eine Handvoll Leute betraf, ist heute vielen Menschen bewußt. Sich damit auseinanderzusetzen ist ein erster Schritt, die Diskrepanz zu verringern. Einer Stärkung der sozialen und kommunikativen Kompetenz wird immer mehr Bedeutung zugemessen. Dies zeichnet sich in allen Berufssparten ab; so findet z.B. auch im Ingenieurberuf ein Rollenwandel statt.

Rollenwandel des Ingenieur-Berufes

Falkhof (1992) beschreibt in seinem humoristischen Wörterbuch Ingenieure als „hochgebildete Techniker und -innen, ohne die es die Welt nicht so weit gebracht hätte". Um die Jahrhundertwende und in der Gründerzeit waren die Ingenieure die Helden ihrer Zeit. So wie es in der Antike Herkules fertigbrachte, die zwei Wagengespanne, die ihn auseinanderreißen sollten, zusammenzuhalten, so spannten die Ingenieure der Neuzeit mit Spannbeton Brücken und Staudämme. Eine kritische und umweltbewußte Öffentlichkeit findet heute zunehmend, daß dabei mancher Bogen überspannt wurde.

Der heutige Ingenieursstand nimmt die neuen Herausforderungen mitsamt ihren ökologischen und ethischen Aspekten an und vermittelt der kritischen Öffentlichkeit sein erweitertes Selbstverständnis. So wie ich selbst Professor Kramer als Ingenieur kennenlernen durfte, dessen Tun ethische Grundlagen aufwies, gab und gibt es noch viele andere Ingenieure, deren Leitlinie schon in der Widmung zum Ausdruck kommt, die Traupel (1958) seinem Standardwerk „Thermische Turbomaschinen" voranstellt. Sie lautet: „Allen Ingenieuren gewidmet, die ihren Beruf in Ehrfucht vor der Schöpfung ausüben."

Auch Max Frisch, ausgebildet als Architekt und Ingenieur, war mit der Problematik „Mensch und Technik" vertraut. Als Schriftsteller konfrontierte er im gleichnamigen Roman seinen Helden, den Ingenieur Homo Faber, mit einer Reihe unvorhergesehener menschlicher Ereignisse, die ihn bewogen umzudenken. Auch die heutigen Ingenieure berücksichtigen den humanen Faktor immer mehr und integrieren ihn in ihre Arbeit. Dies zeigt sich bei Kongreßthemen, in den Lehrveranstaltungen der Hochschulen und nicht zuletzt in den Stellenanzeigen, in denen von Ingenieuren „bereichsübergreifendes Denken" und „kompetente Gesprächsführung" erwartet wird.

Auswirkungen der Kommunikationstechnologie

Ich möchte Ihre Aufmerksamkeit noch einmal auf das Bild 57 lenken. Die Kommunikationstechnologie ist darin graphisch hervorgehoben. Sie sehe ich als eine besondere Form der Technologie, die auf die anderen Technologien wie ein Schrittmacher wirkt. Wissenschaftler aller Disziplinen produzieren und verbreiten ihr Wissen mit Hilfe der Kommunikationstechnologien. Alle technischen Neuerungen würden ohne Computer, Fax oder Internet nicht diese rasanten Entwicklungen nehmen. Das bringt uns alle unter enormen Zeitdruck.

Kennen Sie einen Manager, der Zeit hat? Ich nicht! Der berufliche Alltag sieht etwa so aus: Der Manager ist in einer Besprechung, die Sekretärin hält einen Anrufer am Telefon fest, ein Fax wird zum Unterzeichnen reingeschoben, an der Türe steht ein weiterer Gesprächspartner mit einem weiteren Thema und dem Manager geht gleichzeitig durch den Kopf: „In der Mittagspause muß ich noch Blumen für Berta besorgen, die hat ja heute Geburtstag".

Die Problematik moderner Kommunikationstechnologie stellt Rieker (1996, 172) so dar: „Zusätzliche Kommunikationskanäle bedeuten in der Praxis mehr Kommunikation und geringere Reaktionszeiten. Deshalb sind die neuen Medien Problemlöser und -verstärker zugleich. Sie heizen die Erwartungen nach unmittelbarer Rückkopplung und schnellen Entscheidungen noch zusätzlich an. Das adhoc-Geschäft nimmt zu, die Reaktionszeiten nehmen ab. Die Leute sind zugepackt mit Terminen. Viele Führungskräfte haben Mühe, sich einzugestehen, daß sie das Opfer übervoller Terminkalender sind. Stattdessen sprechen sie noch immer von Führung und Steuerung, obwohl sie schon mehr reagieren als agieren."

Neue Medien suggerieren häufig, daß es möglich wäre, mit ihrer Hilfe alles im Griff zu haben, z. B. jede aktuelle Information stets abrufen zu können. Die Zeit, sich mit einer Situation auseinanderzusetzen und darauf reagieren zu können, nimmt jedoch ab und damit auch der Handlungsspielraum. Es bleibt wenig Zeit für grundsätzliche Überlegungen. Manager stehen heute im täglichen Kreuzfeuer der Kommunikation.

Wenn die heutigen Schüler und Studenten, die mit moderner Informations- und Kommunikationstechnologie aufwachsen, in die Wirtschaft kommen, werden sie vielleicht eher fähig sein, diese Technologien so einzusetzen, daß viele Routinearbeiten wegfallen. Die freiwerdenden Ressourcen können dann für Teamarbeit, Kreativität und Persönlichkeitsentwicklung genutzt werden. Die einzelnen Lebensbereiche – die privaten und die beruflichen – profitieren davon. Ein in Sachen Kommunikation geforderter und damit geförderter Privatmensch wird auch im Unternehmen als Mitarbeiter die Schlüsselqualifikation „Kommunikation" vermehrt einbringen können.

Der Umgang mit der Kommunikationstechnologie erfordert ein hohes Maß an Verantwortungsbewußtsein. Ob der Mensch auf dem Informationshighway zur schönen neuen Welt die Kurve zum verantwortungsbewußten, mündigen Kommunikator kriegt, wird von der kommunikativen Kompetenz abhängen.

Vereinfacht läßt sich sagen, daß die Kommunikationstechnologie viel Kommunikation hervorbringt, aber nicht automatisch sicherstellt, daß die zunehmende Fülle an Informationen auch zu mehr Verständnis führt. Sie vervielfacht auch die Möglichkeiten für Mißverständnisse und Fehlinformationen. Informationen richtig erfassen, auswerten und weitergeben heißt Informationsmanagement. Das ist *der* Wachstumsmarkt der Zukunft, dessen Rohstoff Informationen sind.

Bild 58

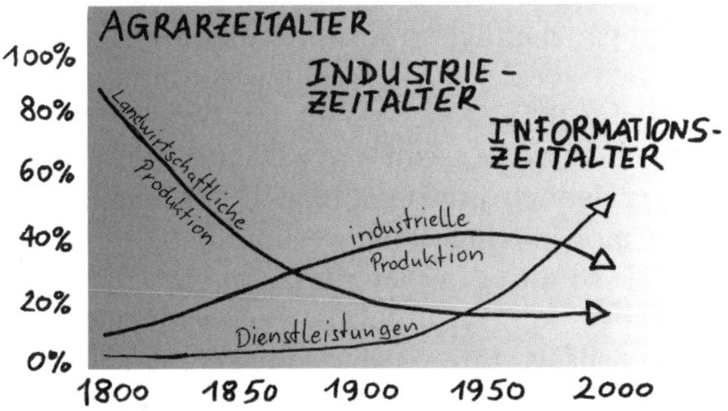

Der neue Rohstoff „Information" wird einen starken Wandel in der Wertschöpfung auslösen. Die Darstellung verdeutlicht die Entwicklung der letzten 200 Jahre. Nach einer langen Phase, in der die landwirtschaftliche Produktion den Großteil der gesamten Wirtschaftsleistung ausmachte, entwickelte sich das Industriezeitalter. Die industrielle Produktion, in der Adam Smith, Frederick Taylor u.a. die Männer des Jahrhunderts waren, ist heute im Auslaufen. Damals ging es bei der fabriksmäßigen Fertigung darum, die Berechenbarkeit der Abläufe zu erreichen, nach denen kleine und große Manufakturbetriebe funktionieren sollten. Heute findet nach Warnecke (1993, 263) die Evolution zum „fraktalen Unternehmen" statt, das hochorganisiert und flexibel ein „organisches Zusammenspiel von Einzelfunktionen" ermöglicht. Information wird darin zum hauptsächlichen Faktor der Wertschöpfung. Ging es früher um den Interessenskonflikt von

„Kapital und Arbeit", den Swarovski (1997) sehr treffend beschreibt, so tritt heute nach Drucker (1993, 75) „Informationswissen an die Stelle des Kapitals und ist in den Unternehmen weltweit die treibende Kraft." Damit der Rohstoff Information mit Hilfe der Kommunikationstechnologien gut verarbeitet werden kann, ist eine ständige Erweiterung der kommunikativen Kompetenz nötig.

Elemente kommunikativer Kompetenz

Kommunizieren erfordert nicht nur Fähigkeiten auf intellektueller Ebene, wie z.B. die Fähigkeit, Gedankengänge logisch darzustellen oder gezielt Fragen zu stellen, sondern auch emotionale Fähigkeiten. Dazu gehört die Kompetenz sich einzufühlen, aufmerksam zu sein und Verständnis zu zeigen sowie innere Überzeugung und Glaubwürdigkeit. Es braucht die Bereitschaft, mit Anderen ganzheitlich in Kommunikation treten zu wollen. Zwar lassen sich spezielle Aspekte der kommunikativen Kompetenz trainieren, z.B. Feedback geben, das Gehörte mit eigenen Worten wiedergeben, aktives Zuhören und anderes, die emotionale Beteiligung ist jedoch unverzichtbar. Diese Techniken ohne Einfühlungsvermögen eingesetzt, verkommen zu leeren Worthülsen. Sobald sie vom Gegenüber einmal durchschaut worden sind, wirken sie sogar kontraproduktiv, weil sie die zwischenmenschliche Vertrauensbasis stören. Wenn eine Person zur Zielerreichung gar zu manipulativen Techniken greift, dann wird ihre Glaubwürdigkeit über kurz oder lang darunter leiden und es trifft ein, was das Sprichwort sagt: „Wer einmal lügt, dem glaubt man nicht, und wenn er auch die Wahrheit spricht!" Nicht selten geschieht derlei jedoch aus einer kommunikativen Unbeholfenheit heraus. Eine konstruktive Lösung ist, kommunikative Kompetenz zu erwerben, damit die Verständigung besser gelingt. Einzelne Aspekte dieser Kompetenz sind:

- Metakommunikation
- Verantwortungsübernahme
- Gefühle thematisieren
- Ich-Botschaften senden
- bewußt Vereinbarungen treffen und einhalten
- Wahrnehmen und Ernstnehmen des Anderen

Bei der Aufzählung verschiedener Bestandteile der kommunikativen Kompetenz darf ein sehr wichtiger nicht vernachlässigt werden: der Humor.

Lach mal wieder!

Was sagt die Holzwurm-Mammi abends zu ihren Kindern?
„Jetzt aber, Marsch! Marsch! Ab ins Brettchen!"

So manche Sitzung – wenn sie sich zunehmend verhakt – erhält einen neuen Drall, wenn ein Teilnehmer die Begabung hat, eine witzige Bemerkung zu machen und sich damit die ganze Gesprächssituation lockert. Schon Freud hat über den Witz und seine Beziehung zum Unbewußten geschrieben und die kreative Kraft des Witzes hervorgehoben. Neuberger aktualisierte diesen Aspekt und führt das Thema „Der Witz in der Firma" weiter aus. „Witze sind verkleidete Enthüllungen von Problemen, die im Arbeitsalltag zwar erlitten, aber selten offen zur Sprache gebracht werden" (1988, 7). Wenn Witze nicht entlarven und auf Kosten anderer gehen, sondern von dem Motto getragen werden, „mit Humor geht alles besser", so ist das daraus entstehende Lachen eine Kommunikationsform, die sehr viel positive Energie transportiert und akute Konflikte entschärfen kann. „Lachende Manager haben mehr Lösungsenergie" sagt Höhler (1994, 401). Damit meint sie wirklichen Humor, denn es gibt auch Spielarten von Pseudohumor, dessen Funktion darin liegt, Konflikte zu verschleiern und den Zweck hat, als Ablenkungsmanöver die emotionale Betroffenheit zu überspielen.

Aktives Zuhören

Verschiedene Formen von Zuhören lassen sich unterscheiden:

1. Zunächst der physikalische Tatbestand: Schallwellen, von denen manche ungehört verhallen. Wir sagen oft: Es geht bei einem Ohr rein und beim anderen wieder raus. Wir haben das Gefühl, gegen eine Wand zu reden. Grund dafür können innere Blockaden des Zuhörers sein, Desinteresse oder Gleichgültigkeit.

2. Manche Schallwellen finden doch Anklang. Der Zuhörer hört etwas, jedoch nur das, was den eigenen Vorstellungen entspricht. Der Wahrnehmungsfilter funktioniert. Mit diesem scheinbaren Zuhören sind wir noch weit weg vom „aktiven Zuhören".

3. Eine reife Form des Zuhörens besteht darin, einfühlsam aufzunehmen, was der Andere sagt, selbst wenn es nicht den eigenen Wunschvorstellungen und Erwartungshaltungen entspricht. Wer in dieser Weise zuhört wird nachfragen, wenn er etwas nicht versteht. Durch das Nachfragen entsteht „aktives Zuhören“, der Zuhörer bemüht sich wirklich darum, vorurteilsfrei zu verstehen, was der Sprechende meint. Er macht sich ein genaues Bild des Anliegens des Anderen. Ergänzend zum aktiven Zuhören ist das Wiedergeben des vom Partner Gesagten – mit eigenen Worten – sehr hilfreich. Es dient nicht nur dem Zweck des inhaltlichen Verstehens, sondern dem Aufbau von gegenseitigem Vertrauen.

In einigen Seminaren, in denen Gesprächstechniken wie aktives Zuhören, etc. vermittelt werden, bleiben die Übungen an der Oberfläche und das Training wirkt deshalb nicht. Zu den Barrieren, die wirkliches Zuhören verhindern, zählt die Angst, beim Zuhören mit fremden Ansichten konfrontiert zu werden. Diese können für das eigene Selbst- und Weltverständnis bedrohlich sein. So schützen sich manche durch Nicht-zuhören. Das zeigt sich auch im Monologisieren, das ich einem anderen Zusammenhang „Airbag-Kommunikation“ genannt habe. Die psychologischen Hintergründe, die bei einem „Monologisten“ wirksam sind, werden in diesem Zusammenhang vielleicht besser verständlich. Es ist seine Unfähigkeit, Fremdes zuzulassen, weil es für ihn zu bedrohlich wäre. Wenn ihm jedoch sein Monologisieren nur vorgehalten wird, ihm vielleicht sogar Selbstdarstellungsabsichten unterstellt werden, hilft ihm das nicht weiter. Der Vorwurf ist nur eine Reaktion auf die Außenseite des Phänomens, dem meistens eine persönliche Problematik zugrunde liegt.

Erich Fromm schreibt in seinem Buch „Von der Kunst des Zuhörens“ von der Fähigkeit der Empathie (Einfühlung) als Grundvoraussetzung des Verstehens: „Empathie setzt die Fähigkeit zu lieben voraus. Einen anderen Menschen zu verstehen, bedeutet, ihn zu lieben, nicht im erotischen Sinne, sondern so, daß er den Anderen verstehen kann und seine Angst überwindet, sich selbst dabei zu verlieren. Verstehen und lieben lassen sich nicht voneinander trennen. Werden sie denoch voneinander getrennt, kommt es nur zu einem verstandesmäßigen Prozeß, und die Türe zum wirklichen Verstehen bleibt verschlossen“ (Fromm 1991, 226).

Aussagen machen statt Fragen zu stellen

Im Fragenstellen verstecken sich oft Aussagen. Das vermeidet direkte Kommunikation, was zwar den Vorteil hat, dem Risiko des Sich-angreifbar-Machens aus dem Weg zu gehen, jedoch auch zur Unklarheit führt. Die Frage: „Meinen Sie nicht, daß wir dieses Problem so lösen sollten?" ist keine echte Frage. In ihr sind Aussagen verpackt, deren Bandbreite von „Ich möchte, daß Sie das Problem so lösen" bis zu „Das Problem ist nicht dringend und die Lösung kann warten". Diffuse Aussagen – in Frageform verpackt – sind eine Quelle von Konflikten.

Im Laufe eines Gesprächs Verständnisfragen zu stellen, ist hilfreich und weiterführend, vorausgesetzt es sind offene Fragen, die mit „Wie?", „Wann?", „Wer?" beginnen. Eng gefaßte Fragen wie „Warum?" lösen oft Rechtfertigungen und Rationalisierungen aus. Da führen eher noch Fragen aus reiner Neugierde weiter. Sie lockern wenigstens auf, solange es nicht neugierige Fragen unter der Gürtellinie sind. Manipulative Fragen und Suggestivfragen sind natürlich gänzlich zu vermeiden: „Sie sehen das doch auch so, daß ...?". Oder: „Sie geben mir doch sicherlich recht, wenn ... nicht wahr?". Nachfragen setzt die Absicht voraus, verstehen zu wollen. Verstehen ist eine Funktion des Wollens und weniger eine Frage der intellektuellen Fähigkeiten. Wer verstehen will, fragt nach, und dem soll auch immer Raum gegeben werden. Mut ist beim Verstehenwollen allerdings gefordert, was ebenso keine Sache des Intellekts ist, sondern die ganze Persönlichkeit betrifft.

Feedback

Feedback ist in autoritären Strukturen nur sehr eingeschränkt möglich. Man denke an den Soldaten gegenüber seinem Vorgesetzten. Da bleibt als Feedback lediglich zu sagen: „Jawohl!" oder die Rückmeldung, daß der Befehl ausgeführt wurde. Alle weiteren Worte hat sich nur der brave Soldat Schweijk geleistet und das ging bekannterweise gerade noch mal gut.

Feedback sollte elementarer Bestandteil aller Kommunikationsprozesse sein. Zu hören, wie man von Anderen erlebt wird, ist äußerst aufschlußreich. Es ist gut, dieses Feedback unvoreingenommen und ohne Widerwillen einfach zur Kenntnis zu nehmen. Hilfreich dabei ist, bewußt davon auszugehen, daß der Andere andere Ansichten, Meinungen und Standpunkte hat als wir selbst.

In der Erkenntnistheorie hat uns Sir Karl Popper gelehrt, daß es weiter führt, zu falsifizieren, d.h. kurz gesagt, davon auszugehen, daß der eigene Standpunkt falsch sein könnte. Dieser

Ansatz, der allerdings Harmonisierungswünschen entgegensteht, läßt sich auf den betrieblichen Alltag übertragen. Es bedeutet, seine eigenen Vorstellungen und Meinungen nicht als gegeben hinzunehmen, sondern sie zu hinterfragen. Fragen zu stellen, mit der Absicht, die eigene Meinung bestätigt zu erhalten, hieße verifizieren. Besser ist es, Formulierungen zu wählen, die dem anderen den Freiraum geben, eine gänzlich andere Sichtweise einzubringen. Doch diese Art des Feedbackeinholens setzt schon eine gewisse Standfestigkeit voraus.

Feedback ist eine gute Methode, sich selbst kennenzulernen. Ging man früher in die Wüste oder hatte einen Meister, so ist heute das soziale Umfeld unser Meister, das uns Spiegel sein kann. Die Psychologie bietet für konstruktives Feedback eine Reihe von Hilfen an, die zunehmend in Betrieben Anwendung finden. Wenn wir Feedback erhalten, bekommen wir einen Spiegel vorgehalten. Damit dieser Spiegel nicht zum Zerrspiegel wird, gibt es bestimmte Grundregeln, sowohl für das Geben als auch für das Empfangen von Feedback:

Regeln für das Geben von Feedback

- Es soll beschreibend und konkret erfolgen: „Ich habe gesehen (gehört, wahrgenommen), daß ..."
- Die Aussagen sollen in „Ich-Form" formuliert werden und nicht als „Man-Sätze"
- Bei kritischen Punkten keine Bewertungen vornehmen
- Es soll angemessen sein, d.h. bei einer Kleinigkeit soll nicht übertrieben werden
- Das Feedback soll möglichst unmittelbar erfolgen, solange die Situation noch vor Augen ist, nicht Tage später
- Feedback darf keinen Zwang zur Veränderung ausüben, die Freiheit des Anderen ist unverletzlich

Regeln für das Empfangen von Feedback

- Zuhören
- Nur beim Nichtverstehen nachfragen
- Sich nicht rechtfertigen, warum dies oder jenes so gesagt oder gemacht wurde
- Sich bedanken für das Feedback
- Im Anschluß daran über das Gehörte nachdenken
- Aus dem Feedback lernen

Ich-Botschaften sind „meine Wahrheit"

Für die Psychohygiene ist es hilfreich, offen anzusprechen, wie ich zu einer Sache stehe und wie ich mich dabei wirklich fühle. Denn unsere eigenen Erfahrungen sind das Einzige, worüber wir wirklich Bescheid wissen können. Die sprachliche Umsetzung erfolgt mittels Ich-Botschaften – im Unterschied zu den konfliktbringenden Du-/Sie-Botschaften. Für letztere möchte ich ein paar Beispiele aus dem betrieblichen Alltag geben:

- Du hältst Dich nicht an unsere Abmachung!
- Sie denken immer nur an Ihre Abteilung!
- Ziehen Sie die Dinge doch nicht dauernd ins Lächerliche!
- Du siehst das zu negativ!
- Sie erkennen den Ernst der Sache nicht!

Diese Aussagen beinhalten versteckte Vorwürfe, Unterstellungen, subtile Angriffe, Verurteilungen und Appelle. Das alles ist einer guten Kommunikation nicht förderlich. Es ist nicht verwunderlich, wenn der Gesprächspartner dann abschaltet oder gereizt reagiert. Kritiken, die in Du-Botschaften formuliert werden, wirken sich, da sie oft zwischen den Zeilen Schuldzuweisung enthalten, verletzend und verurteilend aus. Besser ist es von sich zu sprechen, in Form von Ich-Botschaften. Ich versuche einmal, die obenstehenden Sätze entsprechend umzuschreiben:

- Unsere Abmachung habe ich anders aufgefaßt und ich fühle mich jetzt alleingelassen.
- Die Leistungen meiner Abteilung empfinde ich als zu wenig gewürdigt.
- Ich habe das Gefühl, die Dinge werden nicht ernst genommen.
- Ich möchte, daß Sie wissen, daß ich noch nicht an eine Umsetzung glauben kann.
- Mich beunruhigt der Ernst der Sache.

Diese Sätze geben Einblick in die Wirkung, die ein Problem oder Sachverhalt auf den Sprecher selbst ausübt. Er sagt einfach seine subjektive Wahrheit, inklusive der Gefühlsinhalte. Zwitterformulierungen, die Elemente von Ich-Botschaften enthalten, aber auch versteckte Du-Botschaften ausdrücken, sind folgende Sätze:

- Ich sehe die Sache ernster als Sie!
- Ich habe das Gefühl, Du nimmst mich nicht ernst!

- Ich kann mich des Eindrucks nicht erwehren, daß die Dinge für Sie etwas Bedrohliches haben.
- Ich finde, daß man mit Dir nicht reden kann!
- Ich habe den Eindruck, Sie wollen mich angreifen!

Es geht hier nicht um bloße Formulierungen, sondern um eine andere Einstellung zum Anderen: „Eine Ich-Aussage zieht nicht die Ansichten Ihres Gegenübers in Zweifel, sondern offeriert ihm einfach eine andere Perspektive. Er hat ein Recht auf seine Meinungen und Sie haben ein Recht auf die Ihren. Sie sagen ihm nicht, was er tun soll, oder wie er zu denken oder zu fühlen hat" (Ury 1991, 88).

Ich-Botschaften lassen dem Anderen die Freiheit, eigene Schlußfolgerungen zu ziehen und bei seinen eigenen Ansichten bleiben zu können. Gordon formuliert in seiner „Managerkonferenz" anspruchsvolle Elemente einer Ich-Botschaft. Demnach geht es nicht nur darum, dem anderen mitzuteilen, was man fühlt. Eine vollständige Ich-Botschaft enthält drei Punkte: „(1) eine kurze Beschreibung des Verhaltens, das Sie nicht akzeptieren können, (2) Ihre ehrlichen Gefühle und (3) die greifbare und konkrete Wirkung des Verhaltens auf Sie" (1995, 112).

Diese und andere Kommunikationstechniken sind – nach meiner Erfahrung – in der freien Wildbahn des betrieblichen Alltags schwer einzuüben. Deshalb sind einschlägige Workshops zu empfehlen, die in einem Schonraum und unter professioneller Anleitung zu Erfolgen führen. Die Güte eines Seminares zeigt sich in einem vernüftigen Maß an Erklärungen und Theorie, so daß genügend Raum für das Üben des theoretisch Aufgenommenen bleibt. Hier gilt wirklich: Probieren geht über Studieren. Der Transfer gelingt umso besser, je mehr lebensnahe Beispiele eingeübt werden. Es sind also nicht die bequemen Seminare die besten, sondern jene, die dem Teilnehmer viel Eigenleistung abfordern. Und denken Sie daran: Zuerst kommen Sie mit den alten Verhaltensmustern in sich in Berührung. Diese zu ertragen, ist das Schwierigste. Leider muß das am Anfang geschehen. Es scheint ein psychologisches Gesetz zu sein, daß aller Anfang schwer ist. Es tut mir leid, Ihnen nichts Leichteres sagen zu können, ich würde Ihnen damit aber keinen Gefallen tun. Ich möchte Sie aufrichtig ermutigen, über diese erste Phase hinauszugehen und durchzuhalten. Es wird dann leichter.

Verantwortung des Senders

Zur Verantwortung des Senders gehört vor allem, die Verantwortung für die eigene Kommunikation zu übernehmen. Dazu gehört, sich zu vergewissern, ob das, was mitgeteilt wurde, auch angekommen ist. Deshalb sollte sich der Sender so ausdrücken, daß der Andere verstehen kann, und er sollte auch nachfragen, ob er verstanden wurde. Subtile Unterstellungen, das Gegenüber wäre für das Verstehen zuständig, bringen Verwirrungen. Besser ist es zu sagen: „Habe ich mich klar ausgedrückt?" Oder: „Was könnte ich Ihnen noch mitteilen, damit ich mich verständlich mache?" Es ist notwendig zu prüfen, was der Andere noch wissen müßte, um besser verstehen zu können. Es beinhaltet auch, den Anderen dort abzuholen, wo er ist. Es ist wichtig, daß er sich auch abgeholt fühlt.

Ziel ist, auf der Basis von Selbstverantwortung zu kommunizieren. Manche Kommunikations-Workshops, Körpersprachübungen oder Rhetorikseminare vernachlässigen es, darauf zu achten, daß die Teilnehmer geschult werden, wirklich Verantwortung für die eigene Kommunikation zu übernehmen. Dies ist natürlich ein hoher Anspruch. Vielleicht läßt sich der Vorgang auch mit einem Bild verdeutlichen: Wir reichen als Gesprächspartner mit unserer Kommunikation dem Anderen die Hand und wenn er uns noch nicht versteht, reichen wir sie ihm noch einmal, so lange bis er uns versteht. Voraussetzung ist natürlich, daß der Andere zum Verstehen bereit ist. Deshalb ist es nicht günstig zu sagen: „Sie verstehen mich nicht!" Mit solchen Aussagen wird dem Anderen die Verantwortung für den Kommunikationsprozeß zugeschoben. Die Kommunikation verläuft besser, wenn beide Teile die Verantwortung dafür übernehmen, daß der jeweils Andere verstehen kann.

Wandel der Rollenbilder von Mann und Frau

Im Zuge eines allgemeinen Wertewandels haben sich auch die Frauen- und Männerrollen in den letzten Jahrzehnten wesentlich geändert. War es im „Patriarchat" unumstößlich, daß „das Weib dem Manne untertan sei", womit scheinbar klare Machtverhältnisse geschaffen waren, so ist inzwischen vieles in Bewegung gekommen, nicht zuletzt durch die Frauenbewegung in den 60er Jahren. Heute stellt sich die Frage, welche Form der Arbeitsteilung für Mann und Frau realisierbar ist, damit sich diese auch wirklich produktiv für beide auswirkt. Damit wird das ökonomische Abhängigkeitsverhältnis der Frau vom Mann, das sich in der Phase der Industrialisierung stark ausgeprägt hat, reduziert, so daß Frauen immer weniger auf den „Ernährer Mann" angewiesen sind. In Phasen der Abhängigkeit haben Frauen die Kompetenz entwickelt, den Mann im Interesse des Überlebens der Familie an sich zu binden. So wurden sie Expertinnen im Umgang mit den Gefühlen des Mannes. Bei Frauen sind aufgrund dieser Entwicklungsgeschichte die Gefühlsaspekte in der Kommunikation wesentlich stärker präsent. Mit anderen Worten heißt das: Frauensprache ist in höherem Ausmaß Beziehungssprache.

Weltweit gibt es zunehmend Frauenförderungsprogramme – angefangen bei den Unternehmen, über den öffentlichen Dienst bis hin zur Spitzenebene in der Politik. Bei der Zunahme an Frauen in „höheren Positionen" muß jedoch die Frage gestellt werden, ob und in welchem Maße dadurch weibliche Qualitäten in die Berufssphäre hereinkommen, oder ob lediglich männlich sozialisierte Frauen männlich konzipierte Stellen antreten und dabei männliche Aufgaben erfüllen.

Zum Rollenwandel gehört natürlich auch die Änderung des männlichen Selbstbildes. Aufgaben, die früher allein der Frau zugeordnet waren, übernehmen nun auch Männer, z.B. die Mitwirkung im Haushalt, bei der Erziehung der Kinder u.a. Der Gesetzgeber folgt dem Trend bzw. gibt den Trend vor. So können sich in vielen Ländern auch Männer für die Kindererziehung freistellen lassen, selbst wenn diese Möglichkeit statistisch gesehen nur von wenigen Männern wahrgenommen wird. Dies steht vermutlich in Zusammenhang damit, daß gleiche Arbeitsleistung von Mann und Frau noch immer unterschiedlich entlohnt wird.

Der Einfluß der Frau in der Gesellschaft nimmt zu und folglich haben sich auch die Unternehmen zunehmend mit weiblichen Einflüssen und weiblichem Denken auseinanderzusetzen. So formuliert die Trendforscherin Faith Popcorn, daß Frauen Zusammenhänge oft intuitiv erkennen, „weil sie eine besser entwickelte sinnliche Unterscheidungsfähigkeit besitzen, weil sie Rationales und Emotionales auf einen Nenner bringen können." (1996, 27).

Frauen im Innovationsprozeß

Frauen ergreifen zunehmend auch traditionelle Männerberufe, etwa als Wissenschaftlerinnen in der F&E-Abteilung oder in der Produktentwicklung. Deshalb ist es sinnvoll, darüber nachzudenken, welche Möglichkeiten sich daraus für den Bereich der Innovation ergeben. Es könnten nämlich Produkte entstehen, an die Männer vielleicht nicht denken würden. Schon bei jenen Produkten, die schwerpunktmäßig von Frauen benutzt werden – man sollte hier nicht nur an Haushaltsgeräte oder Kosmetikprodukte denken -, würden vermutlich bei der Produktentwicklung durch Frauen andere Produkte entstehen. Das Ernstnehmen weiblicher Bedürfnisse zeigt sich bei der Entwicklung von Automobilen; die Minivan-Welle vieler Hersteller und das Design von praktischen Stadtwägen trifft wohl eher den Geschmack von Frauen. Es ist zwar nicht anzunehmen, daß alle Produktentwickler in dieser Branche Frauen sind, professionelle Marktforschung jedoch erforscht die Bedürfnisse von Frauen, und diese werden als bedeutsames Kundensegment wahrgenommen. Welche Auswirkungen hätte es, wenn nicht lediglich die Bedürfnisse von Frauen erhoben würden, sondern Frauen selbst in den F&E-Abteilungen tätig würden?

Den Gedanken, mehr Frauen in die F&E zu integrieren, besprach ich mit einem Produktentwickler. Er hatte die Phantasie, daß dann z.B. in einem Chemiekonzern die Frauen vielleicht eine Verbindung von Schminke und Schmerzmittel entwickeln würden und ein ganz neuer Markt entstünde. Er wollte damit sagen, daß ganz neue Ideen aufkommen könnten, neue, unvermutete Aspekte, die zu völlig neuen Produkten führen.

Eine Erfahrung beim Produktentwicklungs-Prozeß des Buches kann ich dazu anführen: Der Wechsel von einem männlichen Grafiker zu einer Grafikerin hatte auch Auswirkungen auf das Produkt. Der Grafiker entwarf Computerbilder mit einem hohen Abstraktionsgrad. Nach dem Wechsel zur Grafikerin Sabine Dirksen brachte sie die Idee ein, nur von Hand gefertigte Zeichnungen und Beschriftungen zu verwenden. Daß dies etwas spezifisch Weibliches ist, will ich hier nicht behaupten, ich berichte einfach von meiner Erfahrung.

Ein bekanntes Beispiel weiblicher Innovationsfähigkeit sind die Produkte der äußerst erfolgreichen Kosmetikkette „The Body Shop“, die von der Unternehmerin Anita Roddick geführt wird. Schon in den siebziger Jahren hatte sie erkannt, daß eine durchgestylte Verpackung nicht das wichtigste ist und entwickelte eine völlig neue, ökologisch orientierte Produktphilosophie. Recyclingfähige Behälter, Produktentwicklung ohne Tierversuche und ein Management nach den oben umrissenen weiblichen Prinzipien. Roddick versteht darunter die Fähigkeit zu intuitiven Entscheidungen, das Ziel, die Arbeit ins Leben zu integrieren und eine verantwortliche Nutzung der erzielten Gewinne. Frauen gestehen eher ein, was sie nicht können. Dies ist eine Grundvoraussetzung für Innovation, d.h. sie sind problembewußter. Sie sind auch an fremden Bereichen interessierter, sind eher Generalisten als Spezialisten.

Frauen- und Männersprache In Wissenschaft und Management hat sich eine Sprache herausgebildet, die eigentlich Männersprache ist, einfach deshalb, weil in diesen Bereichen bislang überwiegend Männer tätig waren. Aber auch hierin zeigt sich ein Wandel, denn immer mehr Frauen erhalten Lehrstühle bzw. Chefsessel.

I

Im Vorfeld zu diesen Ausführungen erhielt ich zwei Rückmeldungen. Die eine von einem Mann: Es seien steile Thesen, die da formuliert werden, „unter Ausblendung jedweder zwingend erforderlicher Diskussion, die einer kapitellangen Reflexion bedürfte". Dies würde meines Erachtens zu weit vom Thema wegführen. Ich wurde auch aufgefordert, etwas genauer zu sagen, warum denn die Wissenschaftssprache männlich wäre. Die Forschungsprozesse und die Logik wären doch neutral, unabhängig vom Geschlecht. Nur glaube ich das nicht. An anderer Stelle führe ich aus, wie die Sprache von der Person abhängt, die sie gebraucht. Eine weibliche Person wird ein anderes Sprachverhalten haben als eine männliche Person. In diesem Sinne gibt es keine neutrale Sprache.

Die andere Rückmeldung zu dem Thema kam von einer Frau: Sie meinte, ich müsse in dem Buch – das ja wohl überwiegend von Männern gekauft wird – auch Zeichen setzen. Im Zuge gesellschaftlichen Wandels sollten auch Frauen berücksichtigt werden. Den Männern müsse ich das zumuten. Denen solle ich Anregungen geben, über Frauensprache nachzudenken. Die Autorin Pusch wäre zu empfehlen, „Das Deutsche als Männersprache" (1984).

Ja, das sind so die Anforderungen an einen „Produkt-Manager", wenn man im Vorfeld schon Kundenbefragungen durchführt und bei der Produkterstellung die Bedürfnisse der Kunden berücksichtigen möchte. Es ist eine Gratwanderung: ein eigenes und wirklich innovatives Produkt zu entwickeln – in diesem Falle neue Gedanken bringen – und als Autor seine eigene

Meinung vertreten. Einfach ist das nicht! Leichter wäre es, sein Produkt im stillen Kämmerlein herzustellen und auf den Markt zu werfen, in der Hoffnung, daß es ankommt. Doch hier besteht die Gefahr, am Markt vorbei zu produzieren. Solche Produkte gibts zuhauf, nicht nur auf dem Büchermarkt.

Diskussionen über „Männer- und Frauensprache" finden, wenn auch nicht unter diesem abstrakten Titel, in Betrieben immer häufiger statt. Durch die unterschiedliche Verwendung der „Sprache" von Männern und Frauen kann es zu spezifischen Konflikten kommen. Renftle (1985) zeigt dies auf dem Gebiet der Kunst auf, indem er in der Interpretation der „Zauberflöte" von Mozart das Reich der „Königin der Nacht" als mütterliches und das des „Sarastro" als väterliches Reich analysiert. Ebenso stellt er in Goethes Faust den Konflikt zwischen der „männlichen Studierstube" und dem „weiblichen Raum" von Gretchen heraus. Beide treffen schließlich im „Kerker" zusammen; das dort stattfindende Aneinandervorbeireden macht Renftle nachvollziehbar. Die Übertragung seiner Erkenntnisse auf die Unternehmensführung wäre ein fruchtbarer Ansatz für viele geschlechtsspezifische Probleme im Management.

Materialien für die Praxis:

Segment aus einem Kommunikationsworkshop

Dieses Segment läßt sich zu verschiedensten Themen einsetzen. Die unten abgedruckten Fragelisten für den Interviewer sowie für den Beobachter müssen lediglich dem Thema entsprechend ergänzt werden. Das Lernziel besteht darin, die Rolle, in der man sich gerade befindet, zu reflektieren. Das Segment enthält drei Rollen mit spezifischen Aufgaben:

- Der *Interviewer* stellt mittels einer Frageliste Fragen und hört aktiv zu.
- Der *Befragte* beantwortet die Fragen des Interviewers.
- Der *Beobachter* achtet auf die Kommunikation und hält aufmerksam seine Beobachtungen fest.

Für diese drei Rollen ist das spezielle Arbeitsblatt gedacht. Als Beispiel für den Einsatz dieser Methode wurde hier das Thema „Führungsnachfolge" gewählt, das im Rahmen eines Seminares für neue Führungskräfte Anwendung finden kann. Für ein anderes Workshop-Thema sind die Fragen entsprechend umzuformulieren.

Frageliste für den Interviewer:

Stellen Sie bitte Ihrem Interviewpartner während des Interviews die unten angeführten Fragen:

- Sagen Sie uns, welche Bedeutung die Führungsnachfolge für Sie hat.
- Sagen Sie uns, was wir wissen müssen, um Ihre Einstellung zur Nachfolge besser zu verstehen.
- Sagen Sie uns, was für persönliche Ziele Sie verfolgen?
- Sagen Sie uns etwas über sich – im Zusammenhang mit der Nachfolge – von dem Sie denken, daß wir es noch nicht angesprochen haben.
- Sagen Sie etwas darüber, wie es Ihnen bei der Kommunikation mit Vorgesetzten geht?

Wenn Ihnen als Interviewer etwas unklar ist, dann fragen Sie am besten mit folgender Formulierung nach:

- Sagen Sie uns, was wir wissen sollten, um Sie darin besser zu verstehen.

Hinweise für den Beobachter:

Bitte beobachten Sie das Gespräch aufmerksam. Achten Sie dabei nicht nur darauf, was gesagt wird, sondern vor allem, wie etwas gesagt wird, auf Emotionen, Körperhaltung usw.

- Wie ist die verbale Kommunikation?
- Spricht der Befragte seine persönlichen Einstellungen an?
- Spricht er/sie über Ängste, Befürchtungen, Konflikte?
- Wie ist die nonverbale Kommunikation? (Gestik, Mimik, Handbewegungen u.a.)
- Bei welchen Themen kommt es zu starken Gebärden?
- Welche Sitzposition nimmt der Befragte ein? (zugewandt, entspannt, verkrampft)
- Wie ist der Augenkontakt?
- Spricht der Befragte mit unterschiedlicher Betonung, Tempo, Sprechrhytmus?
- Decken sich die verbale und nonverbale Kommunikation? Wo gibt es Widersprüche?

Was fällt mir sonst noch auf? Der folgende Freiraum gibt Ihnen Platz für Beobachtungsnotizen:

Zum methodischen Vorgehen:

Zunächst werden Dreiergruppen gebildet. Sollte das mit der Anzahl der Teilnehmer nicht aufgehen, verbleiben ein oder zwei Zweiergruppen. Die Rollen und die damit verbundenen Aufgaben sowie der Ablauf der Übung werden mittels Folie erläutert. Zur Demonstration stellt der Trainer drei Stühle auf und erläutert den Rollenwechsel, indem er probeweise mit 3 Teilnehmern alle drei Rollen durchspielt. Die Übung verläuft in drei Runden, jeder übernimmt die Rolle des Interviewers, des Interviewten und des Beobachters. Für jede Runde sind 25 Minuten vorgesehen, den Zeitablauf gibt der Trainer vor, so daß die Teilnehmer sich ganz auf ihre Aufgaben konzentrieren können.
Die einzelnen Schritte hier im Überblick:

1. Durchführung des Gesprächs: 10 Min.
2. Beobachter gibt seine Rückmeldungen: 5 Min.
3. Feedback über das Gespräch: 5 Min.
4. Gedanken zur jeweiligen Rolle schriftlich festhalten: 5 Min.

Die Teilnehmer erhalten die Frageliste und die Beobachterliste. Die Inhalte und der Umgang mit den beiden Listen werden durchbesprochen. Nach jeweils erfolgter Runde (1. Schritt) gibt der Beobachter sein Feedback (2. Schritt). Danach reflektieren der Interviewer und der Interviewte ihr Gespräch (3. Schritt). In dieser Feedbackphase könnte z. B. der Interviewer sagen: „Bei einigen Fragen fühlte ich mich, als ob ich in die Intimsphäre eindringen würde". Der Befragte könnte vermerken, daß er die Fragen als sehr erfrischend empfand. Der Beobachter formuliert vielleicht auf seinem Zettel: „Ich war phasenweise vom Interview so fasziniert, daß ich Mühe hatte, zurück in die Beobachterrolle zu gehen." Oder: „Ich war so sehr mit der Beobachtung der Körpersprache beschäftigt, daß ich nicht immer verstanden habe, was gesprochen wurde".

Am Ende der Runde tragen die Teilnehmer auf ihre Zettel ein, wie es ihnen in der jeweiligen Runde ergangen ist (4. Schritt). Alle Runden haben den gleichen Ablauf.

Nach Ablauf der drei Runden gibt es eine Auswertungsphase im Plenum. Einzelne Erfahrungen, die die Teilnehmer gemacht haben, werden in der Runde besprochen. So könnte ein Teilnehmer aus seiner Beobachterrolle heraus berichten, daß ein Führungsnachfolger beim Interview zurückgelehnt und mit verschränkten Armen im Sessel saß und sagte: „Ich freue mich schon riesig auf die neue Aufgabe". Der Gegensatz von verbaler Aussage und abwartender Körperhaltung könnte Ausgangspunkt für Gespräche, Erklärungen oder weitere Übungen sein.

Transaktionsanalyse

Im Zwischenfeld von Psychologie und Management-Wissenschaften wird häufig das Modell der Transaktionsanalyse verwendet. Da es in der Literatur bereits vielfältig beschrieben wurde (vgl. Krieg 1988, 57; Schulz von Thun 1994, 169) möchte ich es hier nur ganz kurz vorstellen.

Bild 59

Instanzen der Persönlichkeit

Die Transaktionsanalyse (TA) geht davon aus, daß in uns drei Persönlichkeitsinstanzen existieren, die wechselseitig miteinander in Beziehung treten. Diese drei Instanzen sind das Eltern-Ich, das Erwachsenen-Ich und das Kind-Ich. Wir kommunizieren jeweils aus einem dieser verschiedenen Zustände heraus, mit dem wir gerade den stärksten Kontakt haben. Diese Befindlichkeit kann jedoch relativ schnell wechseln. In der TA wird eine Analogie hergestellt zwischen realen sozialen Rollen (als Eltern bzw. Kind) und inneren psychischen Befindlichkeiten. Diese können in jeder sozialen Rolle auftreten, das heißt reale Eltern können sich psychisch in allen drei Zuständen der TA befinden, also auch im Kind-Ich-Zustand.

Die drei Kreise bzw. Zustände sind natürlich in der Realität nicht so säuberlich getrennt. Wie schon bei den „inneren Schnittstellen“ beschrieben, gehen innere Impulse ineinander über. Die TA kann als Vorstellungshilfe für den inneren Dialog verwendet werden, der sich zwischen Kind-Ebene, Eltern-Ebene und Erwachsenen-Ebene abspielt.

Beispiele für den inneren Dialog sind von der Kind-Ebene ausgehende Fragen an die Eltern-Ebene: „Darf ich das tun?“ oder „Das möchte ich gerne tun“. Die innere Antwort aus der Elternebene könnte etwa lauten: „Sei unbesorgt, ich paß auf dich auf.“ oder „Das darfst du aber nicht!“ Manchmal gehen wir innerlich mit uns selbst nach dem Prinzip von „Zuckerbrot und Peitsche“ um, d.h. aus der Elternebene kommt einmal die Fürsorge, das andere Mal Kritik.

Auch das Eltern-Ich formuliert Fragen, die Entscheidungen vorbereiten. Wir hören uns selbst fragen: „Ist denn das wirklich sinnvoll?“ oder „Soll ich das wirklich tun?“ oder „Nein, so etwas

Bild 60

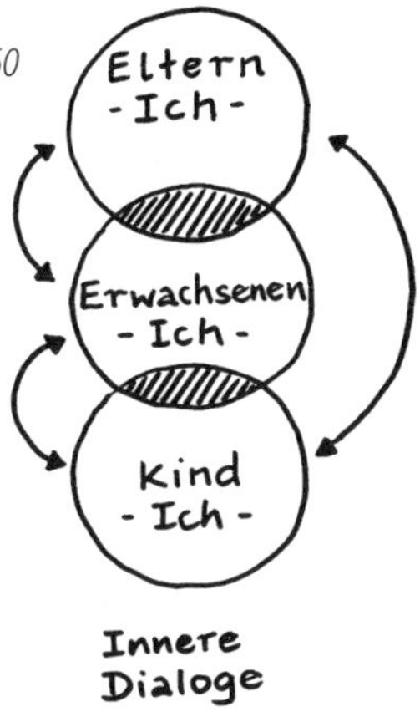

kommt für mich nicht in Frage!" oder „Welche Chancen bestehen da für mich?" So werden Alternativen und mögliche Konsequenzen innerlich abgewogen.

Das Erwachsenen-Ich muß die Impulse vom Eltern-Ich und Kindheits-Ich ausbalancieren. Dies findet durch eine innere Abstimmung und Koordination statt. Wenn es gut gelingt, wird ein Konsens hergestellt, ansonsten bleibt ein Zwiespalt. Ziel ist eine ausgewogene Beziehung zwischen den Bedürfnissen aller innerseelischen Instanzen, ohne Abspaltung der jeweils anderen Bedürfnisse.

In der Folge wird das TA-Modell angewendet, um aufzeigen, welche Konstellationen sich zwischen den Teammitgliedern in einer Teamsituation ergeben können. Wenn die handelnden Personen ihren jeweiligen Ist-Zustand erkennen, können sie ihn bewußt verändern, d.h. die Kommunikationsebene wechseln, z.B. von der Kind-Ich-Ebene auf die Eltern-Ich-Ebene. Die Anwendung der TA bringt den Vorteil, daß die Kommunikationspartner eine gemeinsame Sprache über diese inneren Vorgänge haben und sich darüber austauschen können. Sicher könnte es für uns heute befremdlich klingen, wenn einer sagt: „Das habe ich aus meinem Kind-Ich heraus gesagt" oder: „Bei dieser Argumentation war ich total von meinem Eltern-Ich dominiert". Die Methode erlaubt es jedoch, die inneren Vorgänge zu versprachlichen und sie sich damit bewußt zu machen.

Da mir die Frage der Verantwortlichkeit bei der Kommunikation sehr wichtig ist, werden die drei Zustände unter diesem Aspekt illustriert. Der Begriff Verantwortung in der englischen Sprache weist noch auf eine zusätzliche Bedeutung hin: „Responsibility" kann als „ability to respond" gelesen werden, als die *Fähigkeit* zur Antwort, die – im Gegensatz zu einem bloßen Reiz-Reaktions-Verhalten – kreativ und eigenständig ist.

In der Eltern-Ich-Rolle Im Team zeigt sich das Eltern-Ich sowohl von seiner fürsorglichen Seite als auch in seiner dominierenden und kritischen Art. In der folgenden Darstellung ist die Figur, die für das Eltern-Ich steht, im Zentrum. Sie ist umgeben von anderen Figuren, die Teammitglieder darstellen. Der Kreis bedeutet die Einflußsphäre oder den Verantwortungsbereich, den die Hauptfigur für sich einnimmt.

Bild 61

Die Hauptperson kommuniziert schwerpunktmäßig aus der Rolle des Eltern-Ich heraus. Sie übernimmt in diesem Modus mehr als 100% Verantwortung, was automatisch zur Folge hat, daß sie den Anderen Verantwortung abnimmt. Dies wird in dem Bild durch die weiteren Personen dargestellt, die sich im Bannkreis der Eltern-Ich-Person befinden und von ihr in gewisser Weise vereinnahmt werden. Das kann durch Bevormundung, Belehrung oder Maßregelung geschehen. In der Teamsituation besteht diese Gefahr besonders für einen Vorgesetzten, der zuviel Initiative übernimmt und zuwenig delegiert. Es ist naheliegend, daß dieses Verhalten längerfristig zu Streßerscheinungen führen kann. Der Vorgesetzte sieht sich selbst vielleicht als Helfer für seine Mitarbeiter, ohne zu hinterfragen, ob diese Hilfe von den Anderen auch wirklich gewünscht wird. Darüber ein offenes Gespräch zu führen, würde für alle Beteiligten ein Gewinn sein, auch wenn es für die Mitarbeiter eine Umgewöhnung bedeutete, denn sie müßten vermehrt Verantwortung übernehmen.

In der Kind-Ich-Rolle Das andere Extrem ist eine Person im Team, die aus dem Kind-Ich heraus agiert. Der gestrichelte Kreis im Bild deutet an, daß sie weder für die eigene Person noch für die anderen Teammitglieder Verantwortung übernimmt. Sie wünscht sich jemanden, der die Führung übernimmt. Weitere Kennzeichen sind Züge von Unselbständigkeit und Anlehnungsbedürfnis. Eine solche Person hat die Tendenz, die anderen Teammitglieder für

Bild 62

ihr Wohl und ihre wechselnden Stimmungen verantwortlich zu machen.

Das Kind-Ich ist anlehnungsbedürftig und zeigt Gefühle und Reaktionen, die aus der Kindheit stammen. Es zeigt aber auch solche Seiten, in denen der Erwachsene in positiver Weise kindlich, verspielt und spontan ist. Auch wenn wir Erwachsene sind, so kennen wir Zustände, in denen wir in eine Art Kindheitszustand zurückgehen. Dieses Kind-Ich begleitet uns das ganze Leben und ist eine eigene Persönlichkeitsebene. Diese Ebene ist in betrieblichen Abläufen wenig gefragt. Zeigt sie ein Mitarbeiter, so riskiert er, von Vorgesetzten zurechtgewiesen oder von Kollegen belächelt zu werden. Als Reaktion kann er – je nach Temperament – sich dann abschotten, trotzig schweigen oder herausbrüllen.

Wenn Teampartner zusammenkommen, die sich in komplementären Rollen befinden, z.B. einer im Eltern-Ich mit der Neigung, übermäßig Verantwortung zu übernehmen ist, und der Andere sich im Kind-Ich mit der Tendenz, Verantwortung abzugeben befindet, so entstehen zunächst keine Probleme. Die Verhaltensweisen ergänzen sich gegenseitig. Erst wenn einer aus dem wechselseitigen „Spiel" aussteigen will, d.h. der sich vorher im Kind-Ich Befindliche nun als gleichberechtigter Partner wahrgenommen werden möchte bzw. ein Vorgesetzter es müde ist, dauernd „den Karren zu ziehen", dann entstehen Konflikte. Mit anderen Worten: Solange es genügend „Mütter" oder „Väter" und genügend „Kinder“ im Team gibt, die sich bemuttern bzw. bevatern lassen, geht es gut. Erst wenn eine der Parteien aus der bisherigen Rolle aussteigt, sei es, daß die „Eltern“ genug davon haben, dauernd „Sorgenkinder“ mitzuziehen oder sei es, daß die „Kinder“ selbständig werden wollen, entsteht der Bedarf, die Situation zu verändern. Argumente im Team lauten dann auf der einen Seite: „Wir erhalten zu wenig Unterstützung von Euch“, und auf der anderen Seite: „Wir werden von Euch dauernd bevormundet“.

Im Arbeitsleben ist in der Regel der Vorgesetzte für die Erledigung der Aufgaben zuständig. Er ist dafür verantwortlich und muß die Konsequenzen tragen. Wenn dieser als Führender auftritt und Zwang und Druck ausübt, entstehen in unserer Zeit zunehmend Konflikte. Wenn er es nicht tut, geht oft nichts weiter. Ein Dilemma. Deswegen geht der Trend dahin, Aufgaben und Verantwortung im Team zu teilen und für diesen Prozeß einen Moderator zu bestimmen. Wenn die Teammitglieder wirklich vom Ziel ihrer Aufgabe motiviert sind, ist der äußere Druck und Zwang nicht mehr so bedeutsam. Die Motivation von Mitarbeitern wird verstärkt, wenn sie sich im Unternehmen von ihren Vorgesetzen oder im Team in ihrer menschlichen Gesamtheit wahrgenommen und angesprochen fühlen.

Solange das Erwachsenen-Ich bei den beteiligten Personen nicht gefestigt ist, sind äußere Zwänge eigentlich eine Hilfe. Im betrieblichen Alltag üben Rahmenbedingungen vielfältigen Druck und Zwang aus, z. B. in Form von Erfolgs-, Zeit- oder Termindruck. Und müssen wir nicht zugeben, daß es ohne diesen Druck und Zwang oft nicht geht? Schon in frühen Schulzeiten, als wir auf dem Schulweg noch schnell die Hausaufgaben fertigstellten, brauchten manche diesen Druck, um ihre Aufgaben zu erledigen. Es wäre idealistisch zu glauben, wir würden ohne irgendeinen Zwang oder Druck auskommen. Dies ist eine etwas kränkende Einsicht angesichts der Vorstellung vom „freien Menschen“, der sich frei entschließen kann, das eine zu tun und anderes zu lassen. Nur entspricht das eben nicht ganz der Realität.

Bei der Arbeit der Bucherstellung war ich in der Rolle des Führenden, da ich als Autor die Konsequenzen und die Verantwortung zu tragen habe. Im Team brachten sich die einzelnen Mitarbeiter in vielfältiger Weise ein. Manchmal habe ich freundlichen Zwang ausgeübt, damit die Arbeit am Buch planmäßig voranging. Angesichts des vereinbarten Liefertermines mit dem Verlag war ich mit zeitlichen Rahmenbedingungen konfrontiert. Glücklicher-

weise konnte ich diesen Zwang in produktiver Weise umdeuten. Besonders zum Schluß brachte der nahende (oder drohende) Abgabetermin noch einmal eine Verdichtung der Arbeit. Ein ähnlicher Effekt findet wohl bei vielen Projekten statt.

Die Lösung liegt darin, den oft als Bürde des Lebens empfundenen Zwang in eine Herausforderung umzudeuten, was einer Lebenskunst gleichkommt. Hilfreich dafür ist das bewußte Treffen realistischer Vereinbarungen und deren Einhaltung. Abmachungen dagegen so zu sehen, als würde einem die Welt, die uns so viele Entwicklungsimpulse bietet, zu etwas zwingen, wirkt sich lähmend aus. Den Zwang als Herausforderung zu sehen, gelingt am leichtesten in der Erwachsenen-Ich-Rolle.

In der Erwachsenen-Ich-Rolle Das Bild gibt die innere und äußere Situation einer Person wieder, die sich in der Rolle des Erwachsenen-Ich befindet. Wir denken vielleicht, daß wir auf jeden Fall in der Rolle des Erwachsenen sind. Wir wurden z.B. als solcher von unserem Arbeitgeber eingestellt und rechtlich auch so behandelt. Unsere psychische Realität zeigt aber oft, spätestens wenn wir in Konflikte und in zwischenmenschliche Spannungen geraten, daß es nicht immer möglich ist, uns erwachsenengemäß zu verhalten.

Bild 63

Zusammenspiel der individuellen Fähigkeiten

Der Idealzustand ist, wenn alle Personen im Team 100% Verantwortung für sich selbst übernehmen – in ihrer leiblich-seelischen Ganzheit – und sich in angemessener Weise dafür einsetzen, gemeinsam mit den Kollegen das Ziel zu erreichen. Jeder trägt Sorge für sich selbst und für das eigene seelische und körperliche Befinden. Im Team kommen dann die individuellen Begabungen und Fähigkeiten zum Tragen und im günstigen Fall bringt sich jeder zur Erreichung des gemeinsamen Zieles entsprechend ein. So gibt es ein Teammitglied, das Impulse gibt, ein Zweiter hat den Überblick, ein Dritter liefert gute Ideen, der Vierte hat gute Gegenargumente und wieder ein Anderer kann die realistischen Umsetzungsmöglichkeiten einschätzen.

Nehmen wir ein Beispiel: Ein Teammitglied hat die Fähigkeit, eine Problemsituation sehr gut zu visualisieren. Er wird in Momenten der Konfusion aufstehen und am Flip-Chart stehend die Problemsituation aufzeichnen. Alle gewinnen dadurch mehr Klarheit. In diesem Augenblick hat der Zeichner zwar ein Stück weit die Führung für die Gruppe übernommen, dies aber mit seinem Erwachsenen-Ich, so daß allen Anderen die Eigenverantwortung blieb. Wenn die Führungsübernahme im Fließgleichgewicht verbleibt, also jeder die Gelegenheit hat, seine individuelle Stärke einzubringen, so ist das der Idealfall. Nicht immer befinden wir uns jedoch in diesem Erwachsenen-Ich-Zustand und damit sind – vor allem wenn Veränderungen eintreten – Konflikte vorprogrammiert, weil wir im Kind-Ich bzw. Eltern-Ich auf bestimmte Verhaltensweisen gefühlsmäßig fixiert sind. Als Folge davon gibt es vielfältige Arten, die Verantwortung zu verschieben, sei es aus einer Opferrolle heraus in Form von Schuldzuweisungen oder in Form von Überbelastung aus der Retterrolle heraus, im Glauben, alles selbst machen und tun zu müssen.

Hindernisse bei der Entwicklung des Erwachsenen-Ich

In Arbeitsprozessen sind wir ganzheitlich involviert und in manchen Fällen zeigt sich, daß das Erwachsenen-Ich überfordert ist, mit der Situation zurechtzukommen. Erklären läßt sich dies mit dem persönlichen Entwicklungsweg. Nicht wenige von uns sind – hervorgerufen durch Lebensumstände – aus ihrer realen Kindheit zu schnell und übergangslos in die soziale Rolle des Eltern-Daseins gegangen. Dadurch kamen sie direkt vom psychischen Zustand des Kindheits-Ich in den des Eltern-Ich und hatten zu wenig Zeit und Gelegenheit, das Erwachsenen-Ich genügend zu entwickeln. Soziale Rollenbilder können eine Entwicklung noch zusätzlich behindern. Bei der Männerrolle kann das so aussehen, daß der Mann von einer ungelösten Mutter-Bindung aus übergangslos eine Ehe eingeht und damit die Stufe eines eigenständigen Erwachsenen-Ich zuwenig ausbildet. Im Beruf sind dann solche Männer kompensatorisch im Eltern-Ich. Dies ist jedoch eine Fassade, weil sie in Wirklichkeit noch im Kind-Ich verhaftet sind, mit einigen zarten Erwachsenen-Ich-Anteilen. Ein solches mehr oder weniger überfordertes Eltern-Ich zeigt sich im Verhalten: nach oben buckeln und nach unten treten. Um wenigstens äußerlich im Berufsleben „seinen Mann" zu stehen, ist eine solche Verhaltensweise geradezu eine Überlebensstrategie.

Die Diskrepanz zwischen der äußeren Rolle und dem inneren Zustand kann z.B. bei Lehrern und Lehrerinnen gelegentlich beobachtet werden, was durch die Berufsrolle noch verstärkt wird. Die Entwicklung verläuft in der Regel so: Jeder Lehrer war zuerst einmal Kind, dann Schüler, dann Hochschüler, war dabei in der Rolle des Kind-Ich, hat aufgeblickt zu den Eltern, den Lehrern, den Professoren und plötzlich, durch die Abschlußprüfung, kommt er oder sie in der Schule auf die andere Seite des Pultes zu stehen und soll nun seinerseits Kinder belehren. Verwundert es, daß dies überwiegend aus dem Eltern-Ich heraus geschieht, wenn es zur Ausbildung eines Erwachsenen-Ichs zu wenig Gelegenheiten gab? Bessere Chancen, das Erwachsenen-Ich zu entwickeln, haben jene LehrerInnen, die über den zweiten Bildungsweg zu diesem Beruf kamen und schon vorher Lebenserfahrung in der freien Wildbahn des Wirtschaftslebens sammeln konnten. Unter diesem Blickwinkel betrachtet ist es nicht verwunderlich, daß einige LehrerInnen mit ihrer Rolle schwer zurechtkommen. Die LehrerInnen unter meinen Lesern mögen mir verzeihen; ich weiß, daß sie unter vielfältigem Druck stehen und sie im höchst spannungsgeladenen Schnittstellenfeld „Schule-Gesellschaft" tätig sind. Die mögliche Überforderung zeigt sich in einem inneren Rückzug mit dem entsprechenden Kommunikationsverhalten, sich nicht mehr auf die sozialen Beziehungen einlassen zu können. Übrig bleibt die Erfüllung des Lehrplanes. Der Schülerspruch: „Lehrer sind wie Fixer, die haben nur ihren Stoff im Hirn!" bringt das in drastischer Weise zum Ausdruck. Nebenwirkung ist, daß den Schülern die Fixierung auf Inhalte vorgelebt wird, in der Fachsprache als „geheimer Lehrplan" bezeichnet, und sie so zu wenig Erfahrungen mit den sozialen Aspekten der Kommunikation machen.

Es gibt leider zuwenig lebendige Vorbilder eines ausgeprägten Erwachsenen-Ich. Kennen Sie einen wirklichen Erwachsenen, der 100% Verantwortung für sich übernimmt? Sicher fällt Ihnen der eine oder andere ein, es würde mich aber wundern, wenn sie viele zusammenbekommen. Auch Menschen im hohem Alter befinden sich oft noch im Kind-Ich bzw. im Eltern-Ich. Altenpfleger können davon ein Lied singen. Und mancher, der einen solchen Verwandten gepflegt hat. Bei zu schwach ausgeprägtem Erwachsenen-Ich kann ein Betroffener beim Übergang zur Pensionierung große Probleme haben, was sich als Pensionsschock auswirken kann, gekennzeichnet durch die Schwierigkeit, sich selbst sinnvoll zu beschäftigen.

Konfliktträchtige Verhaltensweisen

Auch in einem soliden Erwachsenen-Ich-Zustand stehen wir vor der Herausforderung, uns nicht zu verheddern, wenn wir mit einem Partner zusammentreffen, der aus der Rolle des Eltern-Ich heraus agiert. In einem solchen Fall müßten wir die komplementäre Rolle des Kind-Ich übernehmen, denn nur so würde das Spiel funktionieren.

Bild 64

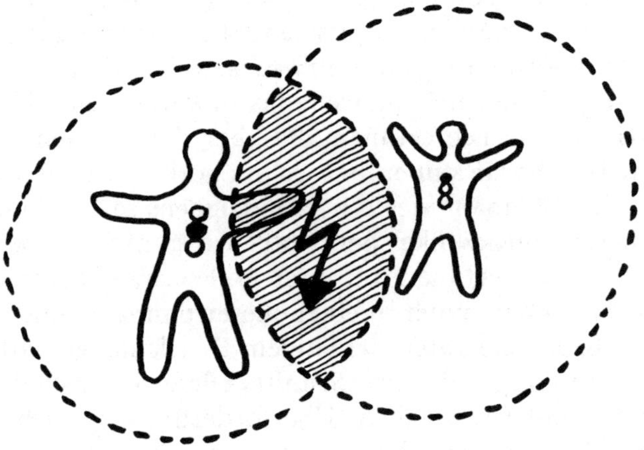

Die Lösung einer solchen Situation ist gar nicht so einfach: Sie können sich gegen das Bemuttert- oder Bevatertwerden wehren, Sie können aus dem Feld gehen, Sie können auch selbst in das Eltern-Ich schlüpfen, werden sich aber in einen Machtkampf verstricken. Eine Lösung liegt darin, die ganze Situation anzusprechen; wie Sie sich fühlen, wenn Sie so zurückgeschraubt werden. Doch auch diese Lösung muß nicht zum Ziel führen, denn bekannterweise gehören immer zwei dazu. Das Sprichwort sagt es schon: Es kann der Beste nicht in Frieden leben, wenn es dem bösen Nachbarn nicht gefällt. Mit diesem Beispiel ist nur eine Form von konfliktträchtigem Verhalten beschrieben. Es gibt eine ganze Reihe weiterer Spielarten, die hier nicht weiter ausgeführt werden.

Der Begriff „Verantwortung" hat im Wirtschaftsleben einen zentralen Wert. Um ihn nicht nur intellektuell, sondern in einem umfassenden Sinn zu erleben, helfen moralische Appelle, die Mitarbeiter mögen sich doch bitte verantwortlich zeigen, nicht weiter. Viele Mitarbeiter übernehmen in der Realität entweder zu viel oder zu wenig Verantwortung, ohne sich dessen bewußt zu sein. Welche Folgen sich daraus ergeben, zeigt das Beispiel eines Mitarbeiters, der sich jahrelang ein Übermaß an Verantwortung aufgebürdet hat und plötzlich unter dieser Bürde zusammenbricht, indem er einen Herzinfarkt erleidet. Den Kollegen wird erst jetzt gewahr, welche Aufgaben er ihnen bisher abgenommen hat und es wird ihnen bewußt, daß sie sich jahrelang Teile ihrer eigenen Verantwortung abnehmen ließen.

Wer etwas verändern will, muß wissen, wo er steht. Um seinen eigenen Ist-Zustand in puncto Verantwortung kennenzulernen, möchte ich Ihnen eine Übung vorschlagen. *Kommon* wird die Übung moderieren, lassen Sie sich vertrauensvoll führen.

„Dies ist eine Partnerübung mit vier Übungsphasen, die jeweils 5 bis 10 Minuten dauern. Dabei geht es hauptsächlich darum, sich selbst und den Anderen in Auseinandersetzung mit dem Thema Verantwortung körperlich zu erfahren. Deshalb sollten Sie während der Übung nicht miteinander sprechen, sondern sich immer wieder auf die Übungsanweisung besinnen. Da diese Übung Körperkontakt erfordert, ist sie am besten im Rahmen eines mehrtägigen Workshops angebracht, bei dem sich die Teilnehmer schon etwas kennen. Sie brauchen für die Ausführung jedenfalls eine zweite Person, mit der Sie die Übung gemeinsam machen.

Mit Ihrem Partner stellen Sie sich dann Seite an Seite, ohne sich mit den Händen zu berühren. Lehnen Sie sich aneinander und bewegen Sie sich gemeinsam als Paar im Raum. Versuchen Sie bei dieser Übung immer in Körperkontakt zu bleiben, auch wenn es schwierig ist, zusammenzubleiben.

Erste Phase:
Jetzt haben Sie beide die Aufgabe, für Ihr Körpergewicht und für das gemeinsame Zusammenspiel weniger als 100% Verantwortung zu übernehmen. Sie spielen also

beide die Rolle des Anlehnungsbedürftigen und versuchen Ihr Körpergewicht dem Partner zu übergeben. Bleiben Sie in dieser Rolle, auch wenn es Verwirrung bei Ihnen auslöst und beobachten Sie, welche merkwürdigen und auch anstrengenden Positionen sich ergeben und was für Gefühle sich bei Ihnen einstellen.

Zweite Phase:
Sie haben nun beide den Auftrag, mehr als 100% Verantwortung zu übernehmen. Sie tragen also nicht nur Ihr eigenes Körpergewicht, sondern versuchen auch noch die Verantwortung für das Gewicht Ihres Partners zu tragen. Sie sollten dabei nicht ihre Hände einsetzen. Sie werden sehen, auch hier entstehen wieder ganz merkwürdige körperliche Verrenkungen, die ein Abbild des psychischen Ungleichgewichtes sind.

Dritte Phase:
Jetzt übernimmt einer von Ihnen mehr als 100% Verantwortung, der Andere entsprechend weniger. Diese Verteilung der Verantwortung kennen wir in unserem Arbeitsalltag am ehesten und haben gelernt, damit umzugehen. Nehmen Sie sich gerade in dieser Phase Zeit, mit verschiedenen Körperpositionen zu experimentieren. Dann tauschen Sie die Rollen, d.h. jetzt übernimmt der Andere mehr als 100% Verantwortung.

Vierte Phase:
Dies ist die anspruchsvollste Phase, in der Sie beide 100% Verantwortung für sich und für das gemeinsame Tun übernehmen. Versuchen Sie herauszufinden, welche Bewegungsimpulse Sie bei sich und bei Ihrem Partner spüren. Führen Sie weder, noch lassen Sie sich führen. So kann etwas Harmonisches, Gemeinsames und Kreatives entstehen, ohne daß der eine führt und der Andere geführt wird, gleichzeitig kann sich jeder voll einbringen.

Zum Austausch über die Phasen:
Im Anschluß an jede der oben beschriebenen Phasen tauschen Sie sich mit ihrem Partner über die gemachten Erfahrungen aus. Sie werden sehen, wieviel Sie bei jeder Phase erleben und wie unterschiedlich Ihr Partner möglicherweise dieselbe Übung erlebt hat. Bei dieser Verantwortungs-Übung sind Sie vermutlich zunächst in Berührung mit Ihren gewohnten Verhaltensmustern gekommen. In Form von Gedanken wie: „Wie schaffe ich es, auf 80% zu bleiben?" oder „Wie kriege ich meinen Führungsanspruch von 120% unter?" Beim Austausch können folgende Fragen hilfreich sein:

- *In welchen Phasen war Ihr Zusammenspiel harmonisch, wann ging es chaotisch zu?*
- *Ist es Ihnen schwerer gefallen, viel oder wenig Verantwortung zu übernehmen?*
- *War es angenehmer zu tragen oder sich tragen zu lassen?*

- *Welche Gefühle haben Sie Ihrem Partner gegenüber entwickelt? Waren Sie z. B. wütend, verärgert oder enttäuscht? Empfanden Sie Mitleid oder fühlten Sie sich selbst hilflos?*
- *Gerieten Sie ständig in die Führer- oder Retterrolle? Entstand zwischen Ihnen und Ihrem Partner eine Sieger-Verlierer-Dynamik?*
- *Ist es Ihnen beiden gelungen, gleichzeitig weniger bzw. mehr als 100% Verantwortung zu übernehmen?*

Bei Übernahme von 100% Verantwortung durch beide Personen schafft das viel Freiraum und Energie für das gemeinsame Ziel. Dann ist das mehr, als nur eine bloße Addition von zwei Kräften, sondern das Kräftepotential vervielfacht sich. Die gewonnene Freiheit kann nun für das Ziel verwendet werden. Dies setzt einen sehr sensiblen Kontakt mit unserem Partner und Kreativität voraus."

Konfliktmanagement im zunehmenden Wettbewerb

Konflikte gibt es auf den verschiedensten Ebenen, im Großen wie im Kleinen. In weltpolitischen Zusammenhängen kennen wir Mammutverhandlungen und Gipfelkonferenzen, wie die KSZE-Verhandlungen, die aufgrund der Konflikte zwischen den Blöcken ins Leben gerufen wurden. Weitere Verhandlungen betreffen das Nord-Süd-Gefälle, den weltweiten Umweltschutz oder Krisen wie den Konflikt Israel-Palästina. Es bestehen in unserer Gesellschaft Konflikte zwischen ethnischen Gruppen, zwischen Ländern und nicht zuletzt zwischen Anhängern der unterschiedlichsten Ideologien. Im Wirtschaftsleben werden bei den alljährlichen Lohnverhandlungen die Interessenskonflikte zwischen Arbeitnehmern und Arbeitgebern ausgetragen. Auf der zwischenmenschlichen Ebene bestehen Konflikte in den Familien und in den Beziehungen zwischen Partnern.

Vor 50 Jahren kannte man den Begriff „Konfliktmanagement" noch gar nicht. Was hat sich ereignet, daß er heute zur Alltagssprache gehört? Gab es damals weniger Konflikte? Haben Konflikte in den Betrieben zugenommen? Diesen Fragen soll hier in Verbindung mit Kommunikation nachgegangen werden.

Solange die Kommunikation reibungslos verläuft, wird man sich ihrer Wichtigkeit oft nicht bewußt. Erst bei Konfliktsituationen, sei es durch Organisations- oder Personalveränderungen, richtet sich der Fokus auf die Kommunikationsabläufe. Da sich heute dauernd etwas ändert, kommen in jedem Betrieb mehr und mehr Konflikte vor. Da sie durch die Verschiedenheit der Menschen geradezu ein Naturereignis sind, empfiehlt die Fachliteratur, sich gegenüber Konflikten positiv zu verhalten. Management und Mitarbeiter werden dazu aufgerufen, Konflikte als Chance zu sehen. Nur – so einfach scheint das nicht zu sein.

Der aus theoretischer Ecke immer wieder kommende Aufruf „Ja zum Konflikt!" wird in der Praxis recht zurückhaltend aufgenommen. Im betrieblichen Alltag ist vielmehr die Tendenz zu harmonischen Abläufen, zu produktiver Zusammenarbeit vorherrschend, also kein Streit und kein Ärger, kurz: Es herrscht Konfliktscheuheit. Ein Konflikt wird eher als etwas Negatives beurteilt, das es zu vermeiden gilt. Auch bei der Analyse von diversen Unternehmensleitbildern zeigt sich diese Einstellung. Konflikte werden da als etwas Unerwünschtes gesehen und als hinderlich für eine konstruktive Zusammenarbeit bewertet. Übersehen wird dabei, daß sich eine vorgetäuschte Harmonie, unterhalb derer Konflikte schwelen, hemmend auf die Kreativität auswirkt, da in den Konflikten sehr viel Energie gebunden ist. Beim Vergleich von Theorie und Praxis ist somit ein eklatanter Widerspruch festzustellen: Wie läßt sich dieser auflösen? Die in der Praxis herrschende Widerwilligkeit, den Aufruf zur Konfliktfreudigkeit umzusetzen, läßt sich durch eine intensivere Beschäftigung mit der Psychologie besser verstehen.

Konflikte im betrieblichen Alltag lassen bei den beteiligten Personen auch frühere seelische Wunden aufbrechen, deren Ursprünge in der Kindheit liegen können. In der psychologischen Fachsprache heißen diese Verletzungen „Traumatisierungen" (Ehlert/Lorke 1988, 302). Diese werden in Konfliktsituationen geweckt und aktiviert, mit allen dazugehörenden schmerzlichen Gefühlen, deren Ursachen meist unbewußt und unerkannt sind. Damit lösen betriebliche Konflikte ein tiefer liegendes Geschehen aus. Hinzu kommt, daß Mitarbeiter aufgrund ihrer Lebensgeschichte eigene Werte und Vorstellungen mit in den Betrieb bringen, die nicht immer mit den Werten und Vorstellungen ihrer Kommunikationspartner und mit der herrschenden Unternehmenskultur übereinstimmen.

Der Kommunikation fällt bei der Vermeidung der Eskalation von Konflikten eine zentrale Rolle zu. Es besteht die Notwendigkeit zu lernen, mit dem individuellen Konflikt- und Aggressionspotential in uns selbst produktiv umzugehen. Unterdrückte negative Gefühle, die nicht kommuniziert werden oder in unangemessener Form zum Ausdruck kommen, wirken in jedem Fall destruktiv. Sei es im Ausagieren nach außen oder gegen sich selbst gerichtet als Autoaggression, die sich als psychosomatische Erkrankung zeigen kann. Das gehäufte Auftreten von Erkrankungen wie Magengeschwüren, Bluthochdruck oder diffuser Störungen, die als vegetative Dystonie diagnostiziert werden, sind mit ein Indikator für mangelnde Konfliktfähigkeit.

Mobbing In den letzten Jahren wurde mit dem Begriff „Mobbing" ein komplexes Geschehen beschrieben (vgl. Brommer 1995, Walter 1993). Ausgangspunkt ist häufig, daß ein Mitarbeiter zum Stein des Anstoßes wird. Die damit verbundenen Vorgänge werden nicht offen ausgetragen, sondern es kommt zu kleinen Schikanen, Tuscheleien und Aussonderungen.

Bild 65

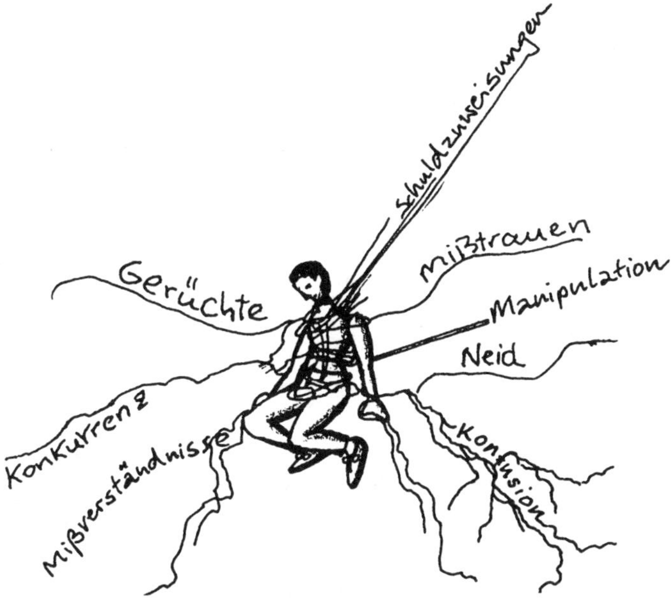

Der Gemobbte ist zunächst irritiert, bittet auch um Erklärungen, erhält aber nur weitere irritierende Reaktionen. Die Folge ist Zermürbung und schleichender Verlust seines Selbstwertgefühles. Er verhält sich nun tatsächlich manchmal merkwürdig und unangemessen, was die Mobbenden als Bestätigung ihres Handelns ansehen. Diese Prozesse sind im Arbeitsleben nicht neu. Intrigen und Ausgrenzungen gab es schon immer, in Zeiten der Arbeitsplatzbedrohung treten sie jedoch verstärkt auf. Für den Gemobbten ist es schwer, sich ohne Hilfe zurechtzufinden. Deshalb ist ein Coaching unbedingt zu empfehlen. Ohne professionelle Unterstützung ist die Gefahr zu groß, von „Ko-Munition" getroffen zu werden, ohne sich wehren zu können.

Bild 66

Die Ursachen für aggressive Formen der Kommunikation sind im vermehrten Druck auf allen Ebenen zu suchen. Die Zunahme des Druckes entsteht im Zuge eines sich verschärfenden globalen Wettbewerbes.

Wettbewerb als Wirtschaftskrieg

Es scheint so, als ob sich die früheren kriegerischen Auseinandersetzungen auf das Gebiet der Wirtschaft verlagert haben. Der zunehmende Wirtschaftskrieg, der zunächst in der Presse zwischen den USA und Japan thematisiert wurde und der sich auf andere Länder wie z.B. China ausgedehnt hat, legt diesen Gedanken nahe. Sattelberger (1991, 169) beschreibt die deutliche Verschärfung des Wettbewerbs: „Der friedliche Wachstumswettbewerb, der für die Jahrzehnte des Wachstums charakteristisch war, hat sich in vielen Märkten zum kriegerischen Verdrängungswettbewerb verwandelt. In dieser verschärften Wettbewerbssituation wird ein kompromißlos konkurrenzbezogenes Denken zum absoluten Muß." Über Wirtschaftskriege wird nicht nur in den Zeitungen berichtet, sie finden offensichtlich auch statt. Ein Indikator dafür ist die Sprachverwendung in der Wirtschaft.

Militärsprache in der Wirtschaft Das verwendete Vokabular in Zeitungen, Fachaufsätzen, Büchern weist auf eine Verbindung zum Militär hin. Es werden „Strategien" gefahren und es tobt der „Kampf um den Kunden". In manchen Unternehmen werden die Mitarbeiter als „Truppe" gesehen, die es zu motivieren gilt, in der Militärsprache heißt dies, sie auf „Vordermann" bringen.

Im 19. Jahrhundert hat die hoch angesehene Pariser Schule „Ecole de Militaire" starken Einfluß auf das Vokabular der „Wirtschaft" genommen und damit die Psychologie des Militärs in die Wirtschaft transferiert. Heute ist uns die Militärsprache im Wirtschaftsleben vertraut. Moltkes Strategiedenken ist zentraler

Begriff moderner Betriebswirtschaftslehre. Hinterhuber (1990) hat die geschichtlichen Wurzeln des strategischen Denkens in Verbindung mit Namen wie Clausewitz, Moltke, Scharnhorst u.a. aufgezeigt. Ging es früher beim Militär um die Vernichtung des Feindes, steht heute in der Wirtschaft der strategische Sieg über den Mitbewerber an. Thurow (1993, 31) sieht beim Kampf in der Wirtschaft allerdings auch positive Seiten: „In einer Hinsicht ist die Prognose, ökonomische Kriegsführung werde die militärische ersetzen, eine gute Nachricht. Intensiver Wettbewerb regt womöglich das Wirtschaftswachstum an. An einer aggressiven Invasion gut gemachter, hervorragend vermarkteter Produkte läßt sich moralisch nichts aussetzen. Gekauft zu werden, ist nicht das gleiche, wie militärisch besetzt zu werden. Gleichzeitig ist die Militärmetapher grundlegend falsch. Das ökonomische Spiel, das im 21. Jahrhundert gespielt werden wird, besitzt sowohl wettbewerbliche wie kooperative Elemente. Unsere Umwelt erfordert globale Zusammenarbeit, damit sie für alle lebenswert bleibt".

Die Kultur des Wettwerbs

Die vom Staat vorgegebenen Regeln, sei es in Form der Kartellgesetzgebung oder durch Gesetze gegen unlauteren Wettbewerb, sollen im Wirtschaftsleben ein gewisses Niveau der Wettbewerbskultur aufrechterhalten. Zunehmend kommt der Kunde in die Rolle des Schiedsrichters. Er zeigt dem Unternehmen die rote oder gelbe Karte, wenn er Unfairness beobachtet. Der Kunde belohnt Unternehmen mit einem guten sozialen Image, wenn das Produkt und die Produktionsbedingungen in Ordnung sind. Kaufentscheidungen werden aufgrund der Firmenphilosophie gefällt. Ökobanken machen zunehmend Geschäfte. Die Kunden beobachten, wie Unternehmen mit der Umwelt – die Basis unserer Gesellschaft – umgehen. Sie bewerten, welche Rolle ein Unternehmen im großen Stoffwechsel zwischen Kapital, Mitarbeiter und Ökologie einnimmt.

„Mit dieser Übung können Sie mit einem Partner oder in einer Gruppe das Thema Wettbewerb erleben. Sie werden in eine Wettkampfatmosphäre kommen und Sie werden Konkurrenzdenken an sich und an anderen beobachten und erleben, spielerisch und doch ernst. Eine mögliche Sieger-Verlierer-Fixierung kann durch diese Übung bewußt werden.

Nun zum Ablauf: Stellen Sie sich 3 Gegenstände vor: eine Schere, einen Stein und ein Blatt. Diese drei Gegenstände haben spezifische Eigenschaften, die jeweils einen der anderen beiden Gegenstände „besiegen".

- *Die Schere schneidet das Blatt.*
- *Der Stein macht die Schere stumpf.*
- *Das Blatt wickelt den Stein ein.*

Jeden Gegenstand zeigen Sie durch eine Geste Ihrer Hand. Die Schere wird angedeutet durch das Ausstrecken von Zeige- und Mittelfinger, der Stein durch die Faust und das Blatt durch die offene Hand.

Zuerst machen Sie die Übung mit einem Partner. Beide halten Ihre Hände hinter den Rücken, stehen sich gegenüber, zählen bis drei und ziehen die Hand in einer der oben beschriebenen Stellungen schnell hervor. Hier sind nun viele Variationen möglich. Hält der eine die Schere vor und der andere den Stein, so hat derjenige mit dem Stein gewonnen. Oder der eine hält das Blatt, also die offene Hand hin und der andere den Stein, so ist derjenige mit dem Blatt der Sieger. Wenn beide die gleiche Handstellung vorzeigen, gilt das als unentschieden und es wird wiederholt. Sie können mehrere Durchgänge machen und sich über die gemachten Erfahrungen austauschen.

- *Was ging in Ihnen alles vor?*
- *Welche Gegenstände lagen Ihnen näher?*
- *Wie war Ihre Strategie?*
- *Versuchten Sie zuerst zu erraten, was der Andere wohl wählt, um dann darauf zu reagieren?*
- *Nach welchen Kriterien wählten Sie Ihre Handstellung?*
- *Entschieden Sie sich jeweils für eine Handstellung, ohne jegliche „Spekulationen", was der Andere macht?*

In einer Gruppe hat diese Übung ganz besondere Effekte. Die Personen gehen alle im Raum herum, wählen spontan einen Partner und zeigen nach 1 – 2 – 3 zur gleichen Zeit Ihre Handstellung vor. Der „Verlierer" muß ausscheiden.

In der Nachbesprechung wird das Verhalten diskutiert.

- *Wem in der Gruppe gingen Sie eher aus dem Weg?*
- *Wen suchten Sie sich als „Gegner" aus?*
- *Wie reagierten Sie bei Regelverletzungen?*
- *Was lief bei Ihnen innerlich beim Verlieren ab, vielleicht sogar bei mehrmaligem Verlieren?*
- *Wie äußerte sich das? Zeigten Sie Ihre Emotionen oder gingen Sie darüber hinweg?*
- *Wie sah bei Ihnen das Kunkurrenzverhalten aus?*
- *Erlebten Sie die Regeln als einschränkend oder als hilfreichen Rahmen?*
- *War es Ihnen wichtiger, die Regeln einzuhalten oder zu gewinnen?*
- *Wie fühlten Sie sich als Gewinner?*

Sie werden sehen, bei der Übung werden Sie Spaß haben und gleichzeitig viel über sich und Ihre Partner erfahren. Als Einlage in einem Workshop wird es die Gruppe enger zusammenführen."

Unternehmen – Kunde – Konkurrenz Stand früher die Beziehung „Unternehmen – Kunde" im Vordergrund, so kam durch den globalen Wettbewerb die Achse zur Konkurrenz verstärkt ins Blickfeld. Das führte zum strategischen Dreieck.

Bild 67

Der Kampf in der Wirtschaft ist ein Kampf um den Kunden und um Aufträge. Wie kann ein Unternehmen in dem immer schärfer werdenden Wettbewerb überleben? Nach Sattelberger (1991, 170) lautet die Antwort: „Nur durch permanentes Lernen. Man muß schneller lernen als die Konkurrenz. Wettbewerbsvorteile müssen ständig durch schnelleres Lernen und permanente Innovation verteidigt werden."

In allen Unternehmen wirkt sich dieser Kampf auf dem Markt auch nach innen aus, vor allem durch Auswirkung der Faktoren Zeit (schneller) und Kosten (günstiger) auf den gesamten Prozeß, von der Innovation über die Produktion, bis hin zum Verkauf.

Der Zeitdruck, bedingt durch die raschen Veränderungen auf allen Gebieten, bringt eine Beschleunigung der Kommunikation mit sich. Es gibt auf dem Markt Drängeleien, Geschubse und damit die Zunahme der Verletzungsgefahr in der Wirtschaft. Gab es früher Drängeleien und Geschubse nur auf dem Markt am Dorfplatz, so findet dies nun auf dem vernetzten Weltmarkt statt. Die zusätzlichen Übertragungswege mittels neuer Kommunikationstechnologien bedingen die schnellere Kommunikation. So wie das Telefax die Reaktionszeit auf einen Brief verkürzt, reduzieren Voice-Mail und andere Systeme den Spielraum für die Reaktion auf einen Telefonanruf.

Durch den Druck der Preiskämpfe auf internationaler Ebene entsteht die Notwenigkeit, intern Kosten zu senken. Das bedeutet ständige Rationalisierungen im Unternehmen, womit sich der Kampf auch unternehmensintern als Druck und Streß in der Kommunikation auswirkt.

Damit in einem Unternehmen die Wettbewerbsfähigkeit erhalten bleibt, ist es erforderlich, daß ein kontinuierlicher Rückkopplungsprozeß zwischen den Bedürfnissen des Marktes und den verschiedenen Abteilungen eines Unternehmens besteht. Es gibt viele Handlungsanleitungen, um diesen Rückkopplungsprozeß zu bewerkstelligen, jedoch fehlen die zur Umsetzung notwendigen Hilfen. Ein Fehler, der oft gemacht wird, ist, daß Kundenwünsche nicht als Herausforderung an das ganze Unternehmen begriffen werden. Mangels einer interdisziplinären Anlaufstelle werden in der Praxis Kundenrückmeldungen zwar von einzelnen Abteilungen aufgenommen, wenn diese sich aber dafür nicht kompentent fühlen, verschwindet die Information im Unternehmen. Dies geschieht vor allem dann, wenn interne Barrieren und Hemmungen eine offene Kommunikation behindern.

Das lernende Unternehmen

Entsprechend dem strategischen Dreieck können Lernprozesse an allen drei Eckpunkten stattfinden:

1. Unternehmensinternes Lernen von den Mitarbeitern
2. Lernen von den Kunden
3. Lernen von der Konkurrenz.

Details zu den drei Punkten finden sich in der Fachliteratur, sei es zum Thema Vorschlagswesen, sei es für das Beschwerdemanagement oder für die systematische Konkurrenzbeobachtung. Diese und andere Ansätze möchte ich hier nicht vertiefen. Stattdessen möchte ich den Prozeß des Lernens thematisieren. Der Wirtschaftspsychologe Argyris führt in dem Aufsatz „Good Communication that blocks Learning" aus, wie Kommunikation gestaltet werden muß, damit „echtes Lernen" stattfindet. Dies im Unterschied zu einem Lernen, das zu Scheinlösungen und bloßen kosmetischen Veränderungen führt.

Problemlösungen 1. und 2. Ordnung Argyris hat in ausgedehnten Studien und Untersuchungen, an denen bis zu 6.000 Personen teilgenommen haben, nachgewiesen, daß die meisten der gängigen und bewährten Kommunikationstools das Lernen in Unternehmen nicht fördern, sondern sogar blockieren. Diese sehr interessante und provokante These, daß nämlich „sogenannte gute Kommunikation" Lernen blockiert, stützt Argyris, indem er zwei Arten des Lernens unterscheidet.

Single-Loop-Lösungen Die erste Art des Lernens, das sogenannte „Single-Loop-Learning" stellt eine wohlbekannte Problemlösungsmethode dar. Es ist eine Problemlösung 1. Ordnung und sieht in der Praxis so aus: Ein Problem wird mittels Kommunikation, d.h. Umfragen, Fragebögen, Hearings oder Diskussionen erfaßt und dann analysiert. In der Folge werden Schritte zur Problemlösung erarbeitet und umgesetzt. Damit scheint im Normalfall alles in Ordnung und das Problem behoben zu sein.

Double-Loop-Lösungen Diese Form des Lernens bezeichnet Argyris auch als eine Problemlösung 2. Ordnung. Das Double-Loop-Learning setzt gerade an jener Stelle an, an der Lösungen 1. Ordnung zum Abschluß kommen. Es gibt sich nicht mit Lösungen dieser Art zufrieden, sondern empfiehlt, sich zusätzlich folgende grundlegenden Fragen zu stellen:

- Wie konnte es eigentlich zu diesen Problemen im Unternehmen kommen?
- Wie sind sie entstanden?
- Warum ist nicht früher etwas zu ihrer Lösung unternommen worden?
- Wer wußte schon längere Zeit um die Probleme?
- Warum hat derjenige/diejenige dieses Wissen nicht genutzt?

Solche Fragen erst führen an den Kern des Problems, sozusagen an den heißen Brei heran. Beim Stellen dieser Fragen bedarf es des behutsamen Umgangs miteinander, denn am heißen Brei kann man sich leicht den Mund verbrennen. Die Beteiligten dürfen sich durch die Art der Kommunikation nicht unter Druck gesetzt fühlen, denn dies würde bloß Rechtfertigungen auslösen, wodurch der Kern des Problems nicht sichtbar wird. Untrügliches Anzeichen dafür, am Übergang zu wirklicher Veränderung zu sein, ist, wenn sich ein „mulmiges Gefühl" einstellt. Diese Hürde ist jedoch schwer zu nehmen, deshalb werden in der Praxis auch Fragen nach der zugrundeliegenden Strukur von Problemen selten gestellt. Solange jedoch die Grundstruktur nicht bewußt wahrgenommen und dann auch verändert wird, wird sie ständig neue Probleme hervorbringen. Ein kurzes Beispiel zur Illustration dieses Gedankens:

In der über Jahre gewachsenen Kommunikationsstruktur zwischen zwei Abteilungen hat sich gegenseitiges Mißtrauen etabliert. Sichtbar wird dies durch die Beschwerde eines Kunden, womit der schlechte Informationsfluß offenkundig wird. Das Management versucht nun mittels einer Umfrage herauszufinden, woran es fehlt. Das Problem „mangelhafter Informationsfluß" wird schnell erkannt. Nun wird eine Lösung erarbeitet: Die zwei Abteilungen werden elektronisch vernetzt, einmal wöchentlich soll zudem ein Info-Meeting stattfinden. Nur, die Sache klappt dennoch nicht. Die Info-Meetings werden von beiden Seiten dazu genutzt, um die Anderen mit Pseudo-Informationen zu versorgen – gegenseitige Desinformation sozusagen. Die Grundeinstellung ist: „Wir lassen uns von *denen* doch nicht in die Karten blicken!" Das alte Mißtrauen ist also geblieben, wird aber nicht als Problemursache erkannt.

Im Rahmen einer Lösung 2. Ordnung könnte die Frage nach den tieferliegenden Ursachen beispielsweise so lauten: „Wie konnte es eigentlich zum mangelnden Informationsfluß zwischen den Abteilungen kommen?" Mit solchen Fragen würde das Mißtrauen und dessen Entstehungsgeschichte zu Tage treten. Nach einem Klärungsprozeß hätte man sich vielleicht ebenfalls für die EDV-Lösung entschieden, und ... sie hätte funktioniert. Fragen im Sinne des Double-Loop-Lernens bringen oft erstmals ans Licht, daß längst ein Großteil der Mitarbeiter von den innerbetrieblichen Schwierigkeit gewußt hatte, dieses Wissen jedoch zu bedrohlich erschienen war und deshalb aus dem Bewußtsein verdrängt wurde. Damit ergibt sich folgender Teufelskreis:

Bild 68

Beim Single-Loop um den heißen Brei sind die Schritte wie folgt:

1. Ein Problem tritt auf und erzwingt Veränderung.
2. Zur Lösung bedarf es offener Kommunikation.
3. Offene Kommunikation macht verletzbar.
4. Verletzbarkeit ist angstbesetzt und diese Angst wird verdrängt.
5. Eine Scheinlösung wird implementiert, so daß eine „Problemlösung" an die vorgesetzte Stelle gemeldet werden kann.
6. Eine echte Problemlösung findet nicht statt.

Hier schließt sich der Kreis wieder. Bei nächster Gelegenheit wird das Problem – in etwas anderem Gewand – erneut auftauchen und eine Veränderung wie in Punkt 1 erzwingen.

Was verhindert den Einsatz des Double-Loop-Verfahrens? Double-Loop-Fragen zu stellen wird offenbar so erlebt, als würde die Büchse der Pandora geöffnet. Abgewehrt wird dabei die schmerzhafte Erkenntnis, selbst unmittelbar Teil des Problems zu sein. Bei den Betoffenen stellen sich Blockaden ein, denn durch die gezielten Fragen kommen ungeklärte Gefühle ins Bewußtsein.

Vermeidungsstrategien Individuelle und strukturelle Vermeidungsstrategien wirken zusammen. Beide verhindern eine offene Kommunikation und damit das Ansprechen angstbesetzter

Themen. Die einzelnen Mitarbeiter setzen zum Selbstschutz und der Vermeidung von Angst Rechtfertigungen ein. Es sind Schutzbehauptungen, die verhindern, daß die eigenen Schwächen und Verantwortlichkeiten thematisiert werden. Dieses Muster führt zu inkonsistentem Handeln. Um wirkliche Veränderungen im Betrieb herbeiführen zu können, ist es unabdingbar, daß jeder Mitarbeiter lernt, Eigenverantwortung für seine Kommunikation zu übernehmen. Nicht nur, wenn es um das Erkennen und Verbessern von Fehlern bei Anderen geht, sondern (und das ist die eigentliche Herausforderung) auch, um die Wahrheit über seine eigene Motivation und seine Verhaltensmuster herauszufinden.

Der Anspruch, ein gutes Buch zu schreiben, beinhaltet auch, dem Leser nicht nur Unterhaltungswert oder Informationen zu bieten, sondern ihn an seine Widerstände heranzuführen und ihm somit vorsichtig und behutsam schmerzliche Wahrheiten auf erträgliche Art und Weise zu vermitteln. Damit können aus dem Schmerz produktive Veränderungsimpulse entstehen, die ein Double-Loop-Lernen einleiten. So wie Veränderungsprozesse in Organisationen erst einmal weh tun, können auch gute Bücher weh tun. Wenn ein Buch jedoch zu stark die Widerstände und Einwände des Lesers mobilisiert, so wird dieser schon bei der Lektüre seine Vorfilter einsetzen und Unangenehmes herausfiltern bzw. überlesen. Mit anderen Worten: Der Leser nimmt nur das wahr, was ihn nicht beunruhigen kann bzw. was für ihn angenehm ist und in die schon vorhandenen Vorstellungen hineinpaßt. Damit erfährt er aber nichts Neues und das Double-Loop-Lernen findet nicht statt. Das kann sich äußerlich beim Überblättern zeigen, verbunden mit dem Gedanken: „Ach, das ist für mich nicht relevant“. Doch gerade das könnte sehr relevant sein. Bei den Übungen kommt die Relevanz der Themen deutlicher ins Bewußtsein. Deshalb möchte ich mit Hilfe der Übungen etwas weitergehen. Mit Ihnen, werter Leser!

Bei nicht stattfindenden Lernprozessen im Unternehmen besteht die Gefahr, daß der äußere Druck des Wettbewerbs von der internen Kommunikation nicht produktiv aufgenommen und bewältigt werden kann. Bei der Zunahme von Streß wird bei unproduktiven Wortgefechten die Kommunikation verletzend eingesetzt. Dann dient sie überwiegend dem eigenen Schutz bzw. dem Angriff und steht nicht mehr im Dienst des gemeinsamen Lernens.

Auch Worte sind Waffen Auch Worte können verletzen. Am deutlichsten wird das beim Rufmord. Der Kleinkrieg am Arbeitsplatz, das Schwarze-Peter-Spiel im Unternehmen in Form von Intrigen, Ausgrenzungen und Psychoterror. All dies wurde bereits unter dem Sammelbegriff „Mobbing" beschrieben.

Bild 69

Konfliktverleugner und Konfliktscheue Konfliktverleugner, die sich Mißverständnisse gegenseitig nicht eingestehen, lassen auf diese Weise Konflikte nicht bewußt werden, was sich als zusätzliches Hemmnis für die Konfliktbewältigung auswirkt. Zum Verleugnen von Konflikten gehören:

- Schönfärberei
- Scheinharmonie
- Selbstüberschätzung
- Unrealistische Einschätzung von Sachverhalten oder Personen.

Für Menschen, die Konflikte scheuen, scheint immer alles klar zu sein. Die manchmal dicke Luft um sie herum weist jedoch auf wenig Klarheit hin. Die Betroffenen befinden sich in einem Nebel von Mißverständnissen. Wie sieht das in der Praxis aus? Auf der Sachebene besteht ein Konflikt, hervorgerufen durch eine Organisationsveränderung, durch ein Produktionsproblem oder anderes. Es wird darüber aber nicht gesprochen und damit wird der Konflikt verleugnet. Die Verleugnung schafft neben dem bestehenden

Bild 70

Sachproblem zusätzliche Probleme, wenn alle glauben, man würde sich schon verstehen und das gleiche meinen. Solch ein eingebildeter Konsens wird über kurz oder lang als großes Mißverständnis aufbrechen. Das Gefühl aller, irgendwie getäuscht worden zu sein, wird zu einer schweren Belastung. Hier rächen sich die Konfliktscheuheit und ein falsches Harmoniebedürfnis. Wem bleibt dann noch die Kraft, zu erkennen, sich selbst getäuscht zu haben und dafür auch die Verantwortung zu übernehmen?

„Lieber einen handfesten Konflikt, anstatt die Füße im Sumpf und Matsch im Kopf." So spricht einer, der zugunsten der Klarheit auch ein blaues Auge riskiert. Damit es jedoch zu keinen Verletzungen kommt, ist es hilfreich, bei Konflikten eine angemessene Kommunikation zu führen. Was damit gemeint ist, soll in den folgenden Abschnitten deutlich werden. Zunächst aber noch eine Übung, die in bewährter Weise *Kommon* moderieren wird:

„In Kommunikation zu sein ist nicht selbstverständlich! Die Verbindung muß dabei von beiden Kommunikationspartnern gehalten werden. Wenn wir sagen: „Mit dem habe ich einen guten Draht!" meinen wir das, was das Bild 71 zum Ausdruck bringen möchte. Wenn einer der Gesprächspartner die Verbindung fallen läßt, würde die Kommunikation abstürzen.

Bild 71

Um die Kommunikation als einen Balanceakt etwas deutlicher zu machen, möchte ich Sie zu einer Übung einladen. Dazu bitte ich Sie, ganz ehrlich zu sein. Bei welchen Ihrer Gesprächspartner sehen Sie die Gefahr, daß die Kommunikation abstürzt? Notieren Sie sich einfach jene Namen, die Ihnen spontan einfallen.

In einem zweiten Schritt gehen Sie alle Namen durch und überlegen sich, was Sie in den nächsten zwei Wochen tun könnten, damit sich die Kommunikation mit einem bestimmten Partner verbessert. Sie bleiben mit Ihren Überlegungen ganz bei sich, denn wie es dieser bezüglich der Kommunikation mit Ihnen hält, darauf haben Sie keinen direkten Einfluß. Indirekt jedoch schon, denn „wie man in den Wald hineinruft, so schallt es heraus".

Durch diese Übung wird es vielleicht deutlich, daß es nicht selbstverständlich ist, mit einem Nebenmenschen in Kommunikation zu sein. Ich wünsche Ihnen, daß Ihre Bemühungen um einen besseren Draht Erfolge bringen."

Kommunikation im Konfliktfall

Der Verlauf von Konflikten mit den verschiedensten Ursachen sowie die Stadien der Konfliktentwicklung sind in der Fachliteratur ausführlich beschrieben (vgl. Glasl 1992; Heeg 1993). Deshalb möchte ich hier nur einige grundlegende Aspekte, die im Umfeld eines Konfliktes auftauchen, ins Gedächtnis rufen, um dann primär auf den Zusammenhang von Konflikt und Kommunikation einzugehen.

Konflikte eskalieren vielfach, weil sich die Konfliktparteien gegenseitig in Machtkämpfe verstricken. Recht haben oder nicht, das ist die Gretchenfrage. Der Machtkampf kann nur beendet werden, wenn die Beteiligten ihren Anteil am Konflikt erkennen und für ihr Handeln die Verantwortung übernehmen. Alle haben, ob bewußt oder nicht, die Möglichkeit, anders zu handeln, als die

Gewohnheit es eingibt. Und alle tragen die Verantwortung für sich selbst, daß sie so und nicht anders gehandelt haben. Für das grundlegende Verständnis eines Konfliktverlaufes führt Glasl (1992, 191) folgende Faktoren an:

- Die Konfliktparteien neigen dazu, der Gegenseite die Schuld zuzuweisen – oftmals geschieht dies als Projektion der eigenen Schuldgefühle.
- Der Konflikt weitet sich auf bisher unbeteiligte Personen aus und zunehmend werden auch bisher nicht betroffene Themen zum Streitpunkt.
- Durch diese zunehmende Ausweitung wird der Konflikt komplexer und unübersichtlicher, es kommt zu einer Simplifizierung von Ursachen und Zusammenhängen. Die Fähigkeit zur differenzierten Wahrnehmung geht den Konfliktpartnern mehr und mehr verloren.
- Verschärfte Drohungen führen nicht zum Nachgeben bzw. Einlenken einer der beiden Konfliktparteien, sondern werden als Provokation aufgefaßt und lassen den Konflikt weiter eskalieren.

Vor allem im fortgeschrittenen Konfliktstadium sind sich die Beteiligten der eigentlichen Ursachen ihrer Gefühle gar nicht mehr bewußt. So geraten sie zunehmend in den Strudel der Auseinandersetzung hinein und sind bald nicht mehr Herr der Lage. Der reale Entscheidungsspielraum scheint drastisch zu schrumpfen und sie fühlen sich dem Konflikt, für den sie sehr wohl mitverantwortlich sind, plötzlich hilflos ausgeliefert. Sie sind beispielsweise erstaunt darüber, daß sie imstande sind, „abgrundtief zu hassen" oder darüber, daß sie plötzlich Dinge tun, die so ganz und gar nicht zu ihrem sonstigen alltäglichen Selbstverständnis passen. Sie lösen durch ihre Worte und Handlungen im Affekt Wirkungen aus, die sie meist nicht beabsichtigt haben.

Vier Konfliktstufen

In der Folge wird lediglich die Rolle der Kommunikation bei der Eskalation von Konflikten herausgearbeitet, ohne z.B. detailliert zwischen interpersonellen Konflikten, Konflikten innerhalb einer Gruppe oder zwischen Abteilungen zu unterscheiden. In der Beschreibung der Stufen in Bild 72 werden die möglichen Zwischenstufen und Mischformen nicht dargestellt, es geht nur um einen grundlegenden Verlauf.

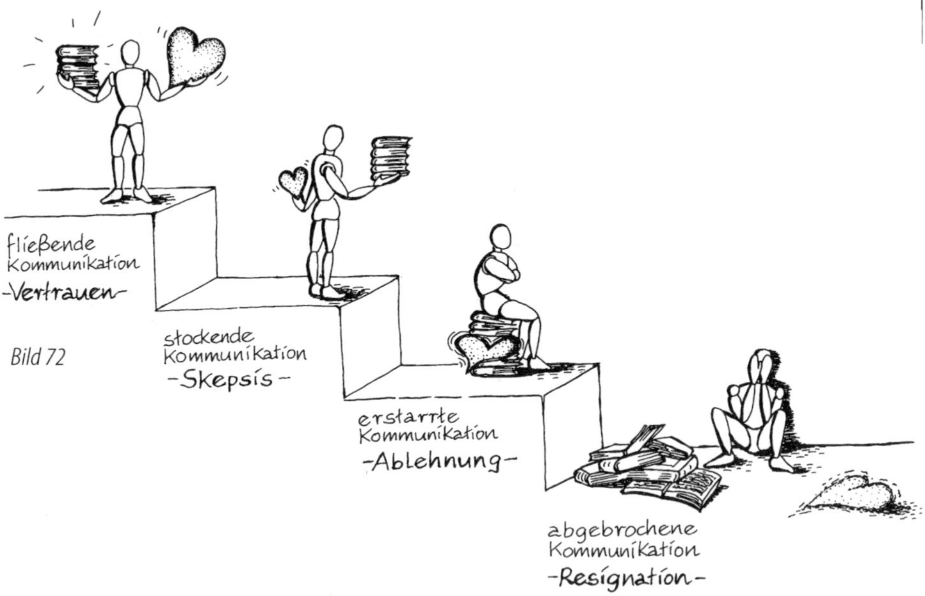

Bild 72

Stufe 1: Fliessende Kommunikation – Vertrauen Diese Stufe ist gekennzeichnet durch Vertrauen und die Bereitschaft, volle Verantwortung für die eigene Kommunikation zu übernehmen. Das schließt auch die Fähigkeit ein, in angemessener Form „Nein" sagen zu können, ohne daß das Vertrauen verlorengeht, weil das „Nein" gefühlsmäßig für den Anderen nachvollziehbar ist. Der Beziehungs- und Inhaltsaspekt sind ausgewogen. Das Herz symbolisiert die Beziehungsebene und die gegenseitige Vertrauensbasis. Der Bücherstapel steht für die sachlichen Themen. Es herrscht ein Klima der Offenheit und gegenseitigen Wertschätzung, in dem produktiv und zielstrebig an Sachinhalten gearbeitet werden kann. Das ist der Idealzustand, der eher in freundschaftlich-kollegialen Beziehungen anzutreffen ist und im sonstigen Betriebsalltag einen Glücksfall darstellt.

Stufe 2: Stockende Kommunikation – Skepsis Diese Stufe ist häufig der Normalfall in der betrieblichen Kommunikation. In die sachliche Arbeit mischen sich einzelne „Beziehungsspitzen". Es kommt immer wieder zu Sticheleien, zu verbalen Zweideutigkeiten sowie zu ironischen Andeutungen und Anspielungen, die nicht offen thematisiert werden. Bestehende Standpunkte verhärten sich. Die Bereitschaft, einander zuzuhören, ist zwar noch da, aber was der Andere sagt, wird nicht mehr wohlwollend wahrgenommen.

Das Bewußtwerden der bestehenden Spannungen erzeugt Streß und Verkrampfungen. Aussagen werden vorsichtiger und zurückhaltender formuliert, die unmittelbaren Gefühlsinhalte werden gedrosselt. Die Angst davor, „etwas Falsches zu sagen“, macht sich breit, wodurch die Kreativität stark gedämpft wird. Der Kommunikationsfluß gerät immer wieder ins Stocken. Es kommt zu Phasen des betretenen Schweigens – oft Ausdruck der beidseitigen Ratlosigkeit. Als „Lösung“ erfolgt die Konzentration auf Inhalte, die unterschwelligen Konflikte werden über rationale Sachargumente ausgetragen. Kontakte werden auf das Nötigste beschränkt, wobei floskelhafte Sätze ehrliche Mitteilungen ersetzen. Auf dieser Stufe besteht durchaus die Hoffnung, daß durch klärende Gespräche die Dinge wieder ins Lot kommen. In Betrieben müßte von jemandem der Impuls dazu ausgehen. Das wird zu oft unterlassen. Deswegen wird in diesem Stil weitergearbeitet. Man kann es sich durchaus so einrichten. Wenn allerdings kleine zusätzliche Schwierigkeiten auftauchen und eine Klärung ausbleibt, führt das zur Spannungszunahme, womit der Übergang zur nächsten Stufe gegeben ist.

Stufe 3: Erstarrte Kommunikation – Ablehnung Die Konfliktparteien hocken jeweils auf ihrem Standpunkt, in einer schon selbstschädigenden Weise, weil auch die eigene Lebensenergie unterdrückt wird, was zunehmend den eigenen Handlungsspielraum einschränkt. Aus dieser Position heraus wird der anderen Seite Taktieren und Unaufrichtigkeit unterstellt. Gegenseitige Skepsis und Befürchtungen nehmen zu, was auch die gegenseitige Ablehnung verstärkt. Man will sich nicht über den Tisch ziehen lassen. Die Abwertungen der Partner nehmen zu. Es kommt zu einem Lagerdenken und Fronten kristallisieren sich heraus. Bei der Suche nach Verbündeten wird versucht, die jeweils gegnerische Partei zu isolieren. Es machen sich negative Gefühle wie Ärger, Wut, Machtlosigkeit und auch Enttäuschung breit.

Auf dieser Stufe „kommunizieren“ überwiegend zwei Sender, die beide eine monologhafte Einbahnkommunikation führen. Das gegenseitige Verstehen ist schon lange nicht mehr gewährleistet, es ist auch nicht mehr primäres Ziel. Vielmehr will jeder um jeden Preis seinen eigenen Standpunkt verteidigen. Es geht ums Rechthaben. Vorwürfe und gegenseitige kränkende Anklagen vergiften zunehmend das Gesprächsklima. Bei einem Konfliktfall auf dieser Stufe ist es fast unmöglich, daß die Beteiligten über ihre eigenen Gefühle, ihr Rollenverständnis, ihre Erwartungen

u. a. sprechen können. Deshalb ist die Gefahr groß, sollte es ihnen nicht gelingen, mittels Metakommunikation den Konflikt auf der Beziehungsebene anzusprechen, daß sich der Konflikt verschärft.

Stufe 4: Abgebrochene Kommunikation – Resignation Resignation und Rückzug charakterisieren diese Stufe. Kommunikation wird systematisch vermieden, indem man sich z. B. aus dem Weg geht. An Zusammenarbeit ist schon seit Stufe 3 nicht mehr zu denken. Das Schaffen vollendeter Tatsachen ersetzt den sprachlichen Austausch. Es herrscht Sprachlosigkeit. Nonverbale Druckmittel erzeugen Panik, Angst und Gegendruck. Die Herzen bleiben dabei auf der Strecke. Kaum zu glauben, daß es so weit gekommen ist. Als „Mittler" sind schon Rechtsanwälte tätig, um den Standpunkt ihres jeweiligen Mandanten durchzusetzen. Wenn die Anwälte als Mediatoren wirken und die Beteiligten sich darauf einlassen, kann es einen Weg zurück zu Stufe 3 geben. Wenn nicht, haben die Anwälte ein einträgliches Betätigungsfeld. Die chronisch gestörte Kommunikationskultur wird aus sich selbst heraus kaum Lösungen hervorbringen.

Anmerkung zum Begriff der „Stufe" Glasl verwendet die Begriffe „Schwelle" und „Wendepunkt" um hervorzuheben, daß der Weg in den Konflikt hinein keineswegs so glatt und ohne Widerstände abläuft, wie es das Bild der Stufe nahelegt, sondern daß es charakteristische Scheidepunkte gibt, an denen Konflikte zum Stillstand kommen können (was Chance zu einer positiven Entwicklung gibt), oder an denen, wenn diese Schwelle überwunden wird, der Konflikt in ein neues Stadium der Eskalation eintritt. In diesem Sinne kann man die überwundene Schwelle auch als „point of no return" verstehen. Gerade das Wissen um diesen Aspekt einer Schwelle kann beide Konfliktparteien nachdenklich stimmen und sie davor bewahren, den Konflikt weiter zuzuspitzen.

Der Weg zurück ist eine Kunst

Während der Fall „nach unten" in die Sprachlosigkeit relativ schnell passiert, ist das Hochkommen aus dem Kommunikationsloch der 4. Stufe wesentlich schwieriger. Der Weg zurück zu einer fließenden Kommunikation kann nur über die vorangegangenen Stufen führen, es gibt da keine Abkürzung. Wer sich z. B. auf Stufe 4 der abgebrochenen Kommunikation befindet, darf nicht erwarten, ohne Übergang und mühelos zu einer fließenden Kommunikation zurückkehren zu können.

Zurück von Stufe 4 zu Stufe 3

„Dort beginnen, wo scheinbar alles endet?“

Beim Schritt von Stufe 4 hinauf zur Stufe 3 geht es nicht so sehr um die Kommunikation mit dem Konfliktpartner, sondern zuallererst darum, in einen Dialog mit der eigenen Gefühlswelt zu treten. In unserem Bild bleibend heißt dies, den inneren Dialog mit dem abgelegten Herzen aufzunehmen und zu einer klaren Haltung zu finden. Die Bücher bleiben noch liegen, denn in dieser Phase ist auf der Inhaltsebene eine Unterbrechung der Sachauseinandersetzung geboten. Nun gilt es bewußt nur die Beziehungsebene zu klären.

Bild 73

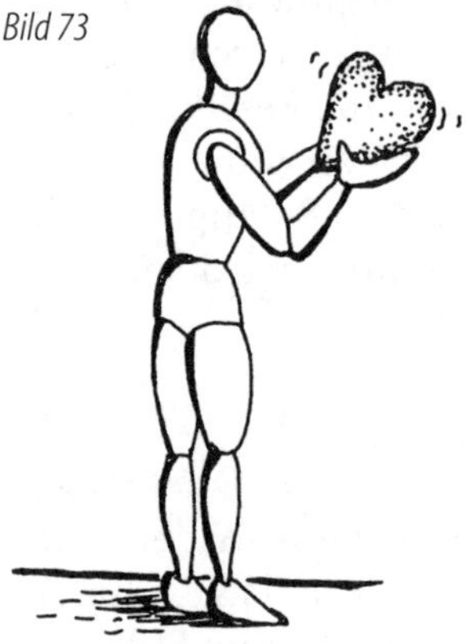

Für viele Menschen ist es das erste Mal, daß dieser Kontakt überhaupt *bewußt* aufgenommen wird. In diesem Sinne sind Konflikte eine Chance, das schon lange *unbewußt* beiseite gelegte Herz nun bewußt zu integrieren und ihm eine Stimme zu geben. Wie kann das geschehen?

In dieser Phase ist in jedem Fall professionelle Unterstützung anzuraten, sei es durch einen entsprechend psychologisch geschulten Moderator oder die Beratung eines Coaches. Von einer außenstehenden Person – wie von einem guten Freund, aber etwa auch von Ihrem Steuerberater – werden die Konfliktpartner zwar Trost bekommen bzw. Bestätigung ihrer Standpunkte erhalten, vielleicht können sie sich auch ausweinen und ausschimpfen, sie werden jedoch selten wirksame Hilfe erhalten. Diese besteht z.B. darin, ihre eigenen Verletzungen verbalisieren zu können, ohne anzuklagen oder Schuldzuweisungen vorzunehmen.

Erst durch den Kontakt zum eigenen Gefühlsleben wird es wieder möglich, auch beim Konfliktpartner menschliche Züge wahrzunehmen und zu versuchen, ihn etwas zu verstehen. Den Anderen als Anderen so zu akzeptieren wie er ist, führt zu einer Verhaltensänderung – und sei sie noch so subtil – wodurch ein positiver Kreislauf in Gang gesetzt wird. Neue Ansatzpunkte können sich ergeben und das eigene Denken erweitern. Um von der Stufe 4 zur Stufe 3 hinaufzukommen, ist Grundvoraussetzung, daß einer der beteiligten Partner den Entschluß faßt, etwas ändern zu wollen. Dabei hilft aber nur der Entschluß, etwas bei sich selbst ändern zu wollen, und nicht – wie es meistens geschieht – den Anderen zur Veränderung zu drängen bzw. dessen Verhaltensänderung einzufordern. Der Wille zur eigenen Veränderung muß dabei stärker sein als das Abblockverhalten, verursacht durch die eigene Wut, Trauer oder Resignation.

Wenn es wahr ist, daß ein Konfliktfall eigentlich eine Aufforderung darstellt, vor allem uns selbst zu ändern, und dies ein notwendiger Schritt zur Konfliktlösung ist, so wird es verständlich, warum sie uns so schwer fällt. Das Erlebnis jedoch, sich selbst etwas besser kennenzulernen und den gefühlsmäßigen Kontakt zu sich selbst zu stärken, ist ein Silberstreifen am Horizont, der zum nächsten Schritt ermutigen soll.

Zurück von Stufe 3 zu Stufe 2 Auch bei diesem Übergang ist es unrealistisch zu glauben, man könne den Anderen einfach zu einem Gespräch einladen und würde damit schon aus dem Konflikt herauskommen. In dieser Phase ist ebenfalls die Unterstützung eines Vermittlers anzuraten. Sollten Sie keinen in Anspruch nehmen, müssen Sie sich bewußt sein, daß Sie die Einigung selbst vermitteln müssen. Dann würden sich für Sie zwei Rollen ergeben: Einmal wären Sie ein betroffener Verhandlungspartner, der seine eigenen Interessen vertritt, und zum anderen hätten Sie die Rolle des Vermittlers, der die unterschiedlichen Interessen beider Seiten zu vereinigen sucht.

Eine solche Doppelrolle würde Ihnen viel abverlangen. Klappen kann es, wenn Sie die Fähigkeit haben, sich ein Stück öffnen zu können und Kenntnisse hinsichtlich Konfliktmangement besitzen und jene Instrumente anwenden, die im Abschnitt „Elemente kommunikativer Kompetenz" beschrieben wurden, z.B. aktives Zuhören oder Aussagen zu machen statt Fragen zu stellen.

Nehmen wir als Beispiel ein Vater-Sohn-Verhältnis in einem Familienbetrieb. Ein mögliches Beziehungsmuster ist, daß der Vater und der inzwischen 30-jährige Sohn die Beziehungsstruktur „kleiner Junge – großer Vater" haben. Damit sind sie nicht gleichwertige Partner. Beide sind für diese Situation verantwortlich, wenn bei der Zusammenarbeit auf der Sachebene zunehmend Verwicklungen entstehen, deren Ursachen jedoch auf der Beziehungsebene liegen und die Kommunikation durch das asymmetrische Vater-Sohn-Verhältnis gekennzeichnet ist. Ein Ausstieg aus dieser Struktur ist nur möglich, wenn beide bewußt daran arbeiten.

Vater und Sohn müssen in die Lage kommen, ihre eigene Betroffenheit offenzulegen, d.h. zu formulieren, wie sie sich beide in der Situation fühlen. Das würde jeweils dem Anderen ermöglichen, sich seinerseits zu öffnen und auch einzugestehen, daß es ihm in der gemeinsamen Situation ebenfalls nicht gut geht. Damit wird dem Kommunikationsfluß eine neue Richtung gegeben und nach und nach entsteht wieder Raum für ein konstruktives Gesprächsklima. So kommen sie zurück auf Stufe 2 der stockenden Kommunikation, wo zwar noch Skepsis herrscht, aber sie auf einem guten Weg sind.

Zurück von Stufe 2 zu Stufe 1 Mit den genannten Voraussetzungen wird die Rückkehr auf die Stufe 1 möglich. Im oben genannten Beispiel werden beide hinsichtlich des Nachfolgethemas und den damit verbundenen Sachfragen Fortschritte erzielen. Die Gespächspartner kommen in eine Verfassung, die Bild 74 zeigt.

Bild 74

Jeder ist bereit, wieder auf den Anderen zuzugehen, im Wissen, daß es nicht wie früher ist. Jeder hat sich selbst im Laufe des Konfliktes verändert und es braucht eine Zeit, sich aufeinander neu einzustellen. In manchen Fällen kann die Beziehung der Konfliktpartner nach Klärung des Konfliktes sogar tiefer und besser werden als sie vor dem Konflikt war. Ausgedrückt wird es mit dem Satz: „Wir haben uns zusammengerauft!“ Die Erfahrung, einen schwerwiegenden Konflikt gemeinsam bewältigt zu haben, ist eine gute Grundlage für eine gefestigtere und reifere Beziehung, denn Gewitter reinigen bekanntlich die Luft.

Sollte ein Rückfall drohen und sich ein neuer Konflikt entwickeln, dann wäre beiden anzuraten, sich nach der konfliktträchtigen Gesprächssituation bewußt zu machen, welche Gefühle dieses Gespräch bei ihnen hervorgerufen hat. Jeder kann sich fragen, mit welchen Worten er seine Gefühle hätte ausdrücken können, z.B. Unbehagen, Enttäuschung, Wut oder Befürchtungen. Wichtig ist: Wenn den Gefühlen Worte verliehen werden, ist wieder kommunikative Kompetenz gefragt. Die Gefahr des Rückfalls ist weitaus geringer, wenn in Zeiten positiver Stimmungen auch diese Gefühle Ausdruck finden. Dazu zählen nicht nur anerkennende Worte über eine erbrachte Leistung, sondern auch der Ausdruck von Zuneigung und Freude und Spaß bei der gemeinsamen Arbeit.

Schwierige Gesprächssituationen Die Kommunikation mit nicht gesprächsbereiten Partnern führt zu schwierigen Situationen. Bestimmte unabänderliche Realitäten lassen sich durch die allerbeste Kommunikation nicht verändern. Wenn Sie Geld verliehen haben und der Schuldner es nicht zurückzahlt, weil er effektiv nicht kann, dann können Sie noch so gut kommunizieren, es wird sich daran nichts ändern. Der Rat, statt Du-Botschaften besser Ich-Botschaften zu senden, nützt dann herzlich wenig.

Ury (1991, 61) gibt einige Hinweise zum Umgang mit einem schwierigen Verhandlungspartner, den er so charakterisiert: „Er ist gewöhnlich mißtrauisch, manchmal ärgerlich, fühlt sich häufig bedroht und ist immer darauf erpicht, sich durchzusetzen. Er ist überzeugt, daß er recht hat und Sie unrecht haben. Er erhebt eine Forderung, die Ihnen überzogen erscheint. Wenn Sie sich natürlich weigern mitzumachen, wird er wütend und geht zum Angriff über. Sie verteidigen sich, aber das nährt bloß seinen Zorn. Sie versuchen zu erklären, aber er will nicht zuhören. Sie machen einen konstruktiven Vorschlag, aber er sieht ihn als einen Trick an, mit dem Sie ihn übervorteilen wollen. Es scheint, als würde nichts funktionieren, was immer Sie auch versuchen."

Ein Gegenüber in dieser Verfassung wird auf der Inhaltsebene kaum erreichbar sein. Er ist nicht aufgeschlossen, Argumente kommen nicht an oder werden falsch ausgelegt. Es geht darum, die Person auf der Beziehungsebene zu erreichen.

Hier ist der methodische Ansatz des Neuro-Linguistischen Programmierens (NLP) hilfreich. Die Grundlage von NLP ist, die Konzentration auf die Beziehung und den Prozeß zu legen und nicht auf die Inhalte. Die pragmatischen Techniken des NLP verhelfen dazu, auf einen Gesprächspartner besser einzugehen. So können Sie im Gespräch zu einem Verhandlungspartner, der überwiegend visuelle Begriffe verwendet, sagen: „*Schauen* Sie, ich dachte wir können ..." oder: „Ich *sehe*, daß Sie schon bedacht haben ..." oder: „Ich kann mir jetzt *ein Bild* davon machen". Auch die nonverbale Sprache des Gegenübers wird bei diesem Ansatz nachempfunden und empfohlen, z.B. seine Körperbewegungen nachzumachen, ohne sie nachzuäffen: „Wenn er sich vorbeugt, um zu zeigen, wie wichtig ihm das Gesagte ist, dann ist es vielleicht günstig, sich ebenfalls vorzulehnen, um Ihr Interesse an seinen Ausführungen zu unterstreichen." (Ury 1991, 78). Es geht also darum, in die verbale und nonverbale Haut des Anderen zu schlüpfen, um so eine gleiche Wellenlänge zu erreichen. Die Anwendung dieser Techniken bedarf natürlich einer ethischen

Haltung, sonst können sie leicht zu Manipulationszwecken mißbraucht werden.

Beschwerdemanagement: Fenster ins Seelische

Das Thema „Beschwerdemanagement“ könnte man ganz emotionslos abarbeiten, quasi die Regeln, Techniken und Abläufe auflisten und dessen Kommunikation optimieren. Nur wäre das nicht zielführend, denn bei Beschwerden sind immer Emotionen im Spiel. Es findet geballte Kommunikation statt, in der nicht zerebrale wohlabgezirkelte Sätze formuliert werden, sondern ungeschminkte Äußerungen, durchsetzt mit stammhirngeleiteten Kraftausdrücken.

Bei Werbemaßnahmen versucht das Unternehmen den Kunden emotional zu erreichen, indem z.B. ein reines Gewissen bei einem bestimmten Waschmittel versprochen wird. Hingegen kommt beim Beschwerdemanagement der Kunde mit seinen Emotionen auf das Unternehmen zu, sie müssen nicht erst mühsam hervorgerufen werden. Bei Beschwerden bekommt das Unternehmen quasi die Emotionen gratis. Während die Werbebotschaft vom Unternehmen als Ganzes ausgeht, trifft die Beschwerde auf konkrete Menschen. Hier kommt es darauf an, den Kunden nicht abzuwehren, sondern ihn beim Erstkontakt im gefühlsbewegten Zustand anzunehmen. Die Chance! Der Kunde trägt seine Emotionen an das Unternehmen heran, er öffnet sich gegenüber dem Unternehmen – wenn auch nicht in bequemer, erwünschter und geplanter Weise. Gelingt es, ihn hier abzuholen, kann sich eine Kundenbeziehung im tieferen Sinne entwickeln. Der Kunde wird sich in seiner Betroffenheit jedoch nicht ernst genommen fühlen, wenn der Beschwerdeempfänger in einer Verteidigungshaltung ist. Erhält der Kunde sogar noch Vorwürfe, ist dies der sichere Weg, einen Anti-Kunden zu schaffen, der die teure Werbung durch negative Mundpropaganda untergraben wird. Auf diese Weise entgeht dem Unternehmen ein „voiced complainer“, deren es nicht viele gibt. Die große Mehrzahl der „unvoiced complainer“ geben dem Unternehmen keine Chance zur Verbesserung; sie bleiben einfach weg, kaufen woanders, werden aber schlecht über das Unternehmen sprechen.

Besonders bei Dienstleistungsgeschäften, bei denen keine Rückholaktionen, Nachbesserungen oder Warenumtausch möglich sind, ist Beschwerdemanagement eine hohe Kunst. Denken wir an die mißlungene Abwicklung einer Hochzeitsveranstaltung oder den Betriebsausflug anläßlich des 10-jährigen Bestehens einer Firma; Ereignisse, die unwiederbringbar sind. Hier Vereinbarungen hinsichtlich materieller und immaterieller Kompensationsleistungen zu erzielen, gehört zu den Meisterstücken des Beschwerdemanagements.

Wenn auf inhaltlicher Ebene keine Einigung erzielt wird und die bloße sachliche Beurteilung als frustrierend eingeschätzt werden muß, so kann für das Gefühlsleben des Kunden noch etwas getan werden, indem die Frustration und die darunter liegenden Grundgefühle wie Wut, Angst oder Trauer ernstgenommen werden und so zur Sprache kommen, daß der Kunde sich nicht entblößt vorkommt.

Wenn am Ende eines Gespräches Aussagen kommen wie: „Ich glaube, daß wir uns in diesem Punkt im Moment nicht einigen oder verständigen können", kann in der Art und Weise, wie es gesagt wird, die Würdigung des anderen Standpunktes liegen. Das führt zu der Übereinkunft, daß wir uns im Augenblick nicht verständigen können und hoffentlich später eine Regelung finden werden. Damit ist eine gemeinsame Realität geschaffen, eben die, daß wir uns in diesem Punkt nicht verstehen. Normalerweise ist es so, daß in solchen Situationen die gegenseitige Wertschätzung aufgekündigt wird und Grollen in Form lauter oder stiller Vorwürfe kommt. Die Alternative dazu ist die scheinbar paradoxe Formulierung: „Wir verstehen uns darin, daß wir hier eine Grenze haben". Auch das ist ein gemeinsames Verständnis und somit Grundlage für mögliche weitere Kommunikation, ohne den Kontakt zu verlieren.

Nun: Der Ausdruck „Beschwerde" beinhaltet schon, daß die Angelegenheit schwer ist. Die Schwere liegt für das Unternehmen darin, einen emotionsgeladenen Kunden fachgerecht zu empfangen. Fachgerecht schließt hier die psychologischen Fähigkeiten ein, mit Emotionen konstruktiv umzugehen. Einem Beschwerdemanager, der mit seinem eigenen Gefühlsleben nicht in Verbindung ist, wird es unmöglich sein, auf seelische Befindlichkeiten des Kunden einzugehen. Seine guten sachlichen Argumente mögen noch so gut sein, sie treffen das eigentliche Problem nicht. Hier ist die Gefahr, daß es zu keiner Verständnisbrücke kommt und die Fronten sich verhärten. Damit ist aus dem urspünglichen Beschwerdeanlaß ein ernstes Folgeproblem geworden. In nicht seltenen Fällen führt die fehlende kommunikative Kompetenz zu erheblichen Folgekosten, indem z.B. die Kommunikation von zwei Rechtsanwälten der beiden Parteien geleistet wird. Die entstehenden Kommunikationskosten, deren Höhe sich nach dem

Streitwert richtet (und nicht nach dem Gewinn der guten Lösung), stellen für beide eine Verlierer-Verlierer-Situation dar, wenn neben den ökonomischen auch die menschlich-sozialen Aspekte bilanziert werden.

Ausgangspunkt einer solch ungünstigsten Variante ist – in Begriffen der Transaktionsanalyse gesprochen –, daß der Beschwerdemanager den Kunden aus dem Eltern-Ich heraus behandelt und ihn ins Kind-Ich drängt. Übertragen auf unser Thema ergibt das eine unproduktive Interaktion Kunde – Beschwerdemanager.

Bild 75

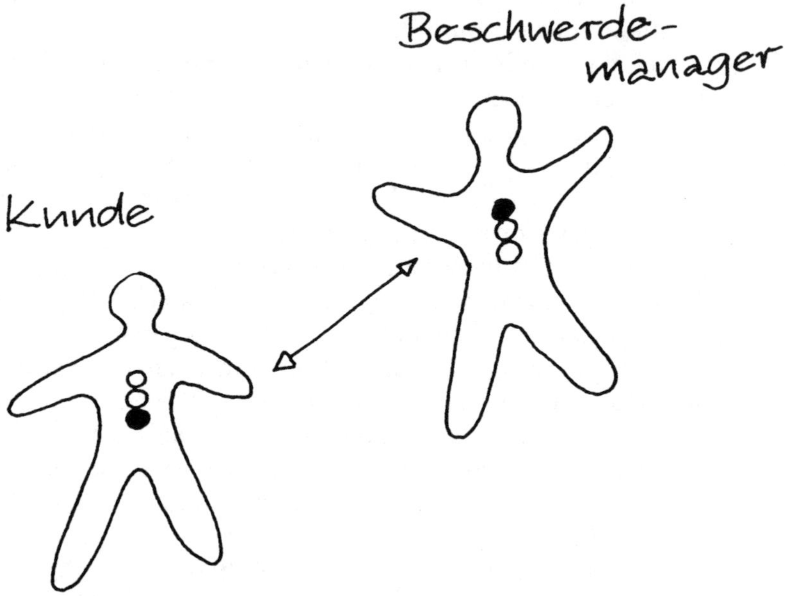

Der Kunde als Beschwerdeführer kommt offen und zum Teil bedürftig zum Beschwerdeempfänger, in der Hoffnung auf Lösung seines Problemes. Mit Sätzen wie: „Sie sehen das falsch" und ähnlichen Formulierungen erfährt der Kunde eine weitere Verletzung. Die menschliche Umgangsweise wird ihn ggf. mehr schmerzen als sein aus der Geschäftsbeziehung resultierendes Problem.

Auch wenn der Kunde von sich aus aus seinem Kind-Ich heraus kommuniziert, da er sich in solchen Situationen auch abhängig und unterlegen fühlt, so liegt es am Unternehmensvertreter, die Interaktion so zu steuern, daß beide Beteiligten – ohne den Kontakt zu verlieren – auf die Erwachsenenebene kommen und dort eine sachliche Lösung finden. Dies ergibt eine produktive Interaktion Kunde – Beschwerdemanager.

Bild 76

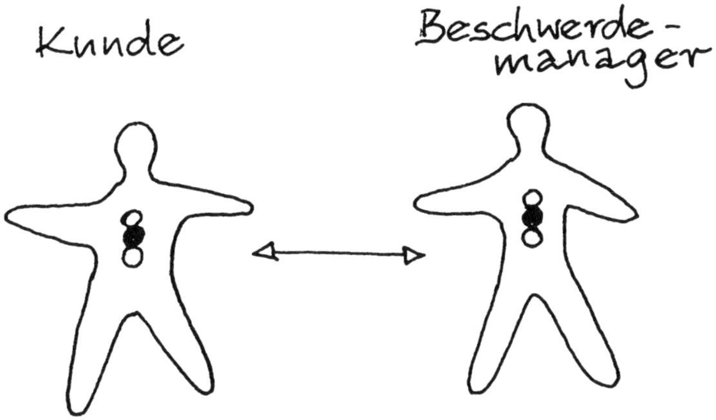

Dies ist sicher ein schwieriger Prozeß, in dem kommunikative Kompetenz erforderlich ist. Die dabei geleistete Menschlichkeit wird auch wirtschaftliche Früchte tragen. Im Prozeß der Beschwerdebearbeitung zeigt sich deutlich, wie im Wirtschaftsleben persönliche Entwicklungsschritte der beteiligten Personen möglich sind und dies das ökonomische Ergebnis nicht behindert, sondern sogar fördert. Professionelles Beschwerdemanagement kann so zu einer Gewinner-Gewinner-Situation führen, von der sowohl die unmittelbar Beteiligten als auch das Unternehmen profitieren.

Metakommunikation

Wenn über die Kommunikation kommuniziert werden soll, so ist dies ein höchst anspruchsvolles Unterfangen, das in der Literatur mit dem Begriff „Metakommunikation" beschrieben wird. Diese Kommunikationsart gilt es in der betrieblichen Praxis spätestens dann zu beherrschen, wenn es mit der „normalen" Kommunikation nicht mehr klappt und die Gesprächspartner sich über die Art und Weise der gestörten Kommunikation verständigen wollen. In einem solchen Falle geht es zunächst um die Diagnose der Störung und dann folgt die Therapie, d.h. es geht darum, sich über Mittel und Wege zu verständigen, wie es besser werden könnte.

Viele Vorgesetzte haben wohl zurecht die Befürchtung, daß sie sich, wenn sie sich auf Metakommunikation einlassen, von der gestellten Aufgabe entfernen, für deren Erfüllung sie sich verantwortlich und in der Regel auch unter Zeitdruck fühlen.

Vielleicht haben Sie bei der Anwendung von Metakommunikation die Erfahrungen gemacht, daß neben dem in Rede stehenden Thema noch ganz andere Themen hinzukommen: latente Konflikte aus anderen Situationen, Konflikte mit anderen Personen, weltanschauliche Dinge, Zusammenarbeit aus früheren Projekten u.a.m. Vielen erscheint daher Metakommunikation als zu psychologisch, als nicht effizient und findet deshalb nicht so leicht Akzeptanz. Am ehesten wird Metakommunikation in der Praxis dann eingesetzt, wenn in einem Team der „rote Faden" verlorengegangen ist und nun versucht wird, wieder ein Rahmenverständnis für die Gesamtzielsetzung herzustellen. Dazu ist es bereits nötig, sich auf eine andere Ebene zu begeben. Bei solcher Art von „Metakommunikation" wird zwar die Zielsetzungsproblematik thematisiert, ein weiterer Schritt wäre, über die Beziehungen zwischen Teammitgliedern zu sprechen.

Eine weitere Art von Metakommunikation läßt sich beobachten, wenn die Arbeit im Team gut von der Hand geht. Dann kommen Sätze wie: „Heute läuft es wirklich gut". Schwierig wird es, wenn es nicht läuft. Es wird darüber hinweggegangen und was als innerer Dialog im Kopf abläuft, verschwiegen: Schuldzuweisungen, Selbstvorwürfe, Selbstzweifel u.a., die jedoch alle leider nicht verbalisiert werden.

Sichtbar nach außen wird jedoch die Mattigkeit, Unkonzentriertheit, die nachlassende Lebendigkeit und Kreativität. Blockaden äußern sich in vermehrter Kritik am Anderen, die letztlich Ausdruck der eigenen Unzufriedenheit sind. Es kommt zu Projektionen – so wird z.B. der eigene Unwille zur Zusammenarbeit dem Partner zugeschrieben und in Formulierungen unterstellt wie: „Haben Sie eigentlich keine Lust mehr, an dem Projekt zu arbeiten?"

Anstatt Metakommunikation zu betreiben, findet oft Reden über Andere statt. Beispiel: Drei Personen besprechen in einer Sitzung ein Thema. Zwei von ihnen gehen aus der Besprechung raus und reden dann außerhalb über den Dritten in dem Sinne: „Du, der hat sich heute wieder angestellt, hat nichts kapiert". Der Übergang zu dem weiten Feld von Klatsch und Tratsch mit dem Zweck, Andere herunterzumachen und sich gleichzeitig damit zu erhöhen oder sich gemeinsam gegen andere zu verbünden, kommt in Aussagen wie: „Der ist in letzter Zeit überhaupt so abgelenkt und so abwesend, hat höchstwahrscheinlich Probleme mit seiner Frau" zum Ausdruck. Gelungene Metakommunikation wäre gewesen, in der Dreier-Gesprächssituation Ich-Botschaften zu formulieren: „Ich habe das Gefühl, daß wir beide das Thema allein bearbeiten müssen. Ich würde nach unserer Teamsitzung gerne mit Dir darüber sprechen, was Dich so beschäftigt". Es bedarf nicht unbedingt des Eingehens auf die private Situation, es geht jedoch darum, dem Betroffenen widerzuspiegeln, wie er auf Andere wirkt. Dies kann schon eine Hilfe für ihn sein. Metakommunikation braucht natürlich den Mut, sich dem Anderen zu stellen und dabei zu riskieren, selbst auf eigene Schwächen und Unzulänglichkeiten aufmerksam gemacht zu werden.

Konstruktive Metakommunikation ist sehr schwierig. Sie leichtfertig zu empfehlen, hieße unrealistische Versprechungen zu geben. Es besteht die Gefahr großer Konfusion und Verletzungen. Ihr Einsatz wird somit zum Schaden anstatt zu einem hilfreichen Kommunikationsinstrument. Metakommunikation will gelernt sein und muß deshalb erst in Laborsituationen von Kommunikations-Workshops geübt werden. Metakommunikation ist ein Handwerkszeug und kann mit einem technischen Werkzeug verglichen werden, dessen Verwendung bestimmte Kenntnisse verlangt. Wenn diese nicht vorhanden sind, wird Schaden verursacht. Zu diesen Kenntnissen zählen:

- Ich-Botschaften formulieren
- Aktives Zuhören
- Paraphrasieren, d.h. das Gehörte mit eigenen Worten wiedergeben
- über die eigenen Gefühle reden.

Die gängige Kommunikationspraxis im Konfliktfall ist das genaue Gegenteil davon:

- Du-Botschaften formulieren (Anklagen, Vorwürfe, Schuldzuweisungen)
- dem Anderen nicht zuhören
- nicht darauf eingehen, was der Andere gesagt hat
- die eigenen Gefühle ausblenden.

Ohne entsprechende Vorkenntnisse Metakommunikation zu betreiben, wird in jedem Fall schiefgehen. Und trotz dieser Bedenken möchte ich Metakommunikation sehr empfehlen, denn wenn sie fachmännisch eingesetzt wird, kann sie geradezu Wunder wirken. Die Metakommunikation hat etwas Erfrischendes und sie bringt Aha-Effekte!

Bild 77

Eine typische Ausgangssituation ist ein Konflikt am Arbeitstisch: Zwei Mitarbeiter geraten bei einer Diskussion über ein Sachproblem aneinander. Die Luft wird immer dicker, konstruktive Arbeit wird immer schwieriger. Nun kommt *Kommon* zu Hilfe – sein Erscheinungsbild hat sich etwas verändert.

„Hermes" stellt sich vor

Kommon hat vom Götterboten Hermes den Flügelhelm als Geschenk erhalten. Dadurch kann er sich auf eine Meta-Ebene erheben, er steht über den Dingen und hat aufgrund der besseren Aussichtsposition weitreichendere Einsichten und Erkenntnisse. Damit „Hermes" tätig werden kann, ist allerdings noch eine gewisse Beziehungsbasis der beiden Mitarbeiter notwendig. Sie brauchen ein gegenseitiges Grundvertrauen und müssen sich bewußt entscheiden, auf eine Meta-Ebene zu gehen.

Bild 78

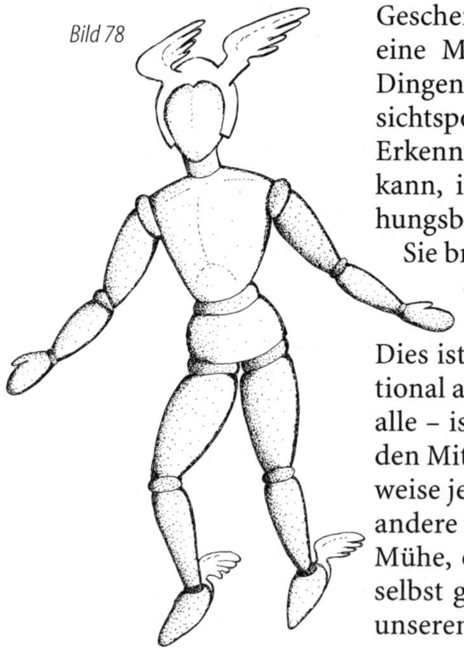

Dies ist nicht leicht, denn gerade in einer emotional angespannten Situation – wir kennen das alle – ist man blockiert. So sehen auch die beiden Mitarbeiter am Bürotisch ihre eigene Sichtweise jeweils als die richtige und logisch an, die andere Sichtweise als befremdlich. Sie haben Mühe, offen zu sein, einander zuzuhören und selbst gut gemeinte Kritik anzunehmen. Da in unserem Falle aber die beiden noch genügend

Vertrauen zueinander haben, beginnen sie mit dem Prozeß der Metakommunikation, der hier durch das Besteigen einer Leiter symbolisiert wird.

Bild 79

Die Stufen der Leitern symbolisieren bestimmte Schritte, um zur Metakommunikation zu gelangen. Die beiden müssen eine gewisse Höhe erreichen. Sich nur auf halber Höhe zu treffen, hieße immer noch, Inhalts- und Gefühlsebene sprachlich zu vermischen. Es bliebe bei einem Verhaften auf der Inhaltsebene, von der sie sich lösen müssen, um wirklich auf eine andere Ebene zu kommen. Der erste Schritt ist, überhaupt auf die Idee zu kommen, sich von der inhaltlichen Ebene zu lösen. Der zweite Schritt ist, sich dafür bewußt zu entscheiden. Der dritte Schritt ist, darüber eine Vereinbarung zu treffen, nun auf eine andere Ebene zu gehen.

Sie verlassen also beide die aktuelle Gesprächssituation, unterbrechen damit die inhaltliche Auseinandersetzung und begeben sich auf die Leiter. Oben brauchen sie einen festen Stand, denn wie jeder weiß, kann man von Leitern herunterfallen. Teil dieser Standfestigkeit ist die Fähigkeit, aus der Position des Beteiligten herauszugehen und eine Beobachterrolle einzunehmen und in dieser Rolle die Situation und sich selbst zu kommentieren. Oben auf der Leiter sitzend können Formulierungen kommen wie:

- Abgesehen von unserer Meinungsverschiedenheit, was wollten Sie mir persönlich vermitteln?
- Was ist denn im Augenblick zwischen uns los?
- Lassen wir einmal alle Vorwürfe beiseite. Wie haben Sie mich in unserer Diskussion erlebt?
- Auf welche Aussage haben sich Ihre starken Reaktionen bezogen?
- Wie geht es Ihnen jetzt? Was hat sich für Sie verändert?

Der jeweils Andere erhält durch solche Fragen die Möglichkeit, ehrlich seine momentanen Gefühle und seine Verfassung mitzuteilen. Für sein subjektives Befinden sollte er sich nicht rechtfertigen oder verteidigen müssen.

Das Leiterbild gibt auch die Risiken wieder, die Metakommunikation beinhaltet. Während die beiden Kontrahenten vorher noch an einem sicheren Tisch saßen – und vielleicht, nachdem sie den Konflikt einfach unter den Teppich kehrten, doch noch etwas Arbeitsleistung erbracht hätten -, besteht oben auf der Leiter sehr wohl die Gefahr, daß sie von der Leiter stürzen, wenn sie die Metakommunikation nicht beherrschen.

Sollten sie wirklich abstürzen, so ist sicher: Sie werden einen Dritten brauchen, der ihnen weiterhilft. Dieser Dritte kann ein geschulter Moderator, ein Coach oder ein Supervisor sein, dessen Aufgabe es ist, den weiteren Prozeß professionell zu unterstützen.

Die privaten Probleme, die bei der Metakommunikation zur Sprache kommen, individuelle Verhaltensmuster etwa oder private Krisen, können in der unmittelbaren Konfliktsituation nicht gelöst werden. Das Ansprechen und Aussprechen der „Störung" zeigt jedoch innere Vorgänge auf, verhilft so zur besseren gegenseitigen Wahrnehmung und zu mehr Verständnis. Das führt aus Blockaden heraus und bringt den Kommunikationsfluß wieder in Gang. Wenn eine ähnliche Situation wieder vorkommt, können die beiden aufgrund des Vorwissens um die Reaktionsweisen des Partners und die damit verbundenen Gefühle damit besser umgehen.

Das Gelingen der Metakommunikation hat bei zwei Gesprächspartnern und bei Anwendung der genannten kommunikativen Grundfertigkeiten gute Erfolgsaussichten. Wenn mehrere Personen in eine Auseinandersetzung verwickelt sind, z.B. ein Projektteam, dann wird es komplexer und schwieriger. Die Fähigkeit zur Metakommunikation ist in einer Gruppe über 10 Personen unverzichtbar. Über Spielregeln sprechen, Vorgehensweisen festlegen, über Änderungen der Teamzusammensetzung u.a. sprechen, all das ist Metakommunikation. Wenn diese nicht professionell durchgeführt wird, sind Konflikte vorprogrammiert.

Angewandte Metakommunikation

Wie sich ungelöste Konflikte auf die Arbeitsleistung auswirken, wird in der folgenden Darstellung ersichtlich, die lediglich eine grundlegende Struktur aufzeigt. Die Kurve gibt die Arbeitsleistung in einem Team im Verlauf eines fiktiven Arbeitstages wieder. Sie beginnt auf einem gewissen Niveau, fällt aber bald aufgrund eines Konfliktes im Team auf einen gewissen Punkt stark ab, der in der Grafik als „Point Of Overcharge and Resignation" – kurz POOR genannt – bezeichnet wird.

Bild 80

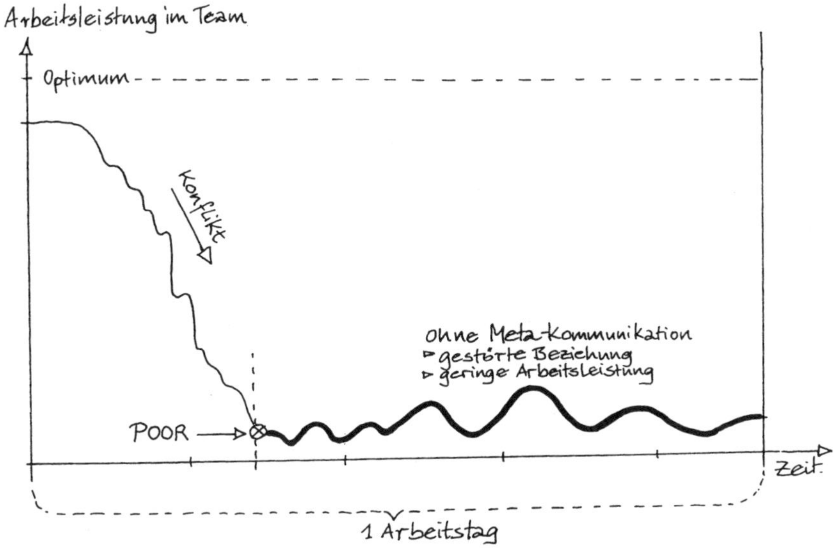

Die Auswirkungen eines ungelösten Konfliktes sind im Bild dargestellt. An der Stelle des POOR angelangt, realisiert das Team, daß es weder mit seiner Arbeit noch mit seiner Art der Konfliktklärung weiterkommt. In der Regel wird dann der Konflikt zur

Seite geschoben und die Teammitglieder arbeiten innerlich grummelnd weiter. So tümpeln Projekte auf einem niedrigen Niveau vor sich hin – angezeigt durch den flachen Verlauf der Linie -, mehr aus einer Formsache heraus, z.B. weil das Projekt aus irgendeinem Grund weiterlaufen muß. Oft wird auch derjenige, der das Projekt initiiert hat, aber selbst nicht Teammitglied ist, über den Verlauf schlecht informiert und realisiert zu spät, was eigentlich abläuft.

Angesichts solch niedriger Arbeitsleistung werden Teams oft einfach aufgelöst oder Projekte versanden, ohne daß klar ist, was eigentlich der Grund dafür ist. In solchen Fällen ist es nur die halbe Wahrheit, wenn Begründungen kommen wie: „Die Aufgabenstellung war nicht realistisch." oder: „Es würde zu viel kosten, wenn wir das Projekt durchziehen würden."

Die geleistete Metakommunikation mit Mitarbeitern an diesem Buch hat sich sehr bewährt. Unterschiedliche Vorstellungen lösten manchmal Krisen aus, die auf der Beziehungsebene zu dicker Luft führten. Wir mußten sozusagen unsere Köpfe und Herzen lüften, indem wir Metakommunikation betrieben. Wenn es bei der Arbeit um kreative Prozesse geht, ist eine spannungsfreie Arbeitsatmosphäre erforderlich, ansonsten ist jeder durch seine Blockade behindert und nur fähig, mechanisch und schematisch zu arbeiten. Nach der Metakommunikation hatten wir immer wieder schnell gereinigte Luft und neue Energien für die weitere Arbeit. Meine Mitarbeiter berichteten, daß sie diese Erfahrungen ermutigten, Metakommunikation auch in anderen Lebenssituationen einzusetzen und daß sie damit Erfolge hatten.

Auch Argumente, das Projekt würde zu wenig bringen, sind dann Schutzbehauptungen. In informellen Zweiergesprächen kommt schon mehr die Wahrheit zutage, in Sätzen wie: „Der von der Abteilung X hat nicht mitgezogen", oder: „Der Gruppenleiter war eine Flasche". Insgesamt gesehen sind den Beteiligten die massiven Kommunikationsprobleme nicht bewußt. Auch das Grundproblem, daß die gestörten menschlichen Beziehungen die Zusammenarbeit behindern, wird nicht klar erkannt und nicht benannt. Bild 81 zeigt die Auswirkungen gelungener Metakommunikation.

Die Darstellung beginnt links oben bis zum Abfall der Arbeitsleistung auf POOR. Diesmal jedoch wird das Instrument der Metakommunikation angewandt: „Hermes" kommt zum Einsatz.

Durch relativ geringen Zeitaufwand für die Metakommunikation, in der Grafik gehen wir beispielhaft von 60 Minuten aus, kann sehr viel Arbeitsleistung gewonnen werden, die in der Grafik in der ansteigenden Kurve dargestellt ist. Die zeitliche Investition für die Beziehungsebene ist sehr gut verwendet. Durch ca. 60 Minuten Metakommunikation wird ein enormer Zugewinn an Arbeitsleistung erbracht, wie ein Vergleich der beiden schraffierten Flächen zeigt.

Bild 81

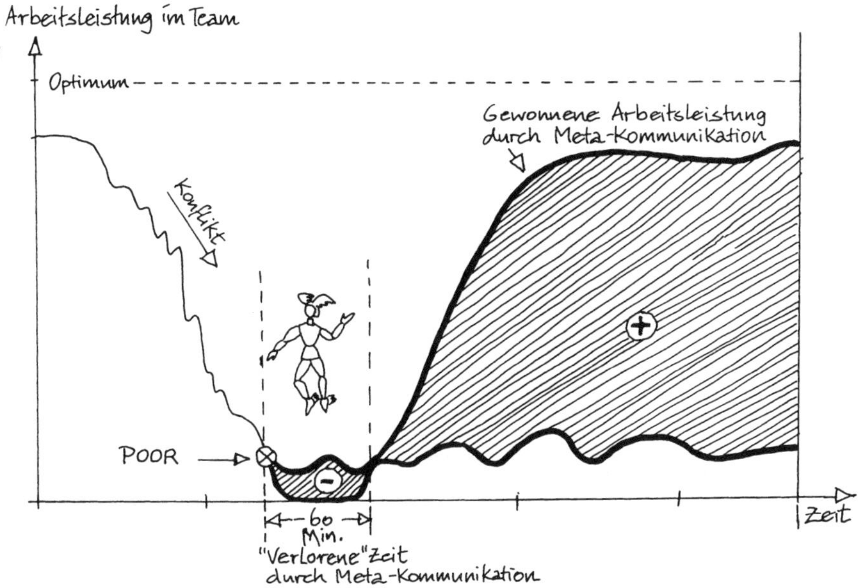

Zwar ist die Arbeitsleistung in Hinblick auf die Sachaufgabe während der Zeit der Metakommunikation zugegebenermaßen gleich null, aber dieser vermeintliche Zeitverlust wird durch positiv verlaufende Metakommunikation und dem daraus resultierenden raschen Erreichen der ursprünglichen Arbeitsleistung mehr als kompensiert. Die „geopferte" Zeit für Metakommunikation bekommt eine ganz andere Qualität, wenn wir sehen, welche Auswirkungen sie im weiteren Projektverlauf hat. Wenn die Teampartner schon mehrmals Konflikte mittels Metakommunikation geklärt und bereinigt und die Mitarbeiter gelernt haben, diese Kommunikationstechnik anzuwenden, werden sie künftig in kürzerer Zeit Konflikte lösen können.

Aus dem Bild 80 ist nicht zu ersehen, welche Auswirkungen die fehlende Metakommunikation auf die Folgetage hat bzw. welche Folgeschäden sie verhindert. Bei einem schlechten Arbeitsklima wird eine Pseudoleistung erbracht, d.h. eine Arbeit, die bei näherer Betrachtung wertlos ist, und in besseren „Beziehungszeiten“ aufgebessert bzw. ausgebessert werden muß. Deshalb ist die in Metakommunikation investierte Zeit gut angelegt.

Wie oben schon einschränkend ausgeführt, ist es wichtig, daß Metakommunikation wirklich gelingt. Wenn nicht, besteht die Gefahr, daß der Konflikt in unproduktiver Weise offen ausbricht und die Arbeitsfähigkeit des Teams gänzlich blockiert wird. Es braucht also Risikobereitschaft bei der Einführung von Metakommunikation. Aber: „No risk – no success!“ Noch etwas ist bei Anwendung von Metakommunikation zu bedenken: Sie ist in Verbindung mit einer symmetrischen Beziehung erst wirklich fruchtbar. Sollte eine solche partnerschaftliche Beziehungsform nicht vorliegen, wird durch die Metakommunikation ein mögliches Machtgefälle offenbar. Dies zu ändern, setzt die Bereitschaft Ihres Gesprächspartners voraus, sich auf eine partnerschaftliche Kommunikation einzulassen.

Bild 82

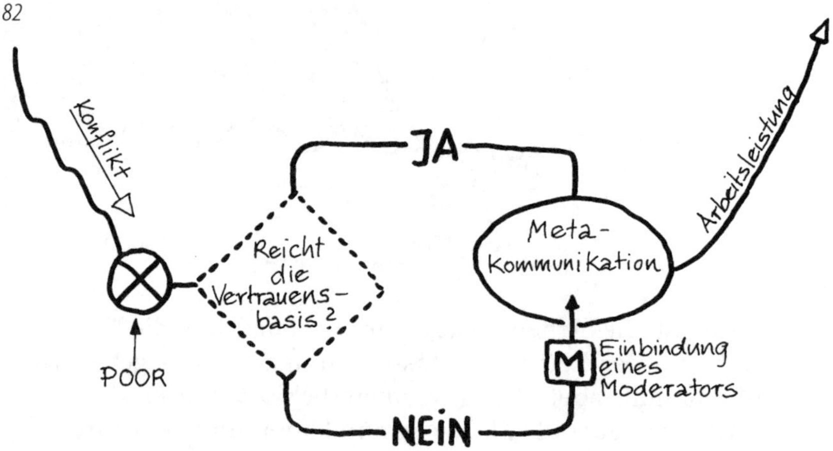

Das Entscheidungsdiagramm zur Vertrauensbasis zeigt die sinkende Arbeitsleistung, hervorgerufen durch einen Konflikt, bis zum POOR. Der Teamleiter muß an der Stelle des POOR intuitiv einschätzen können, ob die Vertrauensbasis in der Gruppe genügt, um aus eigenen Kräften mittels Metakommunikation die sich zuspitzende Konfliktsituation zu verändern. Lautet für ihn die Antwort „Nein“, bricht er die Teamarbeit ab und vereinbart mit der Gruppe einen späteren Termin, mit der Ankündigung, daß ein externer Moderator hinzugezogen wird, der den schwierigen Prozeß der Metakommunikation anleitet.

HINFÜHRUNG ZUR METAKOMMUNIKATION Als Hinführung zur Metakommunikation möchte *Kommon* Ihnen eine Übung anbieten:

„Das folgende Diagramm wird Sie dabei unterstützen, sich klar zu werden, wie Ihre Kommunikation mit bestimmten Personen aussieht. Zunächst bitte ich Sie, sich für die Übung den geeigneten Rahmen zu schaffen. Schließen Sie die Augen und fragen Sie sich, welche Person Sie in den letzten Tagen in Ihrem Umkreis beschäftigt hat. Nehmen Sie die Person, die Ihnen zuerst einfällt. Das kann Ihr Vorgesetzter, Ihr Kollege oder eine Person aus Ihrem privaten Umfeld sein. Sie ist nun Ihre erste Übungsperson. Stellen Sie sich – nur gedanklich – mit ihr eine ganz bestimmte Gesprächssituation vor. Wenn Sie diese vor Augen haben, machen Sie – ohne jegliche Bewertung- in dem Diagramm ein Kreuz an der Stelle, die der Art des Gesprächs entspricht, das Sie mit der Person hatten.

Bild 83

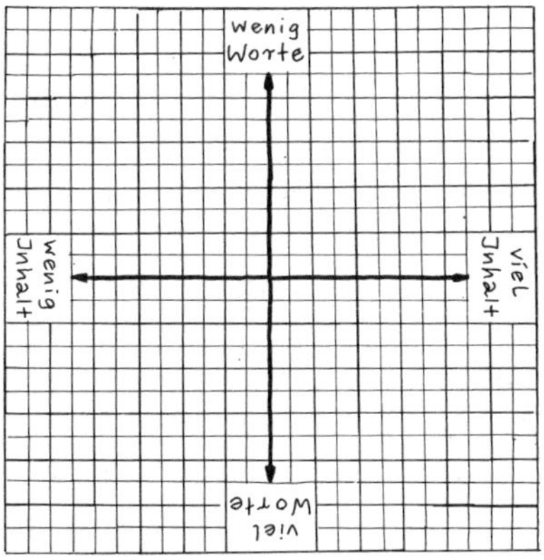

Ich will Ihnen ein Beispiel geben: Ich habe mir den Herrn Karl vorgestellt und das Kreuz in der untenstehenden Skizze zeigt auf, wo nach meinem Gefühl sich das Gespräch mit ihm abgespielt hat.

Ich machte das Kreuz an dieser Stelle, weil wir zwar viel Worte gewechselt, aber – meiner Einschätzung nach – wenig Inhalte ausgetauscht haben. Es war ein typischer small talk. Dann stellte ich mir das Gespräch mit Kollegin Maier vor und da mußte ich das Kreuz ganz woanders eintragen: Es war ein sehr ergiebiges Gespräch mit wenig Worten aber viel Inhalt.

Nun möchte ich Sie bitten, das Diagramm in ähnlicher Weise zu benützen. Jedoch nicht nur einmal, sondern an mehreren Tagen, vielleicht auch immer mit der

Bild 84

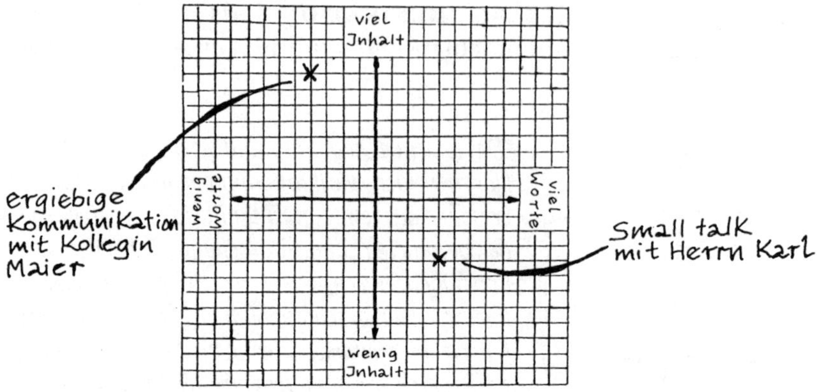

gleichen vorgestellten Person. Nehmen wir an, Sie haben an fünf Tagen bezüglich Frau X oder Herrn Y ein Kreuz gemacht und stellen fest, daß es immer im gleichen Quadrant ist. Das macht Sie stutzig, und Sie überlegen, warum dem so ist. Das ist schon der erste Schritt, der uns zur Metakommunikation führt, denn Sie machen sich Gedanken über die Kommunikation mit einem Anderen.

Der zweite Schritt führt uns zu dem schwierigeren Übungsteil. Ich möchte Sie dazu auffordern, mit dem ausgefüllten Blatt bzw. Blättern zu Frau X oder Herrn Y zu gehen und die Ergebnisse Ihrer Übung mit Ihnen zu besprechen. Und schon sind Sie mittendrin in der Metakommunikation. Denn Sie sprechen nun über Ihre Kommunikation mit Ihrem Gesprächspartner, so wie Sie sie erleben. Sie dürfen nicht gleich erwarten, daß Ihr Gesprächspartner auf diese Meta-Ebene einsteigt. Vielleicht sagt er: „Aus welchen Buch haben Sie denn dieses Diagramm?" Vielleicht bittet er Sie, es ihm einmal zu leihen. Und vielleicht landen Sie bei einem interessanten Gespräch über das Buch. Das ist zwar gut und schön, nur, Sie sind davon abgekommen, über Ihre Kommunikation zu sprechen. Darauf lenken Sie nun wieder hin. Und vielleicht steigt Ihr Partner beim zweiten Anlauf darauf ein und sagt seinerseits, wie er die Kommunikation mit Ihnen erlebt. Dann wird es spannend. Sie tauschen sich gemeinsam über ihre Kommunikation aus. Vielleicht beschließen Sie, etwas daran zu verändern. Und finden gemeinsam auch Wege und Mittel, wie Sie es ändern wollen. Ich wünsche Ihnen dabei viel Glück und Erfolg".

Führungsstile und Beziehungsverhältnisse

Alle Führung geschieht im Medium der Kommunikation, sei es verbal oder nonverbal. Die vielfältigen Wechselbeziehungen zwischen Führung und Kommunikation werden in der Fachliteratur beschrieben (vgl. Manella, 1983; Kiechel1985). Unterschiedliche

Führungsstile schaffen unterschiedliche Beziehungsverhältnisse. Jeder Führungsstil ist durch ein entsprechendes Kommunikationsverhalten charakterisiert. Autoritärer Führungsstil zeigt sich in Form von Anweisungen und Befehlen und beinhaltet ein Machtgefälle. Ein demokratischer Führungsstil pflegt den Dialog zwischen gleichberechtigten Partnern, ohne Gefälle von Über- oder Untergeordnetsein.

Asymmetrische und symmetrische Beziehung

In Bild 85 und 86 sind symmetrische bzw. asymmetrische Beziehungen dargestellt.

Bild 85

Die Begriffe „symmetrische" und „asymmetrische Beziehung" sind jedoch nicht wertend gemeint, d.h. weder positiv noch negativ. Eine Grundform asymmetrischer Beziehung ist die zwischen Eltern und Kindern. In Wirtschaftsbetrieben kommen beide Beziehungsformen vor, und sie haben beide ihren Platz und ihre Richtigkeit. Zum Beispiel teilen die Eigentümer bzw. der Vorstand des Unternehmens eine beschlossene Unternehmensstrategie mit, und es wird nicht davon ausgegangen, daß Kommentare von Mitarbeitern diese Entscheidung rückgängig machen. Auch wenn vorher über Strategien mit den Mitarbeitern diskutiert wurde, und die Mitarbeiter im Sinne eines partnerschaftlichen Führungsstiles eine echte Mitsprache hatten, so bleibt die Form der Bekanntgabe des Strategiebeschlusses eine asymmetrische Kommunikation.

Ein wichtiger Unterschied zwischen den beiden Kommunikationsarten liegt darin, daß bei der asymmetrischen Kommunikation die Wirkung von Aussagen von „oben" nach „unten" immer gegeben ist, während umgekehrt der „Untere" nicht selbstverständlich davon ausgehen kann, daß seine Botschaft oben auch gehört wird und Wirkung zeigt. Anders verhält es sich bei symmetrischer Kommunikation, bei der die Partner gegenseitig Botschaften voneinander erwarten und diese auch Wirkung haben können. Erst dadurch werden die kreativen Kräfte jedes einzelnen genutzt. Deshalb sind Brainstorming und andere kreative Lösungsfindungen nur im Kontext eines symmetrischen Settings sinnvoll (vgl. Higgins/Wiese 1996).

Bild 86

Bei der symmetrischen Beziehung sind beide Kommunikationspartner auf der gleichen Ebene, es handelt es sich um eine partnerschaftliche Begegnung – es gibt kein Hinauf- bzw. Hinunterschauen.

Bei der asymmetrischen Beziehung dagegen spielt die Hierarchie eine gewichtige Rolle. Trotz Bemühungen um flache Hierarchien wäre es in betrieblichen Zusammenhängen, in denen es um Zielerreichung geht, also um die Erstellung und den Verkauf eines Produktes oder einer Dienstleistung, mehr als blauäugig, alle Hierarchien abbauen zu wollen. Hierarchien aufzulösen wäre sogar gefährlich, weil es eine Unsicherheitslawine auslösen würde, die vielen Mitarbeitern Orientierung und Halt nehmen würde. Flache Hierarchien bedeuten mehr Entscheidungsspielraum für jeden einzelnen Mitarbeiter und verstärkten Einsatz von Teamarbeit. Eine solche demokratische Führungskultur muß aber erst eingeübt werden. Die Mitarbeiter und Vorgesetzten brauchen dazu bestimmte kommunikative Fähigkeiten. Wenn diese nicht gegeben sind, ist es geradezu fahrlässig, schnellen Hierarchieabbau im Unternehmen zu proklamieren. Viele wären überfordert und es könnte leicht zu einem Chaos kommen, in dem niemand mehr fähig wäre, Kommunikationsprozesse zu steuern. Jenen, die Entscheidungen im Unternehmen treffen und die die Konsequenzen zu tragen haben, bleibt die Verantwortung für die letztgültige unternehmerische Entscheidung nicht erspart. Damit ist eine gewisse Hierarchie unumgänglich. Vom Mitarbeiter aus gesehen, haben Hierachien auch eine schützende

Funktion, da sie seinen Entscheidungsrahmen begrenzen. Der Mitarbeiter hat nicht nur das Recht, sondern auch die Pflicht, den Vorgesetzten bei bestimmten Entscheidungen zu fragen und damit die Verantwortung an ihn zu delegieren. Bei Meinungsbildungsprozessen sollten allerdings demokratisch-symmetrische Kommunikationsformen gewählt werden.

Anhänger einer falsch verstandenen Chaos-Theorie würden möglicherweise einwenden, daß gerade durch den plötzlichen Wegfall von Hierarchien wertvolle Kommunikation und Kreativität entstehen würden. Ich schließe mich dieser Meinung nicht an, da ich mehr auf eine evolutionäre Entwicklung setze. Deshalb empfehle ich, mit kleinen Schritten *schnell* vorwärts zu kommen, anstatt große Sprünge zu machen, in denen unberechenbare Risiken liegen. Durch kleine Schritte wird es möglich, innerhalb der Organisation vermehrt Inseln zu schaffen, in denen ein „herrschaftsfreier Dialog" eingeübt werden kann – so wie es ihn heute schon in einzelnen Teams gibt und wie er für kreative Prozesse Voraussetzung ist.

Ein „herrschaftsfreier Dialog" wurde bisher am ehesten noch in Werbeabteilungen oder in Entwicklungsbereichen von Firmen praktiziert. Alle anschließenden oder damit verbundenen betrieblichen Prozesse zehrten und profitierten von den Ergebnissen dieser kreativen Leistungen. Sie waren davon abhängig, denn der betriebliche Erfolg hängt wesentlich von den guten Ideen ab. Diese kreativen Akte wurden in einem Unternehmen von verhältnismäßig wenigen Mitarbeitern erbracht, d.h. eine Handvoll kreativer Mitarbeiter sicherte die Arbeitsplätze vieler. Heute wird der Anteil der asymmetrischen Kommunikation immer mehr reduziert, damit die kreativen Potentiale aller Mitarbeiter genutzt werden können. Beispiele sind die Einführung und Verbreitung von Qualitätszirkeln, Kaizen und ähnlichen Konzepten.

Hilfreich für den Abbau der Hierarchie und der ihr immanenten asymmetrischen Kommunikation ist die Reduzierung von Titeln und Rängen. Manchmal werden bis zu sieben Hierarchiestufen in einer operativen Unternehmenseinheit unterschieden. Wie immer sie heißen mögen, Sachbearbeiter, Abteilungsleiter, Hauptbereichsleiter, Werksleiter, Geschäftsführer, Direktor, Vorstandsvorsitzender, eines ist sicher: mehr als drei bis vier Ebenen reduzieren die Flexibiliät einer Organisation. Ein partnerschaftlicher Dialog oder kundenorientierte Arbeitsabläufe sind eher in Organisationen mit wenigen Hierarchiestufen anzutreffen.

Wenn ich mit meinen Mitarbeitern Texte, Grafiken, Bilder und anderes bespreche und den Prozeß führen muß/darf/kann/soll, frage ich mich öfters, ob ich mich mit meinem Führungsstil entsprechend meinen Zielvorstellungen von „symmetrischer Kommunikation" verhalte. In Streßsituationen ist es nicht immer leicht, meinem Ideal von partnerschaftlichem Führungsstil treu zu bleiben. So bin ich machmal ungeduldig, mache Vorwürfe, wenn ein Mitarbeiter unvorbereitet zur Besprechung kommt, und polemisiere, daß die Zusammenarbeit nicht so gut ist wie beim letzten Mal. Das wirkt sich jedoch nicht motivierend auf Mitarbeiter aus.

Überlegungen im Anschluß an solche Mißstimmungen motivieren mich selbst, verstärkt „symmetrische Kommunikation" zu pflegen. Sie beginnt mit dem offenen Ansprechen der für beide Seiten demotivierenden Situation. Damit machte ich immer gute Erfahrungen.

Verwirrungen in der Kommunikation entstehen, wenn verschiedene Führungsstile unreflektiert vermischt werden. Zum Beispiel haben es einzelne Vorgesetzte schwer, wenn sie aufgrund jahrzehntelanger Erfahrung mit einem eher autoritären Führungsstil neue Arbeitsformen wie Teamarbeit einführen möchten. Sich selbst einfach auf demokratisch umzutrimmen, ist nicht so leicht möglich. Als Hilfsmittel kann eine Art „Spickzettel" dienen, der immer wieder an eine demokratische Kommunikation erinnert:

- Ich lasse andere Meinungen gelten.
- Ich höre gleich lange zu, wie ich spreche.
- Ich frage bei Unsicherheit zurück, ob ich richtig verstanden habe.
- Ich mache mir ein Bild von den Beweggründen meines Gegenübers.

Mit diesen und ähnlichen Hilfsmitteln kann ein demokratischer Führungsstil eingeübt werden, und so wächst ein vielleicht schon älterer Vorgesetzter, der in einer ganz anderen Zeit groß geworden ist, im Umgang mit jüngeren Mitarbeitern in neue Verhaltens- und Erlebnismöglichkeiten hinein.

Hierarchien im Wandel

Ein kurzer Blick in die Geschichte zeigt deutlich die Tendenz zur Veränderung der Hierarchien. Die früheren Herren-Sklaven-Beziehungen und die Arbeitgeber- und Arbeitnehmer-Beziehungen in Zeiten der industriellen Revolution verwandeln sich heute im Kontext von Teamarbeit zu partnerschaftlichen Beziehungen. Dieser Wandlungsprozeß ging viele Wege und Umwege, von denen einige in diesem Buch beschrieben sind.

Zielvereinbarungsgespräche zwischen Chef und Mitarbeiter sind eine Möglichkeit, neue Wege zu gehen. Der Chef ist zwar der Vorgesetzte, der den Zielrahmen vorgibt, Prozesse steuert und kontrolliert. Der Mitarbeiter muß jedoch nicht wie früher alles hinnehmen und sehen, wie er mit den Chef-Vorgaben zurechtkommt, sondern er hat den Spielraum, die Vorgaben zu beeinflussen. Er kann z.B. inhaltliche Ideen einbringen, organisatorische Abläufe mitgestalten, innerhalb des vorgegebenen Rahmens und der Möglichkeiten mitbestimmen, in welcher zeitlichen Reihenfolge er die Aufgaben erledigt und wie er sie persönlich am besten ausführt. Auf einer anderen Ebene kann er zu Beurteilungen und zu Zeugnissen durch offene Gespräche Stellung nehmen, anstatt sich durch heimliche Racheaktionen zur Wehr setzen zu müssen, wenn er sich ungerecht behandelt fühlt. Bei Siemens stellen sich Topmanager der Beurteilung durch ihre „Untergebenen“; diese können mittels Fragebogen die Arbeit ihrer Vorgesetzten bewerten. Solche Übungen in Sachen Basisdemokratie spiegeln einen enormen Kulturwandel wider. Bei schlechtem Abschneiden müssen zwar die Manager nicht gleich ihren Hut nehmen, doch es sind klärende Einzelgespräche vorgesehen.

Warum ist es so schwer, Hierachien im Unternehmen zu ändern? Diese Frage läßt sich klären, wenn der Zusammenhang von Macht und Hierarchie dargestellt wird. Strukturelle Änderungen in der Organisation bringen zwangsläufig Veränderungen im Machtgefüge mit sich.

Die Machtverhältnisse zwischen Menschen spiegeln sich in deren Kommunikation wider. Oder anders gesagt: Ob „Sender“ und „Empfänger“ gleichwertig sind, oder ob der eine hierarchisch höher oder niedriger gestellt ist, zeigt sich in der Kommunikation. Aussprüche wie „Von dem laß’ ich mir doch nichts sagen!“ zeigen, daß es nicht um Inhalte geht, sondern darum, wer etwas sagt und ob derjenige als hierarchisch höher Gestellter akzeptiert wird. Nachdem nun die bestehenden Hierarchien sehr im Wandel begriffen sind, sind alle Beteiligten gefordert, in veränderten Machtgefügen ihren Platz zu finden, so daß sich eine neue Hierarchie entwickeln kann, eine Hierarchie kraft Kompetenz.

Aufgrund der Angst, Macht zu verlieren, beobachte ich in Unternehmen immer wieder einen fast schon reflexartigen Umgang mit dem Hierarchiewandel. Dies kommt durch das Bemühen zum Ausdruck, mit Hilfe des bisherigen Kommunikationsstiles die bestehende aber wankende Hierarchie retten zu wollen. Machtverlust ist ein tiefgreifendes Erlebnis, das die Kommunikation stark einschränkt. Deshalb ist es sinnvoll, sich mit dem Thema Macht näher zu befassen, um zu verstehen, warum Menschen ihre Energien und Möglichkeiten bis zur Selbstzerstörung für „Macht und Einfluß" einsetzen.

Macht

„Die Macht ist wie die Luft,
allgegenwärtig und doch unsichtbar"

So wie es die verschiedensten Arten von Luft gibt, saubere oder verschmutzte Luft, so ist es auch mit der Macht. Bei den heutigen Luftverhältnissen wird meistens über schlechte Luft gesprochen, abgesehen von Gesprächen an Luftkurorten, wo die gute Luft gerühmt wird. Auch hier ist der Vergleich mit der Macht nicht unangebracht. Die üblichen Machtverhältnisse geben dem Begriff der Macht eine anrüchige Note, so daß der Eindruck entsteht, Macht gäbe es nur in schlechter Form. Und da es keine Machtkurorte gibt, wird schwer zu beweisen sein, daß Macht auch in sauberer Form vorkommen kann. Meist stellen sich bei dem Begriff „Macht" unangenehme Assoziationen ein, wie z.B. auf Andere Druck ausüben, Einfluß haben oder egoistische Ziele verfolgen wollen. Vielleicht fallen einem auch Despoten und Tyrannen ein, Namen aus der Geschichte, deren Träger ihre Macht mit bloßer Gewalt behaupteten. Bei solch geschichtlicher Vorbelastung ist es verständlich, daß der Begriff „Macht" mit Mißbrauch und Gewalt verbunden wird. Meistens ist der Mächtige der Verdächtige, der in Gefahr ist, Machtmißbrauch und Eigennutz zu betreiben. Und doch will ich versuchen aufzuzeigen, daß Macht auch in konstruktiver Weise eingesetzt werden kann. Dies wird in der Regel jedoch nicht mit Macht in Zusammenhang gebracht, sondern meist anders genannt, wie z.B. Führungskompetenz. Ein positiver Bezug zur Macht klingt auch in der Formulierung an: „einer Sache mächtig sein", z.B. einer Fremdsprache. Apropos Fremdsprache: Der englische Begriff für Macht ist „Power". Dieser Begriff klingt dynamischer und beinhaltet den Aspekt „Energie".

Die Grundlage für die Ausübung von Macht ist meinem Verständnis nach Energie. Diese ist weder gut noch schlecht, sondern ist eine neutrale Kraft. Sie liegt nach meinem Empfinden nicht in uns selbst, wir können sie jedoch aufnehmen und nützen. Durch unsere Einstellung, mit unseren Fähigkeiten und Begabungen und gemäß unseren Zielen geben wir dieser Kraft eine bestimmte Richtung. Je nach ihrer Verwendung können zwei Erscheinungsformen der Macht unterschieden werden:

1. konstruktive, entwicklungsfördernde Macht
2. destruktive, entwicklungshemmende Macht

Die konstruktive Form der Machtausübung ist dadurch gekennzeichnet, daß ein Mensch die zur Verfügung stehenden Kräfte mit Hilfe seiner jeweiligen Fähigkeiten, Talente und Begabungen zum Wohl der Mitmenschen einsetzt. Bei der destruktiven Machtausübung werden diese Kräfte in bloßes Einflußhaben umgemünzt. Macht verfolgt dabei einen Selbstzweck.

Wissen ist Macht Im Unternehmen läßt sich die Zweigesichtigkeit der Macht beim Umgang mit Informationen verdeutlichen. Der Ausspruch „Wissen ist Macht" kann zum einen das Potential an Erfahrungen und Zusammenhängen meinen, das außerordentlich hilfreich für die Zusammenarbeit im Unternehmen sein kann. Zum anderen werden Wissen und Information zurückgehalten und strategisch eingesetzt und so als Machtinstrument für den eigenen Vorteil benützt.

Informations- und Wissensweitergabe bedeutet Machtweitergabe. Wer Informationen im Unternehmen zurückbehält, behält damit eine gewisse Macht. Daß dies meist die weniger kompetenten Mitarbeiter tun, die quasi durch geschicktes Informationsverhalten ihre Position – wie Wellenreiter auf den Wogen der internen Kommunikation – auszubauen suchen, ist in der Praxis häufig anzutreffen. Auch ein regelrechter Informations-Handel ist üblich: „Können Sie mir nicht einen Hinweis aus der letzten Besprechung geben?" Hinzugesagt wird nicht, aber sehr wohl gedacht: „Sie erinnern sich doch: Ich habe bei Ihnen noch ein Info-Guthaben! Und wenn sie mir diese Informationen geben, bekommen sie als Gegenleistung die Neuigkeiten aus meinem gestrigen Gespräch mit dem Abteilungsleiter X."

Im Rahmen der internen Kommunikation spielt das Aussprechen von Kritik im Zusammenhang mit Macht eine Rolle. Wir kennen zwei verschiedene Arten, Kritik zu üben. Zum einen kann sie unterstützen, in Form von „konstruktiver Kritik". Diese ist daran zu erkennen, daß nicht nur kritisiert wird, sondern auch Anregungen und Verbesserungsvorschläge angeboten werden. Zum anderen wird Kritik oft so praktiziert, daß der Kritisierende verbal den Anderen heruntermacht. Dadurch entsteht ein Gefälle von oben nach unten. Der Kritisierende wertet den Anderen ab und stellt sich selbst über ihn. Mit solchen Kommunikationsformen wird Macht verletzend ausgeübt.

Es ist zu berücksichtigen, daß die beiden Erscheinungsformen von Macht im konkreten Leben oft in einer heißen Mischung vorkommen. So kann die Unterscheidung in konstruktive bzw. destruktive Macht nicht nach dem Schema „entweder-oder" angewendet werden. Nur im jeweiligen Einzelfall läßt sich sagen, welche Art von Macht gerade vorherrschend ist.

Mögliche Ursache destruktiver Machtausübung

Eine Erklärung, warum Menschen ihre Zeit und Kraft bis hin zur Selbstzerstörung für bloßes Streben nach Macht und Einfluß verwenden, läßt sich mit Hilfe des Menschenbildes entwickeln, wie es das Bild 22 auf Seite 59 wiedergibt. Dort gehe ich von der Annahme aus, daß es einen Kern der Persönlichkeit gibt, der in unserer Umgangssprache auch „der gute Kern" des Menschen genannt wird und den ich als das „wahre Selbst" bezeichne. Mit dem „wahren Selbst" sind die individuellen Fähigkeiten und Begabungen verbunden.

Allein durch die Entwicklung dieser Fähigkeiten ist die Möglichkeit gegeben, sich seiner selbst bewußt zu werden. Das bedeutet, daß sich erst durch das Denken und Tun in Verbindung mit dem „wahren Selbst" ein persönliches Selbstbewußtsein einstellt. Und hier stellt sich die zentrale Frage: Wie erlangt eine Person, die nur unzureichend mit dem Kern ihrer Persönlichkeit in Kontakt ist, also entfremdet von ihrem „wahren Selbst" lebt, ein Selbstbewußtsein? Meine Antwort auf die Frage lautet: Diese Person muß als Ersatz für das fehlende persönliche Selbstbewußtsein Macht auf Mitmenschen und Umwelt ausüben, um sich so im Druck und Gegendruck wenigstens zu spüren und um so zu einer Art von Selbstbewußtsein zu kommen.

Das Ausüben von Macht und Druck wirkt damit als bloßes Mittel zur Bestätigung des Daseins, frei nach der Devise: Ich habe Macht, also bin ich. Das dabei entstehende Bewußtsein ist außengelenkt, ist dauernd abhängig von äußerlichen Erfolgen, ist angewiesen auf die ständige Bestätigung durch andere Menschen, ist letzlich abhängig davon, wieviel Macht und Einfluß ein Mensch zu haben glaubt. Hätte der Betreffende keine Druckmöglichkeiten mehr und würde keinen Widerstand mehr erfahren, so würde sich schnell ein schmerzliches Gefühl der Ohnmacht einstellen.

Um diesen Vorgang zu verdeutlichen, will ich als Beispiel das Lebensgefühl eines vielleicht ausgesprochen machthungrigen Menschen schildern, der sein Bewußtsein mit Hilfe der Droge „Macht“ aufrechterhalten muß. Der ständige Einsatz dieser Droge kann zur Machtsucht führen, die nicht selten mit Machträuschen verbunden ist. Trickreich wie jeder Süchtige wird dieser sich um jeden Preis Machtmittel besorgen, da er ab einem bestimmten Punkt auch in einem existentiellen Sinne von Macht- und Druckausübung abhängig ist. Wenn er sich aller seiner Machtmittel beraubt sähe, würde er vor dem stehen, was die Philosophen des Existentialismus als „Nichts“ beschrieben haben. Diese Sichtweise von Macht wäre ein Erklärungsansatz für das Gefühl einzelner Führungskräfte, vor dem Nichts zu stehen, wenn sie aufgrund ihrer Pensionierung ihre machtvolle Position verlassen müssen.

Bitte glauben Sie nicht, daß ich mit dieser Erklärung um Nachsicht und Mitleid für Machtsüchtige werben will, denen man einfach destruktive Machtausübung in Form von Druckmitteln zugestehen muß, da sie sonst kein Selbstbewußtsein haben. Vielmehr will ich mit der Darstellung oben beschriebener Verhaltensweisen aufzeigen, daß ein unmittelbarer Zusammenhang zwischen Machtmißbrauch und mangelndem Selbstbewußtsein besteht und beim Umgang mit Machtsüchtigen ein Wissen um diese Zusammenhänge besseres Reagieren ermöglicht. Ähnlich wie es bei Alkohol- oder Drogensüchtigen günstiger ist, sich um ein Verständnis ihrer seelischen Lage zu bemühen und entsprechend zu kommunizieren, so gilt das auch im Umgang mit Machtsüchtigen. Es ist schwer, sich in der Kommunikation nicht mit ihnen zu verwickeln, sei es in Form von Unterwürfigkeit oder der Ausübung eines stärkeren Gegendruckes. Beides kann zu weiteren Machtverstrickungen führen.

Macht hat etwas Unausweichliches

Der Macht können wir nicht aus dem Weg gehen. Einerseits weil Macht auf uns ausgeübt wird und wir darauf reagieren müssen, andererseits weil Macht auch von uns ausgeht, die wir in produktiver Weise zum Nutzen unserer Umwelt oder aber zum Schaden verwenden können.

Wenn wir etwas machen, üben wir damit auf unsere Umwelt Einfluß und damit Macht aus. Es ist unmöglich, daß ein Mensch nichts macht. Auch das Unterlassen wird hier als eine Form von etwas machen gesehen. Gibt es irgendwelche Verhaltensweisen im Betrieb, in denen der Mensch nichts macht und damit keine Macht hat? Auch reglos im Büro zu sitzen, in einer Sitzung teilnahmslos zu schweigen oder ähnliche Verhaltensweisen können zwar der Situation angemessen sein, sie werden aber auch mit den Kollegen etwas machen und auf diese wirken. Auf einen Satz gebracht heißt das, daß der Mensch nicht nicht Macht ausüben kann. Mit diesem Satz ist auch das Dilemma jener Menschen ausgedrückt, die Macht in jeglicher Form ablehnen und dabei nur in neue Machtverstrickungen geraten, weil das Ablehnen von Macht selbst ein subtiles Machtmittel sein kann. Mit diesem Machtbegriff wird die irreführende Einteilung in Mächtige und Ohnmächtige hinfällig, da der sogenannte Mächtige ab einem gewissen Punkt in eine spezifische Ohnmacht hineingerät, so wie der Ohnmächtige eine spezifische Macht innehat.

Macht und persönliche Verantwortung Macht ist von Verantwortung nicht zu trennen. Und viele von jenen, die diese Verantwortung spüren, beginnen geradezu, sich vor der eigenen Macht etwas zu fürchten. Der Wille zur Machtlosigkeit ist jedoch keine Lösung, denn wir können gar nicht anders, als in irgendeiner Weise unsere Energien mit Hilfe unserer Begabungen und Fähigkeiten zu lenken, womit wir in der Folge ganz automatisch Macht ausüben.

Die Kontrolle der Macht, wie sie in den Demokratien gehandhabt wird, ist ein Versuch, mit ihr umzugehen. Zwar zeigt die Praxis, daß die Bestrebungen, Macht möglichst gleich zu verteilen, um Machtmißbrauch zumindestens unter Kontrolle zu halten, immer wieder unterlaufen werden. Trotzdem schaffen demokratische Strukturen einen Ausgleich. Die Lösung der Machtfrage liegt meiner Ansicht nach weniger in der Suche nach besseren Strukturen, sondern vielmehr beim einzelnen. Es liegt an jedem, die Dinge zunächst bei sich und in seinen eigenen Kreisen zu ändern. Damit will ich mich nicht für einen Rückzug in die Innerlichkeit aussprechen und gesellschaftliche Gegebenheiten und Zwänge, die sich in den Unternehmen spiegeln, als nicht existent bezeichnen, sondern ich möchte jeden einzelnen nur ermuntern, sich Bewußtsein über die Möglichkeiten und Auswirkungen seines Tuns zu verschaffen. Durch das Bewußtwerden dieser Zusammenhänge wird selbstverantwortliches Handeln zunehmen. Mit dieser Sichtweise greife ich eine alte Streitfrage auf: Die einen sagen, daß erst die Rahmen- und Lebensbedingungen verbessert werden müßten, dann würden sich auch die Menschen bessern. Die anderen sagen, daß sich erst die Menschen bessern müßten, dann würden sich auch die Lebensbedingungen verbessern. Sicher ist auch diese Frage nicht mit „entweder – oder" zu beantworten, doch für mich gibt es keinen Zweifel, daß jeder bei sich anfangen muß, und sich so durch die jeweils eigene Veränderung Zug um Zug auch die Gesellschaft wandelt. So sollten wir uns nicht zu sehr davon irritieren lassen, was andere machen oder nicht machen, sondern besser das tun, was wir für richtig und angemessen halten, ohne zu vergessen, daß wir für unser Tun und Lassen persönlich verantwortlich sind.

Macht in Organisationen

In Organisationen ist die Macht wirklich wie die Luft. Sie ist überall, aber nicht direkt sichtbar. Es gibt nicht direkt etwas Geschriebenes zur Macht, also kein Papier mit dem Titel „Unsere Machtstrukturen". Es existieren auch keine „Machtausweise" oder ähnliche Papiere. In indirekter Weise zeigt sie sich im Unternehmen z. B. in:

- Stellenbeschreibungen, in denen die Aufgaben, Kompetenzen und Verantwortungen geregelt werden
- Titeln in der Hierarchie
- Kompetenzrahmen hinsichtlich Budgetierung und bei der Kreditvergabe (Geld ist Macht)
- Einkommens- und Bonifikationsstrukturen
- Informationswegen (Verteilung von Informationen)
- Privilegien (Vergabe von Statussymbolen)

Privilegien sind das Salz der Macht, durch Privilegien wird die Macht etwas schmackhafter. Bei einer offenen Kommunikation würden Privilegien transparent werden. Der Dienstwagen, die Möglichkeit der freien Zeiteinteilung oder Sonderprämien sind erst dann problematisch, wenn diese Privilegien auf nicht nachvollziehbaren Kritierien beruhen. Die Nutznießer leben mit der Angst, Vorteile zu verlieren, weil sie sich nicht im klaren sind, ob diese ihnen auch wirklich zustehen. Offene Gespräche über Privilegien würden informelle Strukturen aufdecken. Wie sind bestimmte Privilegien zustande gekommen? Durch Vetternwirtschaft, durch „Vitamin B“ oder durch das Ausnützen einer bestimmten Situation? Durch offene Kommunikation entsteht ein immenser Veränderungsdruck und man ahnt schon im voraus, daß auf diese Fragen keine rechten Antworten vorhanden sind und daß kein Weg ersichtlich ist, die Dinge ohne größere Unruhe zu ändern. Wenn das Management Privilegien nachvollziehbar machen will, kann dies nur auf einer guten Vertrauensbasis geschehen, die durch eine glaubwürdige Kommunikation unterstützt wird. Und natürlich ist es das Schwerste, mit gutem Beispiel voranzugehen und die eigenen Privilegien nicht zu tabuisieren.

Die Hierarchie ist das Wohnzimmer der Macht. Sie vermittelt sich oft nur in subtilen Botschaften. Kollege X spricht über sein Büro und teilt zwischen den Zeilen mit: „Ich bin der bessere und für die Organisation bedeutsamere Mitarbeiter“. Das sagt ja so schnell niemand explizit, es kann jedoch in jeder Aussage mitschwingen, auch wenn nur über Büromöbel gesprochen wird. Neue Mitarbeiter bekommen das auf nonverbale Art zu spüren. Da die Unternehmenskultur durch Kommunikation vermittelt wird, erleben sie – im ungünstigsten Fall – einen Kulturschock, wenn sie mit „unsichtbaren Tatsächlichkeiten“ wie z.B. starren Hierarchien konfrontiert werden.

Ist die Struktur eines Unternehmens stark hierarchisch gegliedert, so sind die Machtverhältnisse leichter zu erkennen. Zum einem ist da der Mächtige in den oberen Etagen des hierarchischen Aufbaus, dort, wo sich Informationen und Einflußmöglichkeiten konzentrieren. Da kann es leicht geschehen, daß die Machtfülle sich staut und sich gegen den wendet, der die Macht in Händen hält. Längerfristig gesehen sind zwei Hände zu wenig und nach gewisser Zeit wird aus dem Zustandsbild von höchster Betriebsamkeit und ständiger Zeitnot das Krankheitsbild der „Managerkrankheit“. Hier gilt vielleicht der Aphorismus von Lord Acton: „Power tends to corrupt, and absolute power corrupts absolutly“ (Watzlawick 1978, 33). Frei übersetzt heißt das: Macht neigt dazu, den Mächtigen zu verderben. Gegen die Tendenz, aus Machtgier in Positionen zu drängen, hilft das Prinzip „Verantwortung“. Dies sähe bei einem Manager so aus, daß er sich z.B. mit drei Jahresgehältern am Unternehmen beteiligt und damit auch das Risiko, das seine Machtausübung beinhaltet, mitträgt. Damit wird ein großer Vorteil, den Familienunternehmer haben, nämlich die Haftung und damit die Verantwortung für ihr unternehmerisches Tun und Lassen zu tragen, auch auf Manager in Nicht-Familienunternehmen übertragen.

Eine andere Form von Macht haben die sogenannten Ohnmächtigen, die nicht nur durch traditionelle Formen wie Streik oder ähnliches Macht auf „die da oben" ausüben können, sondern über weitere wirksame Methoden verfügen, die möglicherweise sprachlos sind, z.B. die Nichtweitergabe von Informationen oder eine „innere Verweigerung" beim Produktionsprozeß. Mit diesen hier nur angedeuteten Machtformen soll lediglich gezeigt werden, daß in der sogenannten Ohnmacht und dem damit verbundenen Verhalten, beispielsweise des Nichtmachens, auch Machtpotentiale enthalten sind.

Demokratie im Unternehmen Die Geschäftsordnungen und Unternehmens-Leitbilder legen demokratische Verhaltensweisen nahe, auch wenn sie manchmal leere Beschwörungsformeln sind und Züge von nichtssagenden Sonntagsreden tragen. Das Bemühen um zeitgemäße Formen des Umgangs ist jedoch klar erkennbar. Denn jedem ist bewußt, daß Macht- und Führungsmittel aus früher Geschichte Menschen nicht dazu bewegen können, in Kooperation gemeinsame Ziele zu verwirklichen. Deshalb wird heute – bei demokratisch-partnerschaftlichem Führungsstil – danach getrachtet, Ziel und Zweck des Tuns mittels Vereinbarung und Konsensbildung zu erreichen. Die dafür notwendige Überzeugungsarbeit bedarf jedoch eines beträchtlichen Aufwandes an Kommunikation.

Die Einübung der Demokratie, vor allem bei Entscheidungsprozessen, ist ein mühsames Geschäft. Schon das Verfahren, wie man zu einer Entscheidung kommt, ob durch offene Konsensbildung oder durch geheime Abstimmung, muß ausgemacht werden. Auch Fragen wie: „Brauchen wir eine einfache Mehrheit oder eine Zweidrittel-Mehrheit?" sind sehr schwierig zu lösen. Im betrieblichen Alltag, wo im Team ein solcher Abstimmungsprozeß relativ viel Zeit braucht, kann die alte Neigung wach werden, einen Führer haben zu wollen. Dann kommen Argumente wie: „Das ist nicht zielführend!", „Was machen wir da überhaupt?", „Laßt uns doch nicht so lange herumreden, sondern besser gleich entscheiden". Dies sind Zeichen der latenten Neigung, eine starke Autorität haben und sich nicht auf den mühsamen Prozeß der Demokratie einlassen zu wollen oder zu können. Führerlos zu sein, löst immer noch eine nicht zu unterschätzende Beunruhigung aus.

Auf eine besondere Gefahr sei hier hingewiesen, die eine spezielle Form der Konfliktvermeidung darstellt und sich aus der

Unfähigkeit, Konflikte demokratisch auszutragen, ergibt: der Ruf nach einem starken Mann. Dies ist ein antidemokratischer Reflex. Deshalb ist es äußerst wichtig, demokratische Methoden und Instrumente zu entwickeln, um mit Konflikten besser umgehen zu können. Einzelne esoterische Ansätze sind für einen demokratischen Prozeß ebenso schädlich. Eine Führernatur, die sich zum Guru mausert, kann zwar mit seinem Charisma eine Gemeinde um sich scharen, ist jedoch angesichts der weltweiten Demokratisierung ein Anachronismus. Auch die Zeit für charismatische Manager, so wie wir sie aus der Gründerzeit kennen, ist vermutlich vorbei. Ich meine die Grundigs, Nixdorfs und Porsches, oder neuere Namen wie Lee Iacocca. Das Umfeld in den Unternehmen und in der Gesellschaft hat sich verändert. Heute ist mehr der kommunikationsfähige Manager gefragt, der ganz unspektakulär in Teams auf professionelle Art und Weise Prozesse steuert. Vielleicht brauchen wir als Übergang – bis wir in Sachen Demokratie etwas sattelfester geworden sind – eine Mischform von Guru und schlichtem Manager.

Ich bin mir bewußt, daß die Demokratisierung unserer Gesellschaft eine schwierige Aufgabe ist. Ich weiß jedoch keine andere Lösung und schließe mich deshalb der Meinung von Winston Churchill an, der die Demokratie als das kleinste aller Übel bezeichnete. Dieses kleine „Übel" birgt die große Chance in sich, kommunikative Kompetenz zu erwerben. Die Kommunikation kann sich in der Demokratie entfalten und die Entfaltung der Demokratie bedarf der Kommunikation. Beides wiederum sind günstige Rahmenbedingungen für wirtschaftliche Prozesse.

Der Führungsstil der Zukunft muß sich im Kontext einer Teamkultur bewähren. Traditionelle Führungsaufgaben wie anweisen, entscheiden, kontrollieren, motivieren u. a. werden zunehmend von Teams wahrgenommen. Damit erhält der Manager eine andere Rolle mit anderen Aufgaben. Es bleibt die Frage offen, wie Führungskräfte mit der Umwandlung der Führungsrolle umgehen. In der neuen Rolle wird er zum Facilitator, zum Verbindungsmann, zum Moderator und Coach. Er sorgt für die Selbstbestimmung des einzelnen und für die Selbststeuerung des Teams, so daß es als Arbeitsgruppe unternehmerisch denkt und handelt. Eine solche Entwicklung wird sich in Stufen vollziehen: zunächst ein teilweises Mitbestimmen von Mitarbeitern, dann die Möglichkeit, in Arbeitsgruppen Selbstorganisation einzuüben, so daß das Team hinsichtlich Fragen wie: „Welche Prioritäten nehmen wir uns vor?", „Wie machen wir es?", „ Wie organisieren wir uns?" zunehmend selbständig wird. Solche Fragen können im Kontext von Teamarbeit nur beantwortet werden, wenn ein neuer Umgang mit Macht gefunden wird. Sicher ist: Autoritärer Führungsstil mit dem entsprechenden Machtgefälle beißt sich mit dem Teamgedanken. Degegen erfordert das gemeinsame Vereinbaren von Zielen und Abläufen einen demokratischen Umgang.

3. Ebene: Kommunikation im Team

Kommunikation im Team

Bild 87

Teamarbeit lebt von Kommunikation

Vieles von dem, was bereits in den Abschnitten über den „Dialog“ ausgeführt wurde, trifft auch auf die Kommunikation im Team zu.

Mit der zunehmenden Anzahl der Beteiligten steigt die Komplexität und damit der Kommunikationsaufwand. Folgende Punkte sind u.a. zu beachten:

- Unterschiedliche Wissensstände werden einander mitgeteilt und somit angeglichen.
- Verschiedene Arbeits- und Denkweisen werden zur Übereinstimmung gebracht.
- Die Rollen und Beziehungen der Teammitglieder untereinander werden besprochen.
- Die Suche nach Konsens hinsichtlich der Lösung der Aufgabenstellung ist zu beachten.

Die körperliche und seelische Verfassung und die Aufnahmebereitschaft der einzelnen Teammitglieder divergieren von Mitarbeiter zu Mitarbeiter und von Stunde zu Stunde. Viele Faktoren sind, wenn einmal abgeklärt, nicht konstant, sondern variabel, so daß Angleichungen und Vermittlungsarbeiten immer wieder nötig sind. Wichtig ist die Fähigkeit des Teamleiters, auf diese unterschiedlichen Verhältnisse einzugehen und den Teammitgliedern die zur Erreichung des Zieles notwendigen Meilensteine vor Augen zu führen.

Bei den einzelnen Individuen bedarf es der Fähigkeit, im Inneren erst die eigenen Denkprozesse abzuklären und dann das Resultat dieser inneren Klärung auszusprechen. Der Satz, den viele in der Kinderzeit gehört haben, und der uns als Kind zu Recht geärgert haben mag, ist bei Teamarbeit sinnvoll: erst denken, dann reden. Sollten in einem Team die Mitglieder nicht in der Lage sein, ihre Denkprozesse innerlich ablaufen zu lassen, dann kann ein Zwischenschritt eingeführt werden: ein Tonband zeichnet das Teamgespräch auf und in einem zweiten Arbeitsschritt wird selektiert, was für die Aufgabenstellung von Bedeutung ist und was nicht.

Es ist relativ anspruchsvoll, geordnete Entscheidungsprozesse ablaufen zu lassen. Diese fordern den Teammitgliedern viel Disziplin ab. Störungen durch einzelne Gesprächsteilnehmer, seien es Anmerkungen privater Art, seien es abrupte Themenwechsel u.a. wirken sich viel schwerwiegender aus als z.B. in einer Zweierkommunikation. Teamarbeit befriedigt das Bedürfnis des einzelnen nach Austausch. In der dynamischen Motivationstheorie von Maslow (1977) steht dieses Bedürfnis an dritter Stelle seiner Bedürfnispyramide. Soziale Kontakte, die sich durch die Teamarbeit ergeben, wirken sich motivierend auf die Erfüllung von Arbeitsaufgaben aus.

Vorteile der Teamarbeit

Im Vergleich zur klassischen Einzelarbeit bringen Teams viele Vorteile:

- Die Qualität der getroffenen Entscheidungen ist in der Regel höher, da die Teammitglieder bei der Entscheidungsfindung viele unterschiedliche Aspekte und persönliche Erfahrungen einbringen.
- Da wichtige Entscheidungen im Konsens beschlossen werden, ist deren Akzeptanz groß (im Idealfall stehen alle hinter dem Beschluß).
- Interdisziplinäre Teams sorgen für einen besseren Informations- und Erfahrungsaustausch zwischen verschiedenen Unternehmensbereichen, erfüllen also eine wichtige Schnittstellenfunktion.
- Die Schwachstellen hierarchischer Unternehmensstrukturen, z.B. die Isolierung von Unterabteilungen, werden durch die Schnittstellenfunktion vertikaler Teams überwunden.
- Das kreative Potential der Teilnehmer kann durch Teamarbeit effektiver genützt werden.

Wann ist Teamarbeit sinnvoll? Der hohe Kommunikationsaufwand in Teams muß sich lohnen, deshalb ist es angebracht, Teams nur dort einzusetzen, wo andere Arbeitsformen nicht zielführend sind. Eine gute Ausgewogenheit von Teamarbeit und Einzelarbeit ist das Richtige. Wenn ein Team unter Umständen eine unheimliche Dynamik entwickelt, ohne daß ausreichende kommunikative Kompetenz vorhanden ist, die Prozesse zu steuern, kann der Schaden größer als der Nutzen sein. Vor allem in Unternehmen, die erst dabei sind, eine Teamkultur aufzubauen, stehen Manager vor der Frage: In welchen Fällen sollen wir ein Team einsetzen? In den folgenden Situationen ist Teamarbeit sicher angebracht:

- bei komplexen Aufgabenstellungen
- bei Aufgaben, die ein hohes Maß an Kreativität und Innovation erfordern
- bei interdisziplinären Aufgabenstellungen
- bei Abstimmungsprozessen zwischen vielen Beteiligten.

Als kleinen Einschub bietet Ihnen *Kommon* eine Unterhaltung an:

„Ich möchte Ihnen ein Rätsel aufgeben. Beantworten Sie die 4 Fragen und tragen Sie die Antworten in die entsprechenden Felder ein. Das oben fett eingerahmte Wort ergibt einen zentralen Begriff dieses Abschnittes. Doch es geht nicht nur darum. Dieses ist nur das erste Wort eines Satzes, der sich aus den senkrecht stehenden Lösungen ergibt. Dabei kommt ein Spruch heraus, der eine Gefahr von Teamarbeit aufzeigt."

Lösungsspruch:
TEAM = Toll, ein anderer macht's

Bild 88

Damit Teamarbeit als moderne Arbeitsform wirklich fruchtbar werden kann, muß sie in eine zeitgemäße Organisationsstruktur eingebettet sein. Dazu gehören moderne Arbeitszeitformen, leistungsorientierte Belohnungssysteme und anderes. Andernfalls wird Teamarbeit nicht wirklich produktiv.

Henke (1993) erwähnt in seinem Artikel mit dem sinnigen Titel „Cross-Functional Teams: Good Concept, Poor Implementation!"

die Notwendigkeit, bei der Auswahl der Team-Teilnehmer und der richtigen Struktur darauf zu achten, daß sich die Personen untereinander verstehen. Dies ist eng mit Kommunikation verknüpft. Wenn diese Bedingungen nicht erfüllt sind, stellen sich in vielen Organisationen Bedenken über den Sinn von Teams ein. In amerikanischen Organisationen wird der übermäßige Gebrauch von Teams mit „Meetingitis“ und „Teamitis“ bezeichnet. Eine sehr verständliche Reaktion, wenn man sich täglich in vier unterschiedlichen Teambesprechungen befindet und am Ende des Tages zu der Einsicht gelangt, daß eigentlich wenig herausgekommen ist. Die dort verbrachte Zeit hätte man eigentlich lieber an seinem Schreibtisch verbracht, um dringende Arbeiten zu erledigen.

Zu einer solchen Unwilligkeit gegenüber Teamarbeit kommt noch hinzu, daß es kein Evaluierungssystem gibt, das aufzeigen könnte, was Teamarbeit wirklich bringt. Es scheint wie ein vom Himmel kommendes Gebot der 90er Jahre zu sein, daß Teamarbeit die Probleme des ausgehenden 20. Jahrhunderts lösen wird. Der Himmel hat nur nicht gleich mitgeteilt, wie diese Teams funktionieren sollen. Man weiß, ein Team besteht aus mehreren Personen und die Erfahrung zeigt: Zuviele auf einmal dürfen es nicht sein.

Die latente Skepsis in Firmen gegenüber zu viel Teamarbeit rührt sicher auch daher, daß man überhaupt nicht recht weiß, was sie wirklich bringt. Für die empirische Forschungsarbeit zum Thema „Teameffektivität“ ist das immer wieder eine herausfordernde Fragestellung, vor allem bei der Erstellung des Untersuchungsdesigns, das viele Variablen zu berücksichtigen hat. Die Evaluation eines Mitarbeiters, der seinen Arbeitstag im Wechsel von Einzelarbeit und Teamarbeit verbringt, ist außerordentlich schwierig. Vor Jahren wurde der gleiche Mitarbeiter noch aufgrund der Arbeit bezahlt, die er in seinem Büro absolvierte und die irgendwie quantifizierbar war, und wenn es nur durch die Stechuhr war oder durch die Anzahl der Akten, die er bearbeitet hatte. Von daher wird verständlich, daß mancher Geschäftsführer es gar nicht gerne sieht, wenn seine hochqualifizierten Abteilungsleiter zu diversen Meetings zusammenkommen und es für ihn nicht nachvollziehbar ist, ob sie da auch wirklich etwas tun, was dem Unternehmensziel dient. Auch wenn diese Abteilungsleiter behaupten, daß ihr Horizont erweitert wird, wenn sie in interdisziplinären Teams die Probleme anderer Abteilungen kennenlernen, so ist sich der Geschäftsführer vielleicht nicht sicher, ob das auch tatsächlich zur Gewinnmaximierung beiträgt. Das Unternehmen muß auf jeden Fall genügend Gewinn abwerfen, um diese Abteilungsleiter bezahlen zu könnnen. Diese Gedanken gehen manchem Geschäftsführer zum Thema Teamarbeit durch den Kopf.

Deshalb ist es wichtig, ein Teamkonzept umfassend zu realisieren, das heißt, nicht nur mehrere Personen in einem Raum zu versammeln, sondern auch das Handswerkszeug zu liefern, um produktive Ergebnisse zu erzielen. Dieses Handwerkszeug muß in einer adäquaten Ausbildung erlernt werden, um Teamfähigkeit zu erreichen.

Was heißt Teamfähigkeit?

Teamfähig zu werden ist ein lebenslanger Lernprozeß, und Mitarbeiter befinden sich deshalb in diesem Prozeß auf unterschiedlichen Stufen. In der Praxis spricht man von teamfähigen Mitarbeitern, wenn z.B. folgende Eigenschaften und Fähigkeiten vorhanden sind:

- Toleranz
- aktives Zuhören
- sich transparent machen
- Konfliktfähigkeit
- demokratisches Grundverständnis
- bestimmtes Basiswissen über andere Fachgebiete
- nicht in Kategorien von schwarz-weiß denken
- Bewußtsein der eigenen Schwächen und Stärken
- gruppendynamische Prozesse erkennen zu können und die Bereitschaft, sich auf sie einzulassen

Als für Teamarbeit wenig zuträgliche Eigenschaften oder Verhaltensweisen gelten:

- Arroganz
- Intoleranz
- immer recht haben wollen
- Kritik nicht ertragen können
- sich nicht in den Anderen hineindenken und -fühlen können
- fehlende gedankliche Beweglichkeit (stur, bockig, fixiert)
- sich nicht klar ausdrücken können (fehlende sprachliche Fähigkeiten)

Neben persönlichen Eigenschaften hängt die Teamfähigkeit auch davon ab, ob sich der „richtige Mann im richtigen Team“ befindet. Das „1–8 Prinzip“ ist eine Methode, die diese schwierige Fragestellung zu lösen hilft. Sie beantwortet z.B. Fragen wie diese: „Gibt es ein anderes Team im Unternehmen, wo der Mitarbeiter für sich persönlich bessere Voraussetzungen zur Entfaltung vorfindet?“ (Lendi/Marxer 1995, 109). Zum Beispiel paßt ein kreativer Mensch nicht unbedingt in ein „Kosteneinsparungsteam“. Seine Intoleranz hängt dann mit dem für ihn unpassenden Thema zusammen und nicht mit seiner Persönlichkeit. Sein Potential kann in einem Entwicklungsteam besser genützt werden und er kann sich dabei auch besser entfalten.

Haben wir Teamarbeit gelernt?

„If problem solving and conflict resolution in groups is increasingly important in our complex world then the skill of dialogue becomes one of the most fundamental of human skills.“ (Schein 1993, 43). Dieses Zitat stellt – vereinfacht übersetzt – die Fähigkeit zum Dialog in den Mittelpunkt, wenn es darum geht, angesichts unserer komplexen Welt die Probleme und Konflikte in Gruppen zu lösen. Alles will jedoch gelernt sein. Zunächst machen wir unsere Erfahrungen in der Familie, dann in der Schule und der weiteren Ausbildung. Inwieweit konnten wir an diesen Orten Teamarbeit erlernen?

Familie In der Familie erlernen wir unser künftiges Kommunikationsverhalten. Viele von uns haben in ihrer Familie nicht lernen können, sich richtig auszudrücken, weil die Gesprächskultur zu wenig gepflegt wurde. Die Verarmung des Gesprächs in der Familie hat viele Gründe. Die Gelegenheiten, an denen alle zusammenkommen, sind selten; am ehesten trifft man sich zu Tisch bei den Mahlzeiten, bei denen leider in manchen Familien das Gebot gilt: Beim Essen spricht man nicht. Dies ist ein Vorwand, um unangenehme Themen nicht zur Sprache kommen zu lassen. Angesichts solcher Regeln ist es für die nachfolgende Generation nicht leicht zu lernen, miteinander ins Gespräch zu kommen. Gemeinsame TV-Abende würden nur etwas bringen, wenn über des Gesehene anschließend gesprochen wird. In der Familie findet das selten statt, eher noch unter Freunden oder in der Schule.

Schule und Hochschule Mögliche Defizite in der Kommunikation, die aus dem familiären Umfeld resultieren, finden nicht unbedingt einen Ausgleich in den nachfolgenden Sozialisationsinstanzen wie Schule und Hochschule. Dort wird zwar Wissen gelehrt, Grundkenntnisse wie Lesen, Schreiben und Rechnen, doch das Miteinanderreden und Sich-verstehen wird noch zu wenig gefördert. Der sinnvolle Umgang mit Konflikten wird folglich zu wenig gelernt. So öffnet sich bereits im Jugendalter die Schere zwischen der intellektuellen und der sozialen Kompetenz.

Von Schülern und Studenten wird nach erfolgter Ausbildung erwartet, daß sie genügend kommunikative Kompetenz und soziale Fähigkeiten mitbringen, um erfolgreich in einem Team arbeiten zu können. Schon bei der Bewerbung um eine Ausbildungsstelle ist zunehmend die soziale Kompetenz ein bedeutsamer Faktor für die Einstellung. Die dazu notwenigen Fähigkeiten müssen jedoch oft erst in der Praxis mühsam erlernt werden. Da Produktionsbetriebe immer mehr Organisationsformen wie z.B. Fertigungsinseln einrichten, in denen 7–10 Mitarbeiter relativ selbstbestimmt Arbeitsabläufe organisieren, sind soziale Fähigkeiten wichtig. Was hilft einem Gruppenleiter die hervorragende fachliche Qualifikation, wenn aufgrund der mangelnden Fähigkeit zur Kommunikation dauernde Unstimmigkeiten mit den Kollegen auftreten. Aus dieser Erfahrung heraus bringt die Wirtschaft wesentliche Inhalte in die Bildungspläne der Kultusministerien ein. Mit Hilfe teamorientierter Lern- und Arbeitsformen sollen Schlüsselqualifikationen erworben werden, wie sie z.B. im Bildungsplan von Baden-Württemberg genannt werden: „Selbständigkeit, Verantwortungsbewußtsein, Teamfähigkeit und Methodenkompetenz.“ (Ministerium für Kultus und Sport, 1994)

Damit ändert sich das klassische Verständnis von Schule, Bildungsinhalte primär auf der kognitiven Ebene zu vermitteln. Auf Schulen und Hochschulen kommt zunehmend die Aufgabe zu, durch geeignete Unterrichtsformen wie Projektarbeit, handlungs- und problemorientierten Unterricht, die Entwicklung der Schlüsselqualifikationen „kommunikative Kompetenz“ und „Teamfähigkeit“ zu fördern. Aufgrund dieser Erkenntnis setzen sich nach und nach neue Unterrichtsformen durch. Der klassische Frontalunterricht mit Einwegkommunikation tritt deutlich in den Hintergrund oder verschwindet sogar ganz zugunsten von Formen der Gruppenarbeit. Neue Konzepte wie „freies Arbeiten“ ermöglichen kreativen Freiraum. Bei dieser Unterrichtsform stehen aufbereitete Materialien zur Verfügung und der Schüler entscheidet selbst, an welchem Thema er wie lange arbeiten will. Das Klassenzimmer wird zum Medienraum. Schüler arbeiten in kleinen Gruppen, das schult die Fähigkeit zur Projektarbeit, die später im Wirtschaftsbetrieb erforderlich ist. Dazu zählt auch das Eingehen auf Gefühle, die in der Teamarbeit auftreten. Goleman beschreibt in seinem Buch „Emotionale Intelligenz" (1995, 328) Schulmodelle, die im Unterrichtsfach „Self Science" den Umgang mit Gefühlen lehren, sowohl mit den eigenen als auch mit jenen, die in Beziehungen auftreten. Wenn die Schüler befähigt werden, die affektiven Probleme anzusprechen, werden sie später am Arbeitsplatz konfliktfähiger sein.

Auch an den Hochschulen wird zunehmend zur Teamarbeit ermuntert. Konkrete Ansätze sind gemeinsame Seminararbeiten, die mit einem Leistungsnachweis honoriert werden, oder Abschlußarbeiten, die meistens jedoch auf Partnerarbeiten beschränkt bleiben. Leider gibt es im Lehrbetrieb der Hochschulen immer noch zu viele Strukturen, die Einzelkämpfertum und Einzelleistungen „belohnen". Interessant wäre es, in diesem Zusammenhang eine Statistik zu erstellen, die beantwortet, ob herausragende wissenschaftliche Leistungen in den letzten Jahren zunehmend von Teams erbracht wurden und ob sich dies in Auszeichnungen und Ehrungen wie Nobelpreisen, Forschungsstipendien u. ä. ausdrückt.

In den Bildungsstätten setzt sich die Einsicht durch, daß es im Informationszeitalter immer weniger um Wissensvermittlung geht. Denn wir können unmöglich alles lernen und wissen, was es an Angeboten gibt. Der zuständige deutsche Bundesminister Rüttgers formuliert dies folgendermaßen: „Gerade wenn wir auf Innovationen, Flexibilität und Dynamik setzen, müssen wir Bildung wieder stärker als Persönlichkeitsbildung, denn als reinen Wissenstransfer begreifen" (1995, 46).

Innovatives Denken hat die in Deutschland schon über 30 Jahre bestehende Einrichtung „Jugend forscht" schon immer gefördert, z.B. durch Wettbewerbe in den Schulen. Der Transfer in die Industrie gelingt jedoch zu selten. Das liegt nicht an mangelden guten Ideen von Schülerinnen und Schülern, sondern am unflexiblen Umgang der Behörden, wie z.B. Patentämtern, oder an Rechtsabteilungen der Industriebetriebe, die ihre eigenen Arbeiten im F&E-Bereich vor vermeintlicher Konkurrenz schützen wollen, anstatt sich auf eine Kommunikation mit innovativen Geistern einzulassen.

Phasen eines Teams

Die verschiedenen Phasen eines Teams sind im Bild 89 aufgeführt. Der Prozeß geht über Stufen und die Funktionsfähigkeit des Teams hängt davon ab, ob die Anfangsstufen sorgfältig gelegt werden und damit für den weiteren Ablauf eine solide Grundlage bilden. Hinsichtlich Kommunikation ist in den verschiedenen Phasen unterschiedliches gefragt.

Bild 89

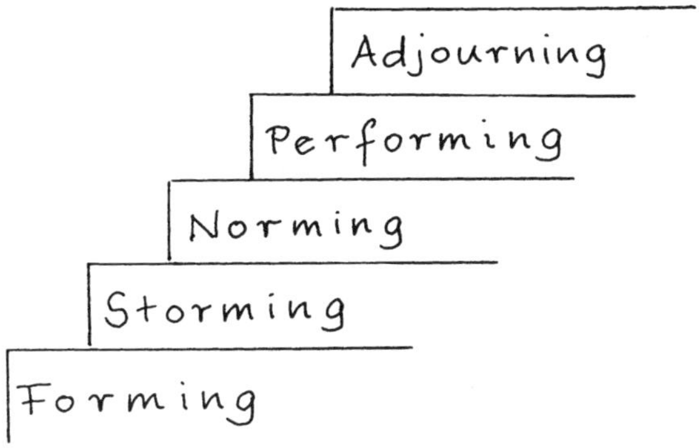

1. Forming-Phase
Hier ist ein erheblicher Kommunikationsaufwand nötig, um eine solide Beziehungsebene zu schaffen. Die Mitglieder stellen sich vor und definieren ihre Rollen im Team. Damit kommen auch ihre Interessen und Erwartungen zur Sprache und welchen Beitrag sie leisten wollen.

2. Storming
Auch in dieser Phase steht noch der Beziehungsaspekt im Vordergrund. Die Rollen und Hierarchien im Team werden geklärt. Um die potentiellen Konflikte beherrschbar zu machen, muß Metakommunikation eingesetzt werden. Sie beinhaltet Fragen wie: „Nach welchen Regeln werden Ergebnisse erzielt? Wie stellen wir sicher, daß alle zu Wort kommen?“. Zudem werden die auftretenden persönlichen Konflikte angesprochen.

3. Norming
Die Teammitglieder beginnen ihre Unterschiedlichkeit zu respektieren und wertzuschätzen. Ein Teamgeist entwickelt sich, wobei die Gefahr besteht, zugunsten der erzielten Harmonie auf sinnvollen Widerspruch zu verzichten. In dieser Phase muß der Moderator zu offener Kommunikation ermutigen.

4. Performing
Die Inhaltsebene steht ganz klar im Vordergrund. Das Team arbeitet produktiv zusammen und holt die in der Storming-Phase zur Beziehungsklärung verwendete Zeit spielend wieder auf. In der Regel sind keine Abstimmungen erforderlich; Ergebnisse werden in Konsens erzielt.

5. Adjourning
In der Phase der Verabschiedung spielt die Beziehungsebene wieder eine große Rolle. Man freut sich gemeinsam über die erreichten Ergebnisse und es fällt schwer, sich zu trennen. Die Trauer muß angenommen und verarbeitet werden, damit das Loslassen gelingt. Dies ist Voraussetzung, um bei der regulären Arbeit wieder produktiv sein zu können.

Dieser Ablauf einer gelungenen Teamaufbau und -beendigungsphase ist sicher ein Idealfall. In der Praxis ist meiner Erfahrung nach eine der Hauptschwierigkeiten, daß Teams nach „rationalen" Gesichtspunkten zusammengestellt werden und der Moderator vor der schwierigen Aufgabe steht, einem vorgesehenen Teammitglied mitzuteilen, daß es zwar fachlich sehr geeignet ist, es ihm jedoch an Teamfähigkeit mangelt oder die Aufgabenstellung dieses Teams nicht seinen Fähigkeiten entspricht. Er wird auch auf Führungskräfte stoßen, die aufgrund ihres Spezialwissens im Einzelkämpfertum Karriere gemacht haben, und es sich nun erst auf einer relativ hohen Führungsebene herausstellt, daß sie nicht teamfähig sind. Ihnen das verständlich zu machen, ist sehr schwer.

Falls Teammitglieder aus unterschiedlichen Abteilungen mit unterschiedlichen Führungsstilen kommen, stellt sich natürlich die Frage: Welcher Führungsstil wird sich durchsetzen? Soll dieses Problem offen angesprochen werden?

Dies sind zentrale Probleme, wenn es um die Einsetzung oder Bildung neuer Teams geht. Für das optimale Funktionieren eines Teams ist es wesentlich, daß ein vollständiges Teamkonzept erstellt wird, das alle Kompetenzen im Team sowie zwischen dem Team und der übrigen Unternehmensstruktur klar regelt. Eine weitere wichtige Frage: Wieviel Anlaufzeit brauchen wir, um uns aufeinander einzustellen? Vorabklärungen führen manchmal zu Ungeduld. Bemerkungen wie: „Können wir nicht endlich zur Sache kommen?", „Ich habe meine Zeit ja nicht gestohlen" oder ähnliches entwerten oft die grundlegend wichtigen Abstimmungsprozesse oder Beziehungsklärungen im Team. Hinter der Schutzbehauptung des allgegenwärtigen „Zeitdruckes" verbirgt sich die Angst vor einer Auseinandersetzung mit der vielen Teamkonflikten zugrundeliegenden Beziehungsebene. Diese Angst ist in vielen Fällen auch durchaus begründet: Ohne positive Erfahrung mit gruppendynamischen Prozessen oder die Hilfe eines professionellen Moderators führt das Eingehen auf die Beziehungsebene zu schwierigen Problemen, deren Lösung Fähigkeiten wie aktives Zuhören oder Metakommunikation voraussetzt.

Materialien für die Praxis:

Vorstellungsrunde in einem neuen Team

Es gibt viele Wege, sich gegenseitig kennenzulernen, es gibt ausgetretene Wege und sehr originelle. Ich hoffe, Ihnen hiermit einen originellen vorstellen zu können, der Barrieren abbaut und vor allem scheuen Personen entgegenkommt, weil sie sich nicht selbst vorstellen müssen. Auch die Vielredner und Selbstdarsteller bekommen natürliche Grenzen, weil sie von Anderen vorgestellt werden.

Die Teilnehmer erhalten ein Blatt, auf dem die Fragen für das Interview festgehalten sind. Alle erhalten auch ein Flip-Chart, mit dessen Hilfe sie dann ihren Partner vorstellen, unterstützt von Skizzen. Die untenstehenden Fragen sind natürlich je nach Thema des Workshops zu modifizieren.

1. Suchen Sie sich für das Interview einen Partner, den Sie nicht kennen.

2. Interviewen Sie sich gegenseitig und stellen Sie einander die nachfolgend angeführten Fragen. Notieren Sie sich stichwortartig die Antworten Ihres Partners.

Wie lautet Ihr Familien- und Vorname?, Wo wohnen Sie?, Wie lange sind Sie schon im Betrieb?, Welche Größe hat der Betrieb?, Welche Aufgaben haben Sie im Betrieb?, Was interessiert Sie an diesem Seminar besonders?, Welche Hobbys haben Sie?, Was sind Ihre Vorhaben und Pläne?

3. Bereiten Sie für die Vorstellungsrunde ein Plakat von Ihrem Partner vor, bei dem Sie die Antworten des Interviews einarbeiten. Verwenden Sie auch Skizzen und farbige Zeichnungen.

Wichtig:
- Groß und leserlich schreiben
- Farben einsetzen
- Ganzes Flipchart verwenden

Nachdem alle Teilnehmer Ihre Partner vorgestellt haben, können die Flip-Charts im Workshop-Raum aufgehängt werden.

Klares Kommunikationssetting begünstigt Teamarbeit

Effektive Kommunikation kann natürlich nicht nur organisiert oder institutionalisiert und schon gar nicht verordnet werden. Sie bedarf zusätzlicher Faktoren räumlicher und atmosphärischer Art. Das Kommunikationssetting läßt sich in Hard- und Soft-Faktoren unterscheiden.

Räumliche Strukturen als Hard-Faktoren

Der Ort, an dem eine Besprechung stattfindet, ist schon eine Aussage für sich. Findet sie in der obersten Chefetage, zwischen Tür und Angel oder in einem eigens dafür geschmackvoll eingerichteten Besprechungsraum statt? Auch das Mobiliar sowie die Bestuhlung und die Sitzordnung spielen eine Rolle. Jeder hat es schon erlebt: Die Stimmung an einem runden Tisch ist anders als an einer eckigen Tafel. Ob sich die Teilnehmer alle sehen können, ist wesentlich für die Kommunikation. Die ganze Atmosphäre des Umfeldes ist eine wichtige Einflußgröße. Deswegen finden viele Workshops berechtigterweise in gepflegten Hotels in schöner Umgebung statt.

Urban/Hauser (1993, 128) zitieren eine empirische Untersuchung, die in sieben Entwicklungsabteilungen unterschiedlichster Branchen durchgeführt wurde. Dabei wurde eine bemerkenswerte Korrelation zwischen der Häufigkeit der Kommunikation und der physischen Entfernung von Mitarbeitern untereinander festgestellt. Die folgende Grafik verdeutlicht, daß die Wahrscheinlichkeit der Kommunikation mit der räumlichen Entfernung abnimmt.

Das erstaunlichste Ergebnis dieser Untersuchung ist der steile Abfall der Kommunikationswahrscheinlichkeit. Im Vergleich zum unmittelbaren Kontakt jener Mitarbeiter, die in einem gemeinsamen Büroraum zusammenarbeiten, geht schon bei 20 Metern Distanz die Wahrscheinlichkeit der Kommunikation auf weniger als ein Drittel zurück. Daraus schließen die Autoren, „that physical layout is important if communication is to be improved. People should have offices as close as possible, and meetings should be arranged to bring people into personal contact“ (Urban/Hauser 1993, 129).

Bild 90

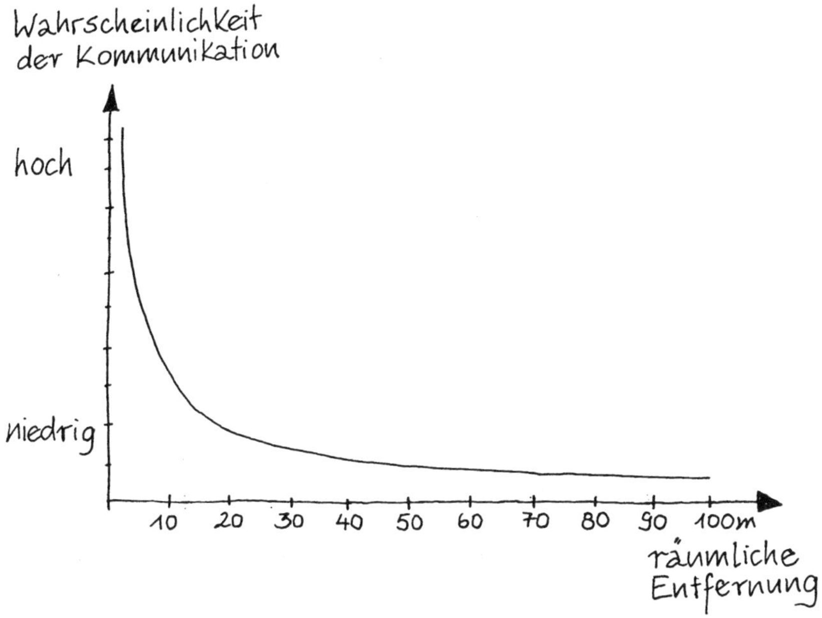

Die Autoren bemerkten in der Auswertung der Ergebnisse auch einen Zusammenhang zwischen der größeren physischen Entfernung bzw. der damit verbundenen Verringerung der Kommunikation und einem Rückgang von Kreativität.

Die bloße räumliche Nähe muß in der Praxis jedoch nicht unbedingt bessere, intensivere oder effektivere Kommunikation bedeuten. So machte wohl schon jeder die Erfahrung, daß optimale bauliche Voraussetzungen, wie zum Beispiel ein Büro Tür an Tür mit einem Kollegen, nicht unbedingt zur intensiven Kommunikation führen müssen. Der Mangel an Kommunikationsbereitschaft und -fähigkeit kann also durch günstige räumliche Gegebenheiten allein nicht kompensiert werden. Mit anderen Worten, die besten architektonischen Rahmenbedingungen, vielleicht gar eine Ausstattung mit teuren Designermöbeln und besten Lichtverhältnissen, sind für sich genommen nicht imstande, die inneren Lichter der Kreativität anzuzünden. Ausschlaggebend dafür sind günstige zwischenmenschliche Voraussetzungen. Wenn diese gegeben sind, überwinden Mitarbeiter auch bauliche Hürden. Es wird improvisiert, man sitzt auf Tischen und Bänken, was sogar den Teamgeist noch fördern kann, zumindestens kurzfristig. Langfristig sollten aber doch entsprechende architektonische Rahmenbedingungen geschaffen werden, die eine bedeutsame strukturelle Unterstützung für Teamarbeit bieten.

Daß Mitarbeiter möglichst viel in Kontakt kommen, war ein Grund unter vielen, der zur Entwicklung des Großraumbüros führte. Mit einem Betroffenen aus einem solchen Büro machte ich ein Interview. Hier gebe ich die Mitschrift seiner Gedanken in freier Form wieder:

„Vorher hatte ich in einem konventionellen Bürohaus mein Büro. Ganz allein für mich. Du weißt schon: Kilometerlange Gänge, rechts und links jeder in seiner Zelle. Das wurde von der Unternehmensleitung als absolut kommunikationsfeindlich empfunden. So zogen wir in den Neubau und wurden mit der großartigen Alternative konfrontiert: dem Großraumbüro. Das war dann doch zu groß, wie sich später herausstellte.

Es fand wenig Akzeptanz bei uns Mitarbeitern. Wir hatten das Gefühl des Ausgeliefertseins, hatten auf Licht, Klima und vieles andere keinen Einfluß, fühlten uns beobachtet. Keine Möglichkeit, Türen zu öffnen und zu schließen. Rollos zwischen den Schreibtischen gab es schon gar nicht. Sperrige Gummibäume, ein müder Ersatz. Unser Großraumbüro sah bald aus wie ein botanischer Garten. Dazwischen Aktenberge zum Verschanzen. Eine sonnige Synthese von Natur und Kultur. Dazwischen wir als arbeitende Menschen beim Versuch, eine Insel der Autonomie zu schaffen.

Konzentriertes Arbeiten beim gleichzeitigen Klingeln vieler Telefone war unmöglich. Belastend, dem latenten Kommunikationsbedürfnis einzelner Kollegen dauernd ausgesetzt zu sein. Da gab es dauernd Abgrenzungsprobleme, die durch Gummibäume nicht mehr in den Griff zu kriegen waren.

Mir fällt dazu ein Vergleich ein, den Du vielleicht komisch finden wirst: Kommunikation ist doch nur möglich, wenn ein gewisser Abstand da ist. Am leichtesten ist das beim Kuß zu illustrieren. Da ist man gar nicht mehr in der Lage zu sprechen und die verbale Kommunikation hört auf. Du siehst, man braucht ein bißchen Abstand zum Reden. Was aber ist der richtige Abstand? Wo fängt Privatheit an, und wo beginnt es distanziert zu werden? Das haben wir und die Unternehmensleitung uns schließlich auch gefragt.

Dann kam der Kompromiß, die Synthese zwischen meiner früheren Zelle und dem Großraumbüro. Es wurde uns als Kombi-Büro vorgestellt und läßt sich kurz so beschreiben: Die Einzelbüros sind jetzt um den gemeinschaftlich genutzten Raum herum angeordnet, der übrigens ganz lichtdurchflutet ist. Da ist die Tee- und Kaffeeküche und die technischen Sachen wie Faxgerät, Kopierer, Laserdrucker.

Wir sind von diesem sozialen und technischen Teil durch Glaswände abgetrennt. Will ich zu einem Kollegen gehen und sehe, daß er telefoniert, gebe ich ihm ein Zeichen, daß ich später wiederkomme. In den Gemeinschafträumen haben wir formelle und informelle Gespräche.“

Diese Gesprächsaufzeichnung demonstriert, daß bauliche Gegebenheiten die Kommunikation stark beeinflussen. Aus den unbefriedigenden Erfahrungen mit der früheren „Einzelzelle“ und dem Versuch einer Lösung durch das Großraumbüro entwickelte sich das Kombibüro. Es vereint nach Congena (1994) die Vorteile aller bisherigen Lösungen.

Die Kommunikationsarchitektur ist noch eine junge Disziplin und außerordentlich ausbaufähig. Voraussetzung dafür ist, daß viele in der Baubranche umzudenken beginnen und auch hier den Kunden, der schließlich in den Gebäuden lebt und arbeitet, frühzeitig in den Prozeß einbeziehen.

Parallel zur Arbeit am Buch war ich auch als Bauherr tätig. Viele Stunden, die ich eigentlich am Buch arbeiten wollte, brachte ich plötzlich auf meiner Baustelle zu. Das Bemühen, mein künftiges Büro nach kommunikativen Gesichtspunkten zu gestalten, drohte immer wieder an der mangelnden Kommunikationsbereitschaft der Bauleitung zu scheitern. Alsbald mußte ich einsehen, daß ich die Umsetzung meiner „Sonderwünsche“, die fast immer wie eine Obszönität aufgefaßt wurden, selbst mit den einzelnen Handwerkern abzustimmen hatte. Ich lernte also die unterschiedlichen Sprachen von Elektrikern, Installateuren, Zimmermännern, Glasern kennen und der Polier der Baustelle wurde mir zum gewieften Übersetzer. Es war für mich ein Erlebnis, wie positiv sich die Kundenorientierung des Chefs der Installationsfirma auf seine Mitarbeiter auswirkte und wie sehr ich mich dadurch als Kunde ernstgenommen fühlte.

Einzelnen Architekten gelingt es, den Auftraggeber in Planung, Konzeption und Ausführung einzubeziehen, so daß die Kundenwünsche schließlich realisiert werden. Über den ganzen Prozeß hinweg ist das eine riesige kommunikative Leistung, die in Gesprächen mit vielen Schnittstellenpartnern erbracht wird. Aus den Defiziten in der Kommunikationsfähigkeit resultiert, daß oft am Ende des Prozesses Bauherr und Architekt nicht mehr miteinander sprechen bzw. nicht selten gegeneinander prozessieren.

Da das Bauen etwas sehr Komplexes ist, wagen sich nur wenige Architekten daran, bei der Planung von Büro- und Industriebauten die „Endkunden" einzubeziehen. Daher entscheidet der externe Planer, was Mitarbeiter sehr viel besser wüßten, sei es hinsichtlich der Abläufe innerhalb des Gebäudes oder hinsichtlich der Raumfunktionen. Es entstehen vielfach schöne neue Gebäude, doch in ihnen bleiben trotz allem die alten Strukturen erhalten, neu betoniert in eine Architektur, die durch eine überkommene Grundrißplanung den Wandel verhindert. Gebäude und Raumgestaltung sprechen eine eigene Sprache, die vieles vorgibt. Jenen, die darin leben und arbeiten, wird kaum bewußt, daß diese „Sprache" ihre Verhaltensmöglichkeiten dominiert. Damit neue Ziele des Unternehmens und neue Arbeitsabläufe nicht durch Mauern behindert werden, liegt die Lösung darin, in der Planungsphase Workshops mit den Benutzern durchzuführen. Zunehmend werden sich Architekten und Bauingenieure auf einen solchen Dialog einlassen müssen, nicht zuletzt werden sie dazu durch den Wettbewerb gezwungen. Mitarbeiter können dann nicht nur wie vielleicht heute die Farbe der Fassade mitbeeinflussen, sondern haben dann auch Mitsprachemöglichkeiten bei den verwendeten Baumaterialien, Konstruktionsdetails und vor allem bei den Funktions- und Kommunikationsabläufen.

Kommunikationsverbindungen Kommunikationsstrukturen in Organisationen können durch eine abstrakte Darstellung in Diagrammform sichtbar gemacht werden und sind ein Hilfsmittel zur Diagnose des bestehenden Kommunikationsflusses. Die folgenden Grundstrukturen haben keinesfalls den Anspruch auf Vollständigkeit, da es viele Variationen und Mischformen gibt. Die Zahlen stehen für Mitglieder einer Organisationseinheit, sei es eine Abteilung oder ein Team. Die Nr. 1 steht für den Chef bzw. den Sprecher oder die betreffende Führungskraft. Die Intensität der Kommunikation bleibt bei diesen Bildern unberücksichtigt.

Bild 91

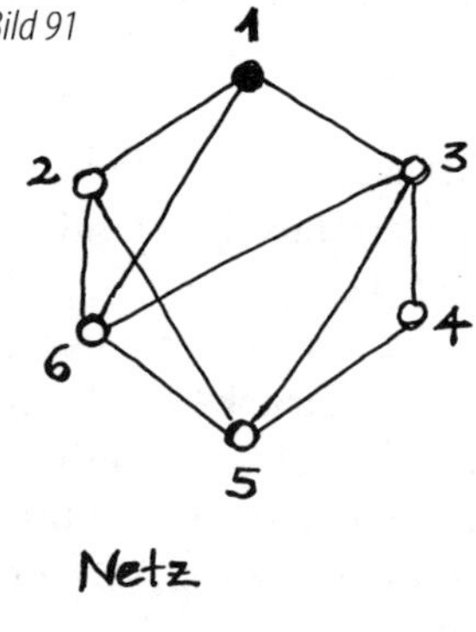

1. Netz:
Bei dieser Verbindung herrscht intensive Kommunikation – viel Senden und Empfangen – bei reger Beteiligung der Personen. Ein Vorteil ist eindeutig die Einbindung bei Entscheidungen, ein Nachteil könnte die unklare Kompetenzverteilung sein, die dann zunächst geklärt werden

muß. Wenn der Moderator der Gruppe kein guter Kommunikator ist, besteht die Gefahr, daß sich Entscheidungen verschleppen oder gar Entscheidungsunfähigkeit eintritt. Eine Rotation der Gesprächsführung bringt ein Verständnis aller für diese Rolle und stärkt die Verantwortung für den Prozeß im Team.

Bild 92

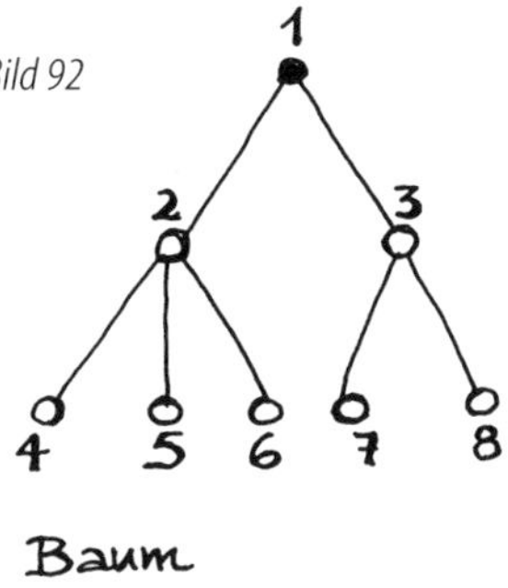

2. Baum:
Diese Darstellung zeigt die klassische hierarchische Unternehmensstruktur. Der Chef (Nr. 1) sagt etwas, die Personen 2 und 3 sind die ersten Befehlsempfänger, die die Botschaft an die Personen 4, 5, 6, 7, 8 weitergeben. Diese erhalten die Ideen von oben, gefiltert durch Nr 2 und 3. Direkte Rückfragen sind nicht möglich. Es ist anzunehmen, daß zwischen den Personen 4 bis 8 viel informelle Kommunikation stattfindet, von der die Personen 1, 2 und 3 wenig mitbekommen. Dabei gehen viele wertvolle Ideen verloren.

Bild 93

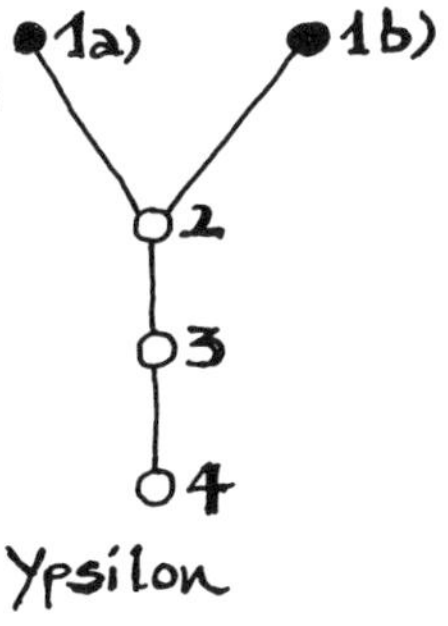

3. Ypsilon:
Hier stehen nur wenige Personen miteinander in Kommunikation, sie fühlen sich vermutlich voneinander abgeschnitten, wissen nicht, was in den anderen Abteilungen vor sich geht und sind wohl stark auf informelle Kommunikationswege angewiesen. Die Besonderheit dieses Kommunikationsmusters liegt in der Tatsache, daß es zwei Vorgesetzte gibt, wodurch die Kommunikation sicher nicht klarer wird.

Bild 94

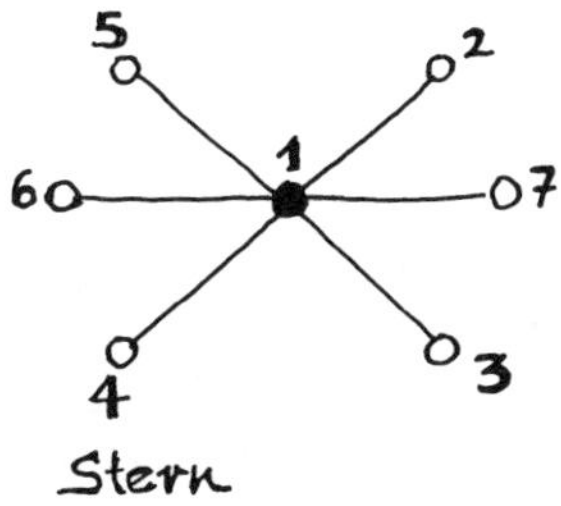

4. Stern:
Ein Modell mit einem klaren Zentrum, wobei die Nr. 1 auf Dauer sicher überfordert ist. Eindeutiger Nachteil dieser Struktur: Es gibt keine direkten Verbindungen der Abteilungen bzw. der Personen 2–7. Ein „Teamgeist“ wird sich so nicht entwickeln. In dieser zentralistischen Struktur wird die Eigenverantwortung für das Ganze nur in geringem Maße vorhanden sein.

Halten Sie kurz mit dem Lesen inne. *Kommon* wird Ihnen nun eine Übung vorstellen, bei der Sie einen Stift brauchen und eine kurze Skizze anfertigen. Alles weitere wird Ihnen *Kommon* erklären:

„Ich möchte Sie bitten, ein Blatt Papier zu nehmen und jene Kommunikationsverbindungen aufzuzeichnen, wie Sie sie in ihrer Abteilung oder Arbeitsgruppe kennen. Das darf ganz subjektiv sein. Hier gibt es kein „falsch" oder „richtig". Die obigen Zeichnungen sind lediglich als Anregung gedacht. Sie finden sich vielleicht in einzelnen Punkten oben wieder, jedoch ist Ihre Kommunikationssituation an Ihrem Arbeitsplatz ganz individuell. Ich wünsche Ihnen viel Spaß beim Zeichnen."

Wenn Sie die Skizze Ihrer derzeitigen Kommunikationsverbindungen fertig haben, stellen diese die „Ist-Verbindungen" dar.

Sie können sich fragen, ob Sie mit den von Ihnen gezeichneten Ist-Verbindungen, so wie Sie sind, zufrieden sind, oder ob Sie sich eigentlich andere Kommunikationsverbindungen wünschen. Wie würden diese aussehen? Vielleicht zeichnen Sie noch einmal eine Skizze, die Ihre gewünschten Verbindungen darstellt. Das wären dann die „Soll-Verbindungen".

Sie kennen in Ihrem Umfeld sicher jemanden, mit dem Sie diese Skizzen besprechen können. Das kann ein Arbeitskollege sein, aber auch jemand aus Ihrem Bekanntenkreis. Wenn Sie die Ist-Skizze mit der Soll-Skizze vergleichen und Ansätze sehen, Ihre Wünsche nach anderen Verbindungen zu realisieren, so nehmen Sie diese ernst. Es ist doch oft so, daß wenn man über Dinge spricht, die scheinbar festgelegt sind, sich schon dadurch Veränderungsmöglichkeiten ergeben."

Emotionale Strukturen als Soft-Faktoren

Die Soft-Faktoren sind sensibel zu managen. Sie unterstützen eine produktive Teamstimmung, in der Offenheit und Wertschätzung lebbar werden. Der Gesprächsrahmen sollte so gestaltet sein, daß die Teamteilnehmer sich sicher fühlen und wissen, daß sie auch Fehler machen dürfen.

Ein klares Setting ist eine notwendige Rahmenbedingung, um mit den eigenen Gefühlen in Kontakt zu bleiben und sich so ganzheitlich ins Team einbringen zu können. Viele erfolgreiche Manager und Berater machen das intuitiv. Aus psychologischer

Sicht nimmt ein klarer Rahmen die Angst vor Selbstverlust, er schränkt die Bedrohung ein, die durch eine zu große Palette anstehender Probleme hervorgerufen wird.

Ein klarer Gesprächsrahmen muß durch Kommunikation hergestellt werden. Ansonsten werden schnell Vermutungen angestellt, die Anderen würden schon wissen, was wir denken und wie wir fühlen oder was jetzt zu tun wäre. Dem ist aber nicht so. Es muß alles kommuniziert werden. Auch das, worüber man im Augenblick nicht sprechen will. Als mögliche Gründe könnten z. B. genannt werden: „Das Thema geht mir selbst zu nahe." Oder: „Ich fühle mich mit dem Thema überfordert." Es geht dabei nicht um Rechtfertigungen, sondern darum, sich transparent zu machen. Natürlich ist es schwieriger zu sagen, worüber man nicht sprechen will, doch auch dies ist eine Facette der kommunikativen Kompetenz, die zur Klärung des Gesprächsrahmens beiträgt.

Für die Teamarbeit ist wichtig: klare Aufgaben, klare Problemstellung, klare Zielsetzung. Es muß für alle Beteiligten deutlich sein:

- Was machen wir jetzt?
- Worauf wollen wir hinaus?
- Welche spezifischen Aufgaben haben wir zu lösen?
- In welcher Team-Phase sind wir?
- Machen wir ein Brainstorming?
- Geht es um eine Selektion?
- Sind wir beim Schreiben des Endberichts?

Konfusion ist ein Energiekiller Bei unklarem Setting entsteht Konfusion. Diese ist ein Energiekiller, weil die Energie nicht mehr zur Erfüllung einer überschaubaren Aufgabe genützt wird, sondern zur Orientierung über die Rolle innerhalb des Teams gebraucht wird. Man kommt ins Schwimmen und ergeht sich in Selbstdefinitionen. Die vorhandene Restenergie, die für die Aufgabenstellung verwendet werden könnte, wird dann noch aufgrund unklarer inhaltlicher Problemstellung verbraucht.

Die Unstrukturiertheit von bestimmten Arbeitsabläufen raubt nicht nur Zeit, sondern auch unverhältnismäßig viel Energie. In Phasen der Unstruktur kommt Unsicherheit auf.

Unsere Erfahrung bei einer Teamsitzung mit Grafikerin Sabine, Gerhard, Martin und mir als Autor: Ich muß aufgrund eines wichtigen Anrufes auf meine Baustelle fahren, so daß ich länger abwesend bin und die Gruppe plötzlich auf sich gestellt ist. Was passiert? Es kommt Verunsicherung auf. Sabine fragt: Was sollen wir in der Zwischenzeit machen, bis Bernd wiederkommt? Gerhard versucht darauf hinzuweisen, was gerade in der Gruppe abläuft und regt an, mittels Metakommunikation zu klären, wie es weitergehen soll. Martin und Sabine finden das eine gute Idee. Auf diese Art finden sie rasch einen neuen Arbeitsmodus.

Gefühle im Team Teamarbeit ohne Gefühle ist scheinbar sehr produktiv, da keine Störungen der sachlichen Arbeit durch Gefühle stattfinden. Aber in der Realität kommen die abgespaltenen Gefühle immer hervor, in jeder Beziehungssituation, so daß eine Alternative ist: keine Teamarbeit. Oder: sich auf die Gefühle einlassen, nicht nur auf die eigenen, sondern auch auf jene der Teampartner.

Bestimmte Richtungen in der Psychologie, die dazu aufrufen: „Lebe Deine Gefühle", verharmlosen die Tatsache, daß nicht nur die „schönen Gefühle" kommen, sondern auch die weniger „guten Gefühle" auftauchen. Neid, Mißgunst, Schuldgefühle und Ängste aller Art sind jene Gefühle, die auftauchen, wenn sich jemand überhaupt auf sie einläßt. Des weiteren kann auch Angst vor Verlust des Arbeitsplatzes, Angst vor Zurückweisung, Angst vor Konkurrenz, Angst vor Trennung auftreten. Das alles sind Gefühle, die stark auf unsere Kommunikation einwirken.

Die positiven Gefühle kommen oft erst nach der Phase einer Katharsis, also nach der Verzweiflung, der Wut oder dem Verlassensein. Das unkontrollierte Aufrufen zum Gefühl – im Kontext eines Wirtschaftsbetriebes – wird zu spezifischen Problemen führen, wenn der Wirtschaftsbetrieb nicht auch die Infrastruktur zur Bewältigung „destruktiver" Gefühle mitliefert. Negative Gefühle – die aber meist gar nicht bewußt wahrgenommen und noch viel seltener angesprochen oder verbalisiert werden – zeigen sich häufig durch destruktive Verhaltensformen im Team. Einige davon seien hier erwähnt:

- den Anderen auflaufen lassen
- ständige Sticheleien
- signalisieren, daß einer nur das fünfte Rad am Wagen ist
- Konsens sabotieren („also ich bin dagegen, daß...")

Dazu gehören auch Killerphrasen, die die Ideen Anderer entwerten:

- Das klingt ja ganz gut, nur... !
- Haben wir das nicht schon einmal versucht?
- Damit wollen wir uns jetzt nicht beschäftigen!
- Verkaufen wir durch diese Idee auch nur ein Stück mehr?

In solchen Teamstimmungen ist natürlich keine konstruktive Aufgabenbewältigung möglich, ganz zu schweigen von kreativer Arbeit. Aus einer solchen Situation kann der Einsatz eines Moderators heraushelfen. Dieser wird das Verhalten im Team thematisieren und schritttweise zu einem bewußten und offenen Kommunikationsverhalten hinführen.

Zum Einsatz einer Moderation

Zwei extreme Varianten einer Erstbesprechung im Team, in denen kein professioneller Moderator tätig ist, möchte ich kurz vorstellen:

Die erste Variante Beim Eintreffen im Besprechungsraum täuschen die Freundlichkeiten über alle Animositäten hinweg: die latenten Konflikte, die ironischen Schnörkel, über die gequält gelächelt wird. Die Regulierungen durch feste Verfahrensregeln, die strukturierte Agenda wird schon weiterhelfen. Manchmal entgleiten die ironischen Anmerkungen auch ins Peinliche. Wieder ein gequältes Lachen. Jetzt nur nicht den faulen Frieden ruchbar werden lassen. Hinterher können wir ja Dampf ablassen. Jetzt nur durchhalten. Es wird schon vorbeigehen. Wenn ich nur wieder in mein Büro gehen könnte.

Die zweite Variante Alle gestehen sich ihren Mangel an Halt und ihre Orientierungslosigkeit ein! Berichten sich gegenseitig, wie es zu ihrem Zustand kam, tauschen offenherzig aus, was sie bislang unternommen haben, um damit fertigzuwerden. Geständnisse über Affären und Alkohol. Der Leiter hat alles im Griff. Ein Vielerfahrener. Macht täglich solche Meetings. Er kennt den Alltag im Unternehmen. Nach dem dritten Meeting nähert man sich der Sachaufgabe. Dann aber mit Volldampf. Man ist eine verschworene Gemeinschaft. Braucht sich nichts mehr vorzumachen. Die mühseligen Rituale des Verschleierns von Tatsächlichkeiten fallen weg. Die Arbeit schreitet flott voran. Die Kreativität schäumt.

Beide Varianten sind frei erfunden. Bei der ersten sind sicherlich keine kreativen Leistungen zu erwarten, während bei der zweiten die Kreativität eine große Rolle spielt, jedoch die Gefahr besteht, daß sie nicht kanalisiert werden kann.

„Führung" durch Moderation

Teamarbeit stellt die Frage der Führung neu: „Wer übernimmt die Führung?“ oder: „Wessen Ideen kommen zum Tragen?“. Die Bedürfnisse nach Führung sind im Team sehr unterschiedlich. Der eine kann mit einer relativ freien Situation leben und fühlt sich gerade da wohl, wo er etwas improvisieren kann, der andere empfindet dies als ungeregelt und chaotisch und damit tendenziell bedrohlich, wodurch seine Möglichkeit, sich in den Teamprozeß kreativ einzubringen, eingeschränkt ist.

Es ist ein scheinbarer Widerspruch zwischen dem basisdemokratischen Anspruch eines Teams und der Tatsache, daß diese Gruppe einer Führung bedarf. Noch schwieriger wird es, wenn Teammitglieder aus unterschiedlichen Hierarchiestufen kommen. Nun sitzen sie zusammen an einem Tisch, sind eigentlich keine gleichberechtigten Partner, sollen es jetzt aber sein. Wie ist das nun mit der Führung? Jedes Team braucht doch eine gewisse Führung. Wie ist der Titel dieses „Führers“? Ist er „Sprecher“, „Moderator“, ist er eine Integrationsfigur oder ein Katalysator?

Aufgaben eines Moderators Der Moderator sorgt dafür, daß ein geordneter Ablauf gewährleistet ist und die Gespräche eine geordnete Struktur erhalten. Auf einer anderen Ebene liegt seine Aufgabe darin, sich die unterschiedlichsten Standpunkte, auch Herzensanliegen und ideologische Überzeugungen zu vergegenwärtigen. Es bedarf der Einfühlung in den biographischen Hintergrund der beteiligten Personen. Diese Fähigkeit wird derzeit nicht in Ausbildungsinstitutionen systematisch gelehrt. Die Schulung in der freien Wildbahn des Lebens ist dafür nicht die schlechteste. Ohne Lebenserfahrung ist eine solche Position kaum auszufüllen.

Ein professioneller Moderator sollte auf jeden Fall eingesetzt werden, wenn sich Konflikte im Team verschärfen und das Kommunikationsklima frostiger und immer angstbesetzter wird.

Bevor die Kommunikation schließlich ganz zum Erliegen kommt, wie es im Abschnitt „Kommunikation im Konfliktfall" beschrieben wird, kann die Moderation helfen. In einer solchen Situation ist der erste Schritt, ein gemeinsames Problembewußtsein herzustellen. Erst dadurch wird es möglich, Konflikte wirklich als Chance zu sehen und zu nutzen.

Bild 95

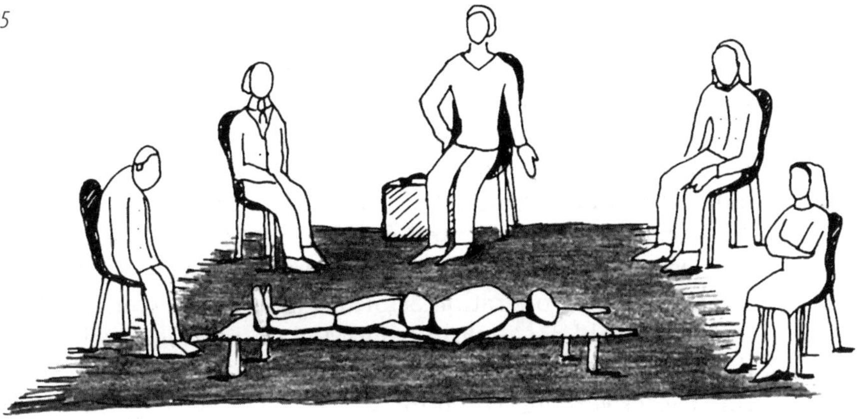

Das Bild zeigt auf, welche Stimmungen der Moderator in einem Team vorfinden kann. Einzelne vermitteln mit verschränkten Armen den Eindruck, daß sie das alles gar nichts angeht und ihnen diese „Besprechung" zu blöd ist. Sie sind dinstanziert und warten ab, was jetzt wohl kommen mag. Sie zeigen sich skeptisch und können sich nicht vorstellen, daß es was bringt: „Als ob wir nicht schon genug Ärger hätten, jetzt sollen wir auch noch darüber reden". Andere sind auf dem Sprung und haben gar keine Zeit für so etwas. Wieder andere sind total fertig, wirken geknickt, sind ganz erschrocken und bestürzt darüber, daß es in ihrem Team so große Probleme gibt und Menschen so miteinander umgehen. Sie hätten es lieber ganz harmonisch.

Bei Problemen in einem Team hilft Moderation zu unterscheiden, auf welcher Ebene der Ursprung eines Problems liegt. Wenn im Team Beziehungsschwierigkeiten hartnäckig über ein Sachthema ausgetragen werden, oder wenn Gruppenteilnehmer auf die zwischenmenschliche Ebene fixiert sind, obwohl die Lösung des Problems auf einer inhaltlichen Ebene liegt, so hilft der Moderator, dies zu erkennen und anzusprechen.

Es geht darum, bestehende Strukturen im Team aufzudecken und Probleme deutlich zu machen; des weiteren soll der Moderator ein positives Gesprächsklima fördern; das befähigt die Teammitglieder, kreativer mit der Aufgabenstellung umzugehen und bessere Strukturen einzuführen. Der Moderator legt in erster Linie Wert darauf, angstmindernde und geborgenheitsstiftende Maßnahmen zu setzen, so daß die Teammitglieder Sicherheit gewinnen und sich so auf die Aufgabenstellung einlassen können. Eine Vorbereitungsphase, in der der Moderator Einzelgespräche führt, kann dies unterstützen.

Unterstützende Methoden Mit Hilfe der mit „Metaplan" bezeichneten Technik steuert der Moderator den Gruppenprozeß auf der Grundlage demokratischer Werte. Teil der Methode ist, die Teilnehmer anzuleiten, ihre Aussagen auf Karten zu schreiben, die auf Pinn-Wände geheftet werden. Auf diese Weise werden die Aussagen komprimiert und der Gesprächsstand visuell abgebildet. Das erleichtert die Durchführung der Aufgaben im Team.

Eine solche Moderation erfordert einen kompetenten Moderator, der sowohl die Methodik der Moderation beherrscht, als auch durch seine Persönlichkeit befähigt ist, einen Prozeß zu moderieren. Dieser verlangt von ihm:

- die Fähigkeit, rein kognitiv die Beiträge von Teilnehmern zu verstehen und in Beziehung zu setzen
- Enthaltsamkeit, um den Prozeß nicht in eine von ihm selbst gewünschte Richtung zu lenken
- mit offenen Fragen den Prozeß in Gang zu halten, gegebenenfalls ihn zu dynamisieren, sei es mit sanften Methoden (z. B. den Stand der Diskussion mit eigenen Worten zusammenfassen) oder mit wohldosierten starken Methoden (z. B. eine Provokation als These zu formulieren).

Die Metaplantechnik ist sehr darauf angelegt, alle Teamteilnehmer in Kommunikation zu bringen. Zum Beispiel dienen Fragen dazu, „eine Debatte unter den Gesprächsteilnehmern auszulösen. Jeder soll neugierig gemacht werden, auf das, was die anderen in der Gruppe äußern werden, und er wird dazu stimuliert, gegenüber den anderen ebenfalls Stellung zu nehmen." (Metaplan 1988, 16)

Ein Team, das schon länger erfolgreich zusammengearbeitet hat und das durch einen Moderator solide Kenntnis der Moderation erworben hat, kann den Übergang zu einer „selbstgesteuerten Gruppen" finden, die sich nur an bestimmten Punkten der Unterstützung eines Coach's bedient.

Teamaufstellungen In Verbindung mit einem systemischen Ansatz empfiehlt Poggendorf (1997), Teamaufstellungen vorzunehmen. Sie zeigen die Beziehungen und die Struktur zwischen den Mitgliedern auf eine sinnlich wahrnehmbare Weise. Die Aufstellungen können nach sachgebundenen Kriterien vorgenommen werden, z.B. nach dem Alter der Teilnehmer (je nach Fragestellung das Lebens- bzw. Dienstalter) oder nach Kriterien, die der Auflockerung dienen, z.B. nach den Vornamen der Teilnehmer in der Ordnung des Alphabets. Hier ist der Übergang vom Moderator zum Animator fließend. „Spaß muß sein!“: Auch dieser Aspekt der Moderatorenrolle ist wichtig, denn jeder einzelne im Team soll sich wohl fühlen.

Innovativ sein: Allein oder im Team?

Das Bild vom innovativen Menschen war früher eher das des einsamen Genies: Leonardo da Vinci, der abends allein mit dem Federkiel am Stehpult Flugmaschinen skizzierte, der einsame Beethoven, der seine Missa Solemnis komponierte oder Picasso, der seine Werke auch nicht in Teamarbeit schuf. Im technischen Zeitalter kennen wir die Watts, Edisons und Wankels, die ihre Erfindungen nicht im Team machten. Diese kreativen Menschen hatten vielmehr das Kommunikationsproblem, der Umwelt ihre genialen Erfindungen zu erklären. Manche litten sehr am Unverständnis ihrer Zeitgenossen.

Heute ist die Frage bedeutsam, ob Mann oder Frau noch etwas wirklich Neues bringen kann. Unternehmen können es sich nicht leisten, einige einsame Tüftler etwas erfinden zu lassen, das in einem anderem Labor in einem anderen Weltenteil schon erfunden wurde. Deshalb gilt es, das Wissen, die Informationen, die Datenbanken, das Know-how der Welt mittels der Netzwerke moderner Kommunikationstechnologie kreativ zu nutzen. Ein kreativer Akt heute besteht darin, aus der verwirrenden Fülle an Informationen intuitiv zur richtigen Zeit schnell das Richtige für die vorliegende Problemstellung auszuwählen und im Team daraus eine eigenständige Lösung zu kreieren. Das beinhaltet viele Anforderungen, denen nur ein Team gewachsen ist.

Kreative aller Abteilungen vereinigt Euch. Von Beuys stammt der Gedanke, daß jeder Mensch ein Künstler ist, er sprach damit jedem Menschen ein kreatives Potential zu. Wer im Informationszeitalter kreativ sein will, muß auch ein Künstler der Teamarbeit sein und dort kreative Beiträge zur Lösung der anstehenden Probleme einbringen.

Das vielleicht früher bewährte Muster, im Alleingang und damit in Konkurrenz zu Anderen kreativ zu sein, ist heute nicht mehr erfolgreich. Auch traditionelle Organisationsformen, die kreative Ideen von unten nach oben in kommunikative Bahnen zu lenken suchen, die dann zum Beispiel in die Abteilung „Vorschlagswesen“ münden, sind angesichts des schnellen Wandels zu unflexibel. Für sogenannte evolutionäre Innovationen, die auf die Verbesserung bestehender Produkte abzielen, mag das Vorschlagswesen geeignet sein. Weyrich erklärt in der „Siemens-Welt“: „Bei den sogenannten Durchbruchsinnovationen kommt es mehr auf Visionen, auf Intuition und einen genügend langen Atem an. Unabhängig davon erfordern erfolgreiche Innovationen in jedem Fall eine Orientierung am Kunden, sehr oft auch Mut und Risikobereitschaft und immer auch eine kreative und offene Atmosphäre, die innovatives Denken fördert und innovatives Arbeiten zuläßt“ (1995, 8). Je nach Art der Innovation ist ein besonderes Kommunikationsverhalten notwendig. Die Frage ist, ob Durchbruchsinnovationen von Teams geleistet werden können. Es müßte ihnen gelingen, Unklarkeiten länger auszuhalten, offen zu bleiben bei unterschiedlichen Ansätzen und Vorstellungen und Mißverständnisse nicht gleich auf rationaler Ebene klären zu wollen, sondern diese als produktive Anstöße zu nutzen. In letzter Zeit wird immer öfters auch ein anderer Traditionsstrang der Kreativität, der aus der östlichen Welt kommt, aufgegriffen. In vielen Workshops wird versucht, westliche und östliche Techniken miteinander zu verbinden. Eine produktive Durchdringung zeigt sich z. B. in der Verknüpfung von Brainstormings mit meditativen Phasen.

Das bekannte Phänomen, daß gleiche oder ähnliche Innovationen an verschiedenen Orten der Welt zur gleichen Zeit entstehen, so, als ob es unsichtbare Kommunikationssysteme gäbe, in denen Informationen laufen, die von kreativen Menschen aufgenommen werden, ließe sich vielleicht mit der Theorie des morphogenetischen Feldes, so wie sie Sheldrake (1996) beschreibt, erklären. Das ist natürlich nur eine These. Sicher ist, daß viele Erfinder nicht mit physischen Kommunikationssystemen in Verbindung standen, wie es sie heute gibt, z. B Internet oder andere globale Informationsnetze. Und trotzdem arbeiteten sie an gleichen oder ähnlichen Erfindungen. Es ist, als ob diese in der Luft lagen und die Zeit dafür reif war.

Kreativität hat ihren Preis

In einem Interview mit einem Werbegrafiker besprach ich den Gedanken von Beuys, daß jeder ein Künstler sein könne und ob und wie dies in den betrieblichen Alltag umzusetzen wäre. Mein Gesprächspartner machte dazu einige einschränkende Anmerkungen, die ich hier in loser Form wiedergebe.

„Voraussetzung, um kreativ zu sein, ist der Zugang zum eigenen Seelenreich. Der ist oft verschüttet, mit so einer Art Seelenmüll. Und wenn man wirklich mal dran ist beim kreativen Arbeiten, dann kommt man doch tatsächlich mit diesem Müll in Berührung. Mir jedenfalls macht das immer Probleme. Ich kann Dir leider keine bessere Auskunft dazu geben: Wenn Du kreativ sein willst, kommst Du zuerst mit Deinen Seelenverkrustungen in Berührung. Und ich muß Dir gleich sagen: Das Lösen dieser Verkrustungen ist wie Austern öffnen. Es knackt so und tut weh. Wenn Du den Schmerz scheust, dann wird´s nicht viel werden mit Deiner Kreativität. Ich wünsch´ Dir auf jedenfalls viel Mut. Den brauchst Du nämlich. Langfristig gesehen kommst Du eh nicht drum herum. Denn einmal bist Du soweit, daß Dein Innerstes kreativ sein will. Es sei denn, Du willst Dein ganzes Leben einfach nur überleben. Aber wenn´s einmal von innen durchbricht, schiebt es den Seelenmüll nur so vor sich her. Du, da gibts dann links und rechts Seitenmoränen, daß man nur so schaut. Die machen sich gar nicht gut im Persönlichkeitsprofil. Viele meiner Kollegen versuchen, ihre Macken abends immer wegzuschwemmen. Andere versuchen, sie zu begrünen. Geht alles nicht so gut. Bei Bewerbungsgesprächen sind solche Moränen aber echt ein Problem. Das Beste ist noch, sie als Zubehör eines richtigen Kreativen hinzustellen.

Wer mit diesen lästigen Müllmoränen absolut nicht in Berührung kommen will, dem bleiben als Alternative sogeannte Kreativitätstechniken. Du, da kommt was raus! Es sind meist nur Hirntechniken, die das Seelische nicht berühren. Und so kommt man über eine kreative Kriechspur kaum hinaus. Deshalb sage ich immer: Ohne ehrliche Arbeit an sich selbst läuft nicht viel und „Kreativität“ bleibt nur ein Schlagwort. Charlie Parker, Du weißt schon, der Jazzmusiker, sagte immer: „Was Du nicht erlebt hast, kommt auch nicht heraus aus Deinem Horn“. Und der hat Recht.

Du, dann gibts aber noch ein anderes Problem: Als Kreativer bist Du in der Firma ein Fremdkörper, bist mindestens befremdlich. Bist ja nonkonformistisch und wirst als Unbequemer gesehen. Manchmal habe ich das Gefühl, die würden mich am liebsten aus der Firma rauswerfen; doch ich weiß natürlich: ohne solche kreativen Typen wie mich können die ja zusperren.

Als Kreativer hab ich einfach eine bestimmte Offenheit; mein Bedürfnis nach Führung ist natürlich gelinde gesagt gering. Ich schau, daß ich mich selbst führe.

Wenn Du emotional einigermaßen gut mit Dir zurechtkommst, hast Du auch die Grundvoraussetzung für Kreativität. Da mußt Du nämlich ein Problem erst mal als Problem erkennen und aushalten. In seiner ganzen Komplexität. Da ist emotionale Belastbarkeit gefragt. Das merk' ich sofort bei Besprechungen im Team, wie dann Andere immer schnell nach kurzatmigen Lösungen hecheln. Bringt doch nix, wenn man diese Tüftler und Bastler ranläßt. Eigentlich Narzißten, die nur ganz punktuell kreativ sind, am wenigsten den Spannungsschmerz aushalten und versuchen, sich schnell zu profilieren."

Aus den Ausführungen meines Gesprächspartners könnte man entnehmen, daß nonkonformistisch und kreativ sein fast das Gleiche ist. Kreativität heißt vorgegebene Formen zu verlassen, daher kann sie zunächst nicht dem Bestehenden gegenüber konform sein.

Narzißmus behindert Teamarbeit

Narzißmus – ein vieldeutiger und ambivalenter Begriff. Umgangssprachlich als egoistische Selbstbezogenheit verstanden, fixiert auf das eigene Ich. Der Narzißt ist ein scheinbar in sich selbst Verliebter, der in allem sich selbst sieht. Die Vieldeutigkeit des Begriffes zeigt sich auch in der Rede von einem „gesunden Narzißmus". Im psychologisch-pädagogischen Kontext wird hinter dieser Ego-Erscheinungsform eine tiefsitzende Störung gesehen, bei der die äußeren Verhaltensformen als Symptome einer Störung in der frühen Kindheit begriffen werden.

Viele Menschen haben eine Verwundung aus der Kindheit in sich, die darin besteht, daß die natürlichen Bedürfnisse des kindlichen Selbst – dies sind die narzißtischen Bedürfnisse – nicht befriedigt wurden. Diese Wunde, die Schellenbaum (1994) als „die Wunde der Ungeliebten" bezeichnet, führt zu einer emotionalen Fixierung, die die ganze Persönlichkeit in den Bann zieht und das Erleben stark beeinflußt. Das Verhältnis zur Außenwelt ist behindert, woraus sich viele Probleme ergeben. Eines davon ist die Schwierigkeit, das angemessene Verhältnis von Distanz und Nähe zu finden. Ein anderes Problem: Andere kontrollieren wollen und sich selbst nicht kontrollieren lassen. Das kommt zum Ausdruck in Sätzen wie: „Ich laß mir doch von dem nicht in die Karten gucken“! Dahinter steckt ein Schutzbedürfnis. Die aufgebaute Großartigkeit darf nicht in Frage gestellt werden. Deshalb wird auch nichts unternommen, was die eigene Großartigkeit in Frage stellen könnte. Dahinter jedoch verbirgt sich die Angst, die eigene Bedürftigkeit zu spüren.

Auf dieser Basis ist es schwierig, sich auf einen partnerschaftlichen Prozeß einzulassen. Ein Narzißt hat Mühe, symmetrische Kommunikation zuzulassen. Eher weist er dem Anderen Rollen der Unterlegenheit zu. Dies soll ihm sicherstellen, der Obere zu bleiben. So entsteht eine unsichtbare Hierarchie im Team, die jedoch schwer in Frage zu stellen ist. Denn es kommt die geringe Bereitschaft und Fähigkeit zur Auseinandersetzung hinzu. Er oder sie zieht sich zurück, kommt erst zu spät zu Teamsitzungen, dann gar nicht mehr. Sich nicht genügend wertgeschätzt fühlen ist eine Facette von Narzismus. Dies ist eine tiefsitzende Beziehungsstörung, die sich als Kommunikationsstörung manifestieren kann. Der Andere wird nicht als Anderer wahrgenommen, sondern als Verdoppelung, als Spiegel, als Projektionsfläche seiner selbst. Über den Anderen wird etwas ausagiert, was zu einem selbst gehört.

Schon beim griechischen Narziß kann von einer tiefgreifenden Beziehungsstörung gesprochen werden; er fällt auf sich selbst rein und ertrinkt in sich.

Was macht der Moderator oder der Hauptverantwortliche in einem Team, wenn ein Teammitglied eine narzißtische Struktur aufweist und sich somit als beredter Kommunikationsverhinderer erweist? Ein psychologisch geschulter Moderator kann vermutlich damit umgehen, spricht es an, ohne bloßzustellen. Ein ungeübter Moderator wird mit Mitarbeitern, die eine narzißtische Persönlichkeitsstruktur aufweisen, so umgehen, wie häufig in der betrieblichen Praxis mit ihnen umgegangen wird: Der Kontakt bleibt auf das Minimum beschränkt, sie werden isoliert und möglichst aus Teams herausgehalten.

Kommunikation mit Suchtkranken Im Team kommen schneller Probleme zutage, die gesellschaftlich bedingt sind. Bei der Einzelarbeit im eigenen Büro können bestimmte Verhaltensweisen leichter kontrolliert werden, vor allem wenn es Dinge betrifft, die in der Gesellschaft tabuisiert werden. Dazu gehört der Umgang mit Alkohol. In der Bevölkerung liegt die Alkoholikerrate bei ca. 5%. Die Fachliteratur legt nahe, einen ähnlichen Prozentsatz in der Belegschaft anzusetzen. Das bedeutet, daß in nahezu jedem dritten Team der Teamleiter mit einem alkoholabhängigen Mitarbeiter konfrontiert sein könnte.

Natürlich wäre es günstig, wenn jeder Teamleiter die Fähigkeit hätte, mit alkoholabhängigen Mitarbeitern adäquat umzugehen, wozu es einer fundierten Kenntnis des Suchtgeschehens bedarf. Das kann von einer Führungskraft nicht automatisch erwartet werden. Sicher haben Führungskräfte die gängigen und weitverbreiteten Vorurteile bezüglich Alkoholikern überwunden und wissen, daß es eine Erkrankung ist. Die Suchtproblematik ist ein komplexes Geschehen. Bei den stoffgebundenen Süchten, wie bei Alkoholismus oder Medikamentenabhängigkeit, ist die Angelegenheit schon schwierig, noch schwieriger wird es bei den nichtstoffgebundenen Süchten, von denen z. B. Workaholiker betroffen sind. Wie bei der Machtsucht ist der Suchtcharakter auch hier auf den ersten Blick wenig offensichtlich, und deshalb ist damit noch schwieriger umzugehen.

Im Kommunikationprozeß mit einem alkoholabhängigen Mitarbeiter sind Vorwürfe, moralische Appelle und ähnliches nicht zielführend. Und doch müssen Teamleiter, so sie auch Führungskräfte sind, tätig werden, denn sie sind im Rahmen ihrer Aufgabe auch für Mitarbeiter verantwortlich. Eine Führungskraft, die nachweislich vom Suchtproblem eines Mitarbeiters weiß, kann zur Verantwortung gezogen werden, wenn diesem auf dem Heimweg ein Unfall passiert.

In der Kommunikation mit einem Suchtkranken ist es wichtig, sich bei sinkender Arbeitsleistung in den ersten Besprechungen nur auf das Arbeitsverhalten zu beziehen. Andernfalls ist die Gefahr groß, in die persönliche oder familiäre Problematik verstrickt zu werden. Es ist vielleicht gut gemeint, doch eine Laientherapie ist nicht nur nicht hilfreich, sondern für beide Teile schädlich.

In dieser ersten Phase sollte die Führungskraft, so sie den Verdacht auf Alkoholmißbrauch hat, im Gespräch mit dem Betroffenen nur ganz konsequent das Arbeitsverhalten ansprechen und nach ca. 6 Wochen wieder einen Termin vereinbaren. Sollte sich bis dahin hinsichtlich der Arbeitsleistung nichts verändern, so ist es ratsam, in das nächste Gespräch einen betriebsinternen Vertrauensmann einzubinden, dieser kann aus dem betriebsärztlichen oder -psychologischen Dienst kommen, aus dem Betriebsrat oder aus dem Personalbereich. Im Verlaufe des Gesprächs sollte das Thema Alkohol angesprochen werden, z.B. in einem Satz wie: „Wir haben nun zwei Mal Gespräche über ihr Arbeitsverhalten geführt. Es hat sich diesbezüglich nichts geändert. Aufgrund meiner Beobachtungen vermute ich, daß ein Problem mit Alkohol vorliegt.“ Einige Angebote aus dem betriebsärztlichen Dienst und spezifische Beratungsstellen sollten erläutert und ein neuer Termin vereinbart werden.

Das Suchtverhalten kann nur durch die Einsicht und den Veränderungswillen des Betroffenen durchbrochen werden. Diese kommen meist nur durch Leidensdruck zustande, der durch massive Maßnahmen wie der Androhung einer Kündigung ausgelöst werden kann.

Wenn in den Gesprächen keine klare Sprache gesprochen wird, besteht die Gefahr, daß z.B. eine längerfristige Dreiecks-Kommunikation zwischen Führungskraft – Betriebsrat – Betroffenem stattfindet, bei der bald niemand mehr weiß, wer eigentlich der Betroffene ist. Deswegen ist es ratsam, schon in frühen Phasen einen spezifisch ausgebildeten Berater hinzuzuziehen.

Interdisziplinäre Teams

Die Kommunikation in einer Gruppe wird nicht nur durch die unterschiedliche Abteilungsherkunft oder die Hierarchie beeinflußt, sondern auch durch Unterschiedlichkeit der Gruppenmitglieder in ihren verschiedenen Persönlichkeiten. Es ist bekannt, daß die Eigenheiten jedes Menschen Auswirkungen auf die Zusammenarbeit im Team haben. Um dies zu verdeutlichen, möchte ich mich der Bilder aus der Märchenwelt bedienen, in der die verschiedenen menschlichen Charaktere mit Hilfe von Symbolen aus der Natur- und Tierwelt sinnfällig gemacht werden.

Unterschiedliche Persönlichkeitstypen

Stellen Sie sich vor, wie diese unterschiedlichen Charaktere (Bild 96) als interdisziplinäres Team zusammenkommen und sich verständigen müssen. Es sind zum Teil einige „Mitarbeiter“ der Bremer Stadtmusikanten, die mit Vertretern anderer Abteilungen gemeinsam eine Aufgabe zu lösen haben. Die Beschreibung der Runde beginnen wir von links nach rechts:

Der Kollege Esel ist störrisch, arbeitsam und ein echter Durchhalter, wenn andere schon längst aufgegeben haben. Kollege Hund ist Befehlsempfänger und wacht treu darüber, daß den

Bild 96

Weisungen des Chefs gehorcht wird. Kollegin Katze ist bereitwillig, zugleich aber widerspenstig und verfolgt eigenwillige Ideen. Herr Hahn ist der große Ideenbringer und verkündet sie auch vorlaut. Soweit die Kollegen aus Bremen.

Herr Frosch ist eine zentrale Figur. Er besitzt die goldene Kugel, d.h. die Lösung der Problemstellung. Leider ist er auch ein schwieriger Partner, ekelhaft und fordernd.

Aus der Abteilung „Wald" kommt per se schon eine konfliktträchtige Konstellation: Herr Wolf und zwei junge Teammitglieder, die aus der siebenköpfigen Designabteilung delegiert wurden. Diese beiden sitzen, das bringen sie schon aus ihrem gewohnten Umfeld mit, ängstlich, brav und schüchtern in der Runde, halten aber zusammen und stärken sich gegenseitig. Kollege Wolf läßt an seinen Absichten wie üblich keinen Zweifel. Seine Durchsetzungsfähigkeit hat viele Facetten. Unangenehm ist nur, daß aufgrund seiner verschlagenen Art immer mit seiner Gefährlichkeit gerechnet werden muß.

Modelle in der Persönlichkeitspsychologie Unterschiedlichste Modelle versuchen das Phänomen die Verschiedenheit von Charakteren zu erklären. Einzelne Theorien beschäftigten sich mit der Temperamentslehre, die die Menschen in vier Gruppen einteilt und die demnach einen sanguinischen, melancholischen, cholerischen oder phlegmatischen Wesenszug haben. Dieser Ansatz wird immer wieder als Ausgangspunkt aufgenommen und variiert. So beschreibt Renftle (1980) im Kontext der Temperamentslehre die Persönlichkeit von Ludwig II. und zieht Verbindungen zu dessen Schloßbauzyklus. Andere Charaktertypen beschreibt Riemann (1995) in seinem Buch „Grundformen der

Angst". Freud und Jung leiten ebenso aus theoretischen Überlegungen Persönlichkeitstypen ab. Mit diesen psychologischen Typisierungen lassen sich bestimmte Fragestellungen durchaus bearbeiten, wobei einzelne Modelle als überholt gelten. So z.B. die Typenlehre nach Kretschmer: es ist zwar möglich, athletische Männer auszumachen, schwieriger aber ist es, pyknische oder leptosome Frauen zu beschreiben. Diese Typenlehre ist ein Beispiel aus Zeiten, in denen der Mann als Ausgangs- und Endpunkt psychologischer Wissenschaft synonym für Mensch gesetzt und damit die Hälfte der Menschheit – die Frauen – ausgeblendet wurde.

Die Kommunikationsforscherin Satir unterscheidet vier Persönlichkeitstypen, die durch spezifische Haltungen in ihrer Kommunikation gekennzeichnet sind:

- Beschwichtiger
- Ankläger
- Rationalisierer
- Ablenker

Damit wird deutlich, daß die Kommunikation sehr eng an die Persönlichkeitsstruktur gekoppelt ist. Ein anderes Persönlichkeitsmodell ist die Astrologie mit ihren 12 Tierkreiszeichen, die weniger in der Wissenschaft beheimatet ist, aber umso mehr Anhänger in der Praxis hat. Den Menschen werden da bestimmte Eigenschaften und Verhaltensweisen zugeordnet: Der Löwe ist einer, der gerne dominiert, der Krebs zieht sich zurück; es gibt den stichelnden Skorpion mit starkem Gerechtigkeitssinn und den sturen aber zielstrebigen Steinbock. Man hört immer wieder, daß in Unternehmen astrologische Gutachten von Mitarbeitern erstellt werden, um z.B. Chancen und Risiken der Zusammenarbeit besser einschätzen zu können. Inwieweit dies Gerüchte sind, ist schwer einzuschätzen, da darüber nicht offen gesprochen wird.

In der Trivialliteratur finden sich diverse „Rezeptbücher", wie mit verschiedenen Menschentypen umzugehen sei. Vielleicht findet mancher darin Hilfestellung, die Beschreibungen von Verhaltensweisen bestimmter „Typen" sind aber meist oberflächlich. Die Rezepte haben eher den Charakter von Manipulation. So wird z.B empfohlen, den „Redseligen" in der Gruppe taktisch zu unterbrechen oder seine Redezeit zu begrenzen oder den Typus des Kritikers in einem toten Winkel des Tisches zu plazieren.

Solche Maßnahmen sind vielleicht hilfreich für eine schnelle Symptombekämpfung, auf Dauer wird jedoch damit kein Teamklima erzielt, in dem erfolgreich kommuniziert werden kann. Meine Empfehlungen sind zugegebenermaßen schwieriger, wenn man an anspruchsvolle Kommunikationstechniken wie Metakommunikation denkt, bei der versucht wird, das eigentliche Anliegen des Gesprächsteilnehmers herauszuarbeiten und ihm zu helfen, sich dessen auch selbst bewußt zu werden.

Nehmen wir noch einmal einen sogenannten „Kritiker": Im Gespräch auf der Metaebene geht es darum, ihm erst einmal zurückzuspiegeln, wie die anderen seine Kommunikationsweise erleben. So hört er vielleicht zum ersten Mal, daß seine Art den Prozeß blockiert und es für die anderen erschöpfend ist, dauernd auf seine Kritik einzugehen. Wenn ihm die Struktur seiner Kommunikation aufgezeigt wird, kann sie ihm bewußt werden und ist damit einer Veränderung zugänglich. Im Gespräch mit einem solchen „Kritiker" kommt vielleicht heraus, daß er sich aus Angst, in der Gruppe nicht wahrgenommen zu werden, dauernd mit kritischen Äußerungen zu Wort meldet, die meist Reaktionen mit starker Energie hervorrufen. Es zeigt sich möglicherweise, daß dieser Teilnehmer selbst darunter leidet, sich auf diese Art Gehör zu verschaffen und nicht, wie es vielleicht einem anderen Teammitglied möglich ist, durch kreative Beiträge. Wenn eine solche Metakommunikation gelingt, ist leicht vorstellbar, daß sich dieser als „typischer Kritiker" bezeichnete Teamkollege verändern kann. Zwar wird er noch das eine oder andere Mal in die alte Rolle zurückfallen, doch er wird nie mehr der alte Kritiker werden. Denn Selbsterkenntnis ist ein irreversibler Prozeß. Dieses Beispiel zeigt, daß Metakommunikation keine zeitraubende Störung bei der Aufgabenstellung ist, sondern eine Lernerfahrung darstellt, sowohl für den Betroffenen, als auch für die ganze Gruppe.

Ich gebe in diesem Buch keine Empfehlung hinsichtlich einer bestimmten Persönlichkeitstheorie, sage also nicht auf astrologischer Basis, man solle keine drei Löwen in einer Arbeitsgruppe tätig sein lassen und Skorpione stets links außen am Besprechungstisch plazieren. Die Persönlichkeitspsychologie konnte sich bislang, trotz intensiver Forschung auf dem Gebiet der Typenlehre, nicht auf ein grundsätzliches Modell einigen. Die Kategorisierung von Persönlichkeitstypen ist angesichts der Komplexität des menschlichen Erlebens und Verhaltens sehr schwer bis unmöglich. Daher muß ich jeden Leser bitten, sich auf eigene Erfahrung und auf eigenes Gespür zu verlassen.

Verschiedene Kulturen und Sprachen

In der Praxis besteht immer mehr die Notwendigkeit, interdisziplinäre Projektteams ins Leben zu rufen, in denen die Beteiligten aus unterschiedlichsten Abteilungen kommen. Die Mitarbeiter aus der F&E, der Produktion, dem Marketing, Design, Beschaffungswesen u.a. gehören den verschiedenen Bereichskulturen an, und haben unterschiedliche Interessen, Meinungen und Sprachstile.

B *Beim Buch waren sehr unterschiedliche Mitarbeiter eingebunden: Jene, die künstlerisch arbeiten wie die Grafikerin, rational denkende Mitarbeiter, die die Logik des Aufbaues kritisch untersuchten, Mitarbeiter aus dem Verlag, die an der Realisierung des Projektes als Ganzes interessiert sind. Es war oft nicht leicht, die widerstreitenden Interessen herauszufinden, und zugleich schwierig, sie auszugleichen und dem übergeordneten Ziel, nämlich der Erstellung des Buches, unterzuordnen.*

Wie sieht das aus, wenn z.B. Mitarbeiter aus nur zwei Abteilungen zusammenkommen? Etwa aus dem Marketing und der Produktion. Wenn diese Gruppen in Hinblick auf eine gemeinsame Aufgabenstellung zusammenarbeiten und die Unterschiede nicht berücksichtigt werden, sind bestimmte Konflikte vorprogrammiert, weil auch andere Ziele und Präferenzen vorhanden sind. Die Mitarbeiter der Produktion beobachten zum Beispiel eine emotional geführte Diskussion als „Streit“ und interpretieren sie als teamunfähiges Verhalten. Die Marketingleute bemängeln vielleicht die autoritären Strukturen und fühlen sich gegängelt. Bevor überhaupt thematisch an der Aufgabenstellung gearbeitet werden kann, müssen die Mitarbeiter mit solchen Irritationen zurechtkommen.

Interdisziplinärer Round-Table Komplexe Aufgabenstellungen werden in der Praxis immer häufiger durch den Einsatz eines sogenannten „Round-Table“ bearbeitet. Stellen wir uns vor, daß neben den Mitarbeitern aus der Produktion und dem Marketing noch einer aus der Konstruktionsabteilung und ein Mitarbeiter aus der Werbung hinzukommen. Für den letzteren hat beispielsweise das sogenannte Unbewußte bei seiner Arbeit eine große Bedeutung. Er arbeitet viel mit dem Unbewußten, sowohl mit dem eigenen, als auch mit dem der potentiellen Kunden. Für den Mitarbeiter aus der Konstruktionsabteilung hat das Unbewußte

Bild 97

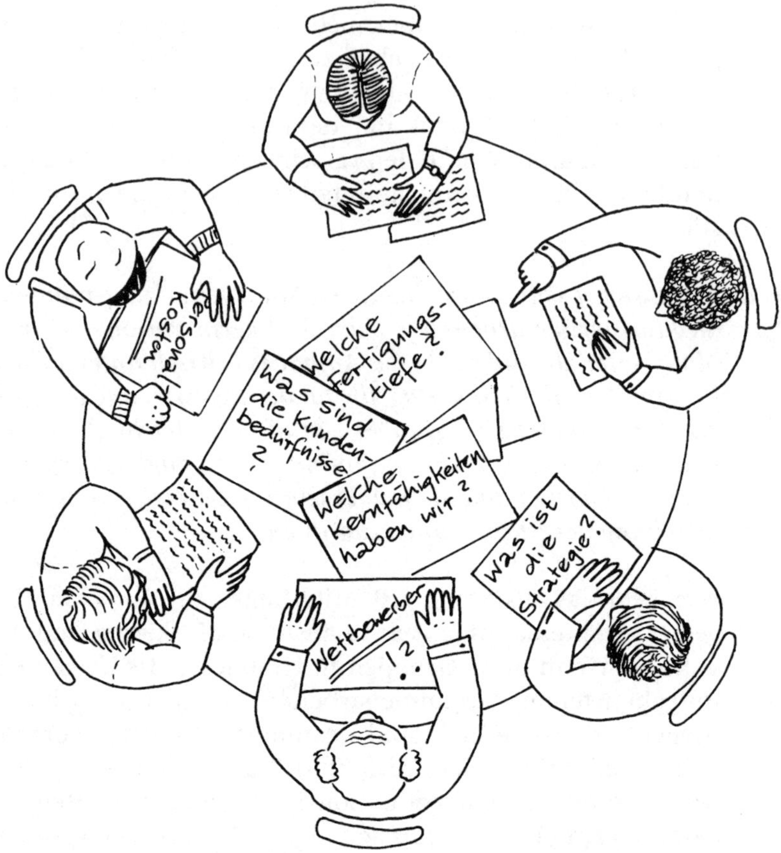

keine Bedeutung, darf es bei seiner Arbeit gar nicht haben. So wird verständlich, daß, wenn in einem Unternehmen der Konstrukteur und der Werbefachmann an einem Tisch sitzen, sich Verständigungsprobleme ergeben, deren Überbrückung nicht immer gelingt. Sprachprobleme können zum Beispiel auch mit einem EDV-Spezialisten aus der Informatikabteilung auftreten, der mit am Tisch sitzt und über sein neues Projekt spricht. Seine Fachsprache, die in seiner Abteilung durchaus verständlich und nützlich ist, wird von Mitarbeitern anderer Abteilungen oder Bereiche als EDV-Chinesisch wahrgenommen. Damit seine Ausführungen auch für Nichtfachleute verständlich werden, muß er sie in eine allgemein verständliche Sprache übersetzen.

Die Mitarbeiter am Tisch werden entsprechend ihren spezifischen Abteilungsinteressen kommunizieren. Es ist verständlich, daß jeder seinen Bereich optimieren will und dies als legitim und notwendig sieht. Die unterschiedlichen Interessen werden jedoch nicht immer ausgesprochen, außer daß sich alle auf einen ganz allgemeinen Nenner einigen und sagen, wir wollen das Beste für den Betrieb. Es könnte daher unterstellt werden, daß alle das Gleiche wollen. Bei näherem Hinsehen gibt es jedoch strukturell bedingte unterschiedliche Interessen.

Interessengeleitete Kommunikation

Wenn bereichsübergreifende Fragestellungen bearbeitet werden, bei denen mehrere Abteilungen involviert sind, haben die Vertreter von Abteilungen auch spezifische Interessen. Mit anderen Worten: Deren Kommunikation ist immer mehr oder weniger interessengeleitet. Beim Zusammenkommen unterschiedlicher Interessen liegt die Herausforderung darin, die Gemeinsamkeiten in den Interessen herauszuarbeiten, um einen Konsens zu erreichen. Hier sollen lediglich einzelne Abteilungsinteressen beispielhaft aufgelistet werden:

Design-Interessen Designer sind an sich schon auf interdisziplinäre Arbeit eingestellt. Sie müssen die „hard facts" wie Funktionalität, Produzierbarkeit, Stückzahl und Preis mit den „soft facts" wie emotionale Aufladung, spannende Funktionalität und technische Faszination, die das Produkt für den Kunden aus dem Warenallerlei herausheben sollen, vereinbaren. Wenn sie sich zu sehr auf den Kunden einstellen und zu wenig die Interessen der Produktion berücksichtigen, entsteht ein Interessenskonflikt. Wenn ein Designer am Round-Table öfters darauf hinweist, daß es darum gehe, den Produkten Identifizierungsbedeutung zu verleihen, so wird dieses Interesse von den Anderen nicht so schnell geteilt.

F&E-Interessen Die Mitarbeiter im F&E Bereich orientieren sich an den Erkenntnissen der Naturwissenschaft. Die wissenschaftlich interessante Fragestellung steht häufig im Vordergrund, ohne gleich nach der Endverwendung und Wirtschaftlichkeit zu fragen. In einem chemischen Betrieb entwickeln z.B. die F&E Mitarbeiter ein ganz neues Verfahren. Ihr Interesse liegt darin, dies auch in der Produktion zu implementieren. Ein mit am Tisch sitzender Controller könnte das neue Verfahren (das ihn persönlich nicht fasziniert) ablehnen. Er argumentiert vielleicht damit, daß es alle nachfolgenden Produktionsvorgänge ändert und dies hohe Folgekosten nach sich zieht.

Technik-Interessen Die Techniker, die bestimmte Vorgaben zu realisieren haben, sind an ihre technischen Bedingungen und Machbarkeiten gebunden, den Eigengesetzlichkeiten ihres Materials. Es steht die Optimierung der Technik im Vordergrund, weniger die Form- und Ästhetikfragen. Für sie ist die Funktionalität wichtig. Gut vorstellbar ist, daß der am gleichen Tisch sitzende Designer diesbezüglich anders denkt.

Juristen-Interessen Gesetzliche Bestimmungen müssen eingehalten werden, vor allem in Zeiten verschärfter Produkthaftung. Diesbezüglich muß der Jurist am Tisch erst einmal Problembewußtsein schaffen und diese Themen angemessen im Gespräch vermitteln. Andere am Tisch haben vielleicht Mühe, die Juristensprache nachvollziehen zu können, z.B. wenn erklärt wird, welche Möglichkeiten Kunden wahrnehmen, Regressansprüche zu erheben.

Controller-Interessen Für den Controller muß das Ergebnis stimmen, Kosten und Erlöse müssen in einem guten Verhältnis stehen und die Zahlenstruktur soll transparent werden. Kostenverursacher am Tisch werden aufgefordert, für ihre Pläne Argumente zu liefern, die sich auch mit Zahlen belegen lassen.

Marketing-Interessen Diese Mitarbeiter wollen ein planbares, zeitgemäßes Produkt. Sie fragen sich, wie es in eine Linie paßt und wie die Werbung aussieht, damit es sich gut verkaufen läßt. Sie wollen an dem Produkt verdienen, wobei die technischen Finessen nur als Verkaufsargumente von Bedeutung sind. Ein Mitarbeiter aus der Produktion sieht dagegen wieder andere Schwerpunkte.

Die Aufzählung der Interessen ließe sich noch ergänzen durch weitere Abteilungen, die bei einem Round-Table – je nach Aufgabenstellung – beteiligt sind. Sie haben das im Abschnitt „Team" schon gelesen. Neben den unterschiedlichen Interessen können auch subtilere Barrieren die Teamarbeit behindern. Die schon angesprochenen unsichtbaren Hierarchien gehören dazu.

Auch beim Buch-Projekt bestehen unterschiedliche Interessen. Als Autor möchte ich bei der Textproduktion nicht unter Zeitdruck stehen, der Verlag jedoch braucht für seinen Produktionsbetrieb ein kalkulierbares Datum und ist daran interessiert, das Buch zeitgerecht auf den Markt zu bringen. Bei Gesprächen innerhalb des interdisziplinären Buch-Teams kommen durch die verschiedenen Fachbereiche und die unterschiedlichen Kompetenzen Interessenskonflikte auf.

Zusätzlich sind persönliche Interessen involviert: Der eine will im Rahmen des Buchprojektes seine persönliche Weiterbildung verfolgen, die andere sucht Abwechslung durch Beschäftigung mit dem interessanten Thema Kommunikation. Die Grafikerin möchte in ihren Zeichnungen auch surrealistische Elemente einbauen und ein anderer sucht einfach nur einen Nebenjob. Diese für sich legitimen Interessen decken sich nur teilweise mit meinen Interessen als Autor. Die Kunst besteht darin, die unterschiedlichen Interessen zusammenzuführen und für eine zielgerichtete Arbeit zu nutzen. Überflüssig zu sagen, daß mir dieses Kunststück nicht immer gelungen ist. Die Lektorin im Team unterstützte mich dabei, indem sie mich immer wieder einmal an den Spruch von Nasreddin erinnerte: „Bemühe dich stets und in allem, das Nützliche für die anderen mit dem Angenehmen für dich selbst zu verbinden".

Bei einem Round-Table-Setting gilt es, eine Reihe von Fragen zu klären, die natürlich vom konkreten Fall abhängen. Mögliche Fragen wären:

- Für welche Kundenbedürfnisse wollen wir Problemlöser sein?
- Sind wir uns einig über die Strategie?
- Bis zu welcher Fertigungstiefe können und wollen wir gehen?
- Wie führen wir die Selektion möglicher Produktideen durch?
- Wie treffen wir diese Entscheidungen?
- Wie gewährleisten wir einen gleichen Informationsstand bei wechselnden Teilnehmern am Round-Table?
- Besteht Einigkeit über die Frage: Was sind unsere Potentiale und Ressourcen?
- Stecken wir die Wettbewerbsarena einheitlich ab?
- Welche Fähigkeiten haben wir, um erfolgreiche Produktentwicklung zu betreiben und unsere Produkte verkaufen zu können?
- Was sind unsere Kernfähigkeiten?
- Was sind unsere Kernkompetenzen in unserem Tätigkeitsumfeld (Branche, Markt).

Bild 98

Damit der Aufbau und die Arbeit eines Round-Table gelingt, möchte ich eine Methode vorstellen, die an das Dominospiel erinnert. Dabei stellen die einzelnen Steine des Spiels Personen dar.

Bild 99

Der Moderator (Bild 98) ist der Ausgangspunkt und führt die Mitarbeiter benachbarter Abteilungen sukzessiv zusammen, d.h. aus Zweier- werden Dreier-, Vierer- und Fünfergespräche, so daß die Fremdheit nicht zu groß wird und der Abbau von Widerständen schrittweise geschehen kann. Diese Vorgangsweise ist zwar zeitintensiv, die Zeit ist aber gut investiert, weil von Anfang an ein entspanntes Teamklima herrscht.

Bild 100

Zunächst führt der Moderator das Erstgespräch mit einem wichtigen Teammitglied (Bild 99). In weiteren Gesprächen wird das nächste künftige Teammitglied mit einbezogen (Bild 100).

Diese Gespräche führen dann im Dominoverfahren zum Aufbau eines Kernteams (Bild 101).

Damit die Strukturierung eines Teams erfolgreich ist, müssen sowohl die individuellen Fähigkeiten der einzelnen Teammitglieder, als auch deren Teamfähigkeit, mit anderen Worten, die Möglichkeiten und Grenzen der Zusammenarbeit berücksichtigt werden.

„Je höher im Team die Intelligenz, desto geringer die Effizienz“

Das ist ein kritisches Bonmot zur Teambildung. Dieser Spruch trifft nur dann zu, wenn bei der späteren Teamarbeit lediglich auf die Inhaltsebene geachtet wird. Intelligente Menschen finden auf sachlicher Ebene immer einen Aspekt, warum ein anderer im Team unrecht hat. Rein sachlich gesehen sind die kritischen Anmerkungen wahrscheinlich berechtigt, jedoch auf der Bezie-

Bild 101

hungsebene ist diese Art von Rechthaben nicht hilfreich, weil sie den Prozeß der Teamentwicklung behindert.

Wenn der Moderator merkt, daß zwei für das Team gleich bedeutsame Personen nicht miteinander arbeiten können, muß er schon im Vorfeld eine Entscheidung hinsichtlich der Zusammensetzung des Teams treffen, so daß der Aufbauprozeß kontrolliert und geordnet abläuft.

Es besteht die Gefahr, daß sich Feindbilder schon störend auf die Kommunikation auswirken, noch bevor überhaupt thematisch gearbeitet wird. Diese Feindbilder versucht der Moderator durch die Einzelgespräche abzubauen. Er weist von vornherein auf das Zusammenkommen unterschiedlicher Einstellungen hin und stellt damit Problembewußtsein her. Wenn alle vorher genannten Schritte sorgfältig getan wurden, entsteht ein arbeitsfähiges Projektteam, wie es Bild 102 zeigt.

Bild 102

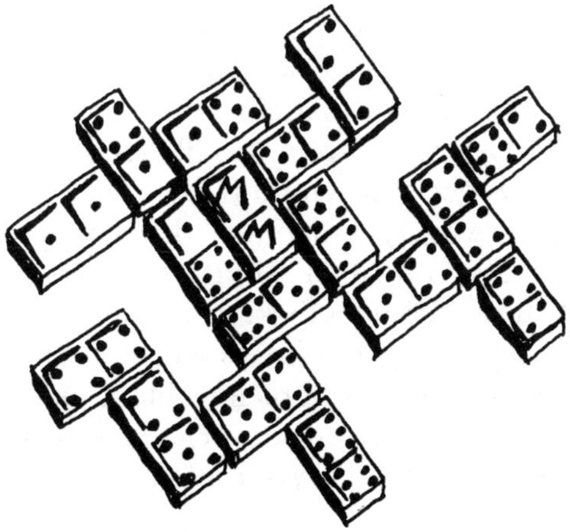

Moderation im interdisziplinären Team Der Moderator sollte mit allen Kulturen mehr oder weniger vertraut sein. Sein Ziel ist, einen Konsens zu bilden. Dafür darf er weder die eine noch die andere Kultur in irgendeiner Form bewerten. Der Konsens ist nur durch Kommunikation herstellbar, indem der Moderator auf Sachverhalte hinweist und Gespräche anregt. Praktisch könnte dies durch folgende Formulierungen geschehen:

- „In Ihren eigenen Abteilungen haben Sie sich alle als sehr teamfähig erwiesen. Hier haben wir jedoch eine neue Situation, die für uns alle eine Herausforderung darstellt."
- „Wir müssen hier alle an einem Strang ziehen, obwohl wir aus sehr unterschiedlichen Welten kommen."
- „Wenn es zu Verständigungsschwierigkeiten kommt, müssen wir daran denken, daß diese vermutlich aufgrund unserer unterschiedlichen Begriffe entstehen."

Mit solchen Formulierungen ist der Einstieg in die Teamarbeit leichter. In der Praxis bewährt sich auch die Bildung von Analogien. Der Moderator kann z.B. bei sehr unterschiedlichen „Sprachen" im Team folgenden Vergleich ziehen:

„Stellen Sie sich unser interdisziplinäres Team so vor, als wären wir Vertreter verschiedener Nationalitäten mit verschiedenen Kulturen und Sprachen. So als ob unter uns eine Engländerin, ein Spanier, ein Pole, eine Deutsche, ein Japaner und ein Amerikaner wären. Da würde es uns ganz natürlich vorkommen, daß ein Sprachproblem besteht. Es würde uns nicht einfallen, jemandem dafür die Schuld zu geben. Wir würden als erstes versuchen, uns darüber zu verständigen, welche Sprache wir zur Lösung unserer gemeinsamen Aufgabe verwenden wollen. Möglicherweise sprechen alle Englisch, das wäre der günstigste Fall. Wenn einer oder zwei dies nicht können, muß gemeinsam darüber beraten werden, wer wem was übersetzt bzw. ob ein Dolmetscher hinzugezogen werden muß. Dies wird logischerweise eine gewisse Zeit in Anspruch nehmen, d.h. wir sprechen noch nicht über unsere Sachaufgaben. Und trotzdem ist allen die Notwendigkeit dieses Vorgehens klar. Vielleicht wird der eine oder andere von Ihnen ungeduldig, es würde jedoch keine Vorwürfe geben. Nachdem wir das Sprachproblem gelöst haben, wenden wir uns unserer Arbeit zu, im Wissen darum, daß es anders ablaufen wird als in der vertrauten Umgebung Ihrer Abteilungen."

Reduktion von Fehlern durch interdisziplinäre Gespräche Wenn hinsichtlich der relevanten Fragen eine einheitliche Meinung herrscht und die Teilnehmer des Round-Table eine klare und eindeutige Aufgabenstellung vor Augen haben, die allen Bedürfnissen und Interessen der Beteiligten gerecht wird, ist die Gefahr geringer, daß aufgrund fehlender Abstimmungsleistung in den späteren Stufen „teure Fehler" entstehen.

Bild 103

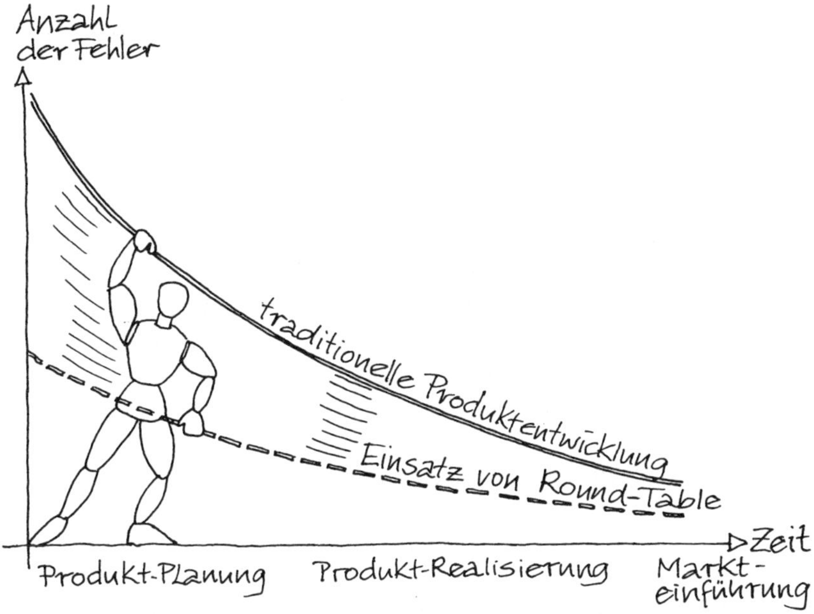

In der Grafik wird noch einmal dargestellt, daß durch interdisziplinäre Gespräche, vor allem in der frühen Innovationsphase, die Fehlerentstehung reduziert werden kann. Im Bild holt *Kommon* die Fehlerkurve herunter. Laufende Qualitätskontrollen unterstützen diesen Prozeß der Fehlerreduktion.

Zielproblematik

Haupthindernis für gedeihliche Zusammenarbeit im interdisziplinären Team scheinen die unterschiedlichen Ziele zu sein. Kezsbom (1992, 9) weist in ihrer empirischen Untersuchung darauf hin, daß das vorherrschende Konfliktthema in Projektteams, unabhängig von anderen Variablen wie Organisationsstruktur u.a., die Definition von Zielen und das Setzen von Prioritäten ist. Auch Heeg (1993, 114) nennt als spezifische Ursache für Konflikte im Projektmanagement Meinungsverschiedenheiten bezüglich der Ziele und Prioritätenfestsetzung.

Das Bedürfnis von Mitarbeitern, sich mit ihren Abteilungszielen zu identifizieren, könnte auf einer anthropologischen Ebene erklärt werden. Hinter dieser Identifikation steht vermutlich der Wunsch, einen Halt anhand der eigenen Abteilungsziele zu finden, die einem vertraut sind. Der moderne Mensch findet immer weniger Halt in den traditionell haltgebenden Institutionen wie Kirche, klaren staatlichen Ordnungen, Vereinswesen und Familienstrukturen. Daher erklärt sich die Tendenz, Identifikation und Halt am Arbeitsplatz zu suchen, konkret in der Abteilung, in der sich der Mitarbeiter sicher und geborgen fühlt, wo er etwas kann und wo er noch am ehesten überblicken kann, worum es geht. Das gibt Halt in einer haltlosen Welt.

Nun wird er aufgerufen, in einem Team mitzuarbeiten. In einer fremden Umgebung, mit einer neuartigen, ihm zum Teil fremden Aufgabenstellung, mit fremden Menschen und fremden Anschauungen. Sich zunächst an den eigenen Abteilungszielen orientieren zu wollen, wird somit verständlich. Mit einem Beispiel möchte ich die vielfältigen Zielprobleme verdeutlichen: Eine Reihe von Abteilungsleiter erhalten folgendes Einladungsschreiben von der Geschäftsführung:

Liebe Mitarbeiter und Mitarbeiterinnen!

Wie Sie alle wissen, zwingt uns unsere Kostensituation aufgrund des verstärkten Wettbewerbes zur Durchführung eines Re-Engineering-Projektes. Ich bitte Sie, bei Ihrem nächsten „Jour fixe" geeignete Vorschläge zu diskutieren und mir diese vorzulegen.

Bild 104

Eine solche Aufforderung, in einer Teambesprechung das vage formulierte Ziel „Re-Engineering" anzugehen, gewährleistet in keiner Weise, daß alle dasselbe unter diesem Begriff verstehen. Jeder geht davon aus, daß den anderen Teilnehmern seine Auffassung vom Ziel klar ist und von ihnen geteilt wird. Deshalb hält keiner es für nötig, sein Verständnis vom Ziel transparent zu machen. Wenn dies mehrere Gesprächspartner zugleich unterlassen, entsteht alsbald folgende Situation:

Der eine spricht von neuen Märkten. Der Personalchef hat, bei gleichzeitigem Ausbau bestimmter Abteilungen, Kündigungen vor

Augen. Die EDV-Leiterin schlägt neue Systeme vor und die Produktion will eine bessere Kapazitätsauslastung. Damit sind Umsatzziele, Gewinnziele, verkaufte Stück-Argumentation, Personalabbau und andere Dinge im Gespräch.

Die Vertreter der verschiedenen Abteilungen sehen die Fragestellung natürlich aus ihrer Perspektive und führen, wie oben ausgeführt, eine interessengeleitete Kommunikation. Die Interessen werden jedoch nicht kommuniziert, klar ist nur, daß alle zum Wohle des Betriebes die Aufgabenstellung „Re-Engineering" angehen wollen.

Jeder hat in Hinblick auf das Ziel andere Interessen, Wünsche, Vorstellungen, Ideen, Erfordernisse und Restriktionen; zunächst muß dieser Sachverhalt einfach nur wahrgenommen und bewußt gemacht werden. Die besondere Schwierigkeit, sich die Unterschiede hinsichtlich der Ziele bewußt zu machen, liegt darin, daß viele von uns glauben, die anderen Teampartner hätten selbstverständlich dieselben Vorstellungen davon, worin die gemeinsamen Ziele des Teams bestünden (ansonsten würden sie ja wohl nicht im Team sitzen!). Deshalb erscheint es uns gänzlich überflüssig, darüber auch nur ein Wort zu verlieren bzw. unsere eigenen Zielvorstellungen transparent zu machen. Alsbald geht es ungeordnet zu, man redet aneinander vorbei und weiß gar nicht mehr, was man bei der Besprechung will und worum es geht. Im günstigen Falle zieht das Team, nach einer Phase der Konfusion, die Notbremse und kommt mittels Metakommunikation zu einer Klärung. Vielfach sind jedoch aufgrund der vorangegangenen Gespräche so viele Emotionen aufgerührt, daß die Beteiligten allein nicht zu dieser anspruchsvollen Kommunikationsart finden.

Bild 105

Es bedarf eines an der Diskussion Unbeteiligten, der die Frage nach einem gemeinsamen Ziel in die Runde einbringt und damit erst die grundlegenden Unterschiede zwischen den Auffassungen der einzelnen Teampartner sichtbar macht.

Wie findet das Team nun aus den unterschiedlichen Lösungsansätzen zu einem gemeinsamen Weg? Wie geht es weiter, nachdem sich alle bewußt sind, daß sie unterschiedliche Ziele verfolgen? Gibt es in der Runde einen begnadeten Kommunikator, der den Überblick behält und aus seiner eigenen Rolle heraustreten

Bild 106

kann und dazu noch von allen anderen akzeptiert wird? Dies ist nicht sehr wahrscheinlich! Deswegen ist es günstig, an dieser Stelle einen Moderator einzubinden. Der erste Schritt besteht darin, daß über die verschiedenen Sichtweisen gesprochen wird und eine einhellige gemeinsame Sprache in Hinblick auf das Ziel gefunden wird. Dazu gibt es Methoden, die in Higgins/Wiese (1996) mit vielen Illustrationen dargestellt sind. Bei einem solchen Vorgehen besteht die Möglichkeit, Schritt für Schritt die Energien auf ein gemeinsames Ziel zu bündeln. Dieser Vorgang soll mit dem Bild 107 verdeutlicht werden.

Bild 107

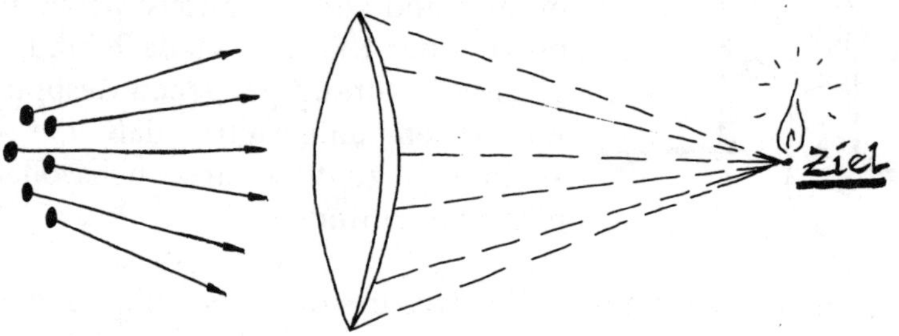

In der Zeichnung symbolisieren die Pfeile die divergierenden Vorstellungen der einzelnen Teammitglieder, die alle von unterschiedlichen Punkten ausgehen. Die Linse steht für das Handwerkszeug des Moderators. Dazu zählt zunächst, die Ausgangssituation im Team und die bestehenden Zielvorstellungen offen anzusprechen und ganz neutral aufzulisten. In einem zweiten Schritt werden gemeinsam Prioritäten herausgearbeitet. Wenn darüber ein Konsens hergestellt ist, kann an einem Teilziel gearbeitet werden. In jedem Fall wird der Moderator die Teilnehmer dort abholen, wo sie gerade stehen.

Er setzt seine „Linse“ ein, um die verschiedenen Vorstellungen, Interessen und Sichtweisen auf das gemeinsame Ziel hin auszurichten, damit die Teamenergien auf einen Brennpunkt hin fokussiert werden. Das ist eine sehr anspruchsvolle Tätigkeit, die viel Fingerspitzengefühl erfordert, um die vielen Energien zu kanalisieren, ohne einzelne zu stark einzubremsen. Wenn diese unterschiedlichen Energien, die inneren Kräfte der Teampartner, gebündelt werden, wird sich eine solche Konzentration auf das Ziel „zündend“ auswirken. Vor allem bei der Zusammensetzung interdisziplinärer Teams ist das gemeinsame Ziel ein wichtiger Ausrichtungspunkt, von dem eine Motivation ausgeht und das in der gesamten Gruppe ein starkes „Wir“-Gefühl schafft. Jeder einzelne fühlt sich dadurch bedeutsam und verantwortlich für den Gruppenprozeß. Dadurch entsteht ein Phänomen, das von vielen mit „Teamgeist“ bezeichnet wird. Was das eigentlich ist, ist schwer zu erklären.

In Zusammenhang mit Einsteins Ausspruch, der besagt, daß Geist Energie ist, ließe sich folgendes ableiten: Wenn einige Geister in einer Gruppe zusammenkommen, addieren sich die Energien der einzelnen Teammitglieder nicht nur, sondern bilden ein Ganzes, das mehr als die Summe seiner Teile ist. Ausdruck eines vitalen Teamgeistes ist die Begeisterung, bei der der Funke von einem zum anderen springt. Wenn er zu sehr springt, entsteht ein Gefühl der Euphorie und damit die Gefahr, nicht mehr realistisch zu sein und einer Gruppenhypnose aufzusitzen.

„Sollten Sie mit einem Coach arbeiten, so möchte ich Ihnen eine Übung vorstellen. Sie entwickelt die Fähigkeit, das einmal gefaßte Ziel nicht aus den Augen zu verlieren und sich nicht durch die Reaktion der Anderen beirren zu lassen. Die Übung läßt sich auch in einem Workshop anwenden, wenn der Moderator die Anleitung dazu gibt und die Übung entsprechend der Situation modifiziert.

Es gibt verschiedene Möglichkeiten, Teilaspekte der Kommunikation zu trainieren. Diese Übung entwickelt die Fähigkeit, bei der eigenen Energie zu bleiben, unabhängig davon, ob Sie kritisiert, angegriffen oder ignoriert werden und unabhängig von den vielfältigen äußeren Umständen der Gesprächssituation, wie Verkehrslärm, Telefongeklingel und anderen Störsignalen. Der Übungsablauf könnte so ausaussehen:

Eine Person in der Gruppe, nennen wir sie A, hat die Aufgabe, immer wieder die gleiche Zielvorstellung zu formulieren. Als Übungsbeispiel ist eine ganz banale Aussage am besten geeignet, sie könnte lauten: „Ein Kreis ist rund". Diese Behauptung wird immer wieder von neuem aufgestellt, mit voller Überzeugung, unabhängig davon, wie der Gesprächspartner B reagiert, ob er lacht, wütend wird, stur dreinblickt oder andere Reaktionen produziert. B kann versuchen, es A schwer zu machen, indem er ihn durch unerwartete Reaktionen aus der Fassung zu bringen versucht. Die Kunst liegt dann darin, die Reaktionen von B zwar aufzunehmen, sich also nicht abzuschotten und trotzdem bei seiner Botschaft und bei seinem Ziel zu bleiben. A darf nicht in Automatismen verfallen oder stur oder gereizt werden, so daß er immer wieder fähig ist, sein Ziel aufs Neue lebendig hinüberzubringen. Damit wird Präsenz geübt, und die Fähigkeit, bei sich und seiner Botschaft zu bleiben.

Ein weiteres Übungselement ist, die verbale Botschaft mit der nonverbalen zu verbinden und als ein starkes gemeinsames Signal zu vermitteln. A kann sein Ziel seinem Kommunikationspartner auch schreiend mitteilen und durch entsprechende Gestik und Mimik überspitzt ausdrücken. Dabei kommt der Übende natürlich mit Grenzbereichen gesellschaftlicher Konventionen in Berührung. Deshalb ist es bei dieser Übung sehr wichtig, daß der Moderator auf den geeigneten Rahmen achtet".

Hilfreich ist diese Fähigkeit der klaren Kommunikation in der Wirtschaft, z.B. bei einem Führungstraining. Ein Vorgesetzter kann mit Hilfe dieser Übung herausfinden, hinter welchen Anweisungen er wirklich steht. Ergebnis wird eine Form der Führung sein, die glaubwürdig ist. Klare Aussagen, verbunden mit einem klaren Ziel, erreichen den Mitarbeiter nicht nur auf der verbalen, sondern auch auf einer ganzheitlichen Ebene. Wenn der Vorgesetzte aus innerer Überzeugung heraus vermittelt, daß es im Augenblick das Beste ist, in einer bestimmten Angelegenheit so vorzugehen, kommt das an. Das „Wesen" des Einen spricht etwas Wesentliches zu dem „Wesen" des Anderen; ohne Machtansprüche und in voller Achtung gegenüber der Person des Anderen.

Ein anderes Anwendungsgebiet ist das Verkäufertraining. Dort ist es hilfreich, wenn ein Verkäufer einem Kunden die Vorteile eines Produktes klar und deutlich vermitteln kann, ohne daß es ins Beschwatzen geht. Solange das legitime Interesse zugrunde liegt, klar hinüberzubringen, welche Vorteile dieses oder jenes Produkt hat, und der Verkäufer dabei wirklich den Kundennutzen vor Augen hat, ohne den Kunden zum bloßen Umsatzbringer zu degradieren, ist gegen solche Trainings nichts einzuwenden. Bedenklich allerdings wird es, wenn diese Trainings dazu benützt werden, einem Eskimo zwei Tiefkühlschränke zu verkaufen. Ganz problematisch wird es, wenn methodisch Geschulte in der Branche „Sektenwesen" Ideologien verkaufen. Da ist der Übergang zur Manipulation fließend. Kommunikation ist eine Form von Energie und der Mißbrauch dieser Energien brachte immer schon negative Konsequenzen.

Schwachstellen der arbeitsteiligen Organisation

Auf die Schwachstellen der arbeitsteiligen Organisation weist Ehrlenspiel (1995, 4) sehr nachdrücklich hin: „Mitarbeiter verlieren die Gesamtheit des Produktes aus den Augen, der Arbeitsablauf wird nur noch innerhalb der einzelnen Abteilungen, dort aber bis ins Detail, optimiert". Die Kommunikation findet mittels Rohrpost, Weitergabe von Dokumenten u.a. statt. Um den damit verbundenen Nachteilen abzuhelfen, wird Teamarbeit empfohlen.

Ehrlenspiel hat hierzu eine Grafik entwickelt, dessen Benennung ein hohes Ziel darstellt: „Von der arbeitsteiligen Routine zur engagierten Gemeinschaft" Im Bild 108 habe ich seine Grafik aufgenommen. Die arbeitsteilige Routine im oberen Teil des Bildes stellt die Ist-Situation vieler Betriebe dar. Eine engagierte Gemeinschaft im unteren Teil repräsentiert die Soll-Situation. Seiner Meinung nach können „durch zielorientierte Zusammenarbeit von produkt-, produktions- und vertriebsdefinierten Bereichen erhebliche Zeit-, Kosten- und Qualitätsvorteile erreicht werden".

Im Gespräch mit der Grafikerin stellten wir uns das ganz plastisch vor, wie der Wandel von den vielfältigen internen Konkurrenzsituationen zwischen den Abteilungen zu einem Klima der Kooperation führt, indem alle in der Firma an einem Strang ziehen. Dabei haben wir übertrieben, indem wir uns ausmalten, wie sich Mitarbeiter verschiedener Abteilungen auf dem Flur begegnen und ausrufen: „Ach! Sie sind doch aus der Konstruktionsabteilung, wir haben gestern von Ihnen die kreativen Zeichnungen erhalten. Wir waren ja so froh, daß Sie uns das so zuverlässig geschickt haben. Jetzt sind wir gut im Zeitplan und können unsere Arbeit rechtzeitig an unsere Kollegen weitergeben"! Wir sind natürlich bald wieder auf dem Boden der Realität gelandet, als wir unser Phantasiebild noch weiter ausbauten. Wir konnten uns gar nicht so recht vorstellen, wie diese gesichtslosen Menschen zusammenarbeiten.

Bild 108

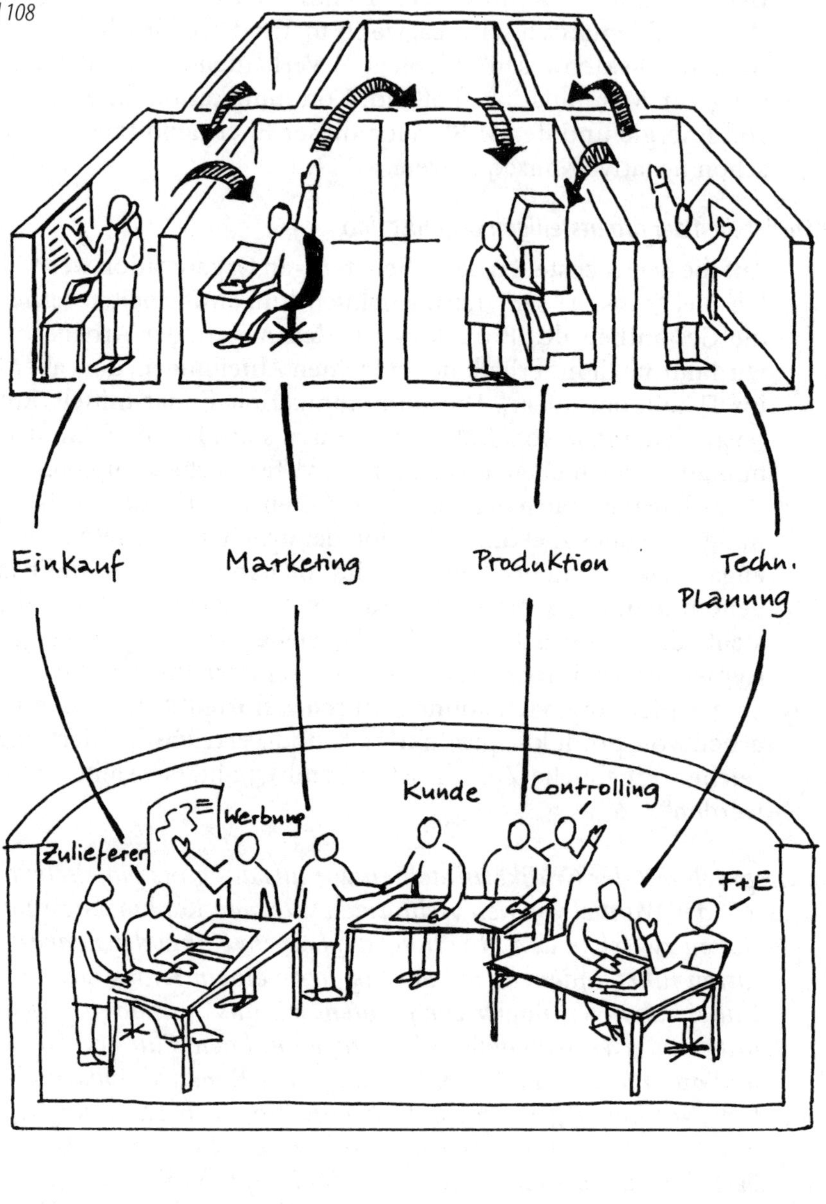

In dem oberen Teil des gegenüber liegenden Bildes sind die Grenzen zwischen den Abteilungen durch Mauern gezogen, d.h. die einzelnen Mitarbeiter sind durch ihre Büroräume abgegrenzt. Die Pfeile stellen die zwar klar definierten aber sehr eng gefaßten Schnittstellen dar. Diese Abgrenzung durch abgetrennte Produktions- bzw. Büroräume kommuniziert auf nonverbale Art sehr viel. In der Realität stehen z.B. an den Türen Namensschilder (ob gold, ob braun, geschwungen oder sachlich) und Funktionsbezeichnungen (Titel aller Art), wobei implizit Hierarchiestufen, „Lagerzugehörigkeiten" u.a. gleich mitkommuniziert werden. Die Ausgestaltung der Räume, das Diplom an der Wand, die Dekoration, ist ebenfalls sehr vielsagend.

Stellen wir uns vor, welches Ritual sich abspielt, wenn ein Mitarbeiter zu seinem Vorgesetzten kommt: Sprache, Körperhaltung, vorsichtiges Anklopfen, Schreibtische als Begrenzungen, ein hoher Chefsessel, ein um eine Idee niedrigerer Besuchersessel. All dies signalisiert Hierarchie. Stellen wir uns nun dieselben Personen in einer Teamsitzung vor. Den Vorgesetzten einfach anzureden, käme dem Reinplatzen in sein Büro ohne Anzuklopfen gleich. Da dieser seine persönliche Schutzsphäre des eigenen Büroraumes nun nicht mehr hat, wird er sich wahrscheinlich innerlich schützen.

Viele Dinge, die im oberen Teil des Bildes klar sind, etwa welche Funktion und Rolle ein Mitarbeiter innehat, müssen jetzt explizit formuliert werden.

Denn die Teammitglieder bringen zu ihren Sitzungen nicht ihre Bürotüren mit, durch die ja viel mitgeteilt wird – je nachdem, in welchem Stockwerk sie hängen und was darauf steht. Das müssen die Teammitglieder alles erst einmal verbal und nonverbal austauschen. Sie müssen also ihre Rollen aufzeigen, ihre Möglichkeiten, die Zuständigkeiten und Grenzen. So werden Macht und Hierarchiefragen nicht mehr durch die Stockwerkzugehörigkeit offenbar, sondern müssen kommuniziert werden. Das ist ein anspruchsvolles Unterfangen. Der grundsätzliche Glaube, der Andere wisse ohnehin, was man ist und was man hat und wie man es gerne hätte, steht dem entgegen.

Wenn Projektteams in inderdisziplinärer Zusammenstellung gegründet werden, ist es notwendig, die Strukturen durch Sprache zu definieren und zu kommunizieren. Es sind sozusagen durch Sprache geschaffene Strukturen. Was früher selbstverständlich war – z.B. durch die Hierarchie im Unternehmen vorgegeben – muß jetzt immer wieder neu beredet werden.

In dem Bild 108 kommen viele Schnittstellenpartner zusammen. Beim Informationsaustausch bedarf es sorgfältiger Abstimmungsprozesse. Mit einem technischen Beispiel möchte ich illustrieren, wie dieser Austausch idealerweise funktionieren könnte: Nehmen wir zwei Faxgeräte, die ihre Kommunikation aufeinander abstimmen. Fax A signalisiert Fax B, daß es Informationen übermitteln möchte. Nachdem sich Fax B meldet, fragt Fax A, bevor es die Nachricht sendet, welche Kommunikationsgeschwindigkeit Fax B vertragen kann. Fax B teilt mit, daß es maximal 9600 bps empfangen kann. Fax A stellt sich darauf ein und sendet mit der entsprechenden Übertragungsrate. Diese in der Technik vorgesehenen Abstimmungsprozesse müssen zwischen Menschen verbal vorgenommen werden, damit das Informationsangebot die individuelle Aufnahmefähigkeit treffen kann. Das Beispiel macht deutlich, daß es keinen Sinn hat, Informationen zu senden, die das Gegenüber nicht aufnehmen kann. Deswegen ist es zielführend, bevor Informationen übermittelt werden, sich als Sender zu vergewissern, ob Aufnahmebereitschaft vorhanden ist und wieviel der Empfänger verarbeiten kann.

Im Team sähe das so aus, daß der Kollege Lehmann sagt: „Ich möchte mit Ihnen, Frau Maier, über die Ergebnisse des letzten Vierteljahres reden." Mit diesem Satz hat Herr Lehmann eine Schnittstelle eröffnet, die dem Zweck dienen soll, sich jetzt inhaltlich auszutauschen. Nimmt Frau Maier dieses Schnittstellenangebot an, sagt sie vielleicht: „Ich bin einverstanden und habe die Unterlagen dabei." Vielleicht sagt sie aber auch: „Dies ist Aufgabe von Kollege Schulze" und verweist damit auf eine andere Schnittstelle. Wir könnten das Beispiel noch weiter ausbauen, was aber hier nicht geschehen soll. Es soll deutlich werden, daß derartige Vorgänge die Fähigkeit zur komplexen Kommunikation erfordern.

Die von Ehrlenspiel als Lösung vorgeschlagene Teamarbeit – wie es in seinem Bild 108 zum Ausdruck kommt – bedarf noch der weiteren Ausarbeitung, damit das Team eine engagierte Gemeinschaft wird. Sein Bild soll sicherlich ein organisches Team darstellen, miteinander und nicht gegeneinander, statt Konkurrenz also Kooperation. Kollegen werden nicht gegeneinander ausgespielt. Das Bild der harmonischen Zusammenarbeit setzt Kompetenzen voraus, die relativ anspruchsvoll sind und von Bedingungen ausgehen, die in der Realität selten gegeben sind:

- Gute Kommunikationsfähigkeit
- Feedback geben und empfangen können

- Offen sein für Kritik
- Verständnis haben für die momentane Situation des Anderen
- In Projektorganisation gut geschult sein
- Klare Verteilung der Kompetenzen
- Klare Ziel- und Aufgabenstellung

Diese Voraussetzungen sind in der betrieblichen Realtität nicht immer vorhanden und werden auch der psychischen Realtität der Mitarbeiter nicht gerecht. Wenn wir nur daran denken, daß in der Teamarbeit sehr viele Emotionen geweckt werden, die in die Bewältigung der Sachaufgaben hineinspielen, wird deutlich, wie komplex Teamarbeit ist. Es bleibt in dem Bild auch offen, wie die Entscheidungsprozesse ablaufen, bei denen ja die meisten menschlichen Konflikte auftreten.

Die Idee der produktiven Zusammenarbeit ist in dem Bild 108 gut dargestellt. Der aufgezeigte Weg soll hier durch eine psychologische Sichtweise erweitert werden, so daß die Umsetzung in die Praxis leichter gelingt. Dabei möchte ich auf etwas Besonderes in der Zeichnung hinweisen: In dem vorgestellten Lösungsbild von Ehrlenspiel sind keine Gesichter eingemalt. Es scheint auf den ersten Blick wenig Bedeutung zu haben. Und trotzdem habe ich mich gefragt: Wie sähe das gleiche Bild mit konkreten Gesichtern aus? Das Bild wird dadurch lebendiger, gewinnt an Ausdruck und die konkrete Arbeitssituation wird greifbarer.

Der menschliche Faktor kommt ins Bild

Schauen Sie sich die Personen in Bild 109 genau an und stellen Sie sich vor: Was ist, wenn die Männer Bart oder Glatze haben, Brillen tragen oder schielen, so daß es schwer fällt, den Anderen anzusehen? Wie reagieren Leute auf Ringe an Männerohren? Aktiviert dies nicht Vorurteile? Oder ein Gesprächspartner hat, verursacht durch einen Verkehrsunfall, verunstaltende Narben im Gesicht, so daß es einem unangenehm ist, ihm ins Gesicht zu schauen. Wie verhalten sich Frauen und Männer in der Arbeitssituation? Der Schmuck, Anstecknadeln, Frisuren, Statussymbole wie Uhren, Markenkleidung mit eindrucksvollen Wappen, alles das läßt sich nicht ignorieren. Dann das Parfüm von Frauen, oder gar von Männern! Bei diesen sozialen Signalen geht in den Köpfen die Post ab. Es wird zwar nicht alles vernehmbar, was da gedacht wird, die inneren Dialoge würden aber Bände füllen.

Bild 109

Stellen Sie sich weiters vor: Jede Person bringt viele Jahre individuelle Lebensgeschichte mit. Gute Zeiten mt Erfolgen und Siegen prägen sie ebenso wie vielleicht traumatische Kindheitserlebnisse, persönliche Krisen, finanzielle Probleme, Ehekräche und Beziehungskisten unterschiedlichster Art. Gefühle wie die Angst, nicht gut genug zu sein, im Team nicht akzeptiert zu werden, Kritik einstecken zu müssen, enormer Zeitdruck, Wut auf den Vorgesetzten, weil der schon zum hundertsten Mal diesen herablassenden Ton anschlägt.

Im Team löst dies alles große Dynamik aus. Wer fähig ist, dies zu managen und damit produktiv umzugehen, wirkt für den Prozeß und die Lösung der Aufgabenstellung sehr belebend. Für die meisten stellt Gefühlsmanagement jedoch eine heillose Überforderung dar. Eine häufige Reaktion darauf ist es, diese Tatsache zu verleugnen und die vorhandenen Gefühle abzuspalten und zu verdrängen – sich nur auf Inhalte zu konzentrieren. Damit läuft alles scheinbar sachlich und kontrolliert ab. Die Darstellung mit den gesichtslosen Menschen legt ein solches Verhalten auch nahe. Die unbewußten Vorgänge und Konflikte auf der Gefühlsebene sind es jedoch, die oft Sand ins Getriebe der Sachthemen bringen, bis die ganze Maschinerie laut knirschend zum Stillstand kommt und nichts mehr geht.

Bei der Teamarbeit ist der Andere nicht nur der Arbeitspartner und Kollege, sondern auch ein Spiegel von einem selbst. Wir sehen im Anderen auch unsere ungelösten persönlichen Konflikte, die uns selbst unbewußt sind. Im Kontakt mit Teamkollegen werden diese verdrängten Persönlichkeitsanteile aktiviert und in die Arbeitssituation eingebracht. Dies zeigt sich, wenn ein Teamkollege sagt: „Dieser oder jener erinnere ihn an...". Das kann sein früherer Chef oder Vater sein, oder Mutter, Schwester oder eine andere prägende Person aus der Vergangenheit. Damit tut sich ein weites Feld an Übertragungen und Projektionen auf, was jedoch für die aktuelle Kommunikation wenig ersprießlich ist, solange es unbewußt bleibt.

Deshalb kann in einzelnen Fällen die Einführung von Teamarbeit danebengehen. Mitarbeiter werden damit schlichtweg überfordert. Eine Teamkultur im Unternehmen aufzubauen, ist ein langfristiges Projekt. Dazu gehört auch ein gänzlich neues Verständnis der Mitarbeiterrolle: „Der Mitarbeiter ist nicht mehr im traditionellen Sinne ein Arbeitnehmer. Er ist eigentlich Arbeitgeber. Er gibt seine Arbeit, seine Leistung, seine Dienstleistung dem Kunden. Das Leitbild für den Mitarbeiter in der Kommunikationsgesellschaft ist das eines kommunikativen, selbstbewußten, ganzheitlich orientierten, mündigen Menschen, der sein Leben und sein Umfeld aktiv gestaltet." (Fuchs 1992, 13).

Ein solcher Mitarbeiter hält die Spannung aus, bei Teamsitzungen von vornherein auf mögliche Unstimmigkeiten aufmerksam gemacht zu werden und Probleme, die ohnehin jeder in seinen inneren Denkprozessen vor sich her schiebt, offen anzusprechen. Auch die Gefühle, die damit verbunden sind, wird er möglichst gleich ansprechen, bevor die Zeit mit pseudosachlichen Diskussionen verplempert wird. Somit ist der erste Schritt, die Verschiedenheiten und die unterschiedlichen Interessenslagen im Team zur Kenntnis zu nehmen und als Gegebenheiten zu akzeptieren. Wichtig ist auch, sich diese Verschiedenheit nicht gegenseitig vorzuwerfen, sondern sie als natürlichen Ausgangspunkt für ein Gespräch, eine Diskussion oder einer Projektplanung zu nehmen. Daß da Andere sind, die eine andere Meinung haben, wird schlicht und einfach als Gegebenheit zur Kenntnis genommen, so wie das Wetter – nicht grummelnd, nicht halbresigniert, nicht mit beleidigtem Gesicht. Gerade so wie ein Flugzeugpilot einer großen, internationalen Airline das aktuelle Wetter zur Kenntnis nimmt und darauf alle weiteren Planungsschritte gründet, so sollten die Teammitglieder mit der Wetterlage im Team umgehen.

TZI als methodische Hilfe

Verschiedene therapeutische und persönlichkeitspsychologische Modelle können in Hinblick auf Kommunikation verwendet werden. Die Transaktionsanalyse wurde schon beschrieben, hier wird in Anlehnung an die Themenzentrierte Interaktion (TZI) eine weitere Methode vorgestellt, die die Gestaltung der Sach- und Beziehungsebene im Team erleichtert. TZI ist eine von Ruth Cohn in den 60iger Jahren entwickelte Methode. Zu den Grundsätzen der TZI gehört, daß Menschen in ihrer Lebendigkeit wahrgenommen und gefördert werden. Dies sowohl beim Arbeiten, als auch bei anderen Lernprozessen. „Lebendiges Lernen heißt, zu leben, während ich lerne" (Löhmer/Standhardt 1992, 13). Aus dieser Philosophie leitet sich auch der Grundsatz ab: „Störungen haben Vorrang".

B

Beim Bucherstellungsprozeß erlebte ich, daß der Anspruch „Störungen haben Vorrang" nicht immer durchzuführen ist. Denn das Aufgreifen von Störungen kann ins Uferlose gehen. An anderen Stellen erwähnte ich, daß ich mich in der ersten Phase von einer Mitarbeiterin und vom Grafiker trennen mußte, und dies trotz redlicher Bemühungen beider Seiten, die Störung ernst zu nehmen und aufzulösen. Deshalb ist der Grundsatz der TZI „Störungen haben Vorrang" je nach Situation anzuwenden. Gerade bei termingebundenen Arbeiten gilt es zu entscheiden, ob das Sprechen über die „Störung" die weitere Arbeit behindert oder sogar verunmöglicht. Dies kann daran liegen, daß die Störung auf der Beziehungsebene zu tiefgreifend ist und in der verbleibenden Zeit keine realistische Aussicht besteht, dieses Problem zu lösen.

Das Setting der TZI besteht aus einem ICH, das sind die Individuen einer Gruppe, dem WIR, das die Beziehungen untereinander beinhaltet und der SACHE, die das Thema oder das Anliegen der Gruppe ist. Das Bild veranschaulicht dies:

Bild 110

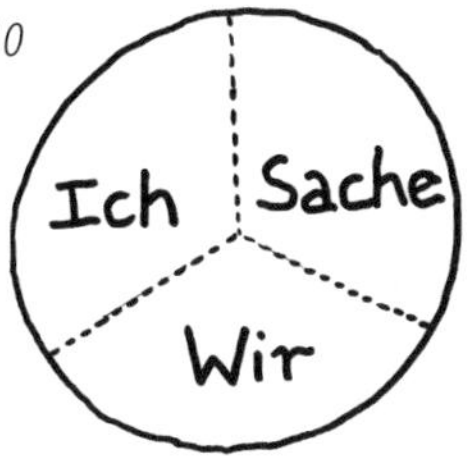

Das Modell ist auf das zentrale Thema dieses Buches gut anwendbar, da Innovationsprozesse von einzelnen Mitarbeitern (ICH), von einem Team (WIR) und der Aufgabenstellung (SACHE) geleistet werden.

Cohn verweist darauf, daß auf längere Sicht die Gleichrangigkeit der drei Faktoren gewahrt sein muß. Durch das dynamische Gleichgewicht von Ich, Wir und Sache geschieht produktive Gruppenarbeit. Die Gleichrangigkeit wird durch drei gleich große Felder im Kreis dargestellt.

Auf eine Teamsituation bezogen bedeutet dies: Die Teammitglieder aus Produktentwicklung, Marketing, F&E, Einkauf u.a. sind als einzelne Personen in der Sprache der TZI das ICH, mit ihren Zielen, Motivationen, Stärken und Schattenseiten, mit ihren spezifischen Haltungen und Ausprägungen und mit ihren individuellen Graden der Gesprächs- und Konfliktfähigkeit.

Bild 111

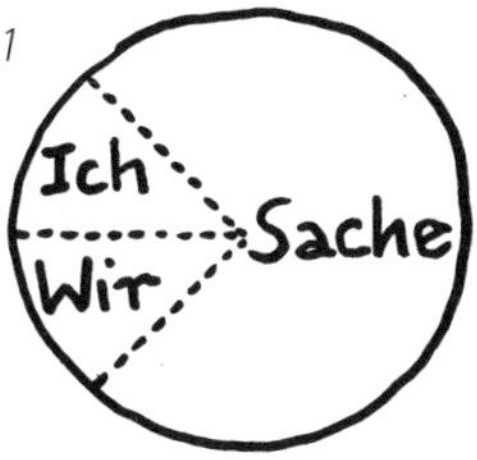

Die Gruppe ist das WIR mit ihren Erfahrungen und ihrem Entwicklungsstand als Team. Dazu gehören auch ihre Beziehungen, sowohl die formellen als auch die informellen Aspekte. In vielen Arbeitsgruppen steht die „Sache" zu sehr im Vordergrund und „Ich" und „Wir" werden – wenn sie nicht reibungslos funktionieren – eher als Störfaktoren gesehen.

Die bei einer Diskussion aufkommende Frage: „Was ist Sache?", d.h., um was geht es, birgt die Gefahr in sich, zu sehr auf den Sachaspekt einzugehen. Alles, was über die wichtige Bedeutung des Beziehungsaspektes in diesem Buch formuliert wurde, hat bei dieser Konstellation wenig Platz.

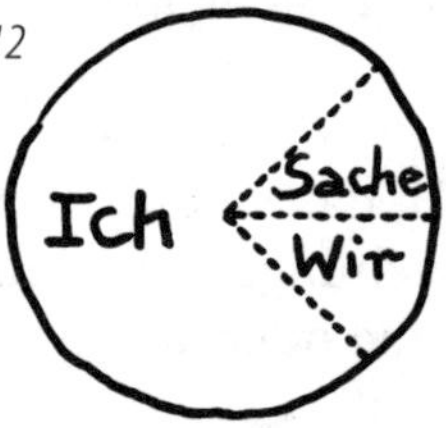

Bild 112

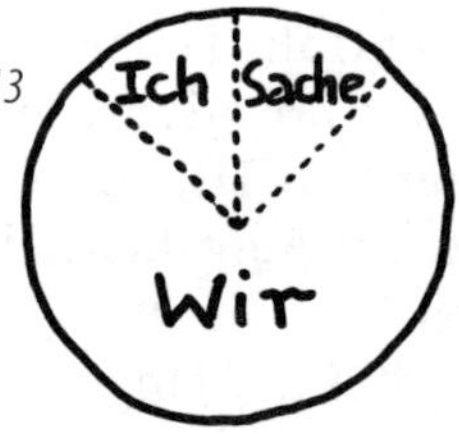

Bild 113

Eine andere Form des Ungleichgewichtes stellt sich ein, wenn die individuellen Bedürfnisse und Standpunkte in den Vordergrund gestellt werden. Zwar soll sich eine Person mit ihrem ICH authentisch einbringen, dabei jedoch die Anderen und das Thema nicht vernachlässigen.

Dieses Bild ergibt sich, wenn die Gruppenmitglieder sich vorwiegend mit den Beziehungen untereinander beschäftigen und damit die Sache aus dem Blick gerät. Bei einem unklaren Projektauftrag, in dem die Sachaufgabe nicht richtig oder nicht verständlich definiert ist, wird die Tendenz zur Wir-Dominanz gefördert.

Ruth Cohn hat für das Thema Teamarbeit einen konstruktiven Beitrag geleistet, indem sie neben der Sachebene auch für die Menschen mit ihren Bedürfnissen und für die Interaktion zwischen ihnen Raum schaffte. Lebendigkeit, die gleichzeitg die Grundlage jeder produktiven Arbeit ist, kann so immer wieder erfahren und entdeckt werden.

Checkliste – Probleme ansprechen

Worauf müssen Sie sich gefaßt machen, wenn Sie anfangen, offen Probleme anzusprechen?

Auf welche Antworten/Argumente des Gesprächspartners sind Sie vorbereitet? Wie reagieren Sie auf...

Variante Problemverleugnung:
- „Ich sehe da keine Probleme!"
- „Sie machen Probleme, wo keine sind!"
- „Sie machen aus einer Mücke einen Elefanten!"

Variante Harmoniker:
- „Wir verstehen uns doch eh´gut!"
- „Ich finde, es klappt doch eigentlich sonst ganz gut!"
- „Das wird sich sicher bald klären."

Variante Theorie und Praxis:
Bei dieser Variante müssen Sie damit rechnen, als praxisfremder Theoretiker hingestellt zu werden, dies in vielen Variationen)
- „Sie sollten das nicht so theoretisch sehen!"
- „Wissen Sie, ich bin Praktiker, während Sie das wohl eher theoretisch angehen."
- „Sie machen die Dinge wieder unnötig kompliziert."

Im konkreten Gesprächsverlauf kommen diese Sätze sehr vital heraus, denn der Gesprächspartner ist persönlich involviert und versucht, mit einer solchen Formulierung seine Betroffenheit zu verbergen.

„Sollte sich in Ihnen angesichts solcher Sätze Unverständnis über so viel Abwehr breit machen, so möchte ich Ihnen eine Übung vorschlagen, die Ihre Bereitschaft, Ihren Gesprächspartner besser verstehen zu wollen, wieder fördern wird. Zunächst aber kommen Sie erst einmal bei sich selber an. Schauen Sie sich bewußt um, wo Sie gerade sind. Vielleicht fällt Ihr Blick auf einen Gegenstand, der es Ihnen erleichtert, mit sich selbst stärker in Verbindung zu kommen. Das kann ein Bild oder ein persönliches Erinnerungsstück sein. Was ist es, das Sie zu einem tieferen Atemzug anregt? Das ist das Richtige.

Nun denken Sie einfach an eine Situation in Ihrer Vergangenheit, in der Sie mit einem Problem konfrontiert wurden und Sie sehr betroffen waren. Ich meine eine Situation, in der es Ihnen schwer fiel, die Argumente des Anderen anzunehmen und zu verstehen. Es mag schon ein paar Jahre her sein, aber wenn Sie sich die Angelegenheit wieder in Erinnerung rufen, kommen Sie sicherlich auch in Berührung mit den Gefühlen von damals. Wie fühlten Sie sich damals? Wie haben Sie damals reagiert? Viellcht ist es Ihnen unangenehm, sich daran zu erinnern, vielleicht schämen Sie sich auch. Lassen Sie das Gefühl da sein. Und nun stellen Sie sich vor: An diesem Punkt ist heute Ihr Gesprächspartner. Er ist gefühlsmäßig betroffen, vermutlich über eine Sache, bei der Sie cool sein können. Sie haben bei diesem zur Rede stehenden Problem keine hemmenden oder störenden Gefühlsreaktionen. Er aber reagiert auf dieses Problem irrational. Auf Ihre Geschichte von damals, die Sie sich gedanklich und gefühlsmäßig wieder hergeholt haben, würde er vielleicht ganz cool reagieren. Versuchen Sie einmal, einfach zu unterstellen, so wie es Ihnen damals gefühlsmäßig ging, so ergeht es heute Ihrem Gesprächspartner. Wenn Sie das tun, wird es Ihnen leichter fallen, für ihn Verständnis aufzubringen."

Coaching unterstützt Kommunikationsprozesse

Coaching hat in den letzten Jahren in dienstleistungsorientierten Unternehmen (z.B. Banken u.a.) Einzug gehalten und wird zunehmend auch in Industriebetrieben erfolgreich angewandt. Als Wegbereiter stand das Konzept der Supervision Pate, das schon seit langem in vielen sozialen Einrichtungen und in der psychotherapeutischen Praxis unverzichtbarer Bestandteil des Arbeitsprozesses ist.

Der Ausdruck Coaching stammt aus dem Spitzensport, in dem einzelne bzw. Teams von einem Coach begleitet werden. Coaching im Unternehmen beinhaltet professionelle Prozeßberatung, die mit Hilfe psychologischer Methoden und solider Kenntnis gruppendynamischer Prozesse eine unterstützende Arbeit leistet. Die Zielsetzung ist ganz allgemein, Manager bei Freud und Leid in ihrer Berufsausübung zu unterstützen. Im Speziellen steht je nach individueller Situation die Steigerung der beruflichen Qualifikation, Effizienzsteigerung oder die Förderung technischer und sozialer Managementkompetenzen im Vordergrund.

Formen des Coaching In den folgenden Darstellungen werden drei Formen von Coaching gezeigt:

In Einzelsitzungen mit dem Coach werden Führungskräfte oder Mitarbeiter, die beruflich viel mit Menschen arbeiten, z.B. in der Kundenbetreuung oder in der Beratung unterstützt. Ziel dieses Einzelcoaching ist die Selbstreflexion, die Analyse der Arbeitsbeziehungen, Unterstützung persönlicher Lern- und Reifungsprozesse, Visions- und Wertbesinnung und Förderung von Managementkompetenzen. Nach Schreyögg geht es bei Coaching manchmal „weniger um Fortentwicklung spezifischer Managementkompetenzen, sondern um die Suche nach neuen Karrierewegen oder um den Ausbau einer aktuellen Position" (1996, 95).

Bild 114

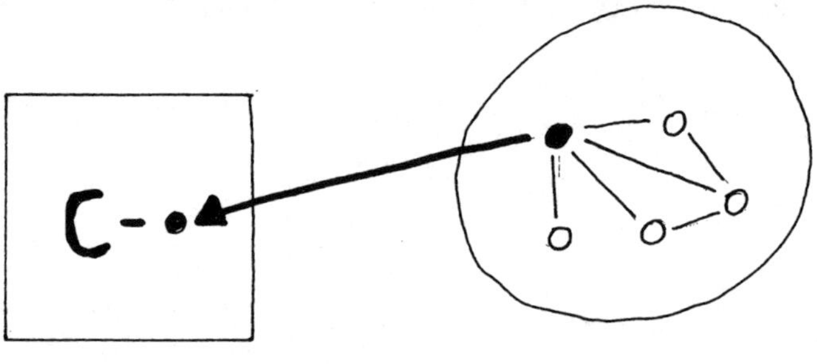

Bild 115

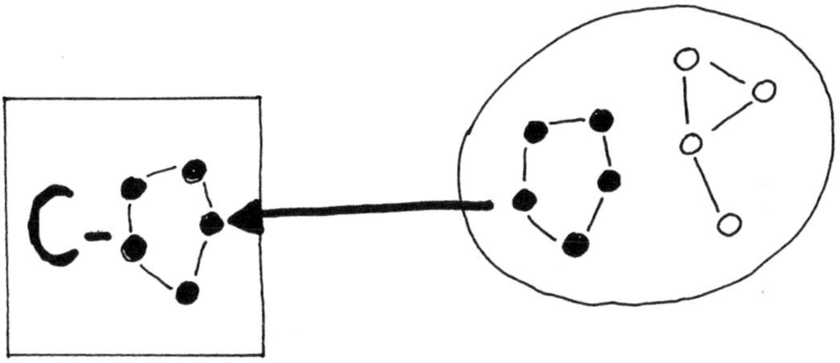

Ein Team, dessen Mitglieder durch Arbeitsbeziehungen miteinander verbunden sind, trifft sich gemeinsam zu einem Coaching. Zentrales Anliegen ist die Klärung der für eine gute Zusammenarbeit wichtigen Fragen:

- Wie können wir unsere Aufgabenstellungen effizienter bearbeiten?
- Welche persönlichen Beziehungsstörungen und Konflikte behindern uns dabei?
- Wie sehen die einzelnen ihre Rolle im Team?
- Wie gestalten wir unsere Entscheidungsprozesse?
- Was ist die Rolle des Teams innerhalb der gesamten Organisation?
- Welche Erwartungen stellt die Organisation an das Team?

Bezogen auf unser Thema ist zentrales Anliegen, wie die Kommunikation im Team verbessert werden kann. Ziel des Coaching ist es sowohl mögliche Störungen zu bearbeiten, als auch zu schauen, was gut funktioniert und Möglichkeiten zu entwickeln, wie dies noch besser zu machen ist. Coaching in Unternehmen bietet die Möglichkeit, die Räume für „herrschaftsfreien Dialog" auszuweiten, so daß alle Beteiligten angstfrei ihre Probleme offenlegen können. Dies ist in der Praxis zunächst nur eine Zielvorstellung. Deshalb wird bei Teamcoaching der jeweilige Vorgesetzte nicht immer mit einbezogen.

Die Teilnehmer der Gruppe kommen aus unterschiedlichen Abteilungen oder Organisationseinheiten und haben gleiche oder ähnliche Funktionen. Im Unterschied zum Teamcoaching (Bild 115) haben sie keine unmittelbare Arbeitsbeziehung miteinander. Sie haben jedoch ihrerseits Arbeitsbeziehungen mit anderen Menschen und diese Beziehungen sind Thema der Zusammenkunft, die vom Coach moderiert wird.

Bild 116

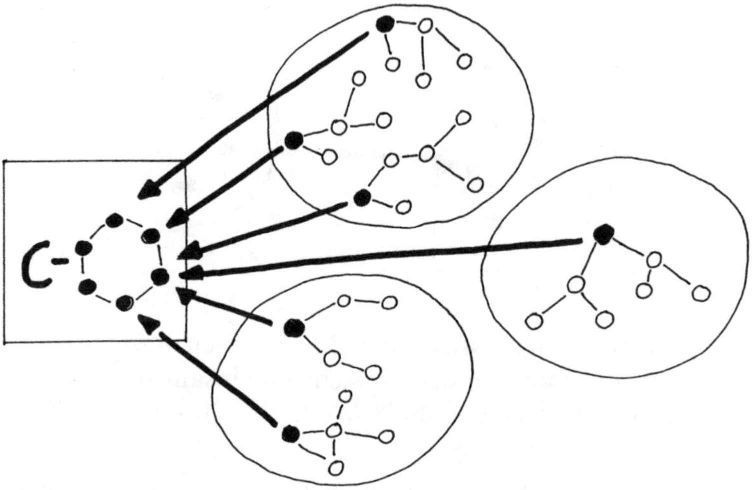

Die Teilnehmer können z.B. alle Verkaufsleiter an unterschiedlichen Standorten sein und es werden deren persönliche Erfahrungen beim Kundenkontakt besprochen. In dieser Konstellation fällt es leichter, eine persönliche Problematik offen anzusprechen, weil alle Beteiligten wissen, daß sie außerhalb eines solchen Workshops keinen beruflichen Kontakt haben und nach dessen Beendigung wieder auseinandergehen.

Struktur eines Coaching Zur zeitlichen Struktur gehört eine gewisse Regelmäßigkeit. Beim Einzelcoaching werden je nach Bedarf mit dem Klienten Termine vereinbart. Zu Beginn ist es sinnvoll, einen Block von 5–7 Sitzungen einzuplanen.

Sowohl Team- als auch Gruppencoaching findet meist in Workshops statt, etwa monatlich einen halben Tag oder alle zwei Monate einen ganzen Tag. Die Teilnehmer entscheiden am Anfang jeder Sitzung, welches Thema, welcher Konflikt oder welcher Fall in der entsprechenden Sitzung besprochen werden soll. Praktischerweise kann dies so vor sich gehen, daß jeder Teilnehmer sein Anliegen vorträgt und gegebenfalls durch Mehrheitsvotum eine Abstimmung darüber erfolgt, welches Thema bearbeitet werden soll. Damit auch wirklich Offenheit möglich ist, unterliegen alle Teilnehmer der Schweigepflicht.

Zur Rolle des Coach

Der Coach hat zugleich die Position eines Moderators und eines therapeutischen Beraters inne; dies ist aber nur ein Ausschnitt aus seiner Tätigkeit. Coaching beinhaltet auch Elemente der Personalentwicklung, die Übergänge sind fließend. Der Unterschied zwischen Coaching und Moderation liegt vor allem darin, daß der Moderator sich auf den sachlichen Prozeß konzentriert, während der Coach stärker die Reflexion der Gruppendynamik im Blick hat und seinen Klienten eben diese erschließt und somit bewußtes Lernen möglich macht. In einzelnen Fällen verfolgt der Coach auch therapeutische Ziele.

Das Coaching dient dazu, dem Einzelnen, dem Team oder der ganzen Gruppe neue Perspektiven und Sichtweisen der Wirklichkeit zu erschließen. Dies ist ein Prozeß, der sich über die Sprache vollzieht und der es den Teilnehmern ermöglicht, neue Blickwinkel zu entdecken und selbständig Lösungen für ihre Probleme zu erarbeiten. Der Coach hilft dabei, den gedanklichen Kontext ständig zu variieren und so die Blickrichtung zu verändern. Er fordert die Teilnehmer zum Verwenden klarer Begriffsdefinitionen heraus oder hinterfragt kritisch deren Standpunkte, Einschätzungen und Utopien. Der Coach interveniert dabei hauptsächlich in Form von Fragen. Er verwendet auch kreative Techniken wie assoziatives Denken und arbeitet mit den Phantasien und der Imagination der Teilnehmer. So schafft er ein kreatives Klima für Kommunikation und kann auch aus noch so chaotischen und scheinbar unproduktiven Gruppenprozessen eine für alle Beteiligten wichtige Lernerfahrung machen. Er fördert und unterstützt also Entwicklungs- und Lernprozesse in der Gruppe und beim einzelnen.

Coaching im Dienstleistungsbereich

In jenen Arbeitsbereichen, in denen Menschen mit Menschen arbeiten, läßt sich leichter argumentieren, Coaching einzusetzen als z.B. in der Produktion. Bei kundenintensiven Arbeiten bringen Kunden ihre persönlichen Eigenheiten und Probleme mit ein und die Mitarbeiter müssen lernen, damit umzugehen. Es bedarf also des Coachings, um eigene Anteile am Problem zu sehen. Zu der Frage „Warum ist es mit dem Kunden X so schwierig?" kommt die Frage: „Was löst der Kunde X bei mir aus, daß ich ihn so schwierig finde, und was kann ich ändern, damit die Interaktion mit dem Kunden besser wird?"

Das Coaching von Verkaufsmannschaften ist ein gezielter Fortschritt und reichert die traditionellen Verkäufertrainings an.

Auch wenn es manchmal als eine gewagte Investition betrachtet wird, zahlt es sich meiner Erfahrung nach aus. Um den Einstieg zu erleichtern, empfehle ich die Duchführung eines Pilotprojektes im betreffenden Unternehmen, dessen Resultate anschließend analysiert werden, so daß die Geschäftsführung Erfahrungswerte erhält und leichter die Entscheidung fällen kann, auf breiterer Ebene Coaching einzuführen.

4. Ebene: Kommunikation zwischen Abteilungen

Kommunikation zwischen Abteilungen

Bild 117

Bereichskulturen im Unternehmen

In jedem Unternehmen entwickeln sich im Laufe der Zeit neben der Kern- oder Basis-Unternehmenskultur auch Bereichskulturen, die durch spezifische Normen, Denkhaltungen und Verhaltensweisen gekennzeichnet sind. Das kann mit dem folgenden Bild verdeutlicht werden:

Bild 118

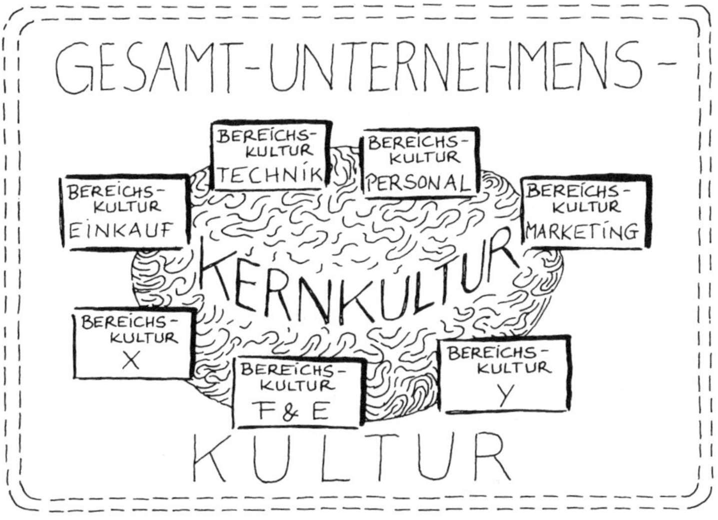

Die verschiedenen Bereichskulturen (Subkulturen) sind in die Gesamt-Unternehmenskultur eingebettet. Die Basis bzw. Kernkultur ist meist mit dem Gründer eines Unternehmens verknüpft und läßt sich auf einige wenige Aussagen reduzieren. Das Eigenleben von Bereichskulturen muß sich nicht unbedingt zum Nachteil des Ganzen auswirken. Zur Erreichung der Unternehmensziele ist es jedoch notwendig, ein integratives Zusammenwirken aller Bereichskulturen anzustreben, um die Unternehmensstrategie gezielt verfolgen zu können. Voraussetzung ist, die einzelnen Bereichskulturen detailliert zu kennen, um sie dann in kontrollierter Weise mit der Gesamt-Unternehmenskultur und der Strategie verbinden zu können.

Konflikte zweier oder mehrerer Bereichskulturen können zwischen den unterschiedlichen Bereichen, Divisionen oder Tochtergesellschaften der Gesamtunternehmung stattfinden, z.B. zwischen Marketing und Verwaltung, Marketing und Forschung & Entwicklung, Finanzabteilung und Technik, Einkauf und Produktion usw. Ebenso können z.B. zwischen den Bereichen Außen- und Innendienst Interessenskonflikte auftreten. Die Sub- bzw. Bereichskulturen sind durch unterschiedliche Normen, Denkhaltungen und Verhaltensweisen gekennzeichnet, was sich selbstverständlich auch in der Form der jeweiligen Kommunikation niederschlägt.

Schein weist darauf hin, daß einzelne Abteilungen von Unternehmen ihre eigenen Subkulturen entwickeln: „Organization effectiveness is therefore increasingly dependent on valid communication across subculture boundaries" (1993, 41). Er definiert nicht konkret, was er mit der Bezeichnung „valid communication" meint. Aus dem Kontext ist zu entnehmen, daß er der Kommunikation eine integrierende Funktion zuweist, so daß die Grenzen zwischen Subkulturen überwunden werden.

Solange Abteilungen oder Bereiche mit ihrer spezifischen Bereichskultur keinen Kontakt haben, bilden sie keine Schnittstellen und es gibt keine Probleme. Doch Abteilungen haben per se irgendwelche Kontakte zu anderen Abteilungen, an deren Schnittstellen Kommunikation stattfindet. Beim Zusammentreffen zweier oder mehrerer Mitarbeiter unterschiedlicher Bereichskulturen entsteht das „natürliche Problem", daß Menschen mit unterschiedlichen „Sprachen" zusammenkommen und die Notwendigkeit der Abstimmung besteht. Wenn dies nicht bewußt wahrgenommen wird, sondern unbewußt jeder davon ausgeht, daß die anderen Bereiche die gleiche Sprache sprechen, entstehen große Mißverständnisse. In der Praxis wird in dieser Phase dann oft ein „wirkliches Problem" geschaffen, wenn die Ursachen dieser an sich „logischen Mißverständnisse" nicht erkannt und transparent gemacht werden, sondern gegenseitige Schuldzuweisungen einsetzen. Das Aufkommen von Mißverständnissen liegt an der jeweils unterschiedlichen Bedeutung der Begriffe. Schon die Frage: Wer oder was ist der Kunde? wird nicht so leicht zu beantworten sein. Für den einen ist er der Störer in Form von lästigen Reklamationen, für andere ist er der Arbeitgeber, der in jedem Fall das erste und letzte Wort hat.

Die Kommunikationsstile im technischen Bereich, aus denen in der Regel F&E Mitarbeiter kommen und die Kommunikationsstile des Marketing-Bereichs, sind sehr unterschiedlich. Im Sinne von Watzlawicks Unterscheidung (1990) von Inhalts- und Beziehungsaspekt überwiegt im technischen Bereich der Inhaltsaspekt und im Marketing-Bereich der Beziehungsaspekt. Das läßt sich damit erklären, daß im System Technik mit Hilfe von Zahlen und Daten möglichst präzise Informationen ausgetauscht werden, während es in der Werbe- oder Marketingabteilung wichtig ist, miteinander zu reden und somit in Beziehung zu sein. Da spielt z. B. auch emotionale Wärme eine Rolle, die im technischen Bereich bei sachlichen Problemstellungen als störend empfunden werden kann.

Kräftespiel zwischen Marketing und Technik

In den 80er Jahren wurde in der Literatur wiederholt berichtet, daß in allen Unternehmen ein Spannungsfeld zwischen den Bereichen Marketing und Technik besteht (vgl. Gupta 1985, 13). Meiner Erfahrung nach ist dieser geradezu klassische Konflikt zwischen unterschiedlichen Aufgaben und Zielsetzungen nach wie vor relevant, auch wenn die 90er Jahre zusätzliche Konfliktfelder mit sich bringen. Damals wie heute können gleichermaßen Produktion und Arbeitsvorbereitung im Konflikt stehen oder bei einem kleinen Unternehmen mit flacher Hierarchie ein Spannungsfeld zwischen Design und Auftraggeber bestehen.

Kocher (1988, 139) beschreibt das Verhältnis zwischen den Bereichen Marketing und Technik mit folgenden Sätzen:

- „Techniker ziehen es vor, das zu realisieren, was den eigenen Vorstellungen entspricht, aber nicht das, was die Abnehmer wollen."
- „Marketing arbeitet im Abstrakten und meint, ein Produkt lasse sich ebenso schnell realisieren, wie sich ein Brief schreiben läßt."
- „Techniker glauben, besser zu wissen, was der Abnehmer braucht, als es der Abnehmer selber weiß."
- „Marketing besorgt nur die Inszenierung, die Arbeit überläßt es der Technik."
- „Technik ist in ihrer Reaktion auf das Marktgeschehen weder spontan noch flexibel."

In der Praxis höre ich immer wieder Sätze, mit denen Mitarbeiter den Konflikt in unterschiedlichster Weise formulierten. Zum Beispiel aus der Perspektive eines Technik-Mitarbeiters: „Die Marketingleute versprechen den Kunden neue Produkte, wenn diese gerade erst in die Pilot-Produktion gehen. Dann rennen uns die Kunden die Tür ein, und wir in der F&E haben alle Mühe, die Neuheit überhaupt fertig zu entwickeln."

Aus der Perspektive des Marketings stellt sich der Sachverhalt wie folgt dar: „Die Techniker haben wenig Interesse an den Bedürfnissen der Kunden. Sie sind fixiert auf die Herstellung ihrer Produkte, die oft nicht genügend kundenbezogen sind."

Die Schwierigkeiten, die bei der Zusammenarbeit der beiden Bereiche auftreten, haben nicht nur organisatorische Gründe. Vielmehr beruhen viele Mißverständnisse zwischen Technik und Marketing auf den verschiedenen Arbeitsweisen, Sprachen, Werthaltungen und Zielsetzungen. Die daraus resultierenden Spannungen sind durch professionelles Schnittstellen-Management zu überwinden.

Jeder Bereich hat seine spezifischen Ziele: die Technik sucht z.B. bessere technische Verfahren zur rationellen Produktfertigung, das Marketing strebt nach einem gutem Design und einer progressiven Werbung. Die spezifischen Ziele können sich gegenseitig hemmen oder fördern. In Anlehnung an die Vektorgeometrie veranschaulichen die folgenden Bilder das Kräftespiel zwischen den beiden Abteilungen. Die Pfeile stehen für die eingebrachte Energie, die Bemühungen und den Einsatz der betreffenden Abteilung. Der schraffierte Pfeil steht für das erreichte Ziel. Je besser die zwei Abteilungen bzw. Bereiche zusammenarbeiten, desto besser ist das Resultat.

Bild 119

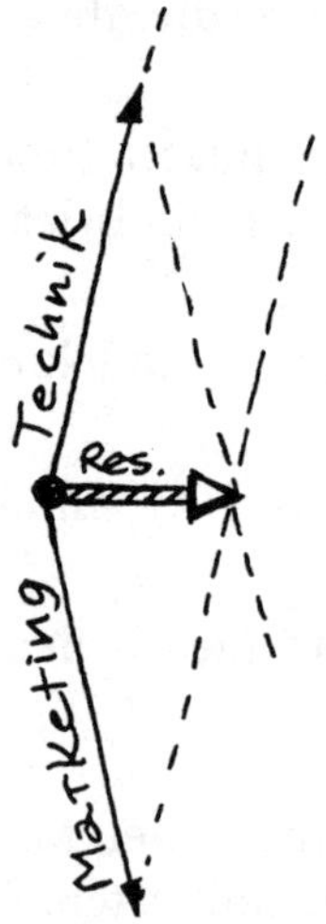

Hier arbeiten die Abteilungen in verschiedene Richtungen. Z.B. stellt das Marketing eine sehr gute Marktstrategie vor, hat aber andere Produkte vor Augen, als die von den Technikern entwickelten. Obwohl beide sehr viel Energie investieren, ist das Resultat dürftig. Das führt zu Konflikten, weil die Abstimmung weitgehend fehlt. In der Fachliteratur wird oft behauptet, daß Konflikte zwischen verschiedenen Kulturen die Chance böten, den Innovationsprozeß zu fördern. Dies halte ich jedoch für eine theoretische Sichtweise. Näheres dazu führe ich in dem Kapitel über „Konfliktmanagement" aus.

Bild 120

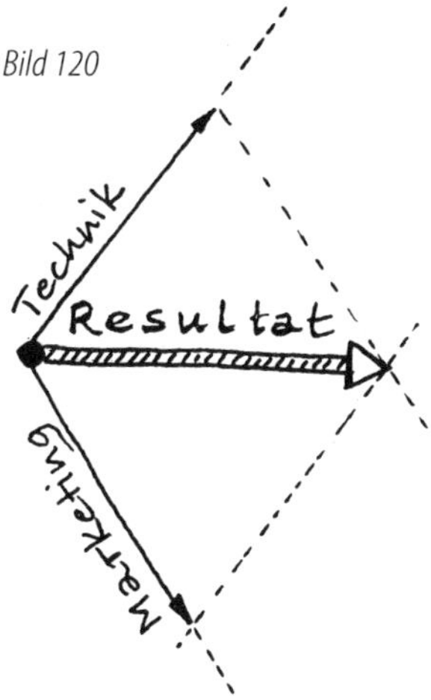

Bei dieser Art der Zusammenarbeit ist die Schere zwischen den Abteilungen kleiner, die Mitarbeiter der beiden Abteilungen haben ähnliche Vorstellungen, die Ziele nähern sich an, die Kommunikation wird besser. Das dadurch erzielte Resultat beiderseitiger Bemühungen wird durch den schraffierten Pfeil dargestellt, der im Vergleich zur vorhergehenden Darstellung bei gleichbleibendem Energieaufwand um einiges länger ist.

Den Idealzustand stellt folgendes Diagramm dar. Die Energien beider Abteilungen laufen parallel auf ein gemeinames Ziel zu; entsprechend ist das Resultat. Nach der Vektorgeometrie summieren sich die Bemühungen beider Abteilungen, ohne daß Reibungsverluste das Ergebnis beeinträchtigen.

Bild 121

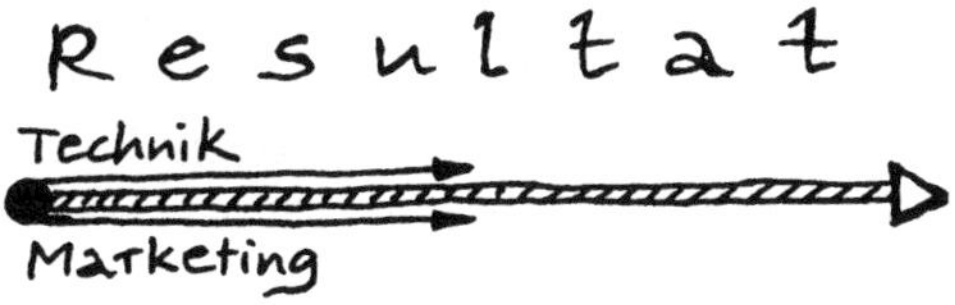

So wie die Mitarbeiter aus den beiden Bereichen Marketing und Technik haben auch der Autor und die Grafikerin unterschiedliches Vorwissen und eine unterschiedliche Ausbildung und damit ein anderes Verständnis bezüglich Kommunikation. Auf diese Weise spielten zwei Energien bei der Bucherstellung ein große Rolle. Sie zeigten sich in unterschiedlichen Ausdrucksformen, nämlich in Bildern und in Worten. Beim Einsatz der jeweils spezifischen Ausdrucksform erlebten wir die oben dargestellten drei Situationen. Machmal arbeiteten wir in ganz unterschiedliche Richtungen und es bedurfte eines hohen Ausmaßes an Kommunikation, um das aufzudecken und uns auf eine gemeinsame Ausrichtung neu abzustimmen. Glücklicherweise überwogen die Arbeitssituationen, wie sie in dem Bild 120 zum Ausdruck kommen. Manchmal erlebten wir Annäherungen, wie im Bild 121. Deshalb waren wir mit den Resultaten unserer Arbeit meist sehr zufrieden.

Zuständigkeiten können klar vereinbart, definiert und in der Organisation deutlich und unmißverständlich kommuniziert werden. Wenn Zuständigkeiten nicht geregelt und nicht ausgesprochen sind, sich sehr wohl aber bestimmte Abteilungen für bestimmte Dinge zuständig fühlen, so zeigen sich die verdeckten Zuständigkeiten sehr schnell bei interdisziplinärer Teamarbeit.

Als Kommunikationsberater machte ich öfters die Erfahrung, daß, je nach Aufgabenstellung einzelne Abteilungen sich für kompetenter halten als die anderen. Ich will das mit einem Beispiel deutlich machen. Die gestellte Aufgabe lautete: „Verbesserung der Produktinnovation". Nach einer Reihe von Vorgesprächen, die zu einem interdisziplinären Team führen sollten, kamen zunächst Mitarbeiter aus der Produktion und dem Marketing zu einer von mir moderierten Besprechung zusammen.

Zunehmende Mißverständnisse im Gesprächsverlauf wiesen mich darauf hin, daß ein verdeckter Anspruch beider Abteilungen vorhanden war, für die Produktinnovation zuständig zu sein. Ich merkte, daß sich das Gespräch darum drehte, wer die Innovationskraft meinte „gepachtet" zu haben. Welche, wie und wann neue Produkte von der Firma hergestellt werden, ist letztlich eine Machtfrage. In diesem Falle hatten die Produktions- und Marketingmitarbeiter beiderseitig den Machtanspruch, der allerdings nicht explizit formuliert wurde, sondern in vielen Formulierungen unreflektiert einfloß. Wie sich der verdeckte Machtanspruch äußerte, kam in den Aussagen der Teilnehmer indirekt zum Ausdruck.

Ein Techniker erläuterte langatmig ein Innovationsproblem und unterstellte dabei seinem Gesprächspartner vom Marketing, daß er bezüglich der technischen Probleme bei den neuen Produkten keine Ahnung habe. Der Mitarbeiter aus dem Marketing spürte die Asymmetrie und reagierte zunehmend ungeduldig; er begann mit den Fingern auf den Tisch zu klopfen und fühlte sich letztlich für dumm verkauft.

Ein anderer Marketing-Mitarbeiter sagte zum Produktionsplaner, daß auf dem Markt ein Riesenbedarf nach dem neuen Produkt B bestünde. Mit einem spöttischen Unterton fügte er hinzu, daß die Techniker ja leider immer noch ihre Probleme bei der Entwicklung des Produktes A hätten und – dies ist die unterschwellige Botschaft – die Techniker schuld daran seien, daß der Firma ein hoher Umsatz entginge, weil sie die Anforderungen der Produktinnovation nicht beherrschten.

Ein dritter Marketing-Mitarbeiter brachte eine neue Produktidee ein und versuchte sie zu erklären. Schon nach zwei Halbsätzen begann ein Techniker zu stöhnen und die Augen zu rollen. Nonverbal signalisierte er damit allen: Der hat ja keine Ahnung von der technischen Machbarkeit seiner Idee – es ist pure Zeitverschwendung, ihm noch weiter zuzuhören.

Als Moderator dieser Sitzung wurde mir klar, daß es keinen Sinn machte, auf der Sachebene das Gespräch weiter zu führen. Denn wenn sich in der Kommunikation asymmetrische Beziehungsformen zeigen, liegt eine Problematik auf der Beziehungsebene vor. Im obigen Fall war es der beiderseitige Machtanspruch, für die Produktinnovation zuständig zu sein. Dies ist nicht nur eine Frage der Produktinnovation, sondern der Unternehmensführung. Denn die Produktinnovation ist das Steuer. Sie bestimmt, in welche Richtung sich das Unternehmen entwickelt. Steuermann dürfen jedoch nicht zwei Abteilungen sein, sondern eine übergeordnete Steuerungsinstanz, die die Richtung vorgibt, wie und mit welchen Produkten sich das Unternehmen auf dem Markt behaupten will und damit die Zukunft und das Bestehen des Unternehmens sichert. Damit verlagerte sich die Aufgabe der Produktinnovation auf die Geschäftsführungsebene.

Anhand des obigen Beispieles will ich auf eine Methode hinweisen, wie eine unproduktive Verflechtung von Inhalts- und Beziehungsebene erkannt und damit ein wichtiger Schritt zur Lösung gemacht werden kann. In Anlehnung an Schulz von Thun (1994, 200) werden drei Phasen unterschieden:

Bild 122

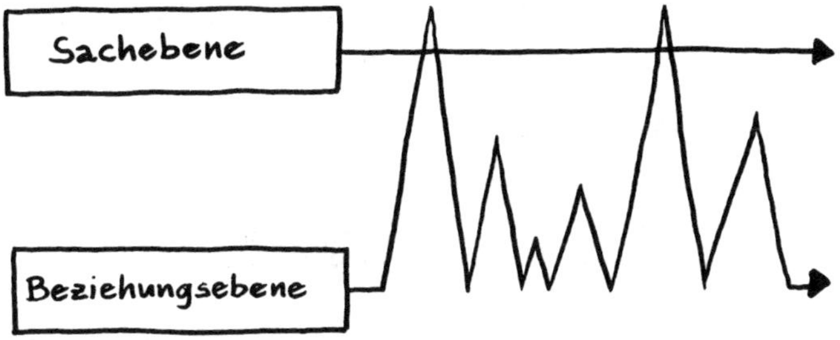

Im Gespräch fielen zunächst die zunehmenden „Stecknadeln" von unten als Anzeichen einer Beziehungsstörung auf. Diese auf der Sachebene auflösen zu wollen, führt nicht weiter. Zunehmende Beziehungsspitzen führen zur Verflechtung von Inhalts- und Beziehungsebene. Das lähmt die thematische Arbeit.

Das Grundproblem war das unterschiedliche Selbstverständnis der beiden Abteilungen: Marketing wollte in Bezug auf Pro-

Bild 123

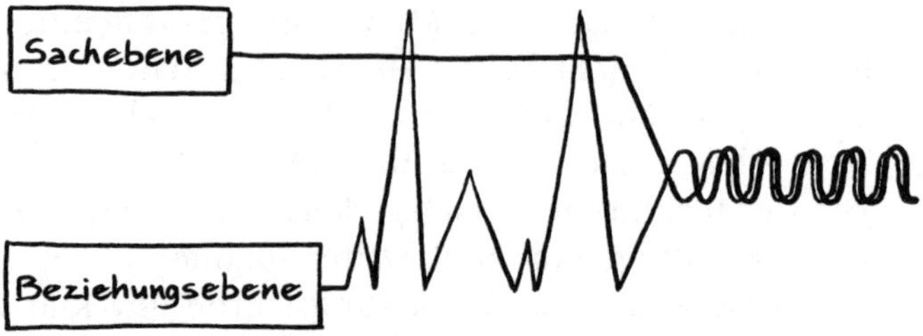

duktinnovation bestimmend sein, weil es glaubt, die alleinige Kenntnis hinsichtlich der Marktlage zu haben und deshalb kundenorientierte Innovationsprozesse einleiten zu können. Die Argumente kommen so, daß die Mitarbeiter aus der Produktion sich auf einen Beraterstatus hinsichtlich der technischen Machbarkeit reduziert fühlen. Bei dieser Sichtweise ist die Produktion bloßer Erfüllungsgehilfe. Damit werden die Mitarbeiter aus der Technik nicht als gleichberechtige Partner für Innovationsfragen anerkannt, womit in der Kommunikation eine asymmetrische Beziehungsform zugrunde liegt. Aufgrund des Selbstbildes der Mitarbeiter aus der Produktion vermitteln diese, sie allein wären kompetent zu bestimmen, welche Produktinnovationen stattzufinden haben. Sie kennen sowohl den Markt, z. B. durch Messebesuche, und gleichzeitig die technische Machbarkeit. Sie gehen außerdem davon aus, daß gute Produkte sich eigentlich von selbst verkaufen. Die Marketing-Mitarbeiter sehen sie lediglich als Verkäufer, die aufgrund ihrer mangelnden technischen Kenntnisse überfordert sind. Auch hier werden die Mitarbeiter aus dem anderen Bereich nicht als gleichberechtige Partner gesehen, womit eine asymmetrische Beziehungsform vorliegt.

Bild 124

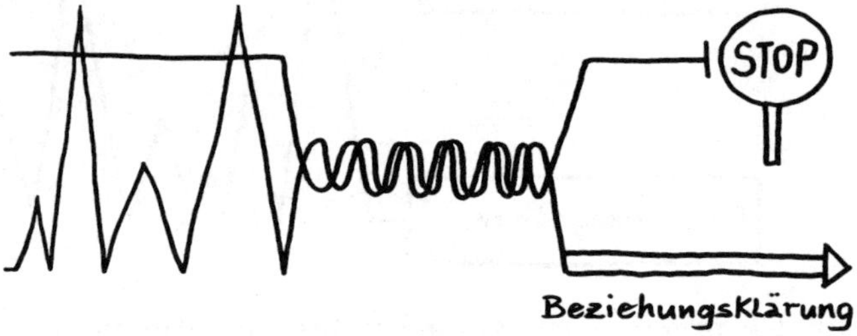

Deshalb ist ein Stop auf Sachebene und die Klärung der Beziehung notwendig.

Wichtige Bestandteile der Beziehungsklärung, die von einem Moderator geleitet wird, sind:

- Zuerst das Bewußtsein für das Vorhandensein einer Beziehungsebene schärfen

- Die Beziehungsspitzen, die meist unbewußt bleiben, bewußt wahrnehmen und erkennen, wie und wo sie die Sachebene stören
- Die unterschiedlichen Selbstbilder herausarbeiten

Wenn sich beide Abteilungen darüber einig werden, daß letztlich nicht sie entscheiden, was gut oder schlecht für das Unternehmen ist, sondern Maßstab der Kunde ist, ist eine gute Grundlage zur Zusammenarbeit gelegt.

Die Benennungen der Abteilungen sind in den Diagrammen 119, 120 und 121 natürlich auswechselbar. An den dort angebrachten Pfeilen können Sie ganz andere Abteilungen oder Bereiche hinschreiben. Denken Sie einmal an Abteilungen, mit denen Ihre Abteilung, bzw. Ihr Bereich Kontakt hat. Welche würden Sie da einzeichnen. *Kommon* wird Sie durch die weitere Übung führen:

„Ich möchte Sie bitten, ein Blatt Papier und einen Stift zur Hand zu nehmen. Wählen Sie eine Kollegin oder einen Kollegen aus einer anderen Abteilung oder einem anderen Bereich, mit der oder dem Sie zusammenarbeiten. Versuchen Sie, in Anlehnung an den Bildern 119, 120 und 121 die Zusammenarbeit durch Pfeile abzubilden. Wie lang ist Ihr Resultatspfeil, im Verhältnis zu Ihrem Energieeinsatz? Gehen Sie davon aus, daß der Mitarbeiter von der anderen Abteilung den ähnlichen Energieeinsatz einbringt, vielleicht nur in eine andere Richtung. Sie können diese Darstellungsform mit mehreren Kolleginnen und Kollegen durchspielen und sehen, in welchem Maße sich Ihre Bemühungen ergänzen.

Bei jenen Pfeilen in Ihrer Skizze, die ein mittelprächtiges Resultat aufzeigen, ist es sicher möglich, mit Ihrem Kollegen darüber zu sprechen. Dadurch können Sie vielleicht Abstimmungen vornehmen, die die Zusammenarbeit verbessern. Bei jenen, wo es ganz auseinanderklafft, ist es nicht zu empfehlen, es direkt mit dem Betroffenen anzusprechen. Überlegen Sie, ob Sie es mit Ihrem Vorgesetzten besprechen können. Ich wünsche Ihnen, daß Sie dafür den richtigen Zeitpunkt finden!"

Welche Möglichkeiten sehen Sie, mit den Kollegen der anderen Abteilung zu sprechen? Wo können Sie sich Hilfestellung holen, wenn die Zielsetzung gefährdet ist? Diese Fragen können nur im Einzelfall beantwortet werden.

Materialien für die Praxis:

Klärung der Erwartungshaltungen zwischen Abteilungen

Ursachen für schlechte bereichsübergreifende Kommunikation sind häufig tradierte und überholte Interpretations- und Erklärungsmuster, die sich als kollektives Gedächtnis in den Abteilungen festgesetzt haben und nicht weiter auf ihre Sinnhaftigkeit hinterfragt werden. So schaffen sich die Mitarbeiter in den verschiedenen Bereichen durch Erklärungsmuster und Interpretationsschemata ihre eigenen abteilungsspezifischen Wirklichkeiten. Sie nehmen ihre Umwelt (wozu die Umwelt der Organisation als Ganzes als auch andere organisationsinterne Abteilungen gehören) nicht mehr unmittelbar wahr. Die Infragestellung der in den Abteilungen üblichen Interpretationsschemata ist aber notwendig, damit neue Sichtweisen möglich werden. Dafür entwickelte ich eine Methode, die bei Schnittstellenproblemen zwischen unterschiedlichen Abteilungen bzw. Bereichen sehr effizient ist. Die Methode ist ebenso verwendbar, wenn das Ziel lautet, die Zusammenarbeit bei bereichsübergreifenden Aufgaben zu verbessern. Mit einem Praxisbeispiel soll das verdeutlicht werden.

Die Geschäftsführung eines mittelständischen Unternehmens gab mir den Auftrag, die für die Produktinnovation bedeutsamen Abteilungen zu einer besseren Zusammenarbeit zu führen, damit die Innovationsfähigkeit gesteigert wird. In diesem Falle waren vor allem fünf Abteilungen wichtig. Die Produktentwicklung, die F&E, die technische Entwicklung, die Produktion und der Vertrieb.

Zunächst fanden Einzel- und Kleingruppengespräche statt, wie ich es anhand der Domino-Bilder 98 bis 102 beschrieben habe. Im Verlaufe der Gespräche zeigte sich, daß einzelne Abteilungen unklare Vorstellungen hinsichtlich der Aufgaben und Kompetenzen ihrer eigenen Abteilung und die der anderen Abteilungen hatten.

Anhand zweier Abteilungen – der Produktentwicklung und des Vertriebs – wird das methodische Vorgehen in einer Schrittabfolge erläutert. Somit kann es unter fachlicher Anleitung eines Moderators angewendet werden.

Schritt 1: Teamgründungen Aus beiden Abteilungen wird je ein Team aus ca. 5 bis 7 Personen gebildet. In den Teams ist der jeweilige Vorgesetzte ein Teammitglied; er ist in den Zeichnungen grafisch hervorgehoben.

In den Einzel- und Kleingruppengesprächen erläutert der Moderator, warum im Rahmen dieser aufwendigen Methode Vorstellungsbilder erfragt werden. Er erklärt, daß sie Meinungen und Einstellungen enthalten und dadurch das

Bild 125

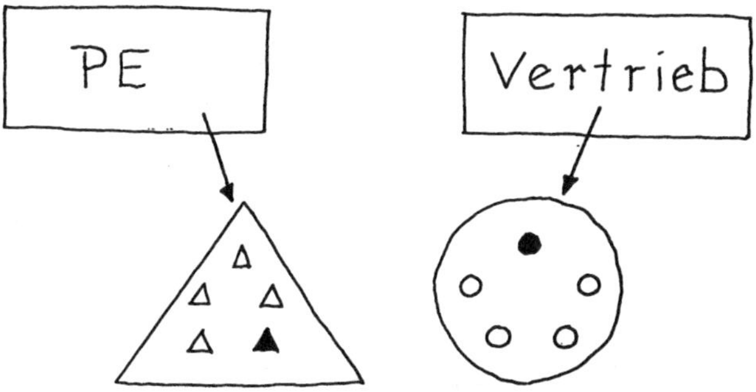

Verhalten beeinflussen. Durch das „Bild", wie die Mitarbeiter glauben, daß sie vom Anderen gesehen werden, wird das Handeln im Betrieb mitbestimmt. Der Moderator macht deutlich, daß sich solche „Vorstellungsbilder" verhaltenssteuernd auswirken.

Schritt 2: Befragungen der beiden Teams In voneinander unabhängigen Sitzungen bekommt jedes Team zwei Aufgaben. Zunächst wird hier das Vorgehen für die Produktentwicklung beschrieben, in der Praxis läuft die Befragung der beiden Teams simultan. Die Ergebnisse der einzelnen Teams werden zunächst nicht kommuniziert. Dies geschieht erst zu einem späteren Zeitpunkt. Das Produktentwicklung-Team erhält die Aufgabenstellung in Form zweier Fragen:

Was erwarten wir vom Vertrieb in Hinblick auf eine Verbesserung der Innovationsleistung?

Bild 126

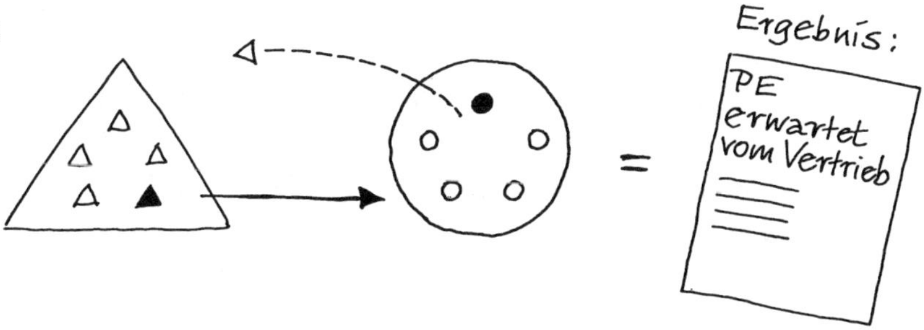

Die Antworten werden im Team besprochen und aufgelistet. Beispielhaft hier zwei Antworten aus der Produktentwicklung:

- Bessere Informationen hinsichtlich Trends auf dem Markt
- Neue Produktlinien besser mit Produktentwicklung abstimmen

Die zweite Frage nach der vermuteten Erwartung lautet:

Was denken wir, erwartet der Vertrieb von uns, in Hinblick auf eine Verbesserung der Innovationsleistung?

Bild 127

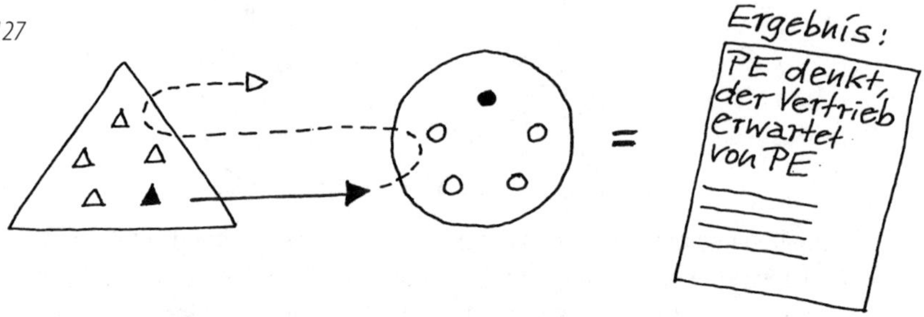

So wie bei der ersten Frage werden die Antworten im Team besprochen und aufgelistet; auch davon zwei Antworten als Beispiele:

- Schnellere Realisierung neuer Produkte
- Marktgerechte Produkte herstellen

Die Ergebnisse der letzten Frage ergeben die „vermutete Erwartungshaltung" des Vertriebs, mit anderen Worten: die Vorstellung der Produktentwicklung, was der Vertrieb von der Produktentwicklung erwartet.

Dieselben Fragen stellt der Moderator auch dem Vertriebsteam, natürlich entsprechend umformuliert.

Bild 128

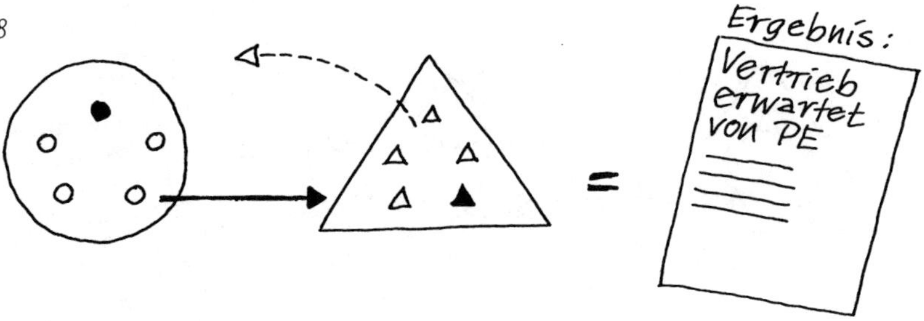

Die Antworten werden wiederum im Team besprochen. Zwei Antworten auch hier beispielhaft:

- Bessere Realisierung neuer Produkte
- Informationen über neue technische Möglichkeiten geben

Bild 129

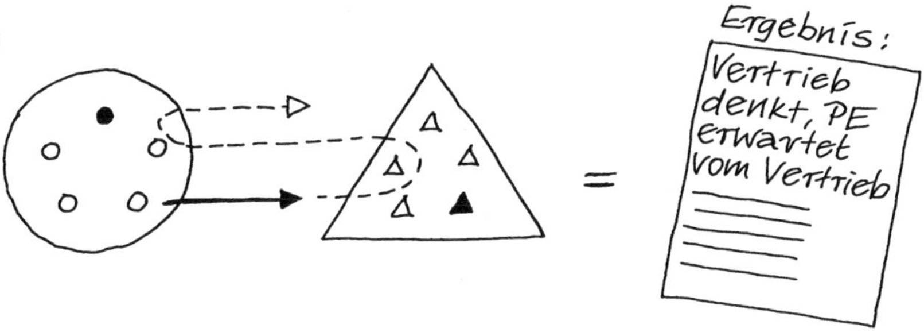

Antworten dazu:

- Bessere Informationen hinsichtlich Trends auf dem Markt
- Informationen über Preise der Konkurrenz

Schritt 3: Information über die gegenseitigen Erwartungshaltungen Der Moderator lädt beide Teams zu einer gemeinsamen Sitzung ein, in der er zunächst die vier Erwartungshaltungen als Ergebnisse der Teamarbeiten präsentiert. In dieser ersten gemeinsamen Sitzung geht es nur um die Kenntnisnahme der gegenseitigen Erwartungen. Da es nur um die Information geht, achtet der Moderator darauf, daß lediglich Verständnisfragen besprochen werden.

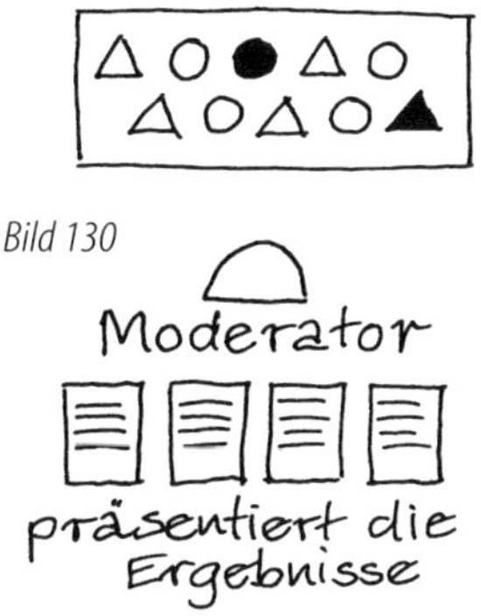

Bild 130

Für eine inhaltliche Klärung offener Fragen bedarf es gesonderter Sitzungen mit spezifischen Kommunikationsstrukturen. Wenn in dieser Phase schon eine Diskussion stattfindet, besteht die Gefahr der Abwehr, der Nivellierung der Erwartungshaltungen und schwer steuerbarer Kommunikationsabläufe, die zu unproduktiven Konflikten führen.

Wenn Teilnehmer im Team sehr stark die Neigung haben, gleich inhaltlich in die Diskussion einzusteigen, unterschätzen sie dabei die Gefahren einer ungeordneten Diskussion. Es sollen Sachverhalte einfach nur zur Kenntnis genommen werden, die erst später zur Diskussion stehen.

Schritt 4: Bildung von Kategorien Für eine Klärung der gegenseitigen Erwartungshaltungen ist die Gesamtgruppe oft überfordert. Deshalb muß zunächst organisiert werden, welche Teammitglieder in Form einer Arbeitsgruppe- zusammen mit dem Moderator – an den inhaltlichen Fragen arbeiten. Die erarbeiteten Vorschläge und geeignete Maßnahmen werden später der Gesamtgruppe präsentiert.

Bild 131

Die Ergebnisse dieser Arbeitsgruppe, die in der Praxis von der Situation abhängen und deshalb vielgestaltig sein können, lassen sich unterschiedlich aufbereiten. Eine bewährte Form wird hier als Beispiel aufgezeigt. Die Erwartungen werden von der Arbeitsgruppe im Beisein des Moderators in drei unterschiedliche Kategorien eingeteilt:

Kategorie 1: Deckungsgleiche Erwartungen
Diese Kategorie enthält jene Erwartungen, Wünsche und Vorstellungen der beiden Seiten, die gleich sind. Es herrscht im Prinzip Übereinstimmung. Bezüglich der genannten Punkte ist eine problemlose Kommunikation anzunehmen.

Bild 132

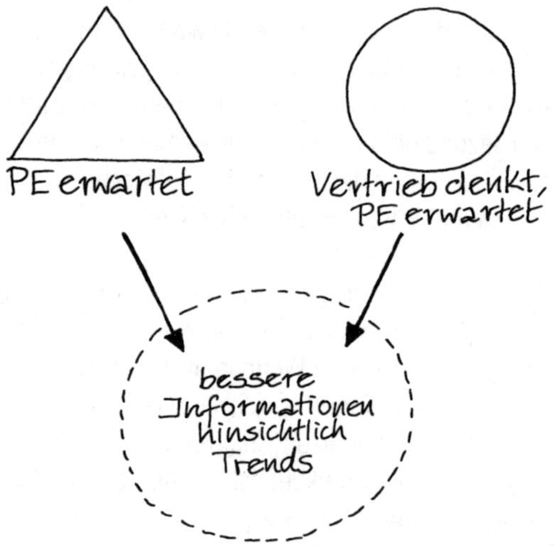

Nehmen wir obiges Beispiel. Die Produktentwicklung erwartet vom Vertrieb, daß dieser „bessere Informationen hinsichtlich Trends auf dem Markt" liefert. Und der Vertrieb vermutete schon, daß die Produktentwicklung genau diese Erwartung hat.

Kategorie 2: Teilweise deckungsgleiche Erwartungen
Dies sind zum Teil ähnliche Erwartungen aber mit unterschiedlichen Ausprägungen. Hier kann ein unterschiedliches Problembewußtsein bestehen.

Nehmen wir auch dazu ein Beispiel: Beide Teams sprechen von „Realisierung von neuen Produkten". Einmal jedoch spricht die Produktentwicklung von einer „schnelleren Realisierung", während der Vertrieb eine „bessere Realisierung" erwartet. Hier ist zur Abstimmung Kommunikationsbedarf gegeben.

Bild 133

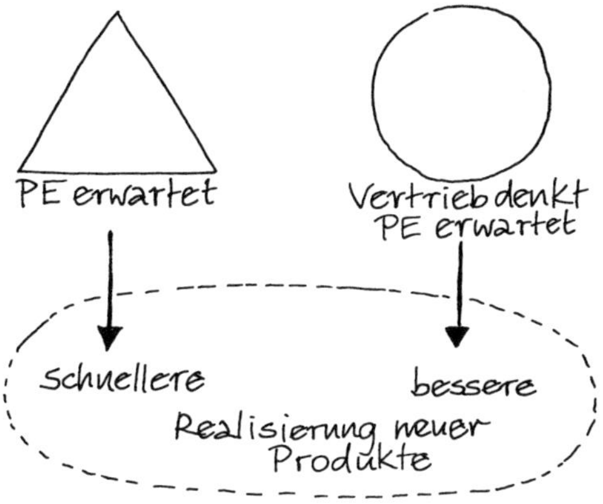

Kategorie 3: Keine Übereinstimmung der Erwartungen
Hier werden gegenseitig Wünsche und Erwartungen von einer Seite an die andere formuliert, die sich in keiner Weise aufeinander beziehen. Es sind Punkte, die noch einen hohen Abstimmungsbedarf haben. Anzunehmen ist, daß die Kommunikationskultur als Ganzes betroffen ist und Hindernisse im System vorliegen.

Bild 134

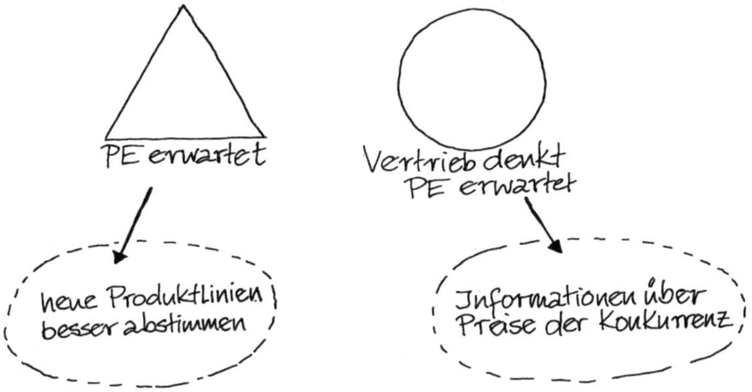

Weitere Beispiele sind:

- Die Produktentwicklung glaubt, daß der Vertrieb marktgerechte Produkte erwartet.
- Der Vertrieb erwartet von der Produktentwicklung bessere Informationen über neue technische Möglichkeiten.

Diese Erwartungshaltungen beziehen sich nicht aufeinander. Grundsätzliche Fragen gilt es hier zu klären, die eine Erarbeitung neuer Strukturen von Verantwortlichkeiten und Aufgaben nach sich ziehen können. Zur Klärung dieser Fragen bedarf es solider Kenntnisse in Konfliktmanagement und Kommunikation.

Schritt 5: Abklärungen in den Abteilungen Die Mitglieder der Arbeitsgruppen klären jeweils in ihren Abteilungen die Vorschläge und Maßnahmen, die zur Verbesserung des bereichsübergreifenden Innovationsprozesses führen sollen.

Bild 135

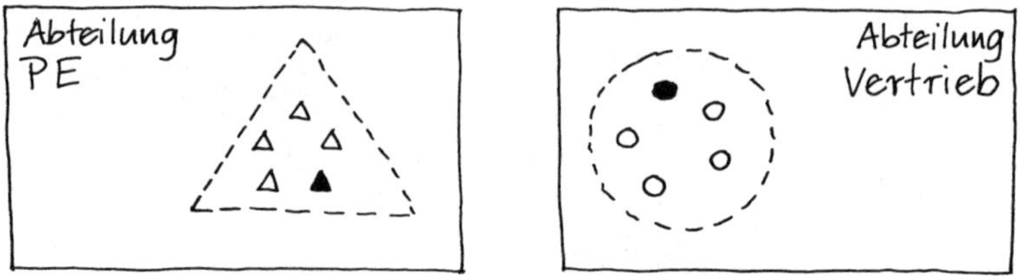

Die Abklärungen in den Abteilungen erfolgen informell, der Moderator nimmt daran nicht teil. Er fördert jedoch in Besprechungen mit den Vorgesetzten der jeweiligen Abteilung den Prozeß und informiert sich, welche Maßnahmen sich als konsensfähig abzeichnen.

Bild 136

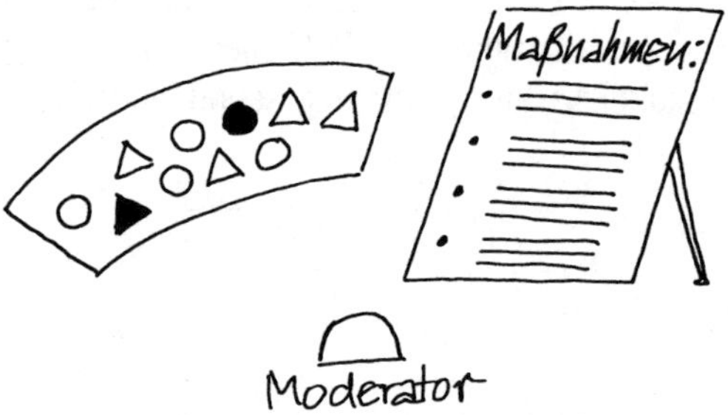

In einer gemeinsamen Abschlußbesprechung werden dem Gesamtteam alle Maßnahmen präsentiert und sichergestellt, daß alle Teammitglieder ein gemeinsames Verständnis haben. Die Maßnahmen werden gemeinsam beschlossen. Dieses Vorgehen gewährleistet, daß die Maßnahmen von allen getragen werden und dadurch eine hohe Wahrscheinlichkeit der Umsetzung besteht. Als Maßnahmen könnten zum Beispiel beide Teams eine regelmäßige 3-monatige Sitzung einplanen, in denen das Thema „Trends auf dem Markt" besprochen und daraus Ansätze für gemeinsame Aktivitäten abgeleitet werden.

Bemerkung zum Verfahren: Als Moderator habe ich diesen Prozeß in verschiedenen Variationen durchgeführt und machte die Erfahrung, daß sich aufgrund der „spezifischen Vorübung", den eigenen Bereich aus der Perspektive des anderen zu sehen, eine bessere Geprächsbereitschaft einstellt und die Konsensbildung erleichtert wird.

Je nach Prioritätensetzung der Geschäftsführung kann der Prozeß in einem Zeitraum von 2–6 Monaten durchgeführt werden. Der Zeitbedarf bei den einzelnen Schritten hängt von dem Kommunikationsklima und den kommunikativen Fähigkeiten der Mitglieder ab. Teamsitzungen sind mit jeweils 2–3 Stunden zu veranschlagen. Sofern es organisatorisch machbar ist, ist es sinnvoll, die Befragungen der beiden Teams und die Abschlußbesprechung außerhalb des Betriebes im Rahmen eines Workshops durchzuführen.

Bei übergreifenden Fragestellungen, bei denen mehrere Bereiche bzw. Abteilungen betroffen sind, kann in gleicher Weise mit mehreren beteiligten Bereichen vorgegangen werden. So etwa bildete sich bei einer konkreten Aufgabenstellung ein interdisziplinäres Team, zu dem jeweils Delegierte aus den einzelnen Bereichs-Teams zu Sitzungen kamen, um die Neuentwicklung von Produkten gemeinsam zu optimieren. Als Planungsinstrument hat sich dabei der Technologiekalender bewährt, der von Eversheim (1996) detailliert beschrieben wird.

Ein Kommunikationsinstrument Kamiski beschreibt ein „Qualitätsplanungs- und Kommunikationssystem zur Übersetzung der Stimme des Kunden (Kundenanforderungen) in die Sprache des Ingenieurs“ (1994, 182). Die Idee dieses Modells entstand aus der Einsicht heraus, daß Fehler in der Planungsphase extrem hohe Folgekosten nach sich ziehen und Qualitätsanforderungen bereits in der Planungsphase zu definieren sind. Logischerweise funktioniert dieser Ansatz nicht ohne Einbezug aller betrieblichen Teilbereiche. Ausdrücklicher Ansatzpunkt ist „Customer´s Voice“, die Stimme des Kunden, die beim gesamten Produktionsprozeß berücksichtigt werden muß.

Das bisherige Haupthindernis in der Produktentwicklung ist, daß die mühsam durch Marktforschung erhobenen Daten aufgrund der unterschiedlichen Sprachen kaum Eingang in die F&E-Abteilungen der Unternehmen fanden. Für diese Übersetzungsarbeit zwischen Marketing- und Techniksprache wurde ein eigenes Instrument entwickelt, das hier nur kurz erwähnt werden soll. Bild 137 zeigt das Grundprinzip der Vorgangsweise.

Das schrittweise Umsetzen der Kundenanforderungen (WAS wünscht der Kunde?) in technische Merkmale (WIE stellen wir es her?) wird mit Hilfe der Beziehungsmatrix durchgeführt. Die Umsetzung geschieht durch Mitarbeiter aus verschiedenen Abteilungen. Dieses Modell kann ohne Teamkultur, die gemeinschaftliche Verantwortung für die Ergebnisse beinhaltet, nicht funktionieren. Die Teamarbeit wird durch die systematische Vorgangsweise erleichtert, indem z.B. die stete Überprüfung der Marketing-Technik-Übersetzungsleistungen in allen Teilschrit-

Bild 137

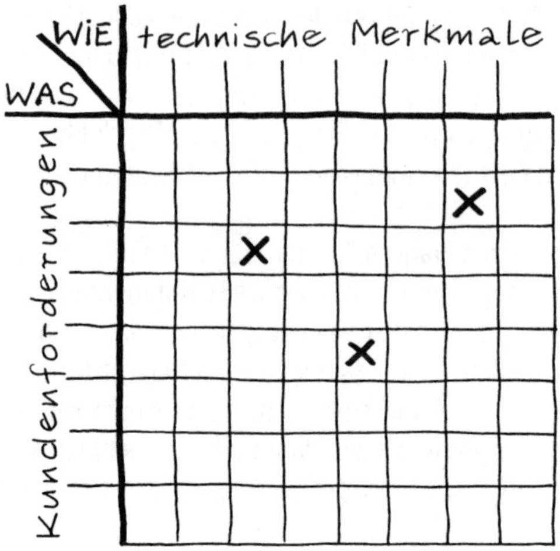

ten vorgesehen ist. Auch auf kleine Entwicklungsfehler, die für Kunden große Bedeutung haben, kann dabei geachtet werden. Den Anwendern dieses Modells gelingt es leichter, neue Produkte schneller, zu niedrigeren Kosten und vor allem in besserer Qualität auf den Markt zu bringen.

Für Unternehmen, die für einen Endkundenmarkt produzieren, ist ein solches Modell nicht neu und sie setzen es um. Kramer (1996, 4) arbeitet heraus, daß dies auch für Zulieferunternehmen gilt: „Zulieferer in Hochlohnländern werden sich nur über ausgefeilte Kundennutzenstrategien behaupten können, die sich in hochwertigen, technisch anspruchsvollen Zulieferleistungen mit entsprechend verbundenen Dienstleistungen äußern.“ Damit wird in der Zulieferindustrie die Kommunikation zwischen den einzelnen Abteilungen und die Entwicklung von Teamkultur zum Erfolgsfaktor. So kann die Zulieferindustrie, angesichts internationalen Wettbewerbs, der weitgehend über den Preis ausgetragen wird, mittels hoher Innovationsleistung ein Gegengewicht schaffen.

In der Zulieferindustrie finden sich viele mittelständische Betriebe. Familienunternehmen in den unterschiedlichsten Größen und Branchen, die gegenüber den großen Unternehmen ihre spezifischen Vorteile haben, aber auch ihre Risiken. Da diese Unternehmensform besondere Bedingungen aufweist, soll darauf kurz eingegangen werden.

Oft kommen im Familienunternehmen die wichtigen Fragen im Kontext einer Nachfolgeregelung auf. Das wird deutlich mittels einer Falldarstellung, in der nicht nur Produktinnovationen eine Rolle spielen, sondern auch organisatorische Innovationen, die strukturelle Änderungen mit sich bringen.

Besonderheiten der Kommunikation im Familienunternehmen

Die Unternehmensgründer sind oft produktionsorientiert, sie verstehen sich als Hersteller und haben zu ihrem Unternehmen eine starke emotionale Beziehung, die den Betrieb immer gefördert hat. Durch die Liebe zu ihrem Produkt springen Funken der Begeisterung ganz unmittelbar auf Mitarbeiter und Kunden über, so daß eine spezifische Kommunikationskultur entsteht, die sehr stark mit der Persönlichkeit des „Chefs" und seinem Charisma verbunden ist.

Von ihrer Ausbildung her sind viele Gründerpersönlichkeiten technisch ausgebildet und betreiben die Marktbearbeitung aus dem „Bauch" heraus. Das Basismarketingwissen haben sie sich autodidaktisch angeeignet. Die Kundenpflege und Marktbearbeitung geschieht deshalb weniger systematisch-wissenschaftlich, sondern mehr intuitiv. Dies zeigt sich auch in der Terminologie, in der die Begriffe Vertrieb, Verkauf und Marketing synonym verwendet werden. Eigentümer haben als Menschen einfach Vorlieben hinsichtlich bestimmter Produkte. Darin liegt die Gefahr, daß sie die Entwicklungen auf dem Markt zu wenig berücksichtigen. Einzelne große und namhafte Familienunternehmen sind daran gescheitert, als Beispiel können Grundig oder Nixdorf angeführt werden.

Bedeutung des Marketings in der Folgegeneration

Die zweite Generation hat hinsichtlich der Marktbearbeitung oft andere Vorstellungen und Arbeitsweisen. Bedingt durch ein Wirtschaftsstudium haben sie z. B. den Anspruch, das Marketing professionell zu betreiben. Sie kommen mit Begriffen wie Absatzorientierung, Kundensegmentierung oder strategisches Marketing. Diese wissenschaftlichen Fachbegriffe stoßen beim erfolgreichen Praktiker auf Reserviertheit und können in einzelnen Fällen auch Widerstand auslösen.

Zur Auflösung dieses Widerstandes ist von beiden Seiten Dialogfähigkeit notwendig. Wenn z. B. die jüngere Generation auf dem Gelernten beharrt oder der Senior seine Skepsis nicht aufgibt, führt das zum offenen Konflikt, in dem dann Aussagen fallen wie: „Der junge Schnösel soll doch erst mal arbeiten, bevor er

Bild 138

so schlau daherredet". Oder: „Der Alte will nicht sehen, daß sich die Welt geändert hat."

Als ein Beispiel aus der Praxis möchte ich den Fall Neubauer schildern: Der Vater gründete die Firma aus einer kleinen Produktionsstätte heraus und hat technische Problemlösungen selbst entwickelt. Er führte die Firma zu einem erfolgreichen mittelständischen Betrieb. Die Schlote rauchten. Man produzierte großflächige Komponenten für die Möbelindustrie. Der Sohn hat nun viel vor. Er sagt, daß die Märkte differenzierter geworden seien und er hinsichtlich der Marktbearbeitung seine Vorstellungen realisieren wolle. Diese brächten auch starke Veränderungen in der technischen und organisatorischen Struktur des bestehenden Betriebes mit sich.

So formuliert er Sätze wie: „Wandel der Vision: vom Produzenten mit Schornsteinkultur zum kundenfreundlichen ökologisch denkenden Markenartikelhersteller", oder: „ausgefeilte Gesamtlösungen für den Endverbraucher mit einer eigenen unverwechselbaren Möbellinie". Namhafte Designer werden engagiert, der Verkauf vollzieht sich in durchgestylten Outlets, hübsche Models reichen Kaffee und Tee. Kein Wunder, daß der Vater diese Präsentation als übertrieben empfindet.

Vater Neubauer hatte mit seinem bisherigen Konzept Erfolg, auf den er in folgenden Gesprächen verweisen konnte. Der Sohn dagegen mit der besseren Ausbildung kann nicht auf Praxis und schon gar nicht auf Erfolg verweisen. Die Argumente des Seniors, daß es darum ginge, Marktanteile zu gewinnen und zu vergrößern, wären laut Junior nicht mehr die Herausforderung der Stunde. Vielmehr ginge es jetzt darum, die erreichte Marktstellung zu sichern und vor allem qualitativ umzugestalten. Weiter will er durch Diversifikationen Flexibilität erreichen. Das alles klingt jedoch für Senior Neubauer recht theoretisch.

Mittelständische Unternehmen wie die Firma Neubauer haben sich primär aus regionalen Strukturen und Bedürfnissen heraus entwickelt, während das Zusammenwachsen der Welt, das sich in Europa durch den gemeinsamen Markt vollzieht, eine Internationalisierung erfordert. Durch das Marketing kommt die Welt ins „Dorf" des mittelständischen Betriebes und im Zuge dessen auch verschiedene „Sprachen" und Werthaltungen. Von diesen geht auch eine gewisse Bedrohung aus. Sich den rasanten Entwicklungen zu stellen, ist für Menschen schwer, die in einer anderen Zeit groß geworden sind. Das ist allzu verständlich.

Hinzu kommt, daß die Aufbauorganisation eines Gründerunternehmens meist eher einfach und überschaubar gehalten ist. Vieles ist auf die Persönlichkeit des Gründers zugeschnitten. In der zweiten bzw. dritten Generation wird das Unternehmen dann strukturierter und auch das Marketing sollte als eigener Bereich mehr Bedeutung und Beachtung erhalten, womit auch der Kommunikation eine größere Bedeutung zukommt.

Durchdringung von „Familie & Business"

Bei Gesprächen zwischen den Anteilseignern ist per se der Beziehungsaspekt stärker ausgeprägt als in Nicht-Familienunternehmen, weil die Kommunikationspartner neben ihrer Funktion im Unternehmen zugleich in einem Verwandtschaftsverhältnis stehen. Durch die Verknüpfung von Familie & Business läuft die

Kommunikation emotionaler ab. Die Beteiligten erleben sich bei der Arbeit anders als im familiären privaten Kontext.

Wenn der gemeinsame Bezugspunkt das Erzielen eines Arbeitsergebnisses ist, dann zeigt sich sehr schnell, ob man aneinander vorbeiredet. Im privaten Gespräch wird dies vielleicht nicht so schnell offenbar, zumal es sich hier nicht gleich materiell zeigt. Bei der Arbeit ist das Produkt der Gradmesser, der anzeigt, inwieweit man das gleiche Verständnis über das Produkt und dessen Entstehungsprozeß hat. Dadurch sind Familienmitglieder im Familienunternehmen weitaus mehr gefordert, sich an Realitäten zu messen. Sie erhalten schneller Rückmeldung, ob Verständnis da ist oder nicht.

Wenn schon mehrere Generationen bestimmte Problemfelder nicht schlüssig lösen konnten, summieren sich Animositäten und es wird immer schwieriger, Gespräche zu führen. Selbst auf untergeordnete Themen wirken sich die unterschwelligen Konflikte aus. Ein Umstand, der den Beteiligten meist nicht gleich bewußt wird. Erst später fragt man sich: „Wie konnten wir uns nur über diese Kleinigkeit so in die Haare kriegen?" Diese Frage ist jedoch in den seltensten Fällen Anlaß, nun die Beziehungsebene zu thematisieren, vielmehr werden Gesprächsanlässe vermieden und stillschweigend gegenseitige Schuldzuweisungen vorgenommen.

Im obigen Fall Neubauer war das Sachproblem die Finanzierung der Marketingaktivitäten. Will der Sohn seine Vision und die damit verbundenen Pläne umsetzen, muß dazu ein Budget bereitgestellt werden. Das hat – wie in vielen Familienunternehmen – der Senior in der Hand. Und er hat gewichtige inhaltliche Argumente. Investitionen im Marketingbereich, seien es in- oder ausländische Vertriebsstätten, sei es für ein Werbebudget oder für den Aufbau einer Verkäufermannschaft, sind für einen traditionellen Mittelständler ein ziemliches Risiko. Auch die Einführung professioneller Produktentwicklung, zur Ausweitung der Produktpalette, um konkurrenzfähiger zu werden, kostet viel Geld.

Der Gründervater Neubauer hat auf dem Gebiet der Produktentwicklung eher intuitiv gehandelt; er hatte einen Riecher für erfolgreiche Produkte und ging bei der Produktentwicklung ganz pragmatisch vor. Der Sohn dagegen will systematisch vorgehen, durch Marktforschung, Pretests, u.a. Angesichts differenzierter Märkte und der Internationalisierung scheint ihm das notwendig zu sein. Deshalb erwartet er auch von seinen Mitarbeitern beim Prozeß der Produktentwicklung eine höhere Professionalität.

Ob der Sohn das Geld für die geplanten Investitionen von den Banken bekommen wird, ist nicht gewiß. Denn bei Krediten kommt es sehr oft auf den Namen des Firmeninhabers an. Sein Renommé und sein Werk sowie seine bisherigen Erfolge sind Maßstab für seine Kreditwürdigkeit. Der Junior Neubauer kann „nur" seine Konzepte und viel guten Willen vorlegen. Mit der Zustimmung des Vaters wäre alles viel leichter. Doch dessen Politik war es immer, aus einer gesunden Eigenkapitalstruktur heraus zu wirtschaften, was risikoreichere Investitionen für Marketingaktivitäten behindert.

In diesem Stil gingen die Argumente über längere Zeit hin und her. Bei einem Vortrag, den ich über das Thema „Nachfolge im Familienunternehmen" hielt, kamen danach beide auf mich zu und sprachen den Wunsch aus, das Problem gemeinsam anzugehen.

Nach meiner Methode entwickelte sich im Wechsel von Einzel- und Gruppengesprächen folgende Lösung: Senior und Junior einigten sich auf ein abgestuftes Vorgehen. Der Sohn erhielt die Möglichkeit, auf einem Testmarkt seine Marketingpläne unter Beweis zu stellen. Dabei waren klare zeitliche und finanzielle Ziele vereinbart. Quartalsweise fanden moderierte Besprechungen statt, die den Projektverlauf begleiteten und in denen notwendige Modifikationen beschlossen wurden. Es war erfreulich zu beobachten, wie in diesen Sitzungen das gegenseitige Verständnis und die Akzeptanz zunahmen.

Mit der Beschreibung dieses Falles ist der Exkurs „Familienunternehmen" abgeschlossen. In einem in Arbeit befindlichen Buch werde ich detaillierter und spezifisch auf das Thema „Nachfolge" eingehen.

Soviel aber bereits jetzt: Ich werde die besondere Situation von Senioren beschreiben, die ihren Kindern gegenüber in der Vaterrolle sind, bis der Junior in die Firma eintritt. Dann steht der Vater vor der Aufgabe, zu ihm eine partnerschaftliche Beziehung aufzubauen. Von diesem Rollenwechsel ist der Junior gleichermaßen betroffen. Nach jahrelangem Vater-Sohn-Verhältnis wandelt sich nun im Unternehmen seine Rolle zu der des Junior-Chef, mit der Zielsetzung, den familären Betrieb zu übernehmen. Bild 139 stellt die klassische Vater-Sohn-Situation dar. Zunehmend übernehmen auch Töchter die Nachfolge, so daß auch das bisherige Vater-Tochter-Verhältnis sich wandeln muß. Gleichermaßen gilt das für andere mögliche Konstellationen, wie etwa für Mutter-Sohn oder Mutter- Tochter- Beziehungen. In allen Famili-

Bild 139

en stellt diese Übergangsphase einen besonderen Lebensabschnitt dar. Im Familienunternehmen hat dieser Wandel jedoch eine weitreichendere Bedeutung und ist für alle Beteiligten eine zusätzliche Herausforderung.

In diesem Familienunternehmens-Buch werde ich die verwendeten Methoden interner Familien-Workshops beschreiben, an denen alle betroffenen Familienmitglieder teilnehmen. Sie werden von einem psychologisch geschulten Moderator vorbereitet und geleitet. Anliegen dieser Workshops ist es, Wege und Möglichkeiten zu finden, um zu verstehen, was die ältere Generation geleistet hat bzw. was die nachfolgende Generation künftig zu leisten hat. Ohne eine solche Hilfestellung besteht die Gefahr, sich auf unproduktive Weise auseinanderzusetzen, womit das gegenseitige Verständnis verlorengeht.

Untersuchungen wie „Die zweite industrielle Revolution in der Automobilindustrie“ (Womack 1992) brachten eine Sensibilisierung für das Thema Kommunikation. Die Japaner haben die Hälfte der Entwicklungszeit und die Hälfte der Produktionskosten erzielt, sie sind doppelt so gut wie europäische und amerikanische Unternehmen. In japanischen Unternehmen werden, laut Fachliteratur, gemeinsame Entscheidungen getroffen, bei denen die verschiedensten Abteilungen involviert sind. Diese als „Ringi-System“ bezeichnete Methode, die sehr zeitintensiv ist, hat das Ziel, einen breiten Konsens zu erzielen. Räumliche Nähe und persönliche face-to-face-Kommunikation unterstützen dies.

Aus europäischer Sicht erscheint der langwierige Entscheidungprozeß japanischer Führungskräfte als Entscheidungsschwäche; diese kulturell gewachsene Art des Vorgehens erweist sich jedoch mittel- und langfristig als sehr erfolgreich. Die kommunikative Kompetenz der Japaner zeigt sich in der Management-Philosophie des Kaizen, d.h. die kontinuierliche Verbesserung des Produktes und der Prozesse. Speziell dieser Ansatz ist ohne laufende intensive Kommunikation mit funktionierendem Feedback nicht lebensfähig.

Vergleich der Kommunikation Japan – Europa

Eine Besonderheit der japanischen Entwicklungspraxis soll herausgestellt werden: Im Vergleich zu Europa bzw. den USA investieren die Japaner wesentlich mehr Zeit in die Phase der Produktplanung, d.h. in die Entwicklungs- und Konstruktions-Phase, weniger in die Produktionsphase und noch weniger für Anpassungs- und Re-Design-Maßnahmen. In der ersten Phase leisten die Japaner offenbar die kommunikative Knochenarbeit, während die Europäer die in der Anfangsphase zu wenig geleistete Kommunikation an die Produktion abschieben.

Das Motto: „Einer guten Idee ist es egal, woher sie kommt“ scheint bei den Japanern auch im betrieblichen Vorschlagswesen zu herrschen. Ideen von den Mitarbeitern an der Unternehmensbasis werden über Hierarchiestufen hinweg effizient kommuniziert und erfahren eine Umsetzung, die wiederum mit viel Kommunikation verbunden ist. Hier kommt den Japanern offenbar ihr kultureller Hintergrund und ihre Prägung zugute. Die aus europäischer Tradition stammenden Interpreten des Erfolgs, die das Ziel verfolgen, die erfolgbringenden Faktoren herauszudestillieren und in Europa zu implementieren, gelangen bald an ihre Grenzen. Der Einsatz von Methoden der vergleichenden Kulturwissenschaft und eine tiefere Beschäftigung mit den unterschiedlichen Kulturen würde mehr Verständnis bringen. Dann würde deutlich, daß die Implementierung einzelner Erfolgsfaktoren nicht sehr wirksam ist. Zum Beispiel der Ansatz, Europäer oder Amerikaner könnten sich gleichermaßen mit der Firma und dem Produkt identifizieren, wie es die Japaner tun, ist in einer amerikanischen oder europäischen Kultur kaum vorstellbar.

Für Deutschland sieht Beyer (1994) im Vergleich zu Japan große Zukunftsaussichten. Er stellt als aussichtsreiche Perspektive dar, daß in Europa mit Lean Management und anderen Management-Konzepten neue Organisationssysteme implementiert werden, deren Vorteile in Japan schon länger ausgereizt sind, und die, würden sie in Deutschland eingeführt, noch starke Wettbewerbsvorteile bringen könnten. Seine Ausführungen beziehen sich vorwiegend auf Deutschland. Fraglich ist jedoch, ob diese Vorteile angesichts einer weltweit vernetzten Wirtschaft, in der es eine so klar abgrenzbare „Nationalökonomie" nicht mehr gibt und in der viele andere Einflußfaktoren wirksam sind, tatsächlich zum Zug kommen können. Doch eines ist sicher: Diese neuen Organisationsformen können, davon bin ich überzeugt, nur auf der Basis eines effizienteren Kommunikationsverhaltens fruchtbar werden. Durch ein kompetenteres betriebliches Kommunikationsverhalten nähme auch wechselwirkend die zwischenmenschliche Ebene ein freundlicheres Gesicht an, was wahrlich einem Quantensprung in der ökosozialen Landschaft gleichkäme.

Vermeidung von Folgekosten durch rechtzeitige Kommunikation

Beim Produktinnovationsprozeß nimmt die Entscheidungsfreiheit für Veränderungen und Anpassungen im Verlauf der Produktentstehung ab. (Eversheim 1995, 13). Anhand der Kostenentwicklung zeigt sich, daß Veränderungen in der Frühphase der Produktentwicklung noch preiswert zu haben sind, in der Phase der Produktrealisierung allerdings sehr teuer zu stehen kommen (Kramer 1994, 77). Betrachtet man den traditionellen Produktinnovationsprozeß, so entstehen vor allem in der Phase der Produktplanung eine große Anzahl von Fehlern, die in einer späteren Phase zu hohen Änderungs- und Produktionskosten führen.

Der Kommunikationsbedarf ist in den einzelnen Phasen des Produktentwicklungsprozesses recht unterschiedlich. In der Produktplanungs-Phase ist das Projekt noch relativ unstrukturiert; da wird den Beteiligten am meisten Kommunikationsarbeit abgefordert. Es werden sehr hohe Anforderungen an die Toleranz gestellt, z.B. Unklarheiten auszuhalten.

Wenn sorgfältigste Vorbereitung und die Einbeziehung sämtlicher Betroffener gewährleistet sind und damit die kommunikativen Leistungen in ein frühes Stadium vorverlegt werden, fällt die Fehlerquote in der späteren Phase bedeutend niedriger aus. Der höhere Entwicklungsaufwand mit starker interdisziplinärer Kommunikation kann Fehler schon bei ihrer Entstehung verhindern.

Da der Faktor Zeit bei der Produktentwicklung in vielen Bereichen der Industrie eine immer größere Rolle spielt, sind die Unternehmen gezwungen, „die richtigen Dinge von vornherein richtig zu machen ... für Nachbesserungen bleibt keine Zeit mehr“ (Hinterhuber 1994, 174). Dies gilt vor allem für Produkte, deren Lebensdauer kürzer ist als die Produktentwicklungszeit. Ein griffiger Merksatz für den oben genannten Zusammenhang lautet: In der strategischen Phase die richtige Dinge tun, in der operativen Phase die Dinge richtig tun, damit man im Nachhinein nicht die Dinge richten muß.

Bild 140

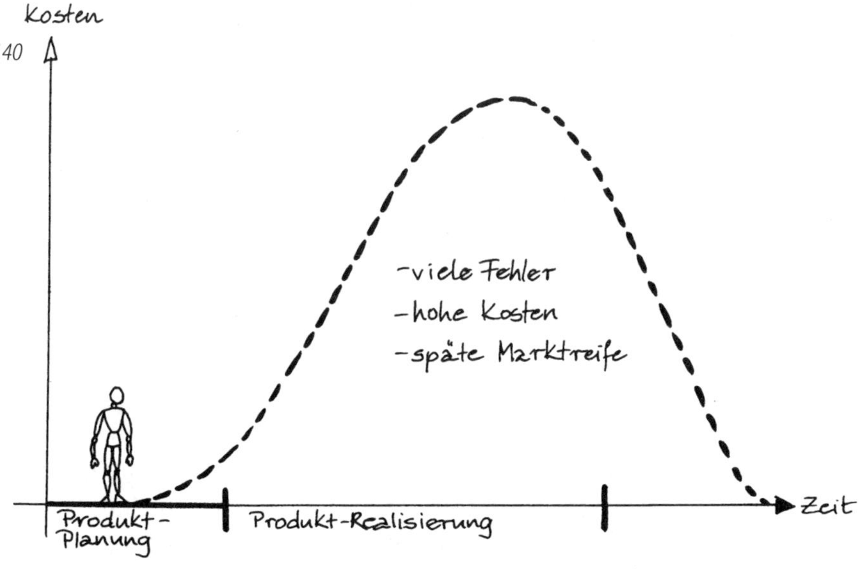

In der Fachliteratur wird der Zusammenhang zwischen der Fehlerentstehung in der Produktplanungsphase und den hohen Kosten der Fehlerbehebung in der Realisierungsphase beschrieben. Die in der Grafik gezeigte Fehlerkostenkurve resultiert aus der mangelnden Kommunikation in der Produktplanungsphase, symbolisiert durch die Kleinheit von *Kommon*.

Es sind die Kommunikationsdefizite, die in der Fachliteratur als „mangelnde Abstimmungsprozesse“ oder ähnliches bezeichnet werden und die in der frühen Phase der Produktentstehung zu vielen Fehlern führen, wenn es um Anforderungsdefinitionen und Konzeptionen geht. Aus einer psychologischen Perspektive bekommt der oben beschriebene Sachverhalt noch zusätzliche Brisanz: Es geht um Fragen wie Schuld und Verantwortung. Den Mitarbeitern, die in der Produktplanungsphase tätig sind, wird meist gar nicht bewußt, daß in ihren Planungen viele Fehler enthalten sind, da sie erst bei der Arbeitsvorbereitung, häufiger noch bei der Produkt-Realisierung und bei der Endprüfung zu Tage treten.

Die betroffenen Mitarbeiter aus der Fertigung sind vermutlich verärgert darüber, daß sie Fehler unverschuldet ausbaden müssen, die in der Konstruktionsabteilung und in der Produktentwicklung entstanden sind. Dies belastet das Kommunikationsklima. Vor allem, wenn es zu gegenseitigen Schuldzuweisungen kommt, werden in der Folge Beziehungskonflikte ausgetragen, die ein weiteres Hindernis für die Fehlerbeseitigung darstellen. Es ist verständlich, wenn von den „blue collar-workern“ aus der Fertigung ein ausgesprochener oder unausgesprochener Vorwurf „nach oben“ ergeht: „Ihr großartigen Planer mit Euren schönen Büros und weißen Mänteln, Ihr macht sooo viele Fehler, die der ganzen Firma sooo teuer zu stehen kommen. Wir müssen das dann ausbaden.“ Die „white-collar-worker“, die akademisch besser ausgebildet sind und in der Unternehmenshierarchie höher stehen, werden ihrerseits Mühe haben, einen solchen Vorwurf als Anstoß für einen Bewußtwerdungs- und Veränderungsprozeß aufzunehmen. Dazu würde gehören, zunächst sich selbst einzugestehen, mit den Anderen nicht genügend geredet zu haben.

Möglicherweise sagen sie sich, ein solches intensives Miteinanderreden mit den Anderen war bisher nicht vorgesehen. Deshalb läge es nicht in ihrer Verantwortung, daß die mangelhafte Kommunikation Fehler und damit Kosten verursacht hat. Und es ist wohl tatsächlich offen, wer dafür die Verantwortung trägt. Man wußte bislang einfach zu wenig von diesen Zusammenhängen.

Die Herausforderung für alle liegt nun darin, den als Lösung empfohlenen interdisziplinären Dialog aufzunehmen. Meist muß es erst zu einer wirtschaftlichen Krise kommen, die einen gesunden Zwang zur Änderung auslöst und den bislang unproduktiven Kommunikationsstil hinterfragt. Die Lösung sieht graphisch umgesetzt so aus, wie sie auch in der Fachliteratur im Kontext von Simultaneous Engineering beschrieben wird:

Bild 141

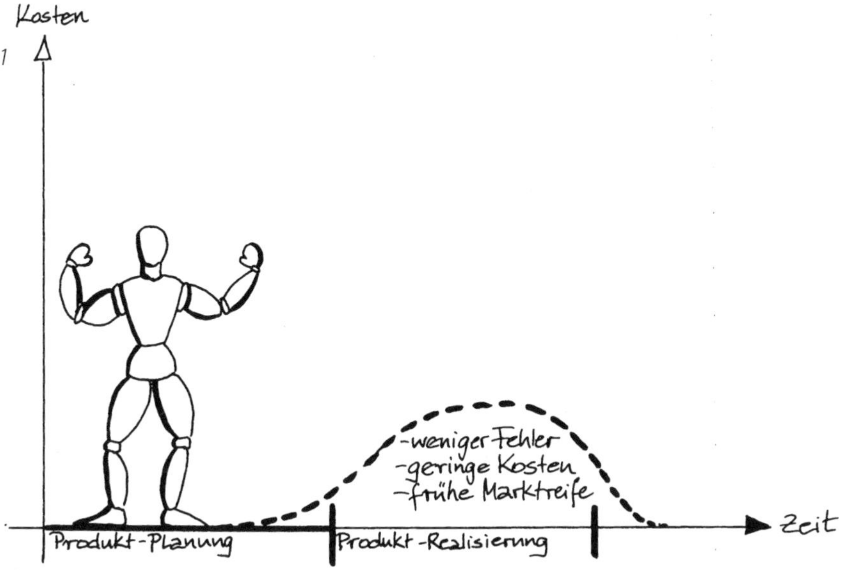

Die intensive interdisziplinäre Kommunikation, der Einbezug der Mitarbeiter aus vielen Abteilungen in der Produktplanungsphase, wirkt sich maßgeblich auf die Qualität der Planung aus und wird hier durch *Kommon* in aller Vitalität symbolisiert. Zwar dauert diese Phase jetzt länger, dies verkürzt jedoch die Produkt-Realisierungsphase. Dieser Erfolg wird durch eine kräftige und vitale Kommunikation, wie sie durch *Kommon* dargestellt ist, erreicht.

Zur Entwicklung dieser Grafik haben wir heute einen möglichen „Endkunden" unseres Buches eingeladen. Er ist Produktentwickler in einem Industriebetrieb. Wir fragen ihn, ob die Darstellungen für Ihn verständlich sind, ob also die Grafiken das wiedergeben, was wir zum Ausdruck bringen wollen. Der Produktentwickler gibt uns wertvolle Hinweise, die zu Verbesserungen führen.

Auf diese Weise konnten wir bei der Entwicklung des Buches bereits in der Frühphase Fehler beheben, noch bevor im weiteren Produktionsprozeß seitens des Springer Verlages die „Druckfahnen" hergestellt werden. Während das Manuskript noch leicht zu ändern ist und „nur"Arbeitszeit kostet, sind Änderungen an den Druckfahnen aufwendiger und bereits wesentlich teurer. Zu diesem Zeitpunkt ist auch schon die ganze Druck- und Marketingmaschinerie im Anlaufen. Wenn noch größere Änderungen kämen, müßte der Verlag diese Maschinerie erst einmal wieder zum Halten bringen.

Zwar sind die Kommunikationskosten in der ersten Phase, die z.B. durch Teamsitzungen anfallen und damit zu erhöhten Personalkosten führen nun höher, die Gesamtkosten sind jedoch deutlich niedriger, weil die bislang anfallenden Folgekosten bei der Fehlerbehebung in der Phase der Fertigung geringer werden. Zur Koordinierung der vermehrten Gespräche zu Beginn des Prozesses müssen vielleicht zusätzlich Mitarbeiter eingestellt werden, doch diese Kosten sind geringer im Vergleich zu jenen Mitarbeiter-Kosten, die durch die Fehlerbehebung in der späteren Phase verursacht werden, Kosten, die in vielen Firmen noch gar nicht erhoben wurden. Und noch ein Vorteil stellt sich ein: Die zu spät aufgenommene Kommunikation findet in der Stimmung von Schadensbegrenzung statt, während bei Gesprächen, die „weiter vorne im Prozeß" stattfinden, auch eine kreative Stimmung möglich ist, weil Spielräume für Veränderungen vorhanden sind.

Die beiden Abbildungen wollen nur die Struktur aufzeigen. Die konkreten Zahlen werden natürlich in der Automobilindustrie anders aussehen als bei einem Christbaumschmuckhersteller. Die Kernaussage jedoch bleibt dieselbe: Es sollte von Beginn an effizienter miteinander kommuniziert werden, egal, ob über Kühlerhauben oder über die Lamettalänge. Deshalb ergeht die Empfehlung an die Praktiker, „die Anforderungen aller an der Produktentstehung beteiligten Abteilungen zu berücksichtigen. Das bedeutet, daß Marketing-, Produkt-und Produktionskonzepte, aber auch Vertriebs-, Wartungs- und Ersatzteilkonzepte in diesem Stadium der Produktentstehung zu erarbeiten und aufeinander abzustimmen sind" (Eversheim 1995, 15).

Dieser Abstimmungsprozeß bedingt einen hohen Kommunikationsaufwand, und es darf nicht verschwiegen werden, daß durch die Implementierung abteilungsübergreifender Kommunikation eine nicht unbeträchtliche Dynamik im Betrieb in Gang gesetzt wird, die es zu managen gilt. Je nach Unternehmenskultur ist das ein mehr oder weniger schwieriger Lernprozeß, dessen Erfolg aber in verbesserter Teamfähigkeit und bereichsübergreifendem Denken, Planen und Handeln sichtbar wird.

Es kann nicht davon ausgegangen werden, daß die Mitarbeiter von selbst lernen, richtiger und effizienter zu kommunizieren. Es bedarf einer gezielten Unterstützung durch Organisationsentwicklung und gezielter Weiterbildung in Form von Kommunikationsworkshops.

Lernen an Produktentwicklungs-Pannen

Bei den Vorarbeiten zu diesem Buch suchte ich nach einer Veröffentlichung mit etwa folgendem Titel: „Die 100 größten Flops bei der Produktentwicklung". Leider fand ich keinen Titel dieser Art. Ich wollte damit aufzeigen, wie sich Kommunikationsfehler auswirken und welche Möglichkeiten es gegeben hätte, sie zu verhindern. Mit bestimmten Leitfragen wollte ich diese 100 Fälle durchforsten:

- Was sind die spezifischen Probleme bei der Zusammenarbeit verschiedener Abteilungen?
- Bestehen Gemeinsamkeiten in den Kommunikationsproblemen?
- Wird zu wenig auf „Customer's Voice" gehört?
- Liegt es an ineffizienter Teamarbeit?
- Worin genau bestehen die Informationsprobleme?

Zwar gibt es viele episodenhafte Fallbeschreibungen, die Wirtschaftsmagazine berichten immer wieder von mißlungenen Innovationen, ich fand jedoch keine systematische Dokumentation. Mit einem Beispiel will ich verdeutlichen, was ich meine.

Produktentwicklungs-Flop – Beispiel Newton Apple, geradezu ein Synonym für Innovation auf dem PC-Markt, ging mit der Entwicklung des Newton wieder einen innovativen Schritt weiter. Allerdings war – zumindestens beim ersten Anlauf – der Schritt zu groß. Rieker (1995, 80) beschreibt die Einführung des ersten Newton als nicht gelungene Abstimmung eines Produktentwicklungsprojektes. Die Unternehmensleitung gab anläßlich einer Messe in Las Vegas die Markteinführung des Notepads „Newton" zu früh bekannt. Dies führte zu einem ungeheuren Druck auf die Produktentwicklung, so daß es zu einer zu frühen Lancierung kam. „In Wahrheit lagen noch weit mehr als 100 Mannjahre an Entwicklung zwischen der Vision des Unternehmens und den Prototypen im Apple-Labor. Dabei war die verfrühte Markteinführung nur eine der Ursachen für den Mißerfolg. Tatsächlich erweist sich der beispiellose Flop im Rückblick als das Ergebnis einer langen Kette von Versäumnissen, Fehlentscheidungen und Unwägbarkeiten, wie ständig wechselnde Vorgaben, die mangelnde Einbindung des Entwicklungsteams, verfrühte Produktankündigungen und viel zu knappe Zeitvorgaben".

Als besonderes Problem erscheint die Existenz von zwei Produktentwicklungs-Abteilungen. Einmal jener, die die laufende Produkt-Palette der MacIntosh-Serie weiterentwickelte und parallel dazu einer „Super-Entwicklungsgruppe", die freie Hand beim Innovieren hatte und die „eine Insel der Glückseligen" war. Es bestand ein Kommunikationsproblem zwischen der Produktentwicklungs-Abteilung, die kommunikativ in die Gesamtorganisation eingebunden war und der „Super-Entwicklungsgruppe". Die interne Konkurrenzsituation, die dadurch geschaffen wurde, wirkte sich als unproduktiv aus.

Bild 142

Im Bild zeigt sich die „Super-Entwicklungsgruppe" auf einer Wolke, in der die Planer das Produkt zum Teil noch entwickeln, ohne den Verkauf genügend miteinbezogen zu haben. Gleichzeitig findet aber schon der Verkauf am Messestand statt, bei dem die Vorzüge des Produktes hervorgehoben werden und Bestellungen aufgenommen werden können.

Wie hätte dieses Problem bei Apple verhindert werden können? Grundsätzlich fällt auf, daß ein Bereich des Unternehmens sich selbständig gemacht und eine spezifische Bereichskultur gebildet hatte, die zuwenig in die Gesamt-Unternehmenskultur eingebunden war. Ein besserer Informationsfluß zwischen den beiden Entwicklungs-Gruppen und bessere Informationswege zum Management hätten den Mißerfolg verhindern können. Hinsichtlich der besseren Kommunikation zwischen den Entwicklungsabteilungen sind die Hinweise von Pinto (1990, 209) hilfreich. In dem Untersuchungsbericht über „Project Team Communication and Cross-Functional Cooperation in New Program Development" geben die Autoren eine Reihe von Ratschlägen, die mit der simplen „open-door-policy" als Anknüpfungspunkt für Kontakte beginnen und bei komplexen Steuerungsmechanismen enden. Sie lassen sich einfacher umsetzen, wenn grundsätzliche Kenntnisse der Kommunikation vorhanden sind und angewendet werden.

Wie die weitere Entwicklung zeigte, hat sich die Apple-Unternehmensführung durch die Probleme nicht entmutigen lassen. Die Fehler wurden behoben und die neue Newton-Serie der „Message Pads 130" ist dabei, dem Image eines innovativen Unternehmens gerecht zu werden.

Gespräch mit Frau O. vom Springer-Verlag: Sie ist verantwortlich für die Buch-Koordination. Ich bat um eine Terminverschiebung hinsichtlich der Abgabe des Manuskriptes. Wir könnten das Buch schon pushen und herausgeben, auch angesichts starker Nachfrage zum Thema Kommunikation, doch es bestünde die Gefahr, daß das Buch zu wenig ausgereift sei. Nachdem sich Frau O. mit Marketingstellen in Verbindung gesetzt und geprüft hatte, in welchem Ausmaß bereits die Marketing- und Werbemaschinerie angelaufen war, konnte sie weitere zwei Monate einräumen. In dieser Zeit konnte ich Rückmeldungen von Test-Lesern einarbeiten, konnte also noch Nachbesserungen am Produkt vornehmen, auch noch den einen oder anderen Sachverhalt mit einer weiteren Grafik illustrieren, so daß die Anwendung des Buches erleichtert wird.

Bereichsübergreifend arbeiten ist die Herausforderung

In einem Interview formuliert der Vorstand für Technik und Entwicklung des Volkswagen-Konzerns, Prof. Seiffert zur Verknüpfung von Unternehmensbereichen und Abteilungen: „Früher hieß es nur: Wir entwickeln, wir planen, wir produzieren, wir kaufen ein. Jetzt geht es um die Integration von Unternehmensbereichen und übergreifendes Arbeiten" (Seiffert, 1995, 40).

Warum BMW in den letzten Jahren – auch in Rezessionsphasen – erfolgreich war, sehen Schlote & Linden (1995, 32) im gelungenen Zusammenwirken von „Modellpolitik, Vertrieb, derVerknüpfung von Entwicklung und Einkauf, Mitarbeiterführung und einer geradezu ungewöhnlichen Kontinuität im Management". Sie bezeichnen es als „ein Lehrstück für die gesamte deutsche Industrie", als ein positives Beispiel von Simultaneous Engineering, sich den Zulieferer direkt in die eigene Entwicklungsabteilung zu holen, mit dem Ziel einer Tür-zu-Tür- Kommunikation zwischen Entwicklung und Zulieferer. So ist der Systemlieferant (in diesem Falle bei BMW der Schiebedachhersteller Webasto) wirklicher Partner.

Damit wird ein neues Beziehungsverhältnis geschaffen, wenn Großunternehmen Lieferanten nicht vor dem Werktor stehen lassen, sondern diese verstärkt einbeziehen. Die andere Seite der Medaille ist, daß der Lieferant als selbständiger Unternehmer in eine noch größere Abhängigkeit vom viel stärkeren Partner kommt, da die Transparenz ja gegenseitig ist. So kann z.B. die Kostenstruktur des Zulieferers durchleuchtet und dessen Preise in relativ engem Rahmen vorgegeben werden.

Intensivierung der Kommunikation bei der Produktentwicklung

Wie sich die Konzeption der Produktentwicklung in den westlichen Industrienationen entwickelt hat, will ich anhand von Cooper´s Darstellung aufzeigen:

Cooper (1994, 3) teilt die Entwicklungsgeschichte der Produktentwicklung in drei Generationen ein, deren letzte sein Konzept vom „Third-Generation New Product Process" ist. Damit sich der interessierte Leser orientieren kann, in welcher Generation sich seine Entwicklungsabteilung befindet, zeigen wir die drei Generationen detaillierter auf.

Die *erste Generation* siedelt Cooper in den 60er Jahren an. Damals wurden Manager durch bis zu 90% hohe „failure rates" bei der Produktentwicklung wachgerüttelt. In der Folge wurde das Augenmerk mehr auf einen systematischen und effektiven Ablauf des Neuprodukt-Prozesses gerichtet: „All work is a process. If you want a better result at the end – the output – then focus on the process that delivered the results. Any process can be managed to be more effective“ (1994, 3).

Die *zweite Generation* des Produktentwicklungs-Prozesses ist gekennzeichnet durch die Integration von Marketing, Produktion und anderen Funktionsbereichen. Funktionsübergreifende Projektteams begleiten den gesamten Prozeß. Dadurch werden auch bisher technikfremde Aspekte eingebracht, was im Vergleich zu früheren Methoden nun eine ganzheitlichere Ausrichtung der Produktentwicklung mit sich bringt. Weiters wird der Vorentwicklung ein größerer Stellenwert eingeräumt und die Markteinführung des Produktes besser vorbereitet.

In der *dritten Generation* wird versucht, die Produktentwicklung noch zusätzlich zu beschleunigen und die Ressourcen effizienter einzusetzen. Dies geschieht bei Cooper durch die vier „magischen F“:

Fluidity: Dies meint simultane Prozesse und erinnert an Simultaneous Engineering, bei dem der Gesamtentwicklungsprozeß beschleunigt werden soll.

Fuzzy : Situationsabhängige und flexible Faktoren können für die Entscheidungsfindung bezüglich des Starts der nächsten Entwicklungstufe herangezogen werden.

Focused: Der Portfolio-Ansatz wird dazu herangezogen, Ressourcen auf die vielversprechendsten Projekte aufzuteilen. Dabei kann es durchaus auch zur Einstellung bestimmter Projekte kommen, damit größere Mittel für die erfolgversprechenderen Projekte eingesetzt werden können.

Flexibel: Jeder Produktentwicklungsprozeß geht seinen eigenen Weg und hat sein eigenes Tempo. Er wird nicht nach vorgegebenen starren Mustern, sondern individuell behandelt. Damit er nicht strukturlos ist, kann der Prozeß sich in seiner Planung daher nur an sogenannten Meilensteinen orientieren, welche die Punkte beschreiben, an denen wesentliche und kommunikationspflichtige Dinge passieren.

Dieser neue Ansatz ist auf effiziente Kommunikation angewiesen, damit die Vorteile ausgeschöpft werden könnnen, ansonsten wird kein Beschleunigungseffekt zu erwarten sein. Sein Konzept für eine funktionsübergreifende Kommunikation ist wertvoll. Es wäre interessant, nachlesen zu können, wie Cooper selbst die kommunikative Umsetzung seiner „vier F“ gestalten und seinen Ansatz mit Implementierungsvorschlägen anreichern würde.

Zunehmender Kommunikationsbedarf der Produktentwickler

Ein wesentliches Merkmal der Arbeit eines Produktentwicklers ist die Kommunikation mit vielen Gesprächspartnern. Jede einzelne Gesprächssituation besteht dabei aus einer sozialen und einer fachlichen Komponente, die jeweils mit dem – an anderer Stelle im Buch behandelten – Beziehungs- und Inhaltsaspekt der Kommunikation in Verbindung gebracht werden können.

Zur sozialen Komponente gehören alle Momente, die den „zwischenmenschlichen Draht" herstellen und pflegen. Das kann ein freundliches „Guten Tag!" ebenso sein wie ein Erkundigen nach dem neuen Auto. Bei den allerbanalsten Gesprächen geht es nicht um die Inhalte, sondern um den Draht zueinander.

Bild 143

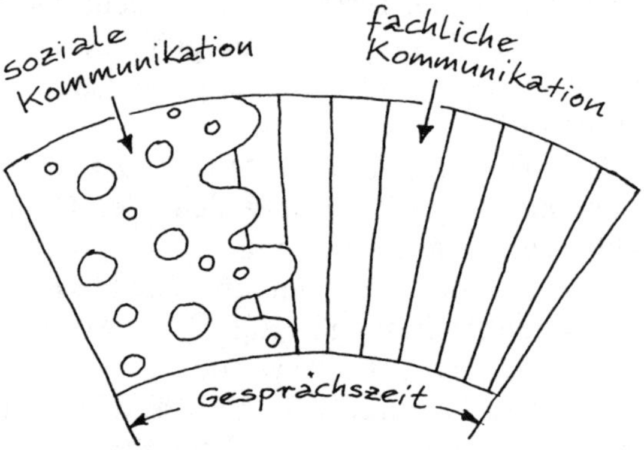

In der Zeichnung bedeuten die punktierten Bereiche den Anteil der sozialen Kommunikation, während die schraffierten Bereiche die Fachkommunikation bezeichnen. Die Aufteilung in soziale und fachliche Kommunikation wird natürlich in jedem Einzelfall anders aussehen. Der soziale Aspekt, der z.B. in der Frage: „Wie geht´s?" zum Ausdruck kommt, dient oft als eine Art „Türöffner" zum Betreten eines gemeinsamen „Beziehungsraumes". Wenn dieser vernachlässigt wird, verschlechtert sich auch die fachliche Kommunikation, was sich wiederum auf das Gesamtergebnis negativ auswirkt.

Fehlt die soziale Kommunikation und wird die fachliche Information zu sehr komprimiert, führt das zum Effekt des „not invented here". Dies bedeutet, daß sich ein wichtiger Gesprächspartner vom Geschehen ausgeschlossen fühlt, wenn er z.B. ein Projekt fix und fertig präsentiert bekommt, ohne die Gelegenheit zu haben, auch die emotionalen Komponenten des Projekt-Entwicklungsprozesses anhand lebendiger Erzählungen nachvollziehen und nachfühlen zu können. So kann es vorkommen, daß wirklich gute Ideen nicht angenommen werden. Oft genügt es, sich einfach nach dem Befinden des Partners zu erkundigen. Dadurch fühlt er sich als Mensch wahrgenommen und die Basis für die fachliche Zusammenarbeit ist geschaffen.

Bild 144

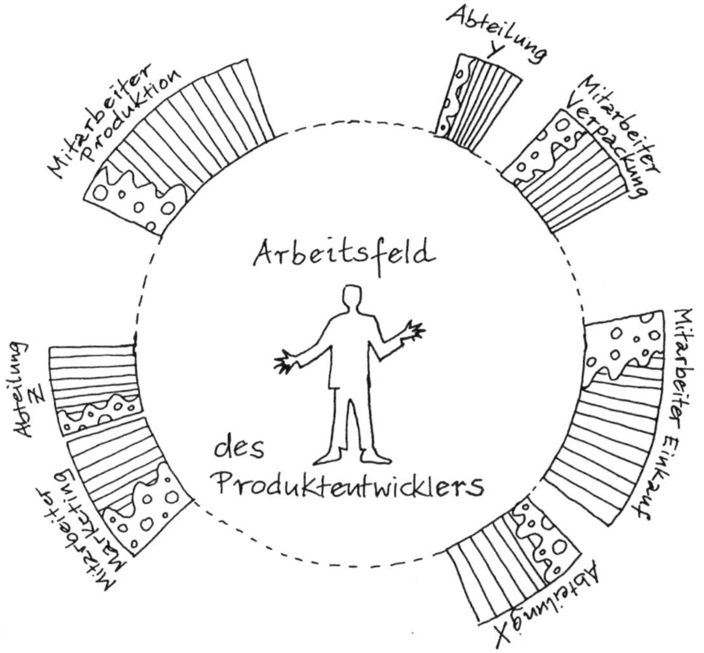

Ein beträchtlicher Teil des Terminplanes eines Produktentwicklers ist bereits mit diversen Besprechungsterminen ausgefüllt. In der Mitte des Bildes steht der Produktentwickler, umgeben von seinen Gesprächspartnern aus den verschiedenen Abteilungen wie Marketing, Produktion, Verpackungsdesign, Einkauf u.a.

Die punktierten und schraffierten Flächen rund um den Produktentwickler bezeichnen den jeweiligen zeitlichen Anteil der sozialen und fachlichen Kommunikation. Die leeren Felder stellen die für die eigentliche Entwicklungsarbeit des Produktentwicklers noch verbleibende Zeit dar, in denen es auch kreative Pausen gibt.

Produktentwickler kommen unter Zeitdruck

Besonders die Produktentwickler stehen unter dem Druck immer kürzerer Entwicklungszeiten. So haben bestimmte Branchen nur einen Termin für die Neueinführung von Produkten, z.B. die Sportartikelindustrie zur Branchenmesse ISPO in München oder bestimmte Geschenkartikelhersteller zu Weihnachten.

Wird dieser Termin versäumt, verliert die Firma ein ganzes Jahr. Bei einem Produktlebenszyklus von nur einem Jahr, z.B. in der Computerindustrie, kann eine um drei Monate verzögerte Markteinführung den Verlust von einem Viertel des Umsatzes bedeuten. Der Produktentwickler muß sich rasch für ein endgültiges Produkt-Design entscheiden. Wenn das Produkt zu spät erscheint und deshalb ein Flop wird, kann er unter Umständen für den Umsatzverlust zur Verantwortung gezogen werden. Es ist leicht verständlich, daß er unter solchen Bedingungen die Entscheidungstiefe verringert und darauf verzichtet, Detailfragen zu behandeln und zu klären, auch wenn dies die Unsicherheit der Kostenplanung erhöht.

Konfrontiert mit dem Anspruch intensive interdisziplinäre Kommunikation zu betreiben, wird ein Produktentwickler dann wohl durchaus mit gewissem Recht sagen: „Wenn ich alle Beteiligten befragen und so in den Produktentwicklungs-Prozeß miteinbeziehen müßte, würde ich nie mit meinen Terminen zurecht kommen!" Solche Argumente sind dann nicht etwa nur Schutzbehauptungen, sondern durchaus ernstzunehmen. Eine sorgfältige Analyse des Prozesses der Produktentwicklung bei Siemens läßt Schmelzer (1991, 51) zu der Aussage kommen, daß bei der Zusammenarbeit der unterschiedlichen Funktionsbereiche die „Koordinationsschwierigkeiten zumeist auf Verhaltens- und nicht auf Sachprobleme zurückzuführen sind".

Die Forderung nach vermehrter Kommunikation in der Phase der Produktplanung hat eine Reihe von Auswirkungen, die zum Teil in der Theorie bedacht werden, in der Praxis jedoch zu wenig Berücksichtigung finden. Wenn die vom Management aufgestellte Forderung nach interdisziplinären Gesprächen ernst genommen werden soll, hat dies zur Auswirkung, daß der Produktentwickler plötzlich eine Reihe zusätzlicher Gesprächspartner bekommt.

In die „Leerfelder" der eigentlichen Entwicklungsarbeit drängen sich nun zusätzliche Gesprächspartner in seinen bisherigen „Gesprächskreis" hinein. Dies können weitere Marketingmitarbeiter sein, Kunden, Managementberater, Zulieferer, Controller, Mitarbeiter aus der Verwaltung, Mitarbeiter aus spezifischen Produktionsstätten und anderen Abteilungen. All jene also, die nun bei einer Produktentwicklung, die einem „Simultaneous Engineering" oder „Lean Management" gerecht werden soll, eingebunden werden müssen. Wenn diese Personengruppen aufgrund der Forderung nach verstärkter interdisziplinärer

Bild 145

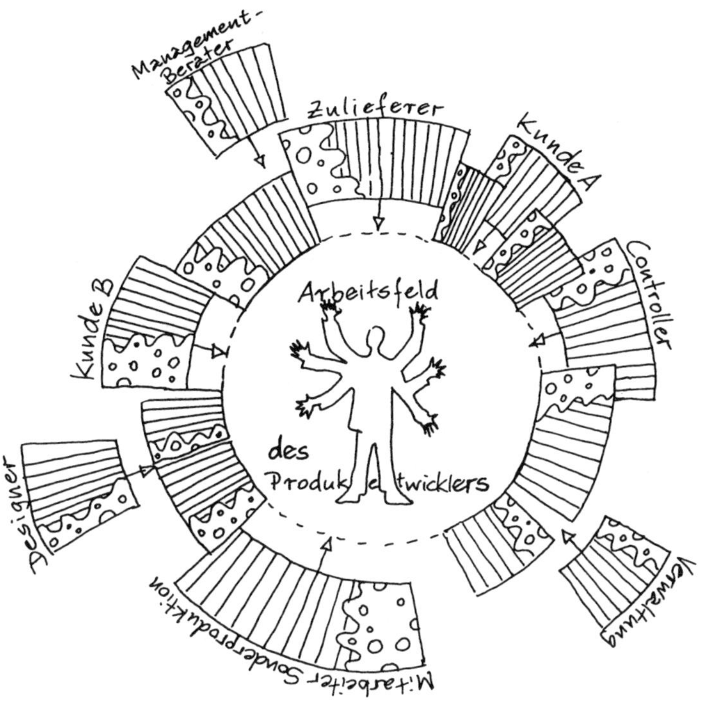

Kommunikation in seinen bisherigen „Gesprächskreis" hineindrängen – und dies bei ohnehin starkem Zeitdruck –, wird der Produktentwickler die notwendige Kommunikation zeitlich nur bewältigen können, wenn parallel dazu eine Organisationsentwicklung in der Produktentwicklung einhergeht. Dies findet in der Praxis nicht immer statt. So klagt z.B. ein Produktentwickler: „Zwar wird von uns Schritt A verlangt, d.h. wir sollen plötzlich mit allen möglichen Leuten über die Produktentwicklung reden, und ich finde das ja auch wirklich sinnvoll, doch Schritt B wird uns verweigert: Wir bekommen kein zusätzliches Personal".

Sache des Managements wäre es, in diesem Fall entsprechend weitsichtig zu handeln. Wenn in der Firma von der Einführung moderner Methoden wie Lean Management, Re-Engineering, etc. gesprochen wird, diese aber nicht als Ganzes gesehen und implementiert werden, bleiben sie nur Worthülsen. Was Hinterhuber (1994, 194) über Lean Management sagt, gilt auch für die anderen modernen Management Methoden: „Ein entscheidender Punkt in der Realisierung ist das Erkennen des evolutionären und ganzheitlichen Charakters des Lean Management. Kurzfristige Insellösungen bleiben angesichts des integrativen Aufbaues ohne Erfolg."

So weist auch Brenner (1996, 17) darauf hin, daß der Funktionsbereich Einkauf zu wenig in den Prozeß der Produktentwicklung mit eingebunden wird. Deswegen können jene Potentiale des modernen Einkaufs nicht genutzt werden, die in Zusammenhang mit anderen Funktionsbereichen stehen.

Der Produktentwickler kommt in ein zeitliches und menschliches Dilemma: Er steht vor der Frage, ob er die soziale Kommunikation reduzieren soll, damit er in der verbleibenden Zeit wenigstens die fachliche Kommunikation bewältigt. Der Termindruck legt ein solches Vorgehen nahe. Dem gegenüber stehen die Ergebnisse von Untersuchungen, die belegen, daß ein bestimmtes Ausmaß an „sozialer Kommunikation" für eine produktive Zusammenarbeit unabdingbar ist.

Ich denke, Sie kennen diese Situation im betrieblichem Alltag: Wenn Sie den Gang entlanggehen und es begegnet Ihnen der Kollege aus der gestrigen Teambesprechung, dann können Sie – auch wenn Sie in Eile sind – nicht so einfach an ihm vorbeieilen ohne ein paar Worte zu wechseln. Man kann das vielleicht ein- oder zweimal tun, sollte das aber öfters geschehen, wird der Kollege

Bild 146

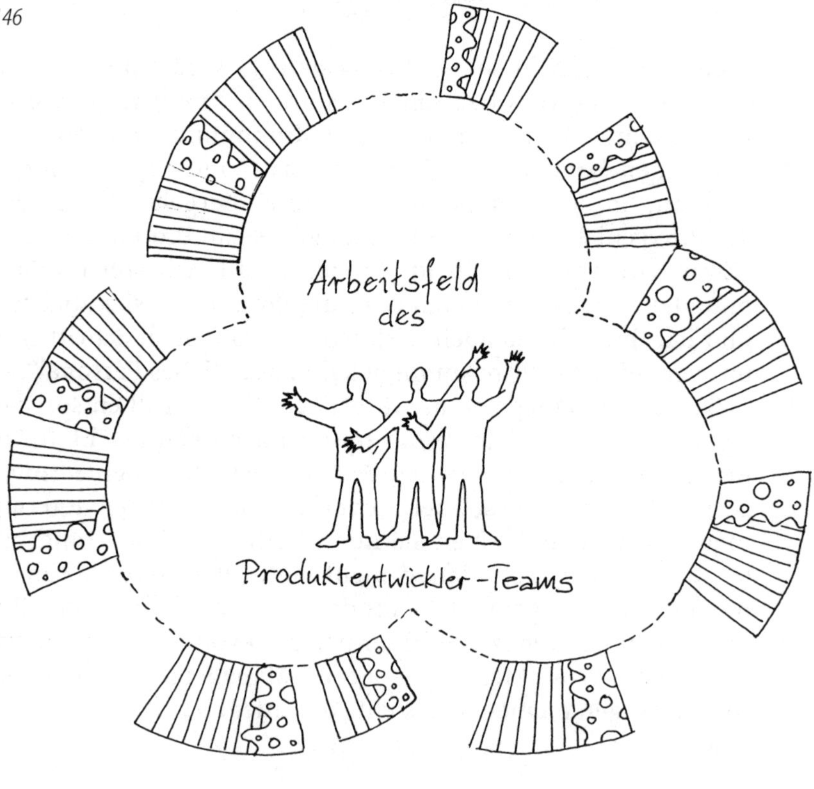

frustriert sein und dies wird sich negativ auf die fachliche Zusammenarbeit auswirken.

Der Versuch, Zeit zu sparen und das Dilemma durch schriftliche Kommunikation aufzulösen, sei es durch Aktennotizen oder über Informationssysteme, führt zur Verarmung der sozialen Kontakte. Die Folgen, wie etwa das Gefühl, in betriebliche Abläufe nicht richtig eingebunden und dadurch nicht mehr richtig motiviert zu sein, mindern auf schleichendem Wege die fachliche Qualität der Arbeit. Wenn die kreativen Pausen verplant sind, der Feierabend durch Überstunden immer kürzer wird, die Störungen durch Termindruck und Terminüberschneidungen zunehmen, bei krankheitsbedingtem Ausfall ganze Projekte gefährdet sind, dann ist eine grundlegendere Veränderung erforderlich.

Die Lösung liegt in der Bildung eines Teams. Das bedarf der Bereitstellung zusätzlicher Mitarbeiter, die sich untereinander die Kommunikationsleistung aufteilen. Die Organisation der Teilprozesse muß im Rahmen einer Organisationsentwicklung erfolgen, mit Hilfe derer die Aufgabengebiete neu geregelt werden und geklärt wird, wer mit wem kommuniziert. Dadurch wird wieder Raum geschaffen für die kreative Entwicklungsarbeit und für die notwendigen sozialen Kontakte, womit die Gesprächsbasis an Qualität gewinnt. Zwar kostet das alles etwas, doch wie das Bild 141 auf Seite 309 zeigt, werden die Mehrkosten in der Entwicklungsphase durch die geringere Fehlerquote in der Produktionsphase mehr als wettgemacht.

Kommunikation in der Dienstleistungsgesellschaft

Der Endkonsument wird zunehmend damit konfrontiert, daß sich der Begriff „Produkt" zu einem Synonym für „Leistung" wandelt. Es stutzen zwar noch einige Kunden, wenn der Mitarbeiter einer Bank die Frage an sie richtet, ob sie schon das allerneueste Produkt kennen würden, womit er einen steuergünstigen Sparvertrag meint, die meisten haben sich jedoch schon an diesen Sprachgebrauch gewöhnt.

In der Fachliteratur ist das weite Feld „Produktentwicklung von Dienstleistungen" noch wenig bearbeitet. Für das Marketing von Dienstleistungen möchte ich auf Meffert (1997) verweisen. Marketingmanager moderner Prägung befassen sich nicht mehr nur mit dem Absatz von Produkten, sondern sorgen dafür, daß die Bedürfnisse der Kunden von Anfang an in die Entwicklung und Produktion einfließen. Dienstleistungs-Produkte unterscheiden sich in zwei wesentlichen Bereichen von materiellen Produkten:

1. Ein materielles Produkt kann gesehen, befühlt, geschmeckt und berochen werden, während das Dienstleistungs-Produkt eher eine Handlung oder ein Prozeß ist. Der Produzent einer Dienstleistung steht vor der Schwierigkeit, aufgrund der Immaterialität seines „Produktes" dem Kunden dessen Wesen und Eigenschaften erklären zu müsssen. Weil die Qualität von Dienstleistungen schwer objektiv zu erfassen ist, werden die Bedürfnisse und Zufriedenheit der Kunden mittels verschiedener Methoden der Marktforschung eruiert; dazu gehören auch Vorschlags- und Beschwerdesysteme. Die Immaterialität von Dienstleistungen macht es notwenig, mittels Sprache auf die jeweiligen Besonderheiten und Vorzüge des Produktes hinzuweisen bzw. diese hervorzuheben.

2. Die Besonderheit von Dienstleistungen besteht darin, daß sie gleichzeitig produziert und konsumiert werden. Dadurch ist eine sehr enge Interaktion zwischen leistungserbringender und -empfangender Person vorhanden. Die Leistungserstellung erfolgt nicht einseitig durch den Dienstleister, sondern ist ein interaktiver Prozeß zwischen allen Beteiligten, also auch dem Kunden. Wenn zum Beispiel ein Rechtsanwalt mit seinem Klienten einen Vertrag entwirft, so steuern beide durch ihre Kommunikation das Ergebnis, d.h. das Produkt „Vertrag". Eine ineffektive Kommunikation seitens des Kunden wird auch die Qualität des Produktes mindern.

Warum ist die Kommunikation bei der Produktentwicklung im Dienstleistungsbereich so wichtig? Bei einem eher materiellen Produkt, wie z.B. in der Automobilindustrie, kann in einer spektakulären Rückholaktion der Schaden begrenzt werden. Wie sehen Rückholaktionen bei Dienstleistungsprodukten aus? Nehmen wir eine Urlaubsreise. Eine Produktnachbesserung ist unmöglich, allenfalls ist eine Entschädigung vorstellbar, in welcher Form auch immer.

Große-Oetringhaus arbeitet heraus, daß bei materiellen Produkten die Produktentwicklung sequentiell verläuft und zwischen den einzelnen Stufen auf dem Weg zum Kunden Kontrollmechanismen eingebaut werden. Bei der Dienstleistung verlaufen Entwicklung, Produktion und Vertrieb simultan. „Deshalb verlangen Dienstleistungen andere Führungsgrundsätze. Die Qualität muß in die Dienstleistung im Vorhinein eingebaut werden, und zwar durch Motivation und Anreize. Das Führungsmodell der Dienstleistung beruht primär auf Vertrauen und weniger auf Kontrolle" (1996, 199).

Aufgrund der ausgeprägten Interaktion „Dienstleister-Kunde" nimmt der Kunde das Personal eines Dienstleistungsunternehmens verstärkt wahr. Deutlich wird es am Beispiel der Mitarbeiter einer Fluggesellschaft. Sie verkörpern z.B. Komfort und Sicherheit. Somit wird das Personal gewichtiger Teil des Produktes.

Die Kommunikationskultur eines Unternehmens ist auf längere Sicht *die* Erfolgsposition, die in einem engen Zusammenhang mit dem Übergang ins Informationszeitalter zu sehen ist. Lutz weist darauf hin, daß, nachdem die Industrialisierung der Industrie abgeschlossen ist, zunächst eine ganz spezielle Phase zu erwarten sei, nämlich die „Industrialisierung der Dienstleistung, und zwar deshalb, weil Dienstleistungen weniger auf physischer Arbeit als auf Informationsverarbeitungstätigkeiten beruhen" (1993, 36). Den Wandel der Wertschöpfung habe ich schon im Umfeld des Bildes 58 in Verbindung mit der Kommunikationstechnologie beschrieben. Dabei habe ich herausgestrichen, daß der Dienstleistungssektor mit seiner starken immateriellen Orientierung im Informationszeitalter zunehmende Bedeutung bekommen wird.

Wandel vom materiellen zum immateriellen Nutzen

Der wahrgenommene Wert eines Produktes, in der Fachliteratur mit „perceived value" bezeichnet, setzt sich aus dem materiellen und dem immateriellen Nutzen zusammen. Die folgenden Beispiele illustrieren das:

Harley Davidson als Produkt: mehr Mythos als Motorrad. Das Flair um die Maschine ist viel gewichtiger, als die Tonne Metall. Die Tonne ist technisch nicht mehr auf dem neuesten Stand und trotzdem ist sie imstande, sich gegenüber Wettbewerbern wie Ducati oder Honda zu behaupten. Denn der Wettbewerbsvorteil eines Mythos´ ist nicht so schnell aufzuholen.

Beim Markenhemd von Diesel ist der Produktnutzen nicht allein der wärmende Baumwollstoff, sondern auch das Vermitteln der Gruppenzugehörigkeit. Hier ist das Verhältnis von physischem Produkt und Kommunikation zugunsten der Kommunikation verlagert. Träger der Kommunikation ist das Baumwollhemd. Damit sind Produkte auch Botschaften; sie vermitteln nicht nur den materiellen Nutzen, sondern sind auch Glaubensbekenntnisse. Sie dokumentieren die Zugehörigkeit zu einer Clique, zu einer sozialen Klasse. Somit wird Identität käuflich und die kollektive Identitätsproblematik ein Marketingereignis.

Beim Verkauf des immateriellen Produktes muß intensiver kommuniziert werden, um das Produkt für den Konsumenten „begreifbar" zu machen. In Anlehnung an Dahringer & Mühlbacher (1991, 405) zeigt diese Darstellung den physischen und nicht-physischen Anteil verschiedener Produkte. Den erhöhten Kommunikationsbedarf symbolisiert *Kommon's* Größe.

Bild 147

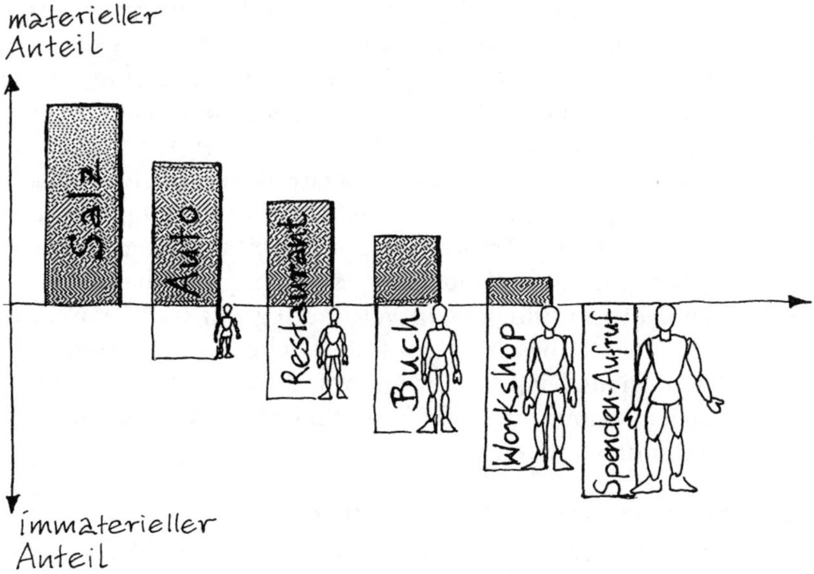

Salz als Grundnahrungsmittel bedarf keiner Erklärung, es ist eindeutig ein materielles Produkt, das aufgrund seiner Unverzichtbarkeit beim Verkauf kaum Kommunikation nötig hat. Das Automobil ist zwar ein physisches Produkt, bei seiner Vermarktung sind aber viele immaterielle Qualitäten wie Sicherheit, Sportlichkeit, Kraft, Verläßlichkeit, Status u.a. kaufentscheidend. Slogans wie „Freude am Fahren" (BMW) heben mehr den immateriellen Anteil durch Emotionen wie Freude hervor, während „Fortschritt durch Technik" (Audi) den materiellen Aspekt betont. Toyota kombiniert mit seinem Slogan „Nichts ist unmöglich" beide Aspekte: Während der technikorientierte Käufer diese Aussage auf das konkrete Produkt beziehen wird, wird ein von Emotionen geleiteter Käufer vielleicht von der Verheißung der Freiheit angesprochen sein. Opel fügt bei der Kommunikation geradezu spirituelle Aspekte hinzu, mit Weltraumaufnahmen und dem Bekenntnis „Wir haben verstanden!"

Bei einem Restaurantbesuch haben Essen und Trinken als physische Produkte zweifelsohne wichtige Bedeutung. Das Ambiente und der Service jedoch sind – gerade wenn es um einen besonderen Anlaß geht – entscheidend für die Auswahl des Produktes, das dann „Schön ausgehen" heißt.

Als Beispiel können wir auch das Produkt, das Sie gerade in der Hand halten, nämlich das Buch, untersuchen. Hier dominiert der immaterielle Anteil. Der materielle Anteil ist lediglich das bedruckte Papier, das als Informationsträger dient. Die immateriellen Botschaften, die sich z.B. über das Outfit (Cover, Layout und Bilder) mitteilen und Interesse wecken, können für den Kauf ausschlaggebend sein. Daß es nicht ums bedruckte Papier geht, sondern um den Inhalt, wird noch deutlicher, wenn neuerdings Bücher auch auf CD-ROM oder im Internet erscheinen. Bücher – wie die Bibel oder der Koran – enthalten ganze Weltanschauungen, was eine ganz und gar immaterielle Angelegenheit ist.

Das Buch hat Elemente eines Dienstleistungsproduktes, indem es in Interaktion mit einem Leser tritt. Das zeitliche Auseinanderfallen von Produktion, daß heißt Schreiben und Herstellen des Buches, und Konsumation, d.h. das Lesen, spricht jedoch gegen den Dienstleistungscharakter. Wenn ich als Autor jedoch einen Vortrag über das Buch halte, dann wäre dies eine Dienstleistung in Reinform.

Bei einem Workshop oder einem Vortrag sind die materiellen Teile die Seminarunterlagen, das weit Wichtigere sind die vermittelten Inhalte. Auch die Persönlichkeit und Ausstrahlung des Vortragenden sind wesentlicher Bestandteil des Produktes. Ähnliches gilt bei einem Versicherungsvertrag. Der immaterielle Anteil ist die Befriedigung des Sicherheitsbedürfnisses, das Wissen, daß bei Fälligkeit des Vertrages materielle Mittel zur Verfügung stehen.

Schließlich das letzte Beispiel aus der Grafik: der Aufruf zu einer Spende. Dieser besteht aus der Vermittlung der Botschaft: „Sie sind ein wohltätiger, guter Mensch". Nur durch Einsatz von Kommunikation – persönliche Kommunikation auf der Straße oder Fernsehwerbung – entsteht z.B. das Produkt „Gefühl der Wohltätigkeit". Als „Gegenleistung" erhält der Konsument vielleicht ein materielles Produkt, z.B. eine Anstecknadel, womit er seine ethische Haltung kommuniziert. Das Produkt existiert nur, weil es kommuniziert wird, sei es verbal durch Sätze oder nonverbal durch die Spendenbüchse. Ohne Kommunikation entstünde das Produkt „Gefühl der Wohltätigkeit" nicht, es wäre ohne Kommunikation nicht vorhanden. Ein Auto ist da, egal, ob darüber kommuniziert wird oder nicht. Ein Spendenaufruf, von dem niemand weiß, ist als Produkt nicht existent.

Namensgebung von Produkten Der Name eines Produktes ist ausschlaggebend für die Wirkung und Attraktivität nach außen. Bestimmte Namen geben dem Kunden die Möglichkeit, seine eigenen Assoziationen zu bilden, so daß das Produkt für ihn attraktiver wird.

Der Name eines Produktes ist ein Bestandteil der Produktphilosophie und soll sie repräsentieren. Der Slogan von Audi „Vorsprung durch Technik" in Kombination mit den eher technisch anmutenden Produktbezeichnungen – wie A 4 oder A 8 – ist ein Beispiel dafür. Diese und andere Zusammenhänge beschreibt Karmasin (1993) in ihrer profunden Analyse.

Große Markennamen sind meist kurz und prägnant, für den Kunden leicht zu erinnern. Eine weit verbreitete Strategie besteht darin, eine Marke zu personalisieren. Oft wird der Gründername verwendet, z.B. Siemens, Philips, Miele, Viessmann und viele andere. Manche treten bewußt mit ihren Personennamen und ihrer ganzen Persönlichkeit in der Werbung auf. Darboven machte so seinen Idee-Kaffee bekannt, Vater und Sohn Hennessy präsentieren sich als traditionsreiches Familienunternehmen und Rodenstock setzt seinen Namen für optische Qualitätsprodukte ein.

Zurück zum Produkt Buch und dessen Namensgebung. Der Buchtitel ist ein wichtiger Faktor für die Kaufentscheidung des Lesers. Er soll ein Aufreißer sein, ohne aber damit Etikettenschwindel zu betreiben, was der Verlags-Ethik widersprechen würde. Deshalb haben wir den Titel „Kommunikations-Management für innovative Unternehmen" nicht verwendet, da er nahelegt, das Buch würde primär Management-Tools enthalten. In diesem Buch werden jedoch die psychologischen Hintergründe der Kommunikation beschrieben. Die Übungen im Buch sind auch mehr für das Erleben gedacht, als zur unmittelbaren praktischen Implementierung. Dies soll durch den Titel zum Ausdruck kommen.

Was vorher der Religion vorbehalten war – Sinn und Identität zu stiften – wird zunehmend von den Markenartikelherstellern übernommen. Deren Wirtschaftsmessen befriedigen verstärkt immaterielle Bedürfnisse und sind sehr sorgfältig gestaltete kommunikative Events.

Social Behavior Produkt Der materielle Produktwert ist beim sogenannten Social Behavior Produkt gleich null. Die Kommunikation ist nicht mehr das Mittel zum Zweck, sondern der immaterielle Kommunikationsakt selbst ist das Produkt. Ein Beispiel soll das verdeutlichen:

Beim Aufruf zur Zeckenschutzimpfung ist das Produkt die Gesundheitserhaltung. Anlaß ist die Bedrohung durch eine Erkrankung, die sich immer mehr verbreitet. Aus volkswirtschaftlichen Überlegungen hat das Gesundheitsministerium das Interesse, eine Verhaltensaufforderung zu kommunizieren. Ziel ist nicht, das von der pharmazeutischen Industrie hergestellte Serum zu verkaufen, sondern die Bevölkerung zu einer gesundheitserhaltenden Handlung zu bewegen. In diesem Beispiel gehe ich nicht auf die Sinnhaftigkeit bzw. die Fragwürdigkeit der Impfungen ein, es geht mir hier lediglich um die Illustration des Vorganges.

Innovationen im Sozialbereich von Unternehmen

Unternehmen kommen immer mehr in die Situation, auch für die sozialen Belange ihrer Mitarbeiter Sorge zu tragen. Die an sich dafür zuständigen Behörden, wie das Jugendamt oder freie Träger, wie Arbeiterwohlfahrt und Caritas sind oft zu überlastet, um spezifische soziale Bedürfnisse in angemessener Art und Weise zu befriedigen. Die Interessensschwerpunkte dieser Institutionen sind manchmal soweit von jenen der Wirtschaftsbetriebe entfernt, daß die Unternehmen – aufgrund von gelockerten und liberaleren Gesetzesbestimmungen – eigenständig Lösungen erarbeiten. Deshalb sind Unternehmen gezwungen, Innovationen im Sozialbereich ihres Unternehmens zu erarbeiten.

Ein Beispiel dafür: Bei BMW gibt es das „Kinderbüro", das für Mitarbeiterinnen eine Reihe von Dienstleistungen anbietet, z.B. Tagesmütter bzw. Babysitter organisieren, Hausaufgabenbetreuung, Unterbringungsmöglichkeiten für Kinder, wenn die Mutter zur Weiterbildung mehrere Tage verreisen muß und die Kinder in dieser Zeit betreut werden müssen. Diese von privatwirtschaftlichen Unternehmen organisierten Dienste bewegen sich in einer

Domäne, die vorher zum Teil nur Jugendämtern vorbehalten war. Liberale Gesetzesänderungen ermöglichen solche „Produktentwicklungen", für die in Beamtenstrukturen nicht genügend Flexibilität vorhanden ist. So sind Wirtschaftsbetriebe immer mehr gefordert, Projekte zu entwickeln, die den veränderten Mitarbeiterbedürfnissen gerecht werden. Es gibt immer mehr alleinerziehende Mütter und zunehmend auch Väter, die während der Phase der Kindererziehung nicht aus dem Berufsprozeß aussteigen wollen oder können. Für diese Zielgruppe werden spezielle Serviceleistungen entwickelt wie z.B. eine firmeninterne Kinderbetreuung.

Beamte und Dienstleistung

Eine Berufsgruppe, die den Kunden nicht als König gesehen hat, die ihre Interaktionspartner auch nicht als Kunden definierte, sondern überwiegend als Antragsteller sah, sind die Beamten und Angestellte im öffentlichen Dienst. Das ist eine zahlenmäßig nicht geringe Gruppe, bei der sich aufgrund monopolistischer Strukturen entsprechende Kommunikationstrukturen gebildet haben.

Beamte stehen jedoch zunehmend der Herausforderung gegenüber, im Stile eines Dienstleistungsunternehmens Service zu erbringen und dies erfordert eine entsprechende Kommunikation. Wäre früher ein Slogan wie „Service is our success" auf einem Beamtentisch plaziert gewesen, so hätte man dies als einen Scherz aufgefaßt. Heute kommt in immer mehr Kommunen diese Vision in Modellversuchen der Umsetzung nahe. Der Druck auf öffentliche Verwaltung, Post und Bahn und deren Bedienstete, sich zum Dienstleistungsbetrieb zu entwickeln, nimmt aufgrund der immer knapper werdenden öffentlichen Mittel und der Privatisierungstendenzen zu. Damit geht eine Ära zu Ende, in der das Parkinson´sche Gesetz galt, daß die Verwaltung umgekehrt proportional zur Größe ihrer Objekte wächst. Je kleiner der zu regelnde Gegenstand ist, desto größer der „Regelungsapparat". Wir alle kennen den entsprechenden Bürokratismus mit den besonderen Formen der schriftlichen Kommunikation (Formulare! Formulare!) und der asymmetrischen Beziehung zwischen Vertretern des Staates und den Bürgern.

Die Herausforderung liegt nun darin, das Prinzip der Wirtschaftlichkeit zu integrieren und trotzdem den Prinzipien des Rechts- und Sozialstaates gerecht zu werden. Die Tätigkeiten in der Verwaltung werden neuerdings als Produkt definiert und intern kostenmäßig bewertet, z.B. eine Baugenehmigung, die

Zulassung eines Autos oder die Bewilligung von Wohngeld. Wenn ein Beamter ein Gesetz vollzieht, so übt er gegenüber der Gesellschaft eine Dienstleistung aus. Abteilungen bzw. Referate erhalten ein fixes Budget und sollen das nach wirtschaftlichen Kriterien effizient verwalten. Eingesparte Mittel dürfen für abteilungseigene Zielvorhaben im unternehmerischen Sinne verwendet werden. Es gelten nicht mehr starre Vorgaben wie früher, sondern sachbezogene Entscheidungen; Flexibilität und Servicebewußtsein sollen gefördert werden.

Was bedeutet dies für die Kommunikation? Wurde früher einem Beamten, der in seiner Amtsstube auf einer bestimmten Hierarchieebene saß und seine Formblätter hatte, einmal die Dienstordnung erklärt, behielt diese für seine Arbeit bleibende Gültigkeit. Heute, wo sich ständig vieles ändert und sich dauernd neue Konstellationen ergeben, ist das besonders für Beamte eine anspruchsvolle Herausforderung.

Organisationen, die eine Art Einweg-Kommunikation gewohnt waren, bei denen der „Kunde" einem Monopolbetrieb mit dem Gefühl gegenüberstand, ihm ausgeliefert zu sein, müssen sich zunehmend auf eine Kommunikation einrichten, die im freien Wettbewerb bestehen kann. Bei der Post wird das deutlich. Die Privatisierung auf dem Gebiet der Telekommunikation brachte es mit sich, daß auch private Unternehmen diese Dienstleistungen anbieten können. Im großen Stil hat Mannesmann diese Chance wahrgenommen und in geringerem Umfang werden zunehmend auch kleinere Firmen dem Kunden diese Dienstleistungen anbieten.

Daß privatwirtschaftliche Organisationen jedoch nicht automatisch effektiver kommunizieren als z.B. die Post, zeigt folgende Begebenheit:

Damit ich als Autor – in Innsbruck arbeitend – das Manuskript noch einmal redigieren konnte, gab es der Layouter Herr H. bei einem internationalen Kurierdienst auf. Für eine Weile mußten wir dadurch das Manuskript wirklich „aufgeben", da es nicht zu dem vereinbarten Zeitpunkt ankam. Nachforschungen ergaben, daß es an der Schnittstelle zweier Kurierdienste bei der Übergabe von Deutschland nach Österreich Probleme gab. Vom letzten Glied der Transportkette erfuhr ich, daß das erste Glied eine unrealistische Zusage gemacht hatte. Aus dieser Erfahrung läßt sich die zielführende Empfehlung ableiten, bei einem Ablauf über mehrere Schnittstellen hinweg die Sache vom letzten Glied der

Kette aus anzugehen. So erhalten Sie realistischere Informationen, da vom 1. Glied der Kette aus tendenziell Wunschvorstellungen kommuniziert werden.

5. Ebene: Kommunikation des Unternehmens

Kommunikation des Unternehmens

Bild 148

Systemischer Ansatz

Die Systemtheorien gehen von einem vernetzten Denken aus, d.h. Systeme bestehen aus Elementen, welche untereinander vernetzt sind und somit in einer Wechselbeziehung stehen. Es gilt, die Systemgrenzen, die einzelnen Subsysteme und die Umwelt des Systems zu bestimmen. Diese Abgrenzung hat durchaus subjektiven Charakter, sollte aber für die jeweilige Fragestellung nachvollziehbar sein. In unserem Fall nehmen wir als ein abgrenzbares System ein Unternehmen und als Subsysteme definiere ich die Abteilungen. Die Handlungen, Aktionen, Entscheidungen, etc. sind einzelne Prozesse im „System Unternehmen". Die Vernetzung zwischen diesen Prozessen erfolgt durch Kommunikation. Wie die Systemtheoretiker uns zu sehen gelehrt haben, sind wir gleichzeitig Teil und Ganzes, dessen psychischer Stoffwechsel der Informationsaustausch ist, analog zum Stoffwechsel des Körpers. So wie jeder Organismus Luft zum Atmen braucht, so brauchen die Systempartner der Organisation die Kommunikation zum Leben. Das systemische Denken wird bei Capra (1996) anschaulich beschrieben.

Systemtheoretisch betrachtet wird „Erfolg" als ein Interaktionsphänomen gesehen und nicht als die Tat eines einzelnen Menschen bzw. die Wirkung einer einzelnen Abteilung. Unser heutiges Denken ist immer noch durchsetzt vom Glauben an einen Ursache-Wirkungs-Zusammenhang, der eigentlich nach Erkenntnissen der Kybernetik und nach der Entwicklung des systemischen Denkens überholt sein sollte. Die entweder-oder-Konstruktionen, denen ein Schwarz-Weiß-Denken zu Grunde liegt, sind nicht mehr zeitgemäß. Es wird wohl noch einige Zeit und Argumentationskraft in Anspruch nehmen, bis der Gedanke der Wechselwirkung sich in unserem Kommunikationsverhalten widerspiegelt.

In der Gruppe entspinnt sich eine Diskussion: Sollte das Buch den Anspruch beinhalten, den systemischen Ansatz auch in einem ideologischen Sinne zu favorisieren und dem Leser nahezulegen? Entspricht es den Bedürfnissen unserer Kunden, daß der Autor als Buchproduzent klar Stellung bezieht? Gibt es Leser, die das erwarten? In einem Buch über Kommunikation? So die Fragen, die im Raume schwirren.

Ich meine, so wie sich Produzenten – im Lichte einer zunehmend kritischen Öffentlichkeit – gezwungen sehen, ihre eigenen Werthaltungen transparent zu machen, so trifft dies auch auf einen Buchautor zu. Deshalb finden Sie in diesem Buch auch eindeutige Präferenzen, z.B. in diesem Fall für den systemischen Ansatz. Mein Motiv für diesen Ansatz ist die Gewichtung der menschlichen Beziehungen. Im systemischen Ansatz wird diese menschliche Komponente von Anfang an ernst genommen und in alle Überlegungen einbezogen.

Systempartner eines Unternehmens

Marketingprofis haben eine eigene Philosophie der Unternehmensführung, in der Marketing und Kommunikation in engster Verbindung stehen. Demnach sehen sie das Unternehmen in ein komplexes Marketingkommunikationssystem eingebunden. „Es kommuniziert mit seinen Handelspartnern, Endkunden und diversen Gruppen der Öffentlichkeit. Auch die Handelspartner selbst kommunizieren mit den Endkunden des Unternehmens und den diversen Gruppen der Öffentlichkeit. Selbst die Endkunden stehen untereinander und mit den verschiedenen Gruppen der Öffentlichkeit in kommunikativem Kontakt. Zwischen allen beteiligten Gruppen besteht eine kommunikative Rückkopplung“ (Kotler 1992, 827).

Das Bild 149 zeigt bedeutsame Systempartner eines Unternehmens auf, mit denen es vielfältige Verbindungen pflegt, in unserem Zusammenhang nennen wir das Kommunikation. Mit einigen Partnern wie Lieferanten und Kunden bestehen schon bestimmte Kommunikationsverbindungen, andere Partner sind zum Teil als solche noch gar nicht klar erkannt, wiewohl ein Kontakt zu ihnen bestehen sollte. Wenn z.B. die Anrainer als Systempartner nicht wahrgenommen werden, können sie auch nicht bewußt in die Unternehmenskommunikation einbezogen werden. Tritt eine Krisensituation ein, ausgelöst z.B. durch ein Umweltproblem, bringen unter Umständen umweltbewußte Anrainer diese Sache an die Presse. Nun kommt es darauf an, ob und

Bild 149

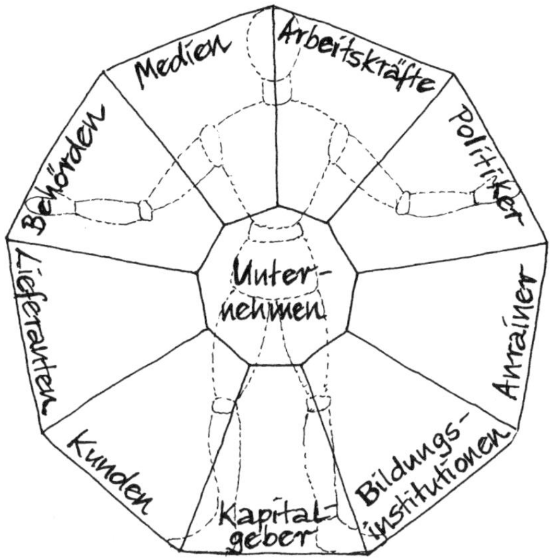

wie das Unternehmen bislang mit den Medien kommunizierte. Wenn keine Pressekontakte gepflegt und die Anrainer als Systempartner zu wenig einbezogen wurden, darf das Unternehmen sich nicht wundern, daß dies - auch aufgrund fehlender Sachinformation - zu spekulativer und spektakulärer Berichterstattung führt.

Unternehmen werden als Bestandteil der Gesellschaft zunehmend mit ökologischen Ansprüchen konfrontiert. Werden die damit verbundenen Herausforderungen nicht angenommen, geraten sie leicht in die Defensive und verheddern sich in medialen Abwehrkämpfen. Ein prominentes Beispiel dafür ist der Ölmulti Shell, der mit seinem Plan, eine ausgediente Bohrinsel in der Nordsee zu versenken, einen Konsumentenboykott auslöste. Shell sah sich gezwungen, den Imageverlust durch eine teure Pressekampagne zu korrigieren.

Es ist verständlich, wenn Unternehmen eher vorsichtigen Umgang mit den Medien pflegen. Sie „sehen sich einer Phalanx von Wirtschaftsjournalisten gegenüber, die nur dann Karriere machen können, wenn sie gute Stories bringen. Eine gute Geschichte in den Medien ist in neun von zehn Fällen eine Enthüllungsgeschichte, die möglichst mit dem Sturz eines Managers zu enden hat. Wer solche Artikel produziert, macht Karriere. Die Unternehmen setzen sich zur Wehr, indem sie Presseabteilungen aufbauen, die dem Druck der Medien standhalten. Nur eine aktive Medienpolitik, die gekonnt gehandhabt wird, ist in der Lage, die täglichen, meist indiskreten Fragen in Schach zu halten" (Stöhlker 1995, 65).

Alle Systempartner leben voneinander, so wie in der Biologie alle Lebenwesen voneinander abhängen. Bei gelungener Zusammenarbeit entsteht ein Produkt, das für alle einen Nutzen bringt.

Wie jedes Produkt den verschiedenen Systempartnern einen Nutzen erbringen soll, so verhält es sich auch mit dem Produkt „Buch". Sehen wir uns einmal einzelne Systempartner näher an: den Leser, den Autor, den Verlag und den Buchhandel.

Nutzen für den Leser: *Dieses Buch wird unterschiedlichen Lesern unterschiedlichen Nutzen bringen. Dem einen dient es zur Weiterbildung, ein anderer wieder ist primär an jenen Teilen interessiert, die sich unmittelbar in der Praxis anwenden lassen. Auch der Unterhaltungswert spielt eine Rolle, es soll ein Buch sein, das Freude bei der Lektüre bereitet. Ich hoffe sehr, daß Ihnen mein Buch in jedem Fall einen immateriellen Nutzen bietet und nicht – wie es manchen Büchern ergeht – der materielle Nutzen im Vordergrund steht, und es einfach nur als physischer Gegenstand zur Dekoration oder als improvisierter Untersatz für den Diaprojektor Verwendung findet.*

Nutzen für den Autor: *Mein Nutzen besteht darin, durch das Schreiben dieses Buches die Gelegenheit zu haben, meine Gedanken zum Thema Kommunikation darzustellen und sie damit auch weiterentwickeln zu können.*

Natürlich nützt das Buch – so es erfolgreich ist – der Zunahme meines Bekanntheitsgrades, der für meine Berufsausübung hilfreich ist. Unternehmerinnen und Unternehmer werden mich, nachdem Sie mich auf diesem Wege kennenlernten, kontaktieren, um sich vielleicht Unterstützung in ihrer derzeitigen betrieblichen Kommunikationssituation zu holen. Zur Kontaktaufnahme ist deshalb auf den ersten Seiten auch meine Adresse angeführt.

Nutzen für den Verlag: *Neben dem ökonomischen Nutzen für den Wirtschaftsbetrieb möchte der Verlag sein Image erhalten und verbessern. Er hat das Bedürfnis nach einem abgerundeten Programm und möchte seine Leserschaft über aktuelle Themen informieren.*

Nutzen für den Buchhandel: *Er ist die Schnittstelle zum Kunden. Sie haben vermutlich das Buch bei ihrem Buchhändler erworben. Manche Buchhändler pflegen einen intensiven Kontakt mit ihren Kunden, indem sie Bücher empfehlen. Das kann bis* *zum Anruf bei Stammkunden gehen, von denen man weiß, daß ein bestimmtes neu herausgekommenes Buch in sein Interessensgebiet fällt. Viele Buchgeschäfte führen Autorenlesungen durch, um ihren Kunden etwas zu bieten.*

Die Medien als Systempartner: *Sie stellen das Buch und den Autor vor und allen oben genannten Systempartnern tut es gut, wenn in einem Magazin oder in einer TV- oder Radiosendung das Buch in kritischer Weise positiv besprochen wird und eine Formulierung vorkommt wie „ein zielführendes Buch für jedes Unternehmen, das innovativer werden will". Zwar kann auch ein Verriß, über den viele reden, durchaus den Absatz fördern, doch ist dies weder im Interesse des Autors noch des Verlages*

Interne Kommunikation wirkt nach außen

Bei der systemischen Sichtweise durchdringt sich innen und außen. So hat der Einfluß der internen Kommunikation – die Stimmung und Qualität der Gespräche – natürlich Auswirkungen auf die Kommunikation mit externen Stellen, insbesondere mit Kunden, aber auch mit Lieferanten, Banken, Behörden usw.

Was ist interne Kommunikation Im betrieblichen Alltag findet interne Kommunikation primär durch die Weitergabe bzw. Vermittlung von Informationen innerhalb einer Organisation statt, also Kommunikation innerhalb der Mitarbeiterschaft. Dazu gehören regelmäßige Besprechungen der Mitarbeiter, tägliche Kaffeepausen, Postbesprechungen und ... natürlich auch ein jährlicher Betriebsausflug, der bekanntlich die interne Kommunikation sehr befruchtet, manchmal aber auch dynamische zwischenmenschliche Prozesse in Gang setzt, die die Infrastruktur der bestehenden internen Kommunikation überfordern.

Die Mittel der internen Kommunikation sind vielfältig, das Leitbild gehört dazu, in dem die Führungsgrundsätze formuliert sind. Ein weiteres Mittel ist das „schwarze Brett" oder die Mitarbeiterzeitung. Bei bestimmten Anlässen, Weihnachtsfeiern oder sonstigen Festlichkeiten, nützt die Geschäftsführung die Gelegenheit, strategische Weichenstellungen zu kommunizieren. Im Zeitalter elektronischer Medien kommen zusätzliche flexiblere Informationsmittel hinzu, z.B. Mail-Box-Systeme, wobei anzumerken ist, daß hochmoderne Informationssysteme nicht unbedingt das gegenseitige Verstehen gewährleisten.

Aufbauorganisation fördert oder behindert die Kommunikation

Die Effizienz der internen Kommunikationswege wird stark durch die vorhandene Aufbauorganisation und Organisationsstruktur bestimmt. In der Praxis trifft man – in vielen Variationen – drei Grundstrukturen an: die funktionale und die divisionale Struktur sowie die Matrixstruktur.

Für unser Thema ist die Frage wichtig: Welche Struktur begünstigt effektive Kommunikation, damit die laufenden Innovationsprozesse sich erfolgreich auf den Markt auswirken? Auch wenn sich diese Frage nur im individuellen Fall beantworten läßt – es spielt dabei die Unternehmensgröße, die Produktpalette oder die Vernetztheit der Produktionsabläufe eine Rolle – so sollen die einzelnen Strukturen mit ihren Vor- und Nachteilen doch kurz vorgestellt werden:

Bild 150

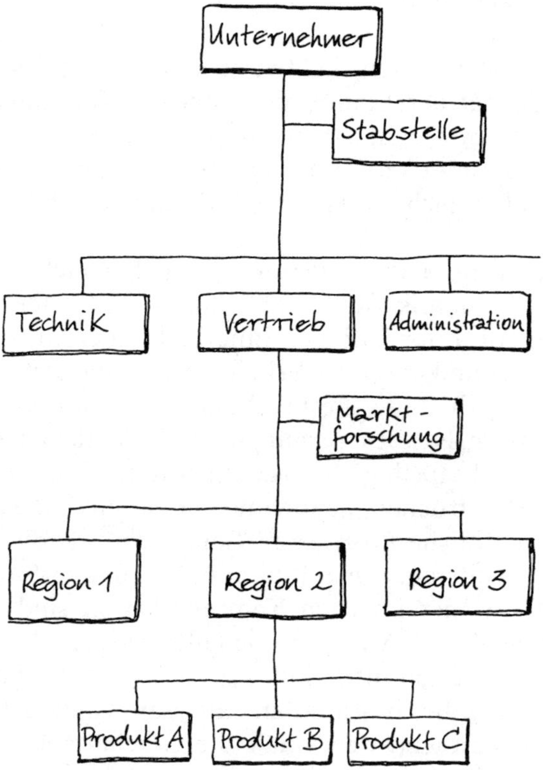

In einem nach *funktionaler Struktur* aufgebauten Unternehmen (Bild 150) müssen Informationen verschiedene hierarchische Ebenen durchlaufen und erreichen dabei unter Umständen nur unvollständig den Adressaten. Dies gilt sowohl für Informationen, die von der Unternehmensspitze nach unten laufen, als auch umgekehrt. „Es ist eine Erfahrungstatsache, daß nach fünf Verantwortungsebenen nur noch 20% der ursprünglichen Informationen vorhanden sind. Sie sind wie verderbliche Güter; werden Informationen zwar eingeholt, aber nicht richtig verwendet bzw. weitergeleitet, verderben sie sehr schnell" (Hinterhuber 1994, 100).

Ein aktueller Lösungsansatz für die Reduktion des Informationsverlustes wird im Abbau von Verantwortungsebenen und in der Realisierung schlanker Strukturen gesehen. Dies würde den Informationsverlust hierarchischer Strukturen erheblich reduzieren. Die Anzahl der Hierarchieebenen ist nicht das alleinige Problem, es kommt auch darauf an, die hauptsächlichsten Informationskanäle zu optimieren. Vollständige Information ist die Voraussetzung einer zielführenden und effizienten internen Kommunikation. Ein Beispiel dafür ist die Besprechung über die Einführung eines neuen Produktes: Zur Entscheidung werden Informationen über die Marktsituation, die Nachfrage, den akzeptablen Preis, die Produkte der Konkurrenz u.a. benötigt.

Bild 151

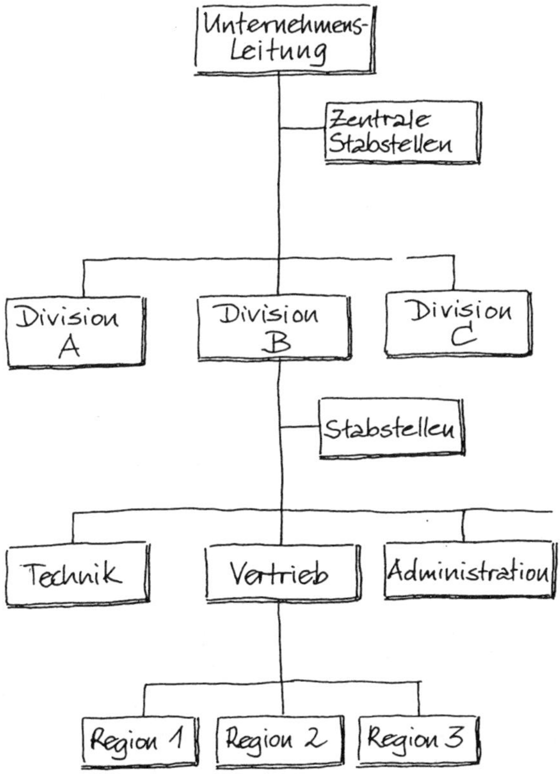

Die *divisionale Struktur* (Bild 151) ist geschäftsbereichsorientierter, hat aber dieselben kommunikativen Strukturprobleme, da sie innerhalb einer Division funktional und damit ebenso hierarchisch aufgebaut ist. Beim Vergleich der beiden Strukturen ist klar ersichtlich: die Kommunikation verläuft unbefriedigend, auch wenn die divisionale Struktur etwas mehr Kundennähe bringen sollte, weil die Konzentration auf den Produkten liegt und nicht auf betrieblichen Funktionen. Angesichts der Probleme funktionaler und divisionaler Strukturen führten viele Unternehmen eine Matrixorganisation ein, um mehr Flexibilität zu erreichen.

Bild 152

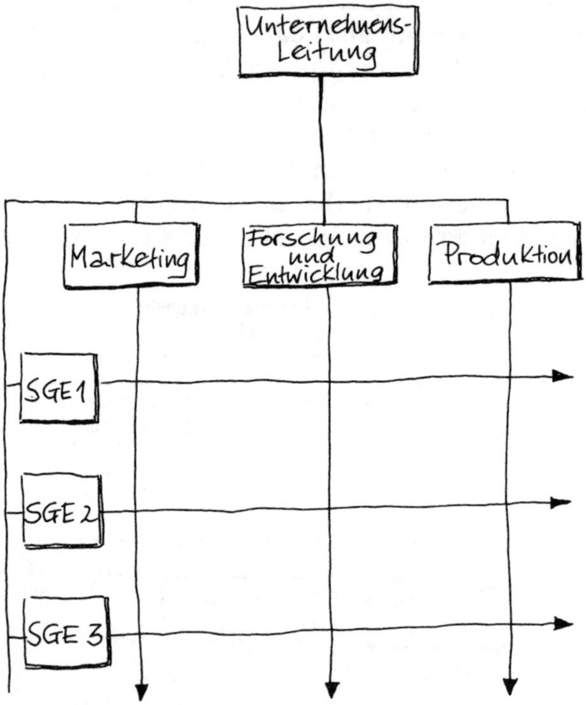

Bei der *Matrixstruktur* (Bild 152) sind sämtliche Funktionsbereiche und strategische Geschäftseinheiten (SGE) wie in einem Netz miteinander verbunden. Dies bedeutet eine Vervielfachung von Schnittstellen. In der Theorie stellt dies eine optimale Voraussetzung für fließende Kommunikation dar, denn sie erlaubt vielfältige Kommunikationsverbindungen. In der Praxis führt es jedoch zu erheblichen „Koordinationsproblemen". Deshalb wurde vielfach versucht, die Vorteile der Matrixstruktur zu nutzen, indem Personen aus verschiedenen Funktionsbereichen und Verantwortungsebenen für den Erfolg einer Geschäftseinheit und einer

Produktlinie gemeinsam an der Planung und Ausführung zusammenarbeiten.

Viele Bemühungen um diese Matrixstruktur sind immer wieder gescheitert, weil die erforderlichen Kommunikationsfähigkeiten seitens der Mitarbeiter nicht vorhanden waren. Dies aufgrund der Tatsache, daß der Mitarbeiter zwei Herren zu dienen hat, von denen er unter Umständen widersprüchliche Informationen erhält. Die dabei entstehenden Probleme werden leider selten als Kommunikationprobleme bezeichnet, sondern als Koordinationsprobleme. Auch hier wieder ein Beispiel, wie durch die Vermeidung der richtigen Benennung der menschliche Faktor ausgeklammert bleibt. Würden die Kommunikationsprobleme als solche angesprochen, wäre man einer Lösung näher. Unabhängig von den oben beschriebenen Organisationsstrukturen zeigen die folgenden Bilder, wie es der Kommunikation ergehen kann, hier dargestellt im Rahmen einer funktionalen Struktur.

Bild 153

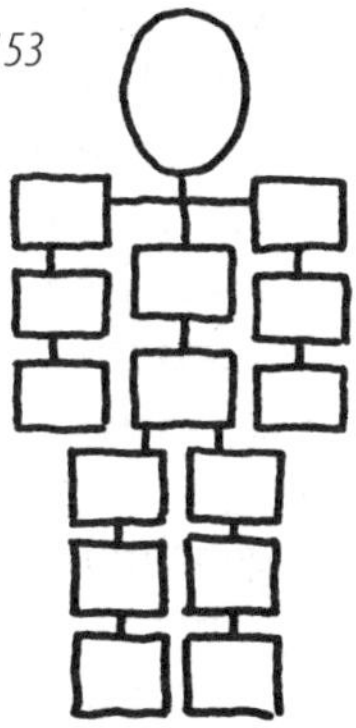

Die Kommunikation ist wie in einer Zwangsjacke, in den rigiden Zwängen einer starr aufgebauten Organisationsstruktur gefangen. Es herrschen Angst, Druck, Konformismus und wenig Kreativität. Es besteht kein Spielraum, wenn die Organisation z. B. auf äußere Anforderungen reagieren muß und der Arm und das Bein sich bewegen soll.

Bild 154

Auch in einer funktionalen Organisation könnte sich die interne Kommunikation frei entfalten, sofern genügend Teamarbeit stattfindet und es kreativ, dynamisch und offen zugeht. Teamarbeit kann die Nachteile der funktionalen und divisionalen Organisation abmildern, wenn in den Teams eine symmetrische Kommunikation stattfindet. Dies hat den Vorteil, daß die Tendenz zur kommunikativen Überforderung, die für eine Matrixorganisation typisch wäre, vermieden wird. Durch ein professionelles Management der Kommunikation an den Schnittstellen kann viel erreicht werden. Grobe organisatorische Mängel lassen sich jedoch nicht ausgleichen.

Schnittstellen: Verknotungen und Verbindungen

In den oben gezeigten Skizzen zur funktionalen-, divisionalen- und Matrix-Organisation stellen die Verbindungslinien zwischen den Kästchen die formalen Schnittstellen dar, über die sämtliche Kommunikation abgewickelt wird. Den Begriff „Schnittstelle" habe ich schon im Abschnitt über „Innere Schnittstellen" (vgl. S. 78 f) benutzt. Er wird hier ebenso zur Beschreibung von Kommunikationsvorgängen herangezogen. An der Schnittstelle treffen Personen aufeinander, die verschiedenen Systemen angehören und unterschiedliche Aufgaben und Zielsetzungen verfolgen. Beispiel für eine allseits bekannte Schnittstelle ist eine Situation, die jeder von uns kennt:

In jedem Restaurant gibt es eine Schnittstelle, ich meine die Verbindung zwischen Küche und Servicebereich. Baulich gesehen ist dies z. B. eine „Durchreiche" zwischen Küche und Restaurantbereich, in der die Speisen abgestellt bzw. durchgeschoben werden. Stellen Sie sich vor, daß es zwischen Küche und Service Streit gibt. Dann kommen aus der geöffneten Klappe bzw. Türe nicht nur die Geräusche, die bei der Zubereitung der Speisen entstehen, sondern auch die „Reibungsgeräusche" zwischen Service- und Küchenpersonal. Der Kellner ... ein Wanderer zwischen zwei Welten, muß dann das kommunikative Kunststück fertigbringen, trotz der hitzigen Küchendebatten, die in ihm eine heiße Mischung von Gefühlen auslösen, dem Gast beherrscht gegenüber zu treten, was oft mit eingefrorenem Lächeln geschieht. Sein Gesichtsausdruck geht dann nicht von dem Halbgefrorenen aus, das er vielleicht gerade dem Gast als Nachspeise serviert, sondern resultiert aus dem eisigen Klima zwischen Küche und Restaurant. Dies beeinträchtigt nicht nur ganz direkt die Kommunikation mit den Gästen, die dadurch so sehr gestört werden kann, daß sie vollkommen blockiert ist oder Anlaß zu Mißverständnisse gibt. Viel geschäftsschädigender ist das ungemütliche Klima, das der Kunde vielleicht nur indirekt spürt. Ein positives Bild bietet diese Schnittstelle des Restaurantbetriebs, wenn der Gast mitbekommt, wie Ober und Küchenchef in einer Weise miteinander umgehen, die dazu beiträgt, daß sich beim Gast eine Sehnsucht nach Harmonie erfüllt. Wir alle kennen Situationen, wo der Küchenchef die Küche verläßt, um seine Gäste zu begrüßen und so die konstruktive Zusammenarbeit beider Bereiche für den Gast offenbar wird.

An diesem Beispiel der Schnittstelle „Durchreiche" wird deutlich, daß kommuniziert wird, Waren befördert werden und mittels Kassenzettel Informationen ausgetauscht werden; dies kann das Auftragswesen, Controlling und weiteres symbolisieren. Ein klassisches und fast schon historisches Beispiel für eine Schnittstelle ist die Poststelle in einem Betrieb. Alle schriftlichen Informationen oder Mitteilungen gehen hier ein, werden sortiert und verteilt. Ebenso läuft dort alle Post zusammen, die den Betrieb verlassen soll.

Das Wesen der Schnittstelle läßt sich auch ganz anders mit dem Begriff des Interface aus der Physik und Chemie erklären, in der es zur Beschreibung von Phasenübergängen dient. Durch Absorbtion und Diffusion findet Materialaustausch zwischen den Phasen statt. Übertragen auf die Bereichsgrenzen in Organisationen heißt dies, daß sich im Interface ein Teil des Informationsaustausches und deren Verarbeitung abspielt. Im Interface werden Informationen zum anderen Bereich gebracht und dabei gleichzeitig in eine dem Benützer verständliche Sprache übersetzt. Das Interface umfasst vielfältige Verbindungen. Diese sind sowohl formell als auch informell, sie sind technisch, wie beispielsweise die Verbindungen von Datenbanken, oder sie sind persönlich, wie informelle Bekanntschaften. Insgesamt bilden sie ein soziotechnisches Netz, welches die Bereiche verbindet. Die Schnittstelle erfüllt ihren Zweck dann, wenn sie den Beteiligten der Bereiche erlaubt,

- voneinander gültige Informationen zu erhalten,
- diese an die richtigen Stellen zu befördern,
- sie zu verstehen und in Entscheidungen umzusetzten,
- den Ausgangspunkt der Informationen durch Rückkopplung über deren Verwendung in Kenntnis zu setzen.

Es gibt Vereinbarungen, was an der Schnittstelle erlaubt ist. Bei Schnittstellenproblemen und Störungen funktioniert die Vereinbarung nicht und es bedarf der Klärung.

In „Vahlens Großes Marketing Lexikon“ wird unter dem Stichwort „Schnittstellen-Management“ folgendes beschrieben: Bei der Suche nach Abstimmungsmöglichkeiten steht „die Herstellung einer zielgerichteten und zweckmäßigen Kommunikationsbeziehung“ (Diller 1994, 1035) im Zentrum. Durch die Zielgerichtetheit und Zweckmäßigkeit wird der Inhaltsaspekt der Kommunikation implizit hervorgehoben. Dies ist im Kontext eines Unternehmens durchaus sinnvoll, es birgt jedoch die Gefahr in sich, daß der Beziehungsaspekt zu wenig gesehen wird, z. B. Neid zwischen Kollegen, Rachegefühle dem Vorgesetzten gegenüber, Konkurrenz und Rivalität zwischen Abteilungen, Profilierungsabsichten von Mitarbeitern. Dies alles kann die Inhaltsebene unbewußt und unkontrolliert überwuchern.

Bild 155 zeigt auf, daß von der Produktidee bis zum fertigen Produkt für den Markt viele Bereiche und Mitarbeiter und damit viele Schnittstellen involviert sind.

Bild 155

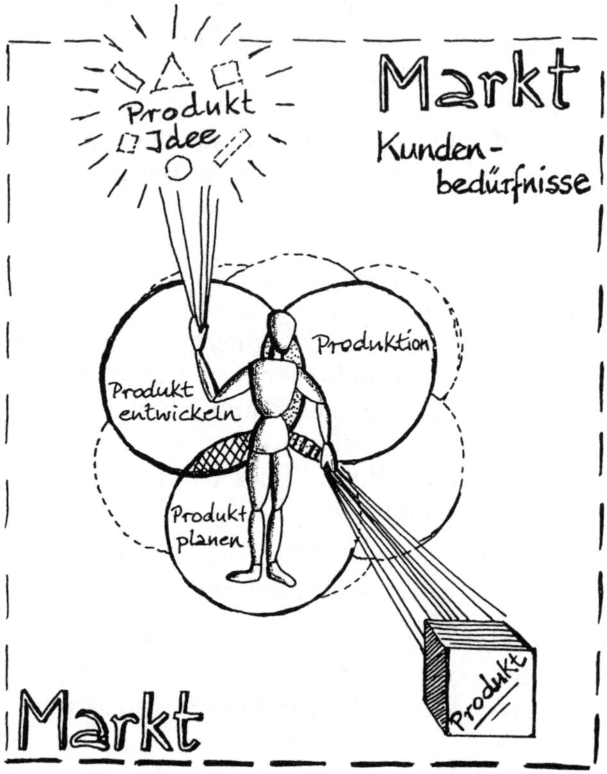

Kommon hat die Fäden in der Hand, die die verschiedenen Kommunikationskanäle und Schnittstellen innerhalb und außerhalb der Organisation repräsentieren. Kommunikative Probleme bestehen insbesondere am Anfang des Prozesses. Hier gilt es, die vom Markt empfangene „customers voice" in das Unternehmen bzw. in den Produktentwicklungsprozeß zu integrieren und in die spezifische Sprache der F & E und Produktion zu übersetzen. Das Schnittstellen-Management beim Übergang zur Klärung und Präzisierung der Aufgabenstellung wird zum erfolgskritischen Engpaß, dessen erfolgreiches Handling über Markterfolg bzw. Mißerfolg des neuen Produktes entscheidet.

Die Schnittstellen waren früher starken Reglements unterworfen. Es gab feste Hierarchien und eng definierte Abläufe. Durch Management-Bewegungen wie Simultaneous Engineering, Lean Management u.a. hat in den letzten Jahrzehnten in den Unternehmen die Zahl der Schnittstellen und deren Bedeutung enorm zugenommen. Vor allem das Konzept der interdisziplinären Teamarbeit ist Schnittstellenarbeit per se. Hinterhuber (1994, 83) schlägt vor, vom Schnittstellendenken zum Nahtstellendenken überzugehen. Er geht von der Überlegung aus, daß das Schnittstellendenken ein Funktionsdenken ist, welches auf Taylor zurückgeht. Dieses Denken ist eindimensional und ruft Spannungen und Probleme sowohl innerhalb des Unternehmens als auch nach außen hin hervor. Das Nahtstellendenken hingegen definiert er als Prozeßdenken, als Gesamtheit von integrierten, funktionsübergreifenden Tätigkeiten.

Von der Durchsetzungs- zur Umsetzungskultur

Im Zuge der vielfältigen Veränderungen entsteht Druck auf die Organisation, der als Zeit- Kosten- oder Leistungsdruck spürbar wird.

Bild 156

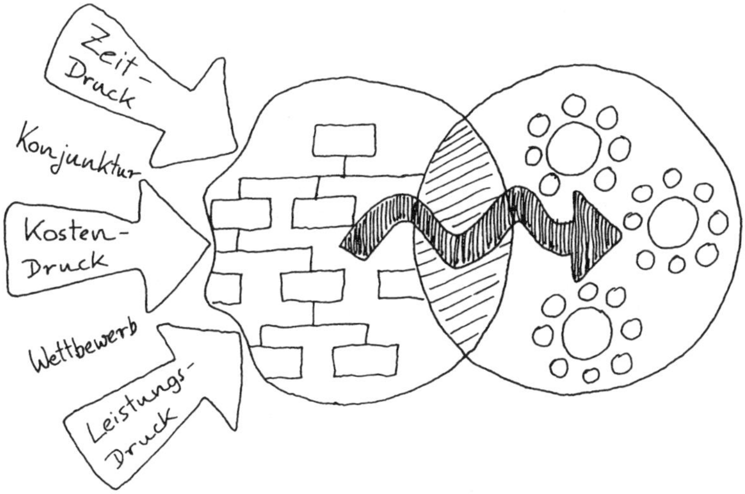

Unternehmen stehen zunehmend unter Druck, sei es durch den Wettbewerb oder durch den Zeitdruck. In hierarchischen Organisationen wird nach Krieg (1988, 180) der Druck auf die Mitarbeiter weitergegeben und es entsteht eine Durchsetzungskultur, die den Druck eher noch verstärkt und die Mitarbeiter dadurch zu wenig innovativ sein läßt. Bei einer Teamkultur dagegen wird der Druck aufgefangen und die Mitarbeiter können ihr kreatives Potential nützen.

Von einem tiefgreifenden Strukturveränderungsprozeß berichtet Rödenbeck (1996, 125) bei den Lemförder Metallwaren AG. In detaillierten Schritten zeigt er auf, wie sich die Firma „von einer Matrixorganisation zu einer Teamorganisation entwickelt". Unter Einbezug moderner Methoden vollzieht sich die Arbeit „in gemeinsamen Teams, in denen die Kunden, die Lieferanten und intern die Entwicklung, die Produktion, das Controlling und weitere Funktionsbereiche im Hause mitarbeiten" (1996, 127). Diese anspruchsvolle interdisziplinäre Vorgehensweise erfordert einen gekonnten Umgang mit Schnittstellen und einen Wandel der Unternehmenskultur. „Die herkömmliche Organisationsphilosophie `Befehl, Ausführung, Kontrolle´ beinhaltet das Prinzip Mißtrauen. Moderne Organisationskonzepte erfordern eine Haltung des Vertrauens gegenüber dem Mitarbeiter. Die mit flachen Hierarchien einhergehenden Dezentralisierungstendenzen verlangen nach einem Übergang von der Mißtrauensorganisation zur Vertrauensorganisation" (Hinterhuber 1994, 119). Es ist zunehmend echte Überzeugungsarbeit gefragt, es genügt nicht mehr, nur Anweisungen zu erteilen oder zu delegieren: „Der Wegfall ganzer Hierarchieebenen hat dafür gesorgt, daß die Zahl der Gesprächspartner auch im Top-Management größer geworden ist. Außerdem hat sich die Art der Kommunikation verändert. Statt Anweisungen an einen kleinen Kreis enger Mitarbeiter zu geben, die ihrerseits die Aufgaben delegieren, müssen Führungskräfte heute in großem Stil Überzeugungsarbeit leisten" (Rieker 1996, 170). Früher erhielt ein Mitarbeiter, der auf einer bestimmten Hierarchieebene stand und seine gleichbleibende Aufgabenstellung hatte, nur einmal eine Anweisung und diese galt, ein für allemal. Heute ändert sich vieles kontinuierlich und es ergeben sich ständig neue Konstellationen. Die jeweiligen Strukturen müssen durch Sprache, d. h. durch Kommunikation immer wieder neu hergestellt werden. Es werden Projektteams zu neuen Themen und in neuen Zusammenstellungen laufend neu gegründet. Was vorher selbstredend war, muß jetzt immer wieder neu beredet werden.

Von der Marktforschung zur Werbung Kommunikation ist heute eng mit Marktforschung und Werbung verbunden. Der Begriff Werbung wird bereits allgemein mit Kommunikationspolitik umschrieben, wobei darunter auch noch andere absatzpolitische und kommunikative Maßnahmen, wie Public Relation, Verkaufsförderung und persönlicher Verkauf verstanden werden.

In der Marktforschung tritt der kommunikative Aspekt deutlich zutage. Zunächst will das Unternehmen seine Produkte und seinen Service auf die Bedürfnisse der Kunden abstimmen. Die Kunden berichten dem Unternehmen jedoch in den seltensten Fällen von sich aus über ihre Wünsche und Bedürfnisse, d.h. sie müssen dazu erst aufgefordert und angeregt werden. Es liegt also am Unternehmen bzw. am Marktforschungsinstitut, diesen kommunikativen Prozeß erst in Gang zu bringen. Daß zwischen Unternehmen und Marktforschungsinstitut ebenfalls eine kommunikative Schnittstelle liegt, sei hier nur kurz erwähnt.

Um Informationen von Kunden zu erhalten, wurden verschiedene Techniken entwickelt, die einerseits einen gewissen Anreiz zur Kommunikation bieten (kleine Belohnungen, Preisausschreiben) und andererseits möglichst detaillierte und aussagekräftige Informationen liefern sollen. Dazu gibt es prinzipiell zwei Zugangsweisen, die quantitative und die qualitative Methode. Durch quantitative Techniken wird eine möglichst gute Repräsentativität erreicht, d.h. Aussagen eines abgegrenzten Personenkreises (meist einige hundert oder tausend Personen) können als gültig für eine viel größere Anzahl von Personen, z.B. alle 18- bis 30jährigen Angestellten, erachtet werden. Die Ermittlung der Informationen erfolgt meist durch Fragebögen oder durch kurze Telefoninterviews. Dies bedingt eine gewisse Vorgabe der möglichen Antworten, um eine schnelle Auswertung der Daten zu ermöglichen. Und genau darin liegt das Problem. Die Antwortgeber, also die Kunden, können nur unter denjenigen Anwortkategorien auswählen, die bereits vom Marktforscher vorgesehen sind. Dabei bleiben innovative und ungewöhnliche Gedanken sehr oft auf der Strecke.

Für wirkliche Produktinnovationen ist die quantitative Technik daher ziemlich ungeeignet. Deshalb kommen in letzter Zeit immer häufiger qualitative Verfahren zur Anwendung. Diese bestehen in ausführlichen Gesprächen, die mehr oder weniger strukturiert sind und vom Interviewer meist nur moderiert werden. Innovative und unvorhergesehene Gedanken haben darin viel Platz. Durch das zeitintensive Verfahren können allerdings nur relativ wenig Personen (ca. 10 – max. 200) befragt werden. Die Aussagen sind daher nicht repräsentativ, können aber neue Trends aufzeigen, die dann mit quantitativen Methoden auf ihre Allgemeingültigkeit abgetestet werden können. Ziel der qualitativen Methoden ist es, tiefere Einsichten in die Bedürfnislage der Kunden zu erlangen und sie zu ermutigen, ihre Wünsche an ein Produkt detailliert zu äußern. Dies kann auch in Gruppeninterviews, sogenannten Focus Groups, erfolgen und stellt höchste Anforderungen an den Moderator.

Um den Bedürfnissen unserer Kunden besser entsprechen zu können, war ich in der Produktentwicklungphase dieses Buches viel mit meinen Kunden, d.h. den potentiellen Lesern in Kontakt. Ich betrieb dabei qualitative Marktforschung, machte Pretests, indem ich den verschiedensten Personen, die zu meinem Zielpublikum gehören, Entwürfe zum Lesen gab und deren Anmerkungen einarbeitete. Überflüssig zu sagen, daß ich mich in dieser Phase intensiv mit Kritik auseinanderzusetzen hatte. Allerdings erhielt ich auch sehr ermutigenden Zuspruch. Vor allem die Betonung der menschlichen Faktoren wurde positiv bewertet. Auch die Ausführungen zur Bedeutung der Kommunikation im Zuge der neuen Management-Konzepte wurden als nützlich empfunden.

Eine neue qualitative Marktforschungsmethode für die Produktinnovation ist die Lead-User-Technik (vgl. Herstatt/Hippel 1992, 213). Sie ist besonders für Investitionsprodukte geeignet, da es bei diesen meist einfacher ist, sogenannte Lead-User, also häufige und intensive Verwender des Produkts, zu ermitteln. Mit dieser Personengruppe, die in ihrem Bereich als Meinungsführer zu betrachten ist, werden Gruppeninterviews durchgeführt. Anschließend wird die Gruppe mit den unternehmenseigenen Produktentwicklern in den Innovationsprozeß eingebunden, was eine hohe kommunikative Kompetenz erfordert. Die daraus entstehenden Produkte und Verbesserungen werden anschließend auf dem Markt getestet, ob sie auch den Anforderungen der „normalen" Verwender dieser Produkte gerecht werden.

Die Ergebnisse der Marktforschung gehen als kommunikativer Input in das Unternehmen ein und werden beim Produktentstehungsprozeß verarbeitet. Dieser Prozeß wird von internen Kommunikationsabläufen gesteuert und begleitet. Das Ergebnis ist – unter Mitwirkung einzelner Systempartner – ein marktreifes Produkt. In dieser vereinfachten Darstellung erfolgt ein kommunikativer Output, in Form von vielfältigen Werbe- und Verkaufsaktivitäten.

Sowohl beim Input (Marktforschung), wie beim Output (Werbung) steht der Kundennutzen im Vordergrund. Zuerst wird er

Bild 157

durch die Marktforschung ermittelt, anschließend wird das Produkt entsprechend gestaltet und schließlich wird der Nutzen wieder zurück an den Kunden kommuniziert. Im Idealfall werden durch die Werbung genau die gleichen Bedürfnisse bei den Kunden aktiviert, die sie zuvor bei der Marktforschung geäußert haben. Hier sind natürlich nur die „wirklichen" Bedürfnisse der Kunden gemeint, Glaubwürdigkeit spielt hier eine wichtige Rolle, so wie sie im Abschnitt „Glaubwürdigkeit" erläutert wird (vgl. S. 37 f).

Prinzip der internen Kundenorientierung

Die Voraussetzung für eine gute externe Kommunikation ist die Kultivierung der internen Kommunikation. Demgemäß wird der Verkäufer an der Front „gute Kommunikation" nur dann erbringen können, wenn seine Kommunikation auf einer gut funktionierenden internen Kommunikationskultur gründet.

B

Beispiel für den zuvor beschriebenen Vorgang ist das Vorhaben des Springer-Verlages, daß ich als Autor bei einer Tagung des Buch-Vertriebes eine kurze Buchvorstellung gebe. Dadurch erhalten die Verkäufer eine bessere Vorstellung von dem Produkt, das sie vermarkten. Bei einem Gespräch im Verlag haben wir in diesem Zusammenhang erörtert, in welchem Ausmaß der Autor auch Teil des Produktes „Buch" ist; er wird bei der Tagung den Mitarbeitern im Verkauf präsentiert. In diesem Falle können sie das Thema „Kommunikation" und die kommunikative Kompetenz des Autors prüfen und hoffentlich die Einheit zwischen dem Produkt Buch und dessen Autor erfahren. Das wird die Glaubwürdigkeit stärken und damit die Motivation, das Buch entsprechend auf dem Markt zu präsentieren.

Interne Kunderorientierung meint, innerhalb des Betriebes eine Atmosphäre zu schaffen, die einem guten Gesprächsklima zwischen Kunden und Verkäufern vergleichbar ist. Nehmen wir ein einfaches Beispiel, das den Prozeß von der Produktentwicklung zur Produktion über den Verkauf an den Endverbraucher beschreibt:

Die Anwendung der internen Kundenorientierung bei einem Möbelhersteller würde den Tischler zum „Kunden" des technischen Zeichners machen. Dieser liefert Entwürfe für ein bestimmtes Möbelstück. Der „Umsetzer" dieser Entwürfe ist der Tischler in der Produktion. Nach vielen Zwischenstufen und Abstimmungsprozessen ist schließlich der zur Organisation gehörende Verkäufer „Kunde" der Produktion. Bevor der Verkäufer das Produkt an den Konsumenten verkauft, wird es zuerst im Sinne der internen Kundenorientierung „verkauft". Dies verlangt neben der zu leistenden Überzeugungsarbeit nach Hinterhuber (1994, 87) „das Prinzip des Dienens. Es erfordert einen notwendigen Perspektivenwechsel von einer egozentrischen Bereichsorientierung und einem eigenmächtigen Erfolgsstreben (auch auf Kosten anderer) hin zu einer Bereitschaft, dem internen bzw. externen Kunden zu helfen, damit er vorankommt und erfolgreich ist." Wenn alle Mitarbeiter sich wie Kunden behandeln, würden mögliche Auseinandersetzungen von mehr Achtung getragen und die Beteiligten würden sich mehr Mühe geben, ihre Aussagen genauer und verständlicher zu formulieren.

Beim Übergang von intern zu extern verläuft dann die Kommunikation „fließend", d.h. es gibt kaum Barrieren von innen nach außen. War früher die Kundenorientierung nur bei der letzten Schnittstelle – also jener zwischen der Verkaufsstelle innerhalb des Unternehmens und dem unternehmensexternen Kunden – von ausschließlicher Bedeutung, so ist heute beim gesamten Prozeß der betrieblichen Leistungserstellung ein kundenfreundliches Verhalten angesagt. Dazu gehört, daß nicht nur die kundennahen Mitarbeiter des Herstellers an die Vorzüge des Produktes glauben, sondern alle Mitarbeiter der Organisation.

Mitarbeiter und Kunden gehören in der Weise zusammen, daß unzufriedene Mitarbeiter und eine desolate Organisation zu unzufriedenen Kunden führt, was wiederum „schlechte Zahlen" bringt und so eine Spirale nach unten in Gang hält. Der Entschluß einer Geschäftsführung, diesen Teufelskreis zu durchbrechen, wird ohne Einbindung der Mitarbeiter und der Kunden nicht funktionieren. Als methodische Hilfsmittel sind deshalb neben der Mitarbeiter-Befragung auch eine Kundenbefragung anzuraten, die Einsichten in die Beziehungen zum Kunden gibt. Bei Beachtung der Ergebnisse beider Perspektiven können ganzheitliche Maßnahmen abgeleitet werden, die dem Unternehmen insgesamt zugute kommen.

In einem Erfahrungsbericht schildert Saupe (1997, 227), daß das Konzept, den internen Empfänger von Diensten und Leistungen wie einen Kunden zu behandeln, in jenen Unternehmen Probleme machte, „wo Hierarchiedenken, Abteilungsegoismen und Routine noch ausgeprägt waren". Des weiteren berichtet er, daß „das Umdenken vom linearen Schritt-für-Schritt-Arbeiten zur vernetzten Kommunikation mit vielen möglichen internen und externen Lieferanten und Kunden" eine spannende Herausforderung für die Mitarbeiter darstellt. Solche Berichte aus der Praxis sind ermutigend, weil darin zum Ausdruck kommt, daß in Unternehmen, die in die Verbesserung der Kommunikation investieren, Kunden und Mitarbeiter in jedem Fall einen Nutzen davon haben. Ich bin davon überzeugt, daß dies wechselwirkend auch die Wertschöpfung solcher Unternehmen erhöht.

Corporate Wording So wie die Corporate Identity (CI) das gesamte Unternehmen umfassen soll, so hat Corporate Wording das Ziel, eine unverwechselbare Unternehmenssprache für die Außenkontakte zu entwicklen (vgl. Förster 1995). Die Schaffung einer semantischen CI soll den Verkauf des Produktes unterstützen. Ziel ist, daß sich das Produktdesign, z.B. von Swatch Uhren, in der geschäftlichen Korrespondenz widerspiegelt. Es werden also Texte verfaßt, die wie die Uhren sind: anregend, modern, spritzig. Damit ist Corporate Wording das semantische Kleid des Unternehmens. Dieses Konzept ließe sich auf unternehmensinterne Vorgänge erweitern. So wie umfassende CI-Entwicklungen auch die interne Unternehmenskultur betreffen, so kann Corporate Wording auch in Hinblick auf eine gemeinsame Unternehmenssprache verwendet werden, so daß dies die interne Kommunikation erleichtert. Bei Besprechungen finden die Mitarbeiter so leichter zu einer gemeinsamen Sprache.

Systempartner Kunde

Die letzte Schnittstelle eines geglückten Innovationsprozesses ist die vom Unternehmen zum Kunden. Was in den Prospekten als kundenfreundlich formuliert wird, erfährt der Kunde in der Praxis oft als kundenfeindlich. Es fängt schon mit der Verpackung an. Da steht öffnungsverheißend: „Hier drücken" und schon hat man einen Fleck auf dem Hemd. Oder „Lasche nach oben" und schon hat man die Lasche in der Hand. Der suchende Blick schweift nach einem Hammer. Wo ist ein Hammer, um diese Dose zu öffnen? Dann die nächste große Hürde: Die Gebrauchsanweisung oder Bedienungsanleitung, die ja Bestandteil des Produktes sein sollte. Haben Sie schon einmal einen Videorecorder, ein Faxgerät oder eine Kaffeemaschine mit Zeitschaltuhr programmiert? Da steht: „Geben Sie die gewünschte Nummer ein und halten die A-Taste drei Sekunden"! Ich halte und es tut sich nichts. Leider leitet die Anleitung trotz ihrer 10-Sprachigkeit nicht an, auch die spanische Version führt nur zu einem höheren Blutdruck. Viele Bedienungsanweisungen werden zunächst wie nachstehender Text wahrgenommen:

Bei einem Gespräch im Buch-Team haben wir uns gefragt, warum Bedienungsanleitungen wohl so sperrig formuliert sind. Es kam die Idee auf, daß, ähnlich wie Software-Produkte einen Kopierschutz eingebaut haben, die unverständlichen Bedienungsanleitungen eine Art Verwendungsschutz sind. Man hat das Produkt preiswert bekommen, kann es aber nicht verwenden. Vielleicht steckt eine ganz ausgefuchste Strategie der Hersteller dahinter. Wir wußten natürlich, daß es nicht so ist. Solche gedanklichen Ausflüge können sehr entspannend sein. Die Sache mit den unverständlichen Anleitungen ließ uns nicht gleich los. Es muß noch andere unerfindliche Gründe geben. Bei der Suche nach Erklärungen kamen wir so zu ganz absurden Gedankengängen. Kafka hätte uns gut verstanden.

Im Kontakt mit dem Kunden ist der Beziehungsaspekt der Kommunikation sehr bedeutsam. Dies kommt bei Buchtiteln wie „Verkaufen ist wie Liebe" deutlich zum Ausdruck. Erfolgreiche Unternehmen stellen bewußt den Beziehungsaspekt in den Vordergrund. So hat Niki Lauda bei Gründung seiner Lauda Air mit dem Slogan „Service is our success" einen Anker nach vorne geworfen. Im Dienstleistungsbereich ist das geradezu eine Vision.

Wer solche anspruchsvollen Ziele formuliert und ein solches Versprechen zu seinem Motto macht, riskiert auch etwas. Denn wenn es nicht eingehalten wird, wird der Kunde zurecht verärgert sein. Das Beziehungsverhältnis Kunde-Unternehmen ist schon eine sensible Sache. Aus der Perspektive des Unternehmens gesehen ist es gar nicht so leicht, eine ehrliche Beziehung zum Kunden aufrecht zu erhalten, denn es gibt Kunden, die das Unternehmen ausspielen und Tricks anwenden. Z. B. durch Ausreizen von Garantieansprüchen oder wenn unter dem Deckmantel „Konsumentenschutz" Vorteile herausgeschlagen werden. Vor allem die Versicherungsbranche weiß davon ein Lied zu singen. Auch im Fachhandel kennt man seine Pappenheimer, Kunden, die sich beraten lassen, um dann im Multimediamarkt das Produkt billig einzukaufen. Wenn sie nicht zurechtkommen, ist der Einzelhandel wieder gut genug, einschlägige Bedienungsempfehlungen zu geben.

Im Beziehungsverhältnis Kunde-Unternehmen ist die Ehrlichkeit auf beiden Seiten gefragt. Der Klügere mache den ersten Schritt, also die gut ausgebildeten Manager im Unternehmen. Bestandteil der Ausbildung ist die kommunikative Kompetenz. Diese Kompetenz möchte ich stärken. Deshalb hier im Buch der wiederholte Hinweis auf das Einbeziehen des menschlichen Faktors.

Ich habe tatsächlich den Anspruch, das Buch kundenfreundlich zu gestalten. Die Illustrationen sind dazu ein wesentliches Mittel. Die Gestaltungsarbeit des Layouters möchte dies durch die von ihm gewählte Typographie unterstützen. Damit möchte ich Sie noch auf einer anderen Ebene ansprechen, als mit bloßen Worten. Die Bilder erreichen in uns andere Schichten als nur die rationale Ebene, in der die Worte zu Hause sind. Der Verlag kommt mir hinsichtlich dieser graphischen Unterstützung sehr entgegen. Alles für Sie! Aber: Ob Sie uns das glauben? Welcher Produzent behauptet nicht, er würde für den Kunden arbeiten? Was es da alles an Versprechungen gibt. Kein Wunder, daß Sie, verehrte Leserin und verehrter Leser da nicht mehr alles glauben.

Im vorliegenden Fall müssen Sie ja nicht mehr glauben, sondern Sie können prüfen, nachdem Sie schon über zwei Drittel von dem Produkt „Buch" aufgenommen haben. Oder gehören Sie zu jenen Konsumenten, die sich nicht an die Gebrauchsanweisung halten? Bei diesem Buch steht sie vorne, gleich nach dem Inhaltsverzeichnis. Womöglich haben Sie gerade an dieser Stelle angefangen zu lesen und ohne jegliche Bedienungsanleitung mein Produkt benutzt? Es wäre auch o.k. Denn ganz unter uns: ich fange viele Bücher auch von hinten zu lesen an, vermutlich eine tiefsitzende Abneigung gegenüber den unbrauchbaren Gebrauchsanweisungen und zu langen Vorworten so mancher Autoren.

Kunde braucht Beratung Wer macht nicht die Erfahrung, daß wir als Kunde in einem Kaufhaus stehen und den Hals strecken, weil wir Beratung brauchen und weit und breit kein Verkäufer in Sicht ist? Wer kennt nicht die Situation, daß uns Verkäufer mit einer gereizten, fast schon feindseligen Stimmung gegenübertreten? Und wer fand sich nicht schon in einem Meer von Produkten wieder und bedurfte der Beratung, auf die er vergeblich wartete?

Bild 158

Kennen Sie auch Fälle, in denen Verkäufer in Zweier- oder Dreiergruppen zusammenstehen, intensiv die aktuellen Privatbeziehungsangelegenheiten diskutieren und Sie als Kunde hätten gerne, daß einer von ihnen mit Ihnen spricht? Oder kennen Sie Verkäufer, die Ihnen als Kunde Schuldgefühle machen, weil Sie fünf Minuten vor Zwölf das Geschäft überhaupt noch betreten? Es gibt auch Verkäufer, die den Kunden so ansprechen, daß er sich deppert fühlt, anstatt ihm eine Beratung zu geben, die dieser als Laie auch tatsächlich braucht. Was machen Sie in solchen Situationen, wenn Sie nicht beachtet werden? Gehen Sie ganz vorsichtig näher und sagen: „Entschuldigen Sie bitte, ich hätte gerne..." oder: „Darf ich mal stören...". Bei solchen Kunden merken die Verkäufer immerhin, daß einer da ist. Es gibt auch Kunden, bei denen die Verkäufer gar nicht mehr mitbekommen, daß einer da war, weil er zu jener Gattung gehört, die nicht stören wollte und deshalb auch gleich wieder ging.

In den USA machen europäische Reisende verblüffende Erlebnisse: sie werden bedient. Sie werden freundlich bedient. Sie werden beraten und bekommen keine Schuldgefühle. Kaufen wird dort zu einem ganz neuen Vergnügen.

Es gibt natürlich auch das andere Extrem. Man wird so freundlich bedient, daß da schon Aggression mitschwingt. Verkaufspsychologie mit vielen Worten, die dem Endverbraucher keine Denk- und Atempausen erlauben. Der Konsument fühlt sich überrollt, unter Druck gesetzt. Es ist eine wirkliche Kunst, hier den richtigen Ausgleich zu finden, nämlich dem Kunden Freiraum zu geben und ihn dennoch nicht alleine zu lassen.

Kunde als König?

Gekrönten Häuptern erging es in diesem Jahrhundert schlecht. Wie geht es dem Kunden? Das Königskonzept hat seine Tücken. Mit dem Begriff „König“ ist ein monarchistisches Modell verbunden, in dem es auch Untertanen gibt. Zwar mögen viele Kunden glauben, nun auch einmal König sein zu dürfen, dieses königliche Erleben ist für den Kunden in der Realität jedoch selten. Wenn wir ganz ehrlich sind, erleben wir uns häufiger als Untertanen und müssen froh sein, bedient, beliefert oder überhaupt bemerkt zu werden, sei es im Cafe oder im Kaufhaus.

Das Versprechen „Bei uns ist der Kunde König“ ist eigentlich ein Versprecher und psychologisch gesehen eine Kompensation für Schuldgefühle, die daraus resultieren, daß manche dem Kunden nicht wirklich einen Dienst erweisen wollen, sondern nur ihren eigenen Vorteil sehen.

Eine zeitgemäße demokratische Sichtweise hinsichtlich der Bedeutung des Kunden liefert der systemorientierte Ansatz, bei dem der Kunde nur *ein Teil* des Systems „Unternehmen“ ist, wenn auch ein sehr bedeutsamer Teil. Somit wird deutlich, daß die Funktionen aller Systempartner ineinandergreifen, wie es das Bild 149 auf Seite 333 darstellt. Hinterhuber/Stahl (1996, 10) drängen den Kunden nicht in die Rolle des Königs. Denn das interpretieren sie als eine falsch verstandene Kundennähe. Demnach ist der Kunde auch nicht das Maß aller Dinge oder alleiniger Schiedsrichter in einem Wettbewerbsprozeß. In einer systemischen Sichtweise geht es nicht so sehr darum, allein den Kundenwünschen zu entsprechen, sondern den eigenen Kernkompetenzen zu vertrauen, entsprechend zu produzieren und diese Produktinnovationen dann den Kunden anzubieten. Der „Minivan von Chrysler, der Walkman von Sony, der Network PC von

Compaq oder das Handy von Motorola" werden in diesem Zusammenhang als Beispiele genannt.

Veränderungsprozesse im Unternehmen

„Wo sich eine Türe schließt,
öffnet sich eine andere."

Das eine geht, das andere kommt. So galt es schon immer. Alles fließt und ist im Wandel. Diese und ähnliche Worte galten für frühere Zeiten und gelten auch heute. Nur kommt seit rund 100 Jahren noch etwas hinzu: Die Beschleunigung der Veränderung. Während das obige Bild vom Schließen und Öffnen von Türen noch nachvollziehbare Vorgänge darstellt – Dinge werden abgeschlossen, Neues ist im Entstehen -, ergibt sich heute ein anderes Bild: Türen öffnen und schließen sich nahezu gleichzeitig, nach undurchschaubarer Koordination, wie ständig laufende Drehtüren, die den Rythmus des eigenen Gehens vorgeben und individuelles Öffnen und Schließen oft nicht mehr ermöglichen. Diese Schnellebigkeit bringt Unsicherheit und Streß mit sich.

Wie kann eigentlich der Vorgang ausgedrückt werden, der sich da vollzieht? Heute von „Veränderung" zu sprechen ist eine Verharmlosung. „Dauernder Umbruch" klingt wenigstens angemessen dramatisch, doch ist auch nicht ganz zutreffend, da man bei dem, was sich da vollzieht, kaum Bruchstellen sieht. „Transformation" klingt jedenfalls gut, doch trifft es auch nicht, da das Ziel der Umwandlung nicht zu erkennen ist. Keiner weiß, wohin das alles führt und wo es endet. Es bräuchte ein neues Wort, das auch die Geschwindigkeit des Wandels mit zum Ausdruck brächte. Entsteht dadurch die „Veränderung zum Quadrat", die viele interdependente Faktoren und extreme Dynamik hat? Sicher ist eines: Wir leben in „speedy times" und die Folge davon wäre in Neudeutsch eine laufende „Verspeederung".

Kommunikation unangenehmer Wahrheiten

Qualität im technischen Sinne wird in sehr vielen Unternehmen gepflegt, auch für die Qualität in der Führung und der Abläufe wird einiges unternommen, die Qualität der Kommunikation wird zunehmend gepflegt und das Meisterstück ist, wenn eine Geschäftsführung unangenehme Wahrheiten so kommuniziert, daß daraus produktive Anstöße erfolgen. Veränderungsprozesse machen es oft notwendig, sogar tendenziell bedrohliche Wahrheiten zu kommunizieren. Diese müssen aber auch noch so vermittelt werden, daß die Betroffenen nicht in eine Lähmung und Blockierung verfallen, sondern diese Situation durch Handeln als beeinflußbar erleben. Dazu ein Beispiel:

Wenn ein Produkt unter den massiven Druck eines Mitbewerbers gerät und dieses Produkt die Basis für das ganze Unternehmen darstellt, kommt die Geschäftsführung nicht umhin, diese Wahrheit der Belegschaft zu kommunizieren, nämlich daß viele Mitarbeiter des Unternehmens, wenn dieses nicht entsprechend auf den neuen Konkurrenzdruck reagiert, ihren Arbeitsplatz verlieren können. Das bedarf in der Kommunikation eines sehr sensiblen Vorgehens, denn die Angst, die Arbeit zu verlieren, wirkt sich für viele Menschen als eine Barriere aus, die nicht nur zwischen den Kollegen die Kooperation behindert, sondern das ganze Kommunikationsklima verdirbt. Das wäre eine denkbar ungünstige Ausgangslage für eine Veränderung. Deshalb also die konfliktsensible Vorgangsweise, bei der alle potentiellen Widerstände hinsichtlich der anstehenden Veränderungen gut bedacht werden, um so – abhängig von der Betriebsgröße – möglichst weitreichende Transparenz und Glaubwürdigkeit zu erreichen.

Die Angst vor Veränderung ist die Angst, mit Nachteilen rechnen zu müssen. Wenn die formelle Kommunikation diese Befürchtungen nicht ernstnimmt und thematisiert, dann wuchern sie auf informeller Ebene und sind Gegenstand vieler interner Telefonate, Besprechungen, Gerüchte usw. Der Beginn eines positiven Veränderungsprozesses kann ein Informationsbrief (s. nächste Seite) des Managements an die Mitarbeiter sein.

Der Vorteil, in einem solchen Brief die Wahrheit zu sagen, auch wenn sie unpopulär erscheint, liegt darin, daß dadurch jeder Mitarbeiter ernst genommen und in seiner Mitverantwortung angesprochen wird. Nicht zielführend wäre ein Brief mit dem Tenor: „Es ist ernst, aber wir haben die Sache schon im Griff. Sie brauchen sich nicht zu beunruhigen." Damit entzöge man den Mitarbeitern die Verantwortung, und das Management übernähme sie ganz. Das wäre jedoch das alte Modell: oben die Geschäftsführung als Befehlsgeber und unten die Mitarbeiter als Ausführende. Ein solcher Brief würde die Mitarbeiter nicht motivieren.

Die wahrheitsgetreue Mitteilung wird zwar bei einzelnen Mitarbeitern das Gefühl auslösen, daß ihnen der gewohnte feste Boden unter den Füßen wegrutscht. Doch das ist die Kehrseite von Verantwortung; der Mitarbeiter kann sich nur für etwas verantwortlich fühlen, das auch das Risiko des Scheiterns beinhaltet. Nur wenn der Mitarbeiter das Vertrauen in seine Fähigkeiten und die des Managements aufbringt, kann er das Risiko ertragen und so den gewohnten festen Boden unter den Füßen vorübergehend aufgeben. Dies ist die beste Voraussetzung, die nächsten Schritte zu tun.

Liebe Mitarbeiterinnen und Mitarbeiter,

wir stehen vor ganz neuen Herausforderungen. Seit Jahren produzieren und vertreiben wir erfolgreich unser Produkt XY. Heute erzielen wir mit diesem Produkt ca. 90% unseres Gesamtumsatzes. Bereits in der Vergangenheit haben wir die Erfahrung gemacht, daß unser Produkt sehr preisempfindlich ist, d.h. der Absatz stark durch die Preissituation am Markt bestimmt wird.

Vor zwei Monaten haben wir erste Hinweise erhalten, daß ein neuer Wettbewerber mit Kampfpreisen den Markteintritt realisieren will. Dieser Mitbewerber ist ein Mischkonzern, der nur 10% seines Umsatzes mit dem Produkt X erzielt, während wir davon existieren.

Diese neue Situation legt die Fehler offen, die wir in der Vergangenheit gemacht haben. So haben wir es nicht geschafft, unsere Kunden so von der Qualität unseres Produktes zu überzeugen, daß sie nun bereit wären, einen kostendeckenden Preis an uns zu bezahlen. Wir haben auch versäumt, rechtzeitig andere Produkte einzuführen und neue Märkte zu erschließen.

Wir dürfen Ihnen nicht verheimlichen, daß die Situation ernst ist. Daraus müssen wir lernen. Wir alle sind nun gefordert, innovativ zu sein, auf allen Ebenen und in allen Bereichen.

Wir laden Sie ein, an den Veränderungen, die uns ins Haus stehen, mitzuwirken. In bereichsübergreifenden Arbeitsgruppen werden wir Maßnahmen diskutieren, wie wir kurz- und mittelfristig auf diese neuen Herausforderungen reagieren.

Mit freundlichen Grüßen

Veränderungsorientierte Kommunikation

Nachdem die Mitarbeiter den Brief zur Kenntnis genommen haben, wird sich in formellen und informellen Gesprächen ein gemeinsames Problemverständnis entwickeln. Dies ist wichtig, um detaillierte Vorstellungen von den nun notwendigen Veränderungsschritten zu bekommen, ansonsten besteht die Gefahr, in zu vagen und unkonkreten Formulierungen des Problems und seiner Lösungsschritte stecken zu bleiben. Dabei müssen unbedingt alle Betroffenen in den Prozeß eingebunden oder zumindest ausreichend darüber informiert werden.

Ein häufiges Problem in dieser Phase besteht darin, daß oft die Einsicht in die Notwendigkeit einer Veränderung und eine Einigung über die dazu nötigen Veränderungsschritte schon für ausreichend gehalten werden, um diese Veränderung auch *tatsächlich* herbeizuführen. Hier unterliegen Mitarbeiter dem Wunschdenken, beschlossene Maßnahmen wären bereits ein wesentlicher Schritt zu deren erfolgreicher Umsetzung. Beim konkreten Umsetzen zeigen sich aber erst die Hindernisse, die es dann mit langem Atem zu überwinden gilt, um tatsächlich Resultate zu erzielen. Dazu ist es notwendig, eine intensive und klare Kommunikation einzusetzen.

Anweisungen und Aufforderungen werden verständlich, wenn sie möglichst konkret formuliert werden, das bedeutet, daß die Fragen „Wer?", „Wie?", „Wann?", „Bis wann?" und „Unter welchen Bedingungen?" ausreichend geklärt sein und auf Zustimmung stoßen müssen. Kommt es zu keiner Einigung, so sind die Bedingungen solange neu auszuhandeln, bis ein gemeinsames Einverständnis hergestellt ist.

Selbst ein grundlegender Veränderungsprozess sollte zeitlich überschaubar sein und in einem symbolischen Schlußpunkt sein Ende finden. Das ist wichtig, um innerlich das „Alte" bewußt loszulassen und das durch die Veränderung geschaffene „Neue" an dessen Stelle zu setzen. Obwohl Veränderung einen kontinuierlichen Prozeß darstellt, bedarf eine jede Veränderung im Unternehmen der klaren Deklaration: „Wir haben den geplanten Prozeß vollzogen und schließen ihn damit ab". Damit ist der Verzicht auf „Nachlegen", d.h. „Anschlußarbeiten" am Projekt verbunden. Es sollte in dieser abschließenden Phase der Prozeßverlauf evaluiert werden und eine Beurteilung seiner Auswirkungen stattfinden. Das beinhaltet, Verantwortung für Ergebnisse zu übernehmen. Bliebe das Projekt in Schwebe, wäre auch die Frage der Verantwortung unklar.

B *Bei jedem längeren Projekt sind alle Beteiligten sehr gefordert, bis zum Schluß durchzuhalten, damit es zu einem guten Abschluß kommt. So ging es mir auch bei dem Buchprojekt, das in einem Zeitraum von 3 Jahren entstand und Autor, Grafiker und Mitarbeiter herausforderte, „dranzubleiben", Durststrecken durchzuhalten und sich selbst immer wieder neu zu motivieren. Der symbolische Abschluß erfolgte durch einen ganztägigen gemeinsamen Ausflug, verbunden mit dem Besuch einer Ausstellung und einem gemütlichen Essen.*

Eine Vision, die klar und deutlich an die Mitarbeiter kommuniziert wird, motiviert und hilft, den mehr oder weniger schmalen Pfad vom Alten hin zum Neuen zu gehen. In dem ganzen Veränderungsprozeß geht es darum, daß die Vertrauensbasis stabil bleibt, denn ansonsten besteht Absturzgefahr. Beim Blick auf das Neue bedarf es der klaren Sicht, ohne Nebel durch Dampfplauderei. In jedem größeren Veränderungsprozeß wird ein „Projekt-Controlling" benötigt, unabhängig davon, ob dies schon vorhanden ist oder speziell für dieses Projekt organisiert wird. Das Projektteam achtet darauf, daß bei den vielen kleinen Schritten die Vision nicht aus dem Blick gerät.

Vision

Im Abschnitt „Von der Marktforschung zur Werbung" wurde der klassiche Innovationsprozeß unter Einbindung der Marktforschung beschrieben. Es gibt aber auch andere Wege, zu Innovationen zu kommen, bei denen die Intuition eine größere Rolle spielt.

„Fragt man die Kunden von heute, wie das Auto von morgen aussehen soll, dann kommt als Summe der Meinungen das Modell von gestern heraus" (Rust 1996, 40). Durch klassische Marktforschung wäre vermutlich der Mini-Van nicht auf den Markt gekommen. Hätte man potentielle Kunden gefragt, ob Sie eine billige Plastikuhr am Armgelenk tragen wollen, so hätten sie das wohl verneint. Und trotzdem wurde die Swatch-Uhr ein Riesenerfolg. Es gab immer Unternehmen, zum Beispiel Mazda mit dem MX 5 oder Sony mit dem Walkman, die ein Produkt kreierten, für das sie erst einen Markt schaffen mußten. So kamen viele Produktinnovation ohne umfangreiche Marktforschung auf den Markt. Die jeweiligen Produzenten hatten die Fähigkeit, „schwache Signale" vom Markt aufzufangen und den Mut, daraus Konsequenzen in Form neuer Produkte zu ziehen. Sie waren sensibel genug, Trendumbrüche frühzeitig zu erkennen und durch ihre Produkte mitzugestalten. Daß dies eine hohe interne Kommunikationskultur voraussetzt, liegt auf der Hand. Sony-Chef Akio

Morita sagt dazu: „Anstelle einer umfangreichen Marktforschung verfeinern wir unsere Diskussionen über ein Produkt und seinen Gebrauchswert und versuchen dann, einen Markt dafür zu entwickeln, indem wir das Publikum davon unterrichten und einen Lernprozeß in Gang setzten" (Rust 1996, 40). Die Information über das Produkt wird so zum Bestandteil des Produktes, denn sie baut erst ein Image auf, damit die Kunden das Produkt akzeptieren, lieben lernen und es kaufen.

Solche Innovationen können nur Unternehmen hervorbringen, die eine entsprechende Kommunikationskultur haben, so daß visionäre Gedanken nicht unterdrückt, sondern gefördert werden.

Unabhängig davon, ob mit klassischer Marktforschung oder eher mit Intuition gearbeitet wird, eine ernstzunehmende Vision wird dem Begriff „Kundennutzen" einen wichtigen Stellenwert einräumen. Wird der Begriff lediglich als eine Worthülse verwendet, ist es nicht verwunderlich, wenn Endverbraucher sagen: „Es geht doch nur ums Geld, dieses Gerede von Kundennutzen ist eine Augenauswischerei, denen geht es nur um den Gewinn". Bei einem solchen Bild des Unternehmens in der öffentlichen Meinung gerät in Vergessenheit, daß es schon immer ein ganzheitlich denkendes Unternehmertum gab, welches das Credo vom „königlichen Kaufmann" ernst nahm: „Der Nutzen des Kunden ist der Gewinn des Kaufmanns." Vorgelebt haben dies vor allem viele Unternehmensgründer, deren Motivation die Orientierung am Kundennutzen war, was sich in Folge auch als Motor für Umsatz und Gewinn erwies.

Alle Menschen wollen in sinnvoller Weise tätig sein. Sinn zu vermitteln, ist Teil der Vision. Beim Darüber-Sprechen ist allerdings Vorsicht geboten: „Wenn früher jemand gesagt hätte, er habe eine Vision, den hätte man wahrscheinlich zum Arzt geschickt. Heute wird er zum Arzt geschickt, wenn er *keine* Vision hat. Dann gilt er als 'nicht-visionäre Führungskraft'. Und das entrückende Adjektiv 'visionär' veredelt auch noch das platteste Zukunftsgefasel zur Heilsbotschaft" (Sprenger 1996, 129). Glaubwürdigkeit als zentrales Element der kommunikativen Kompetenz ist hier unabdingbar. Deshalb halten sich viele Unternehmer zurück mit wohlklingenden Reden und sprechen lieber von Zielen und Strategien.

Und doch will ich UnternehmerInnen ermutigen, nach sorgfältiger Selbst- und Unternehmensprüfung von ihrer Vision zu sprechen, die über die rein materiellen Zielsetzungen hinausreicht. Sie motiviert Mitarbeiter auf einer ganz anderen Ebene, gibt Orientierung und Ausrichtung auf einen „wirklichen Kundennutzen" hin und ist eine Zielvorgabe, die über das Produkt hinausführt. Sie gibt dem Produkt den Sinn, die Lebensqualität des Kunden zu verbessern. Dies wiederum wirkt motivierend auf die Mitarbeiterschaft zurück, weil auch deren Aufgaben an Sinn gewinnen – im Idealfall wirkt der Produktionsprozeß sinnstiftend: „Große wirtschaftliche Pioniere, wie z. B. Daniel Swarovski, waren immer kulturelle, soziale, politische und menschliche Sinngeber. Ihr Programm war immer ein philosophisches und philantropisches, nie ein nur wirtschaftliches" (Braun 1996, 2). Die Vision des obengenannten Gründers der Firma Swarovski war es, „Schmuck nicht nur den privilegierten, herrschenden Kreisen zugänglich zu machen, sondern allen Klassen, allen Menschen, die sich schmücken wollten, was ja ein Urbedürfnis aller Menschen ist" (LeMar-Klughardt 1991, 23). Dies zu einer Zeit, in der Schmuck auch eine soziale Rangordnung festschrieb, so daß Daniel Swarovski – im Rahmen seiner Möglichkeiten – einen zeitgemäßen Beitrag zur Demokratisierung der Gesellschaft leistete.

W

Meine Vision des Buches ist, Menschen in den Betrieben kommunikatives Rüstzeug in die Hand zu geben. Damit zieht mehr Menschlichkeit ein und das Unternehmen wird zum Ort, an dem die persönliche Entwicklung ganzheitlich gefordert und gefördert wird. Wechselwirkend werden die Strukturen des Unternehmens den menschlichen Bedürfnissen gerechter werden. Dank kommunikativer Kompetenz werden Konflikte leichter bewältigt. Konfliktfähige Mitarbeiter sind auch mündige Bürger, die angesichts gesellschaftlicher Probleme nicht gleich nach dem starken Mann rufen, sondern in kleinen Schritten und im Verband mit anderen Menschen ihren Teil zu gesellschaftlichen Veränderungen beitragen.

Bild 159

Zusammenfassung

Zum Abschluß möchte ich mit dem Bild 160 mögliche Lösungsansätze für Kommunikationsprobleme, die in den einzelnen Ebenen beschrieben wurden, in Stichworten kurz zusammenfassen.

Bild 160

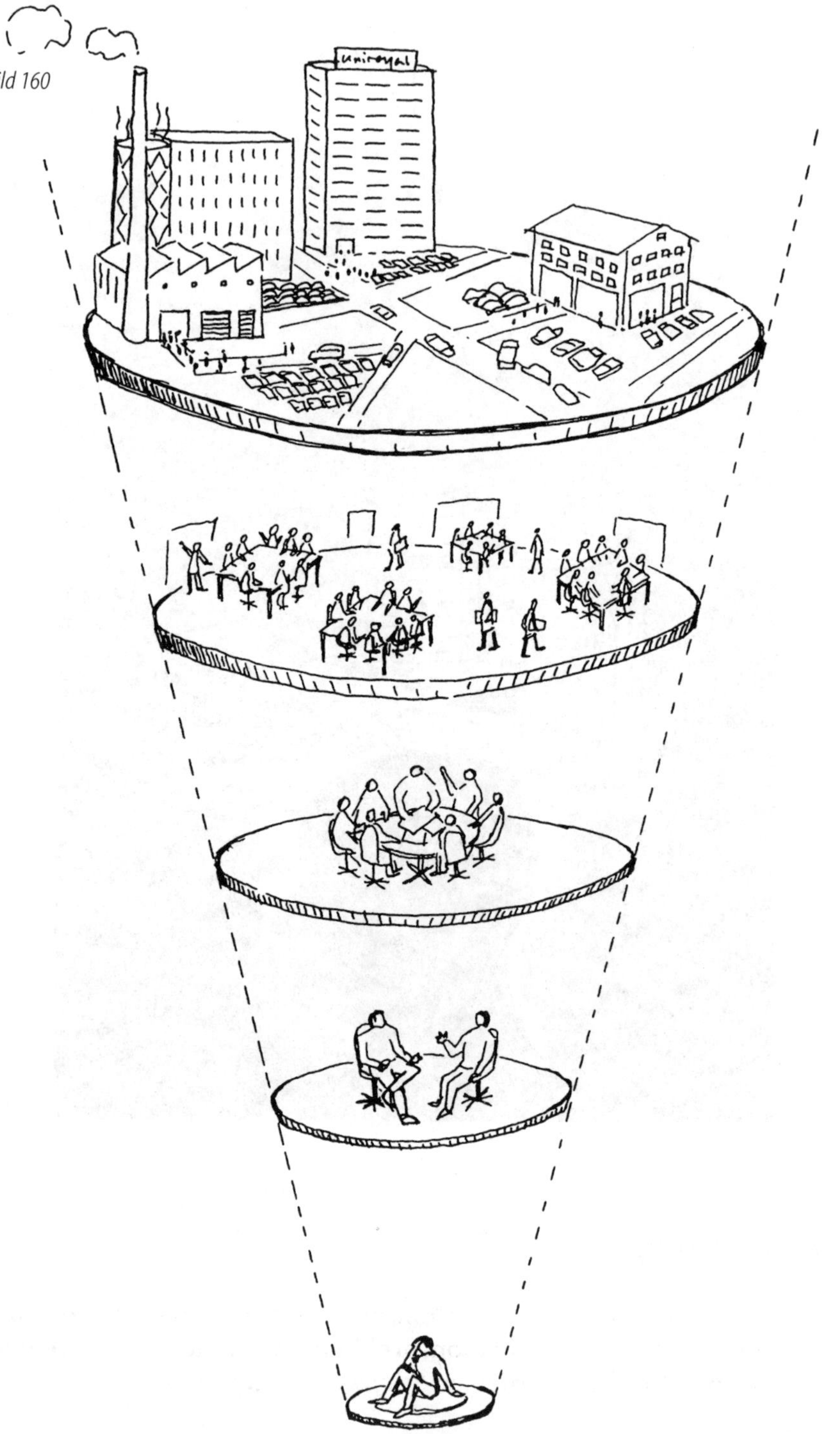

5. Ebene

- Vision entwickeln
- Systempartner einbinden
- Beziehungsmanagement implementieren
- Glaubwürdigkeit nach außen stärken
- interne Kundenorientierung praktizieren

4. Ebene

- Selbst- und Fremdbilder der Abteilungen reflektieren
- bereichsübergreifend denken und kommunizieren
- immateriellen Kundennutzen stärken
- durch rechtzeitige Kommunikation Kosten vermeiden
- klare Zielvorstellungen formulieren

3. Ebene

- einen Moderator einsetzen
- Bedeutung der sozialen Kommunikation erkennen
- Feedback im Team einholen
- klares Kommunikationssetting schaffen
- TZI anwenden
- Interessen im Team offenlegen

2. Ebene

- Sich-transparent-Machen
- an Kommunikations-Workshops teilnehmen
- mit der Gefühlstabelle arbeiten
- Metakommunikation einsetzen
- Ich-Botschaften senden
- Verantwortung für die eigene Kommunikation übernehmen

1. Ebene

- an Workshops zur Selbsterfahrung teilnehmen
- Coach des eigenen Lebens werden
- Einzelcoaching in Anspruch nehmen
- sich innere Dialoge bewußt machen
- die eigenen Gefühle ernst nehmen

Ausklang

„Komplett!“

Aller Anfang ist schwer, das Ende fällt meist leichter. Und doch will der Abschluß gestaltet sein. Das gilt für Workshops und für das Ende eines Buches gleichermaßen. Ein guter Abschluß für einen Workshop ist die folgende Übung und für das Buch ist es vielleicht das Bild dazu:

Bild 161

Alle Teilnehmer stehen im Kreis, das linke Bein ist vorgestellt und die linke Hand in die Kreismitte gestreckt, mit der Handinnenfläche nach oben. Die rechte Hand holt weit von hinten aus und macht einen großen Bogen über den Kopf zur anderen Hand. Dabei rufen alle gleichzeitig das Wort „koooomplett“ aus und versuchen, beim „t“ des Wortes alle gleichzeitig mit der rechten in die ausgestreckte linke Hand zu klatschen.

Danksagung

Bei der Erstellung des vorliegenden Buches wurde viel kommuniziert. Es wäre ja auch ein Widerspruch, über Kommunikation zu schreiben und dies im stillen Kämmerlein zu tun. So hat sich um das Buch herum ein kleines Projektteam gebildet sowie eine Reihe von Testlesern, die dessen Entstehung engagiert unterstützt haben. Dafür ein herzliches Dankeschön an...

Angela Ibelshäuser, Barbara Schmid-Hechendorfer, Birgit Ertl, Birgit Maier, Carsten Seebass, Christian Riml, Elke Roitner-Grabher, Eva Ackermann, Gabriele Falkensteiner, Gerhard Ostermann, Hannes Erler, Hannes Kröll, Heinz Pschorn, Helmut Faden, Holger App, Ilse Karger, Lydia Domoradzki, Manfred Häupl, Markus Hauser, Martin Jerrendorf, Martin Sailer, Mathias Hofmeister, Michael Ziefle, Monika Schulze, Nicole Zunhammer, Paul Meek, Peter Renz, Uwe Angele, Waltrud Fabian, Xaver Häring.

Mein besonderer Dank gilt der Grafikerin Sabine Dirksen! Sie hat mit Engagement gezeichnet und mit Geduld Änderungen vorgenommen. Dem Fotographen Leo-Bernd Führen verdanke ich nicht nur mein Foto auf dem Bucheinband, sein Blick für Form und Ästhetik hat auch beim Lesen von Textproben zur Abrundung beigetragen. Herrn Klaus-Peter Hellweg danke ich für seine Gestaltung des Buches, die er mit innovativen Elementen, wie z.B. der Spiegelung von Texten, versah.

Bei der Entwicklung von Übungen erhielt ich Anregungen von Kollegen. So konnte ich vom Kommunikations-Workshop von Frau Dipl.-Psychologin Nanna Michael aus München wertvolle Segmente mit aufnehmen. Ebenso machte ich sehr positive Erfahrungen in Workshops von Dr. Jörg Preßlaber aus Innsbruck. Beiden Kollegen möchte ich an dieser Stelle sehr herzlich danken!

Den Mitarbeitern des Springer-Verlages bin ich dafür dankbar, daß sie mir den für jede Innovation notwendigen Freiraum einräumten. Im Vokabular des Buches gesprochen war es für mich eine sehr erfreuliche Systempartnerschaft, die, so wünsche ich es mir, auch für den Leser spürbar wird.

Übungsverzeichnis

Übungsverzeichnis

Beziehungsaspekt 26

Was läuft alles in mir ab? 53

Gefühls-Tabelle 70

Müdigkeit 78

Wahrnehmen innerer Bedürfnisse 81

Aussprechen lernen 104

Ja oder Nein 114

Nicht nicht kommunizieren können 117

Schweigen 121

Inneres Befinden und äußerer Ausdruck 132

Verantwortung 161

Wettbewerb – Stein, Blatt und Schere 168

Balanceakt 176

Metakommunikation 199

Kreuzworträtsel 219

Kommunikationsverbindungen 234

Beim vorgefaßten Ziel bleiben 263

Mehr Verständnis 275

Im Kräftespiel 289

Literaturverzeichnis

Literaturverzeichnis

Arbeitgeberverband Gesamtmetall: Mensch und Unternehmen: Kästchendenken verhindern, Abteilungsegoismen überwinden. Köln 1992

Argyris, C.: Good Communication that blocks Learning. In: Harvard Business Review, Vol.72, 1994/4, S. 77–85

Bartsch, E.: Rhetorik der Rede. Wien 1991: Hernsteiner

Beyer, G.: Innovations- und Ideenmanagement. Düsseldorf 1994: Econ

Birkenbihl, V.: Kommunikationstraining. München 1975: Goldmann

Braun, A.: Versuch einer industriellen Standortbestimmung. Unveröffentlichtes Manuskript. 1996

Brenner, W.: Die Bedeutung eines modernen Einkaufs im Produktentwicklungsprozeß. In: technologie & management, Jg. 45, 1996/1, S. 15–21

Brockhoff, K.: Schnittstellen-Management. Stuttgart 1989: Poeschel

Brommer, U.: Mobbing: Psychokrieg am Arbeitsplatz und was man dagegen tun kann. München 1995: Heyne

Capra, F.: Lebensnetz. Bern 1996: Scherz

Charest, G.: Du Management à l´écogestion. Verdun 1988: Louise Courteau

Charest, G.: La Gestion par Consentement. Montreal 1996: Transcontinental

Congena (Hg.): Zukunftsstrategie Kombi-Büro. München 1994: Callwey Verlag

Cooper, R.G.: Perspective, Third-Generation New Product Processes. In: Journal of Product Innovation Management, 1994/11, S. 3–14

Dahringer, L./Mühlbacher, H.: International Marketing – a global Perspective. New York 1991: De Gruyter

Diller, H. (Hg.): Vahlens Großes Marketinglexikon. München 1994: dtv

Domsch, M.: Qualität der Schnittstelle zwischen F & E und Marketing. In: zfbf, 1991/12, S. 1048–1069

Drucker, P.: Manager in der nachkapitalistischen Ära. In: Harvard Business Manager, Jg. 15, 1993/4, S. 69–77

Ehlert, M./Lorke, B.: Zur Psychodynamik der traumatischen Reaktion. In: Psyche Jg.42, 1988, S. 302–318

Ehrlenspiel, K.: Integrierte Produktentwicklung: Methoden für Prozeßorganisation, Produkterstellung und Konstruktion. München 1995: Hanser

Eversheim, W.: Simultaneous Engineering, Berlin 1995: Springer

Eversheim, W.: Innovativer mit dem Technologiekalender.
In: Harvard Business Manager 1/1996, S. 105–112
Falkhof, W.: Ingenieure – ein fröhliches Wörterbuch.
München 1992: Tomus
Feynman, R.: Kümmert Sie, was andere Leute denken?
München 1992: Piper
Ford J.D.: The role of conversations in producing intentional change in organisations.
In: Academy of Management Review, 1995/20, Nr. 3, S. 541–570
Förster, H.P.: Corporate Wording. Konzepte für eine unternehmerische Schreibkultur.
Frankfurt 1994: Campus
Fromm, E.: Von der Kunst des Zuhörens.
Weinheim 1991: Beltz
Fuchs, J.: Das Unternehmen – lebender Organismus oder tote Institution?
Wiesbaden 1992: Gabler
Goleman, D.: Emotionale Intelligenz.
München 1995: Hanser
Gordon, T.: Managerkonferenz.
München 1995: Heyne
Glasl, F.: Konfliktmanagement.
Bern 1992: Haupt
Große-Oetringhaus, W.: Strategische Identität.
Berlin 1996: Springer
Gupta, A.K.: R & D and Marketing Dialogue in High-Tech Firms.
In: Industrial Marketing Managment, Jg.14, 1985, S. 12–17
Heeg, F. J.: Projektmanagement.
München 1993: Hanser
Higgins, J. / Wiese, G.: Innovationsmanagement.
Berlin 1996: Springer
Hendricks, G. & K.: Liebe macht stark. Von der Abhängigkeit zur engagierten
Partnerschaft. München 1992: Mosaik
Henke, J.W./Krachenberg, A.R./Lyons, T.F.: Cross-Functional Teams: Good Concept,
Poor Implementation! In: J. Prod. Innov. Manag., 1993/10, S. 216–229
Herstatt, C./Hippel, E.: Developing New Product Concepts Via the Lead User Method,
In: Journal of Product Innovation Management, 1992/9, S. 213–221.
Hinterhuber, H.H.: Strategische Unternehmensführung – Strategisches Handeln.
Berlin/New York 1989: De Gruyter
Hinterhuber, H.H.: Wettbewerbsstrategie.
Berlin 1990: De Gruyter
Hinterhuber, H.H.: Unternehmenswert und Lean Management.
Wien 1994: Manz
Hinterhuber, H.H./Stahl, H.K.: Die Unternehmung als Deutungsgemeinschaft.
In: technologie & management, Jg. 45, 1996/1, S. 8–13
Höhler, G: Die Zukunftsgesellschaft.
Düsseldorf 1989: Econ
Höhler, G: Wettspiele der Macht.
Düsseldorf 1994: Ullstein
Jung, C.G.: Zur Psychologie westlicher und östlicher Religion. Gesammelte Werke, Bd.
11. Zürich 1963: Walter
Kamiski, G.: Quality Function Deployment – oder das systematische Überbringen
der Kundenwünsche, In: Marketing ZFP, 3. Quartal 1994/3, S.181–189
Karmasin, H.: Produkte als Botschaften.
Wien 1993: Ueberreuter
Kezsbom, D.S.: Bringing Order to Chaos: Pinpointing Sources of Conflict in the
Nineties. In: Cost Engineering, Vol. 34, 1992/11, S. 9–16

Köppen-Weber, D.: Alta Major-Energie.
München 1990: Goldmann
Kiechel, R.: Macht im kooperativen Führungsstil.
Bern 1985: Haupt
Kocher, H.: Der Streit zwischen Marketing und Technik darf nicht sein!
In: IO Management Jg. 57, 1988/3, S. 138–140
Kotler P./Bliemel F.: Marketing-Management.
Stuttgart 1992: Poeschel
Kramer, F.: Modulare Unternehmensführung.
Heidelberg 1994: Springer
Kramer, M.: Produkterfolg durch Customer Focus.
Heidelberg 1996: Springer
Krieg, B.: Der Weg zu neuen Traditionen.
Basel 1988: Pro Transfer
Kriese, H.: Die Angst überwinden. In: Fortschrittliche Betriebsführung und Industrial Engineering, Jg. 44, 1995/1, S. 2
LeMar-Klughardt, B.: Macht und Ohnmacht. In: Agoik: Zeitschrift für Fragen sozialer Gestaltung, 1985/4. S. 3–12
LeMar-Klughardt, B.: Geschichte des Unternehmens Swarovski. In: Archiv und Wirtschaft, Jg. 25, 1992/1, S.8–12
Lendi, A./Marxer, D.: Das 1–8 Prinzip.
Zürich 1995: Versus
Lenz, G.: Die Seele im Unternehmen.
Berlin 1991: Springer
Löhmer, C./Standhardt, R. (Hg.): TZI: Pädagogisch-therapeutische Gruppenarbeit nach Ruth C. Cohn. Stuttgart 1992: Klett-Cotta
Malandro L./Barker L.: Nonverbal Communication.
Reading 1983: Addison-Wesley
Manella, J.: Führung und Kommunikation. In: Siegwart, H./Probst, J. (Hrsg.), Mitarbeiterführung und gesellschaftlicher Wandel. Bern 1983: Haupt
Maslow, A.H.: Motivation und Persönlichkeit.
Olten 1977: Walter
Metaplan: Fibel zur Metaplantechnik.
Hamburg, 1988: Eigenverlag
Meffert, H.: Dienstleistungsmarketing: Grundlagen – Konzepte – Methoden.
Wiesbaden 1997: Gabler
Ministerium für Kultus und Sport:
Bildungsplan für die Hauptschule Baden-Württemberg. Stuttgart 1994
Moeller, M.L.: Die Wahrheit beginnt zu zweit.
Reinbek 1995: Rowohlt
Morgenstern, Ch.: Impressionismus, Symbolismus und Jugendstil.
Stuttgart 1977: Reclam
Neuberger, O.: Was ist denn da so komisch?
Weinheim 1988: Beltz
Pinto, M. B.: Project Team Communication and Cross-Functional Cooperation in New Program Development. In: Journal of Product Innovation Management. 1990/7, S. 200–212
Poggendorf, A.: Teamaufstellungen.
Unveröffentlichtes Manuskript 1997
Popcorn, F.: Clicking – der Neue Popcorn-Report.
München 1996: Heyne
Pusch, L.: Das Deutsche als Männersprache.
Frankfurt 1984: Suhrkamp

Renftle, R.: Im Dienste des Königs. Brannenburg 1980: Verlag Monika Schulze
Renfte, R.: Gretchens Kerkerlied. Brannenburg 1985: Verlag Monika Schulze
Rieker, J.: Newton's Law. In: Managermagazin 5, 1995, S. 80–84
Rieker, J.: Digitales Dilemma. In: Managermagazin 1, 1996, S.170–176
Riemann, F.: Grundformen der Angst. München 1995: Reinhardt
Rödenbeck, R.: Ganzheitliche Teamorganisation in der Umsetzung. In: Fortschrittliche Betriebsführung und Industrial Engineering, Jg. 45, 1996/3, S. 125–132
Rust, H.: Produzenten der Zukunft. In: Goldener Trend 1996, S. 27–35
Rüttgers, J.: Rote Karte für Schwarzmaler. In: Bild der Wissenschaft 1995, 9, S. 42–51
Sattelberger, T.: Die lernende Organisation. Wiesbaden 1991: Gabler
Saupe, P. C.: Isar Amperwerke AG: Wie wir Qualitätsbewußtsein, Dienstleistungswillen und Wir-Gefühl trainieren. In: Elektrizitätswirtschaft, Jg. 96, 1997/6, S. 226–228
Schein, E.: On Dialogue and Culture. Organizational Dynamics 1993, 41, S. 230–235
Schellenbaum, P.: Das Nein in der Liebe. Stuttgart 1984: dtv
Schellenbaum, P.: Nimm deine Couch und geh. München 1994: dtv
Schmelzer, H.J.: Organisation und Controlling der Entwicklung von Serienprodukten. Dissertation Universität Karlsruhe 1991
Schlote, St./Linden, F.A.: Münchner Himmel. In: Manager Magazin, 1995/2, S.30–43
Schreyögg, A.: Coaching. Frankfurt 1996: Campus
Schulz von Thun, F.: Miteinander reden. Reinbek 1994: Rowohlt
Seiffert, U.: Der Effizienzdruck bleibt. In: Industriemagazin, 1995/6, S. 40
Sheldrake, R.: Das schöpferische Universum: die Theorie des morphogenetischen Feldes. Frankfurt 1996:Ullstein
Sprenger, R.: Mythos Motivation. Frankfurt 1994: Campus
Sprenger, R.: Das Prinzip Selbstverantwortung. Frankfurt 1996: Campus
Stöhlker, K.: Bedrohte Schweiz - wohin? Rieden 1995: Utzinger/Stemmle
Swarovski, D.: Kapital und Arbeit. In: Schlichtheit als Größe. Wattens 1997: RWF
Tannen, D.: Du kannst mich einfach nicht verstehen. Hamburg 1991: Theseus
Thommen, J.P.: Ethik für Manager. In: gdi impuls, 1988/1, S. 43–55
Thurow, L.: Kopf an Kopf. Düsseldorf 1993: Econon

Toscani, O.: Die Werbung ist ein lächelndes Aas.
Mannheim 1996: Bollmann
Traupel, W.: Thermische Turbomaschinen.
Berlin 1958: Springer
Ulich, E.: Arbeitspsychologie.
Stuttgart 1992: Poeschel
Ury, W.: Schwierige Verhandlungen.
München 1991: Heyne
Urban, G./Hauser, J.: Design and Marketing of New Products.
Englewood Cliffs 1993: Prentice Hall
Wassermann, J.: Caspar Hauser – eine psychologisch realistische Roman-Biographie.
München 1978: Langen-Müller
Walter, H.: Mobbing – Kleinkrieg am Arbeitsplatz.
Frankfurt 1993: Campus
Warnecke, H. J.: Revolution der Unternehmenskultur.
Berlin 1993: Springer
Watzlawick, P.: Menschliche Kommunikation.
Bern 1990: Huber
Watzlawick, P.: Wie wirklich ist die Wirklichkeit?
München 1978: Piper
Wehrli, H.P.: Relationship Marketing – mehr als nur ein Modewort.
In: Verkauf & Marketing Kommunikation, 1993/11, S. 4–7
Weizsäcker von, C. F.: Zeit und Wissen.
München 1992: Carl Hanser
Weyrich, C.: Wachstumssteigerung durch Innovation.
In: Siemens-Welt, 1995/11, S. 8–9
Whorf, B.L.: Sprache, Denken, Wirklichkeit.
Reinbek 1963: Rowohlt
Wolff, G./Göschel, G.: Führung 2000 – Höhere Leistung durch Kooperation.
Frankfurt 1987: Gabler
Womack, J.: Neues von Hammer und Champy.
In: Harvard Business Manager, 1995/1, S. 14–18
Womack, J. et al.: Die zweite industrielle Revolution in der Automobilindustrie
(MIT). Frankfurt 1992: Campus
Zoozmann, R.: Zitatenschatz der Weltliteratur.
Berlin 1958: Praktisches Wissen

Bildverzeichnis

Bild 1 Skizze von Professor Kramer V
Bild 2 Kommunikations-Figur „Kommon" 5
Bild 3 Zusätzliche Ebene des Buches 6
Bild 4 Zunahme der Kommunikation 9
Bild 5 Neue Kommunikationstechnologien 13
Bild 6 Formen von Kommunikation 14
Bild 7 Wenn Kommunikation nicht funktioniert 16
Bild 8 Lücke zwischen Problemanalyse und Lösungen 18
Bild 9 Einbindung der menschlichen Faktoren 20
Bild 10 Inhalts- und Beziehungsaspekt 24
Bild 11 Einführung zu den Übungen durch Kommon 26
Bild 12 Menschlichkeit als Grundlage produktiven Arbeitens 29
Bild 13 Formelle und informelle Kommunikation 33
Bild 14 Ausdrucks-Kommunikation 34
Bild 15 Wirkungs-Kommunikation 35
Bild 16 Naturwissenschaftliche Analogie 42
Bild 17 Kommunikationsebenen im Unternehmen 45
Bild 18 Zunahme der Kommunikationsverbindungen 48
Bild 19 1. Ebene: Innerer Dialog und Selbstreflexion 51
Bild 20 Innerer Dialog 52
Bild 21 Einflußsphäre der Kommunikation 57
Bild 22 Ein Menschenbild 59
Bild 23 Selbst-Formung 64
Bild 24 Emotionale Schichten 69
Bild 25 Gefühls-Tabelle 70
Bild 26 Struktur verbale Äußerungen/unausgesprochene Gedanken 74
Bilder 27–32 als Bildfolge Verbale Äußerungen 75/76
Bild 33 Verbalisierung des inneren Dialoges 77
Bild 34 Im Spannungsfeld von Wunsch und Angst 79
Bild 35 Der Schnittstellenkonflikt im Inneren 80
Bild 36 Veränderungsprozeß in Schleifen 86
Bild 37 Zwischen Sicherheit und Risiko 87
Bild 38 Vertrauensbrücke 88

Bild 39 2. Ebene: Der Dialog 89
Bild 40 Brückenköpfe in der Kommunikationslandschaft 89
Bild 41 Modell der Kommunikation 94
Bild 42 Wahrnehmunghindernis „Brille" 96
Bild 43 Brille als Wahrnehmungsinstrument 97
Bild 44 Projektion 99
Bild 45 Sich-bedeckt-Halten 101
Bild 46 Maskenhafte Kommunikation 102
Bild 47 Sich- transparent-Machen 104
Bild 48 Der „gefällige Ja-Sager" 109
Bild 49 Ja, ich übernehme (mich) 111
Bild 50 Das „Vielleicht" 112
Bild 51 Ja oder Nein 113
Bild 52 Mehrdeutige Kommunikation 116
Bild 53 Airbag-Kommunikation 122
Bild 54 Botschaft durch Auslassungen 123
Bild 55 Das Paradox „Offenes Geheimnis" 124
Bild 56/1 Krawatte fest 127
Bild 56/2 Krawatte gelockert 128
Bild 56/3 Ohne Krawatte 129
Bild 57 Diskrepanz zwischen technischer und sozialer Kompetenz 133
Bild 58 Wandlungen der Wertschöpfung 137
Bild 59 Instanzen der Persönlichkeit 152
Bild 60 Inneres Schnittstellen-Management 153
Bild 61 In der Eltern-Ich-Rolle 154
Bild 62 In der Kind-Ich-Rolle 155
Bild 63 In der Erwachsenen-Ich-Rolle 157
Bild 64 Konfliktträchtiges Verhalten 160
Bild 65 Mobbing 165
Bild 66 Ko-Munition 166
Bild 67 Das strategische Dreieck 169
Bild 68 Single-Loop um den heißen Brei 173
Bild 69 Wortgefechte 175
Bild 70 Alles sonnenklar! 176
Bild 71 Kommunikation als Balanceakt 177
Bild 72 Kommunikation im zunehmenden Konfliktfall 179
Bild 73 Konzentration auf das eigene Herz 182
Bild 74 Integrationsarbeit 184
Bild 75 unproduktive Interaktion Kunde – Beschwerdemanager 188
Bild 76 produktive Interaktion Kunde – Beschwerdemanager 189
Bild 77 Konflikt am Arbeitstisch 192
Bild 78 „Hermes" stellt sich vor 192

Bild 79 „Hermes" in Aktion 193
Bild 80 Auswirkung eines ungelösten Konfliktes 195
Bild 81 Auswirkungen gelungener Metakommunikation 197
Bild 82 Entscheidungsdiagramm zur Vertrauensbasis 198
Bild 83 Formen der Mitteilung 199
Bild 84 Beispiele für Formen der Mitteilung 200
Bild 85 Asymmetrische Beziehung 201
Bild 86 Symmetrische Beziehung 202
Bild 87 3. Ebene: Kommunikation im Team 217
Bild 88 Kreuzworträtsel 219
Bild 89 Phasen des Teams 225
Bild 90 Räumliche Nähe und Kommunikation 229
Bild 91 Kommunikationsverbindung Netz 232
Bild 92 Kommunikationsverbindung Baum 233
Bild 93 Kommunikationsverbindung Ypsilon 233
Bild 94 Kommunikationsverbindung Stern 233
Bild 95 Moderation im Team 239
Bild 96 Unterschiedliche Persönlichkeitstypen 248
Bild 97 Interdisziplinärer Round-Table 252
Bild 98 Moderator 256
Bild 99 Moderator im Erstgespräch 256
Bild 100 Moderator mit zwei Gesprächspartnern 256
Bild 101 Moderator mit weiteren Partnern 257
Bild 102 Fertiges Team 257
Bild 103 Reduktion von Fehlern durch interdisziplinäre Gespräche 259
Bild 104 Unterschiedliche Zielvorstellungen im Team 260
Bild 105 Frage nach dem Ziel 261
Bild 106 Unterschiedliche Zielvorstellungen werden offenbar 262
Bild 107 Fokussierung der Energien auf ein Ziel 262
Bild 108 Arbeitsteilige Routine/Engagierte Gemeinschaft 266
Bild 109 Der menschliche Faktor kommt ins Bild 270
Bild 110 Grundmodell TZI 273
Bild 111 Disharmonie aufgrund Dominanz der Sache 273
Bild 112 Disharmonie aufgrund Dominanz des Ich 274
Bild 113 Disharmonie aufgrund Dominanz des Wir 274
Bild 114 Einzelcoaching 276
Bild 115 Teamcoaching 277
Bild 116 Gruppencoaching 278
Bild 117 4. Ebene: Kommunikation zwischen Abteilungen 281
Bild 118 Bereichskulturen 281
Bild 119 Unproduktiver Energieeinsatz 284
Bild 120 Akzeptables Resultat 285

Bild 121 Idealzustand 285
Bild 122 Störsignale aus der Beziehungsebene 287
Bild 123 Zunehmende Beziehungsspitzen 288
Bild 124 Stop auf Sachebene und Klärung der Beziehung 288
Bild 125 Teambildung in zwei Abteilungen 291
Bild 126 PE erwartet vom Vertrieb 291
Bild 127 PE-Vorstellungsbild, V erwartet von PE 292
Bild 128 Vertrieb erwartet von PE 292
Bild 129 V-Vorstellungsbild, PE von V 293
Bild 130 Informationssitzung 293
Bild 131 Arbeitsgruppe 294
Bild 132 Ergebnisse Kategorie 1 294
Bild 133 Ergebnisse Kategorie 2 295
Bild 134 Ergebnisse Kategorie 3 295
Bild 135 Abklärungen in den Abteilungen 296
Bild 136 Abschlußbesprechung und Beschlußfassung 296
Bild 137 Beziehungsmatrix 298
Bild 138 Im Nachfolgeprozeß 299
Bild 139 Vater in der Doppelrolle 304
Bild 140 Kommunikation beim traditionellen Ablauf der Produktentstehung 307
Bild 141 Intensive Kommunikation in früher Phase der Produktentstehung 309
Bild 142 Insel der Glückseligen 312
Bild 143 Soziale und fachliche Anteile der Kommunikation 316
Bild 144 Kommunikationsaufgaben und Zeit-Management 317
Bild 145 Überforderung der PE 319
Bild 146 Aufteilung durch Teamarbeit 320
Bild 147 Materielle vs. immaterielle Anteile des Produktes 324
Bild 148 5. Ebene: Kommunikation des Unternehmens 331
Bild 149 Systempartner des Unternehmens 333
Bild 150 Funktionale Struktur 336
Bild 151 Divisionale Struktur 337
Bild 152 Matrixstruktur 338
Bild 153 Die starre Kommunikation 339
Bild 154 Die lebendige Kommunikation 339
Bild 155 Von der Produktidee zum Markt 342
Bild 156 Durchsetzungs- und Umsetzungskultur 343
Bild 157 Zusammenspiel externer/ interner Kommunikation 347
Bild 158 Kunde sucht Service 352
Bild 159 Vision 361
Bild 160 Ansätze für Lösungen für die 5 Ebenen 362
Bild 161 Komplett 365

Zum Autor

Zunächst in verschiedenen gewerblichen Berufen tätig, entschied sich Bernd LeMar für das Studium der Betriebswirtschaft und Psychologie. Längere Aufenthalte in Frankreich und den USA ergänzten seine Ausbildung.

Seit 1985 ist Bernd LeMar als Kommunikationsberater in Unternehmen unterschiedlichster Größen und Branchen tätig, dabei ist er auch für die Umsetzung längerfristiger Projekte verantwortlich.

Neben seiner Berufspraxis hält er Lehrveranstaltungen an der Universität Innsbruck. Lehrtätigkeit und praktische Arbeit sind auf diese Weise eng miteinander verbunden, was sich positiv zugunsten neuer Impulse in beide Richtungen auswirkt.